最新

纪检监察法律法规全编

中国法治出版社
CHINA LEGAL PUBLISHING HOUSE

编辑说明

法律、法规、条例等会适时修改，而与之相关的配套规定难以第一时间调整引用的旧条文序号。此时，我们难免会有这样的困扰：(1) 不知其中仍是旧条文序号而误用；(2) 知道其中是旧条文序号，却找不到或找错对应的新条文序号；(3) 为找到对应最新条款，来回翻找，浪费很多宝贵时间。本丛书针对性地为读者朋友们解决这一问题，独具以下特色：

1. 标注变动后的最新条文序号

本丛书以页边码（如 12 ）的形式，在出现条文序号已发生变化的条款同一行的左右侧空白位置——标注变动后的最新条文序号；如果一行有两个以上条款的序号已发生变化，分先后顺序上下标注变动后的最新条文序号（如 51 92 ）； × 表示该条已被删除。

2. 附录新旧条文内容对照表

为更好地适应新形势新任务，2024 年 12 月 25 日第十四届全国人民代表大会常务委员会第十三次会议对 2018 年 3 月 20 日通过的《中华人民共和国监察法》进行了修改。2018 年《中华人民共和国监察法》9 章 69 条，此次修改增加为 9 章 78 条，为进一步帮助读者学习新法，特制作《中华人民共和国监察法》新旧条文内容对照表。读者可利用此表快速定位旧法条款对应的最新条款，并重点学习其中的增改删内容。

3. 内容全面，文本权威

本丛书将各个领域的核心法律作为“主法”，围绕“主法”全面收录相关司法解释及配套法律法规；收录文件均为经过清理修改的现行有效标准文本，以供读者全面掌握权威文件。

4. 精选指导案例，以案释纪

本书收录相关指导案例，方便读者以案例为指导进一步掌握如何适用相关规定。

目　录*

实体规定

* 本目录中的时间为法律文件的公布时间或最后一次修正、修订公布时间。

程序规定

刑事犯罪

案　例

新旧对照表

实体规定

中华人民共和国宪法（节录）

（1982 年 12 月 4 日第五届全国人民代表大会第五次会议通过
1982 年 12 月 4 日全国人民代表大会公告公布施行
根据 1988 年 4 月 12 日第七届全国人民代表大会第一次会议通过的《中华人民共和国宪法修正案》、1993 年 3 月 29 日第八届全国人民代表大会第一次会议通过的《中华人民共和国宪法修正案》、1999 年 3 月 15 日第九届全国人民代表大会第二次会议通过的《中华人民共和国宪法修正案》、2004 年 3 月 14 日第十届全国人民代表大会第二次会议通过的《中华人民共和国宪法修正案》和 2018 年 3 月 11 日第十三届全国人民代表大会第一次会议通过的《中华人民共和国宪法修正案》修正）

……

第一章　总　　纲

第一条　中华人民共和国是工人阶级领导的、以工农联盟为基础的人民民主专政的社会主义国家。

社会主义制度是中华人民共和国的根本制度。中国共产党领导是中国特色社会主义最本质的特征。禁止任何组织或者个人破坏社会主义制度。

第二条　中华人民共和国的一切权力属于人民。

人民行使国家权力的机关是全国人民代表大会和地方各级人民代表大会。

人民依照法律规定，通过各种途径和形式，管理国家事务，管理经济和文化事业，管理社会事务。

第三条　中华人民共和国的国家机构实行民主集中制的原则。

全国人民代表大会和地方各级人民代表大会都由民主选举产生，对人民负责，受人民监督。

国家行政机关、监察机关、审判机关、检察机关都由人民代表大会产生，对它负责，受它监督。

中央和地方的国家机构职权的划分，遵循在中央的统一领导下，充分发挥地方的主动性、积极性的原则。

第四条 中华人民共和国各民族一律平等。国家保障各少数民族的合法的权利和利益，维护和发展各民族的平等团结互助和谐关系。禁止对任何民族的歧视和压迫，禁止破坏民族团结和制造民族分裂的行为。

国家根据各少数民族的特点和需要，帮助各少数民族地区加速经济和文化的发展。

各少数民族聚居的地方实行区域自治，设立自治机关，行使自治权。各民族自治地方都是中华人民共和国不可分离的部分。

各民族都有使用和发展自己的语言文字的自由，都有保持或者改革自己的风俗习惯的自由。

第五条 中华人民共和国实行依法治国，建设社会主义法治国家。

国家维护社会主义法制的统一和尊严。

一切法律、行政法规和地方性法规都不得同宪法相抵触。

一切国家机关和武装力量、各政党和各社会团体、各企业事业组织都必须遵守宪法和法律。一切违反宪法和法律的行为，必须予以追究。

任何组织或者个人都不得有超越宪法和法律的特权。

第六条 中华人民共和国的社会主义经济制度的基础是生产资料的社会主义公有制，即全民所有制和劳动群众集体所有制。社会主义公有制消灭人剥削人的制度，实行各尽所能、按劳分配的原则。

国家在社会主义初级阶段，坚持公有制为主体、多种所有制经济共同发展的基本经济制度，坚持按劳分配为主体、多种分配方式并存的分配制度。

第七条 国有经济，即社会主义全民所有制经济，是国民经济中的主导力量。国家保障国有经济的巩固和发展。

第八条 农村集体经济组织实行家庭承包经营为基础、统分结合的双层经营体制。农村中的生产、供销、信用、消费等各种形式的合作经济，是社会主义劳动群众集体所有制经济。参加农村集体经济组织的劳动者，有权在法律规定的范围内经营自留地、自留山、家庭副业和饲养自留畜。

城镇中的手工业、工业、建筑业、运输业、商业、服务业等行业的各种形式的合作经济，都是社会主义劳动群众集体所有制经济。

国家保护城乡集体经济组织的合法的权利和利益，鼓励、指导和帮助集体经济的发展。

第九条 矿藏、水流、森林、山岭、草原、荒地、滩涂等自然资源，都属于国家所有，即全民所有；由法律规定属于集体所有的森林和山岭、草原、荒地、滩涂除外。

国家保障自然资源的合理利用，保护珍贵的动物和植物。禁止任何组织或者个人用任何手段侵占或者破坏自然资源。

第十条 城市的土地属于国家所有。

农村和城市郊区的土地，除由法律规定属于国家所有的以外，属于集体所有；宅基地和自留地、自留山，也属于集体所有。

国家为了公共利益的需要，可以依照法律规定对土地实行征收或者征用并给予补偿。

任何组织或者个人不得侵占、买卖或者以其他形式非法转让土地。土地的使用权可以依照法律的规定转让。

一切使用土地的组织和个人必须合理地利用土地。

第十一条 在法律规定范围内的个体经济、私营经济等非公有制经济，是社会主义市场经济的重要组成部分。

国家保护个体经济、私营经济等非公有制经济的合法的权利和利益。国家鼓励、支持和引导非公有制经济的发展，并对非公有制经济依法实行监督和管理。

第十二条 社会主义的公共财产神圣不可侵犯。

国家保护社会主义的公共财产。禁止任何组织或者个人用任何手段侵占或者破坏国家的和集体的财产。

第十三条 公民的合法的私有财产不受侵犯。

国家依照法律规定保护公民的私有财产权和继承权。

国家为了公共利益的需要，可以依照法律规定对公民的私有财产实行征收或者征用并给予补偿。

第十四条 国家通过提高劳动者的积极性和技术水平，推广先进的科学技术，完善经济管理体制和企业经营管理制度，实行各种形式的社会主义责任制，改进劳动组织，以不断提高劳动生产率和经济效益，发展社会生产力。

国家厉行节约，反对浪费。

国家合理安排积累和消费，兼顾国家、集体和个人的利益，在发展生产的基础上，逐步改善人民的物质生活和文化生活。

国家建立健全同经济发展水平相适应的社会保障制度。

第十五条 国家实行社会主义市场经济。

国家加强经济立法，完善宏观调控。

国家依法禁止任何组织或者个人扰乱社会经济秩序。

第十六条 国有企业在法律规定的范围内有权自主经营。

国有企业依照法律规定，通过职工代表大会和其他形式，实行民主管理。

第十七条 集体经济组织在遵守有关法律的前提下，有独立进行经济活动的自主权。

集体经济组织实行民主管理，依照法律规定选举和罢免管理人员，决定经营管理的重大问题。

第十八条 中华人民共和国允许外国的企业和其他经济组织或者个人依照中华人民共和国法律的规定在中国投资，同中国的企业或者其他经济组织进行各种形式的经济合作。

在中国境内的外国企业和其他外国经济组织以及中外合资经营的企业，都必须遵守中华人民共和国的法律。它们的合法的权利和利益受中华人民共和国法律的保护。

第十九条 国家发展社会主义的教育事业，提高全国人民的科学文化水平。

国家举办各种学校，普及初等义务教育，发展中等教育、职业教育和高等教育，并且发展学前教育。

国家发展各种教育设施，扫除文盲，对工人、农民、国家工作人员和其他劳动者进行政治、文化、科学、技术、业务的教育，鼓励自学成才。

国家鼓励集体经济组织、国家企业事业组织和其他社会力量依照法律规定举办各种教育事业。

国家推广全国通用的普通话。

第二十条 国家发展自然科学和社会科学事业，普及科学和技术知识，奖励科学研究成果和技术发明创造。

第二十一条 国家发展医疗卫生事业，发展现代医药和我国传统医药，鼓励和支持农村集体经济组织、国家企业事业组织和街道组织举办各种医疗卫生设施，开展群众性的卫生活动，保护人民健康。

国家发展体育事业，开展群众性的体育活动，增强人民体质。

第二十二条 国家发展为人民服务、为社会主义服务的文学艺术事业、新闻广播电视事业、出版发行事业、图书馆博物馆文化馆和其他文化事业，开展群众性的文化活动。

国家保护名胜古迹、珍贵文物和其他重要历史文化遗产。

第二十三条 国家培养为社会主义服务的各种专业人才，扩大知识分子的队伍，创造条件，充分发挥他们在社会主义现代化建设中的作用。

第二十四条 国家通过普及理想教育、道德教育、文化教育、纪律和法制教育，通过在城乡不同范围的群众中制定和执行各种守则、公约，加强社会主义精神文明的建设。

国家倡导社会主义核心价值观，提倡爱祖国、爱人民、爱劳动、爱科学、爱社会主义的公德，在人民中进行爱国主义、集体主义和国际主义、共产主义的教育，进行辩证唯物主义和历史唯物主义的教育，反对资本主义的、封建主义的和其他的腐朽思想。

第二十五条 国家推行计划生育，使人口的增长同经济和社会发展计划相适应。

第二十六条 国家保护和改善生活环境和生态环境，防治污染和其他公害。

国家组织和鼓励植树造林，保护林木。

第二十七条 一切国家机关实行精简的原则，实行工作责任制，实行工作人员的培训和考核制度，不断提高工作质量和工作效率，反对官僚主义。

一切国家机关和国家工作人员必须依靠人民的支持，经常保持同人民的密切联系，倾听人民的意见和建议，接受人民的监督，努力为人民服务。

国家工作人员就职时应当依照法律规定公开进行宪法宣誓。

第二十八条 国家维护社会秩序，镇压叛国和其他危害国家安全的犯罪活动，制裁危害社会治安、破坏社会主义经济和其他犯罪的活动，惩办和改造犯罪分子。

第二十九条 中华人民共和国的武装力量属于人民。它的任务是巩固国防，抵抗侵略，保卫祖国，保卫人民的和平劳动，参加国家建设事业，努力为人民服务。

国家加强武装力量的革命化、现代化、正规化的建设，增强国防力量。

第三十条 中华人民共和国的行政区域划分如下：

（一）全国分为省、自治区、直辖市；

（二）省、自治区分为自治州、县、自治县、市；

（三）县、自治县分为乡、民族乡、镇。

直辖市和较大的市分为区、县。自治州分为县、自治县、市。

自治区、自治州、自治县都是民族自治地方。

第三十一条 国家在必要时得设立特别行政区。在特别行政区内实行的制度按照具体情况由全国人民代表大会以法律规定。

第三十二条 中华人民共和国保护在中国境内的外国人的合法权利和利益，在中国境内的外国人必须遵守中华人民共和国的法律。

中华人民共和国对于因为政治原因要求避难的外国人，可以给予受庇护的权利。

第二章 公民的基本权利和义务

第三十三条 凡具有中华人民共和国国籍的人都是中华人民共和国公民。

中华人民共和国公民在法律面前一律平等。

国家尊重和保障人权。

任何公民享有宪法和法律规定的权利，同时必须履行宪法和法律规定的义务。

第三十四条 中华人民共和国年满十八周岁的公民，不分民族、种族、性别、职业、家庭出身、宗教信仰、教育程度、财产状况、居住期限，都有选举权和被选举权；但是依照法律被剥夺政治权利的人除外。

……

第四十一条 中华人民共和国公民对于任何国家机关和国家工作人员，有提出批评和建议的权利；对于任何国家机关和国家工作人员的违法失职行为，有向有关国家机关提出申诉、控告或者检举的权利，但是不得捏造或者歪曲事实进行诬告陷害。

对于公民的申诉、控告或者检举，有关国家机关必须查清事实，负责处理。任何人不得压制和打击报复。

由于国家机关和国家工作人员侵犯公民权利而受到损失的人，有依照法律规定取得赔偿的权利。

……

第五十一条 中华人民共和国公民在行使自由和权利的时候，不得损害国家的、社会的、集体的利益和其他公民的合法的自由和权利。

第五十二条 中华人民共和国公民有维护国家统一和全国各民族团结的义务。

第五十三条 中华人民共和国公民必须遵守宪法和法律，保守国家秘密，爱护公共财产，遵守劳动纪律，遵守公共秩序，尊重社会公德。

第五十四条 中华人民共和国公民有维护祖国的安全、荣誉和利益的义务，不得有危害祖国的安全、荣誉和利益的行为。

……

第三章 国家机构

第一节 全国人民代表大会

第五十七条 中华人民共和国全国人民代表大会是最高国家权力机关。它的常设机关是全国人民代表大会常务委员会。

第五十八条 全国人民代表大会和全国人民代表大会常务委员会行使国家立法权。

第五十九条 全国人民代表大会由省、自治区、直辖市、特别行政区和军队选出的代表组成。各少数民族都应当有适当名额的代表。

全国人民代表大会代表的选举由全国人民代表大会常务委员会主持。

全国人民代表大会代表名额和代表产生办法由法律规定。

第六十条 全国人民代表大会每届任期五年。

全国人民代表大会任期届满的两个月以前，全国人民代表大会常务委员会必须完成下届全国人民代表大会代表的选举。如果遇到不能进行选举的非常情况，由全国人民代表大会常务委员会以全体组成人员的三分之二以上的多数通过，可以推迟选举，延长本届全国人民代表大会的任期。在非常情况结束后一年内，必须完成下届全国人民代表大会代表的选举。

第六十一条 全国人民代表大会会议每年举行一次，由全国人民代表大会常务委员会召集。如果全国人民代表大会常务委员会认为必要，或者有五分之一以上的全国人民代表大会代表提议，可以临时召集全国人民代表大会会议。

全国人民代表大会举行会议的时候，选举主席团主持会议。

第六十二条 全国人民代表大会行使下列职权：

（一）修改宪法；

（二）监督宪法的实施；

（三）制定和修改刑事、民事、国家机构的和其他的基本法律；

（四）选举中华人民共和国主席、副主席；

（五）根据中华人民共和国主席的提名，决定国务院总理的人选；根据国务院总理的提名，决定国务院副总理、国务委员、各部部长、各委员会主任、审计长、秘书长的人选；

（六）选举中央军事委员会主席；根据中央军事委员会主席的提名，决定中央军事委员会其他组成人员的人选；

（七）选举国家监察委员会主任；

（八）选举最高人民法院院长；

（九）选举最高人民检察院检察长；

（十）审查和批准国民经济和社会发展计划和计划执行情况的报告；

（十一）审查和批准国家的预算和预算执行情况的报告；

（十二）改变或者撤销全国人民代表大会常务委员会不适当的决定；

（十三）批准省、自治区和直辖市的建置；

（十四）决定特别行政区的设立及其制度；

（十五）决定战争和和平的问题；

（十六）应当由最高国家权力机关行使的其他职权。

第六十三条 全国人民代表大会有权罢免下列人员：

（一）中华人民共和国主席、副主席；

（二）国务院总理、副总理、国务委员、各部部长、各委员会主任、审计长、秘书长；

（三）中央军事委员会主席和中央军事委员会其他组成人员；

（四）国家监察委员会主任；

（五）最高人民法院院长；

（六）最高人民检察院检察长。

第六十四条 宪法的修改，由全国人民代表大会常务委员会或者五分之一以上的全国人民代表大会代表提议，并由全国人民代表大会以全体代表的三分之二以上的多数通过。

法律和其他议案由全国人民代表大会以全体代表的过半数通过。

第六十五条 全国人民代表大会常务委员会由下列人员组成：

委员长，

副委员长若干人，

秘书长，

委员若干人。

全国人民代表大会常务委员会组成人员中，应当有适当名额的少数民族代表。

全国人民代表大会选举并有权罢免全国人民代表大会常务委员会的组成人员。

全国人民代表大会常务委员会的组成人员不得担任国家行政机关、监察机关、审判机关和检察机关的职务。

第六十六条 全国人民代表大会常务委员会每届任期同全国人民代表大会每届任期相同，它行使职权到下届全国人民代表大会选出新的常务委员会为止。

委员长、副委员长连续任职不得超过两届。

第六十七条 全国人民代表大会常务委员会行使下列职权：

（一）解释宪法，监督宪法的实施；

（二）制定和修改除应当由全国人民代表大会制定的法律以外的其他法律；

（三）在全国人民代表大会闭会期间，对全国人民代表大会制定的法律进行部分补充和修改，但是不得同该法律的基本原则相抵触；

（四）解释法律；

（五）在全国人民代表大会闭会期间，审查和批准国民经济和社会发展计划、国家预算在执行过程中所必须作的部分调整方案；

（六）监督国务院、中央军事委员会、国家监察委员会、最高人民法院和最高人民检察院的工作；

（七）撤销国务院制定的同宪法、法律相抵触的行政法规、决定和命令；

（八）撤销省、自治区、直辖市国家权力机关制定的同宪法、法律和行政法规相抵触的地方性法规和决议；

（九）在全国人民代表大会闭会期间，根据国务院总理的提名，决定部长、委员会主任、审计长、秘书长的人选；

（十）在全国人民代表大会闭会期间，根据中央军事委员会主席的提名，决定中央军事委员会其他组成人员的人选；

（十一）根据国家监察委员会主任的提请，任免国家监察委员会副主任、委员；

（十二）根据最高人民法院院长的提请，任免最高人民法院副院长、审判员、审判委员会委员和军事法院院长；

（十三）根据最高人民检察院检察长的提请，任免最高人民检察院副检察长、检察员、检察委员会委员和军事检察院检察长，并且批准省、自治区、直辖市的人民检察院检察长的任免；

（十四）决定驻外全权代表的任免；

（十五）决定同外国缔结的条约和重要协定的批准和废除；

（十六）规定军人和外交人员的衔级制度和其他专门衔级制度；

（十七）规定和决定授予国家的勋章和荣誉称号；

（十八）决定特赦；

（十九）在全国人民代表大会闭会期间，如果遇到国家遭受武装侵犯或者必须履行国际间共同防止侵略的条约的情况，决定战争状态的宣布；

（二十）决定全国总动员或者局部动员；

（二十一）决定全国或者个别省、自治区、直辖市进入紧急状态；

（二十二）全国人民代表大会授予的其他职权。

第六十八条 全国人民代表大会常务委员会委员长主持全国人民代表大会常务委员会的工作，召集全国人民代表大会常务委员会会议。副委员长、秘书长协助委员长工作。

委员长、副委员长、秘书长组成委员长会议，处理全国人民代表大会常务委员会的重要日常工作。

第六十九条 全国人民代表大会常务委员会对全国人民代表大会负责并报告工作。

第七十条 全国人民代表大会设立民族委员会、宪法和法律委员会、财政经济委员会、教育科学文化卫生委员会、外事委员会、华侨委员会和其他需要设立的专门委员会。在全国人民代表大会闭会期间，各专门委员会受全国人民代表大会常务委员会的领导。

各专门委员会在全国人民代表大会和全国人民代表大会常务委员会领导下，研究、审议和拟订有关议案。

第七十一条 全国人民代表大会和全国人民代表大会常务委员会认为必要的时候，可以组织关于特定问题的调查委员会，并且根据调查委员会的报告，作出相应的决议。

调查委员会进行调查的时候，一切有关的国家机关、社会团体和公民都有义务向它提供必要的材料。

第七十二条 全国人民代表大会代表和全国人民代表大会常务委员会组成人员，有权依照法律规定的程序分别提出属于全国人民代表大会和全国人民代表大会常务委员会职权范围内的议案。

第七十三条 全国人民代表大会代表在全国人民代表大会开会期间，全国人民代表大会常务委员会组成人员在常务委员会开会期间，有权依照法律规定的程序提出对国务院或者国务院各部、各委员会的质询案。受质询的机关必须负责答复。

第七十四条 全国人民代表大会代表，非经全国人民代表大会会议主席团许可，在全国人民代表大会闭会期间非经全国人民代表大会常务委员会许可，不受逮捕或者刑事审判。

第七十五条 全国人民代表大会代表在全国人民代表大会各种会议上的发言和表决，不受法律追究。

第七十六条 全国人民代表大会代表必须模范地遵守宪法和法律，保守国家秘密，并且在自己参加的生产、工作和社会活动中，协助宪法和法律的实施。

全国人民代表大会代表应当同原选举单位和人民保持密切的联系，听取和反映人民的意见和要求，努力为人民服务。

第七十七条 全国人民代表大会代表受原选举单位的监督。原选举单位有权依照法律规定的程序罢免本单位选出的代表。

第七十八条 全国人民代表大会和全国人民代表大会常务委员会的组织和工作程序由法律规定。

第二节 中华人民共和国主席

第七十九条 中华人民共和国主席、副主席由全国人民代表大会选举。

有选举权和被选举权的年满四十五周岁的中华人民共和国公民可以被选为中华人民共和国主席、副主席。

中华人民共和国主席、副主席每届任期同全国人民代表大会每届任期相同。

第八十条 中华人民共和国主席根据全国人民代表大会的决定和全国人民代表大会常务委员会的决定，公布法律，任免国务院总理、副总理、国务委员、各部部长、各委员会主任、审计长、秘书长，授予国家的勋章和荣誉称号，发布特赦令，宣布进入紧急状态，宣布战争状态，发布动员令。

第八十一条 中华人民共和国主席代表中华人民共和国，进行国事活动，接受外国使节；根据全国人民代表大会常务委员会的决定，派遣和召回驻外全权代表，批准和废除同外国缔结的条约和重要协定。

第八十二条 中华人民共和国副主席协助主席工作。

中华人民共和国副主席受主席的委托，可以代行主席的部分职权。

第八十三条 中华人民共和国主席、副主席行使职权到下届全国人民代表大会选出的主席、副主席就职为止。

第八十四条 中华人民共和国主席缺位的时候，由副主席继任主席的职位。

中华人民共和国副主席缺位的时候，由全国人民代表大会补选。

中华人民共和国主席、副主席都缺位的时候，由全国人民代表大会补选；在补选以前，由全国人民代表大会常务委员会委员长暂时代理主席职位。

……

第七节 监察委员会

第一百二十三条 中华人民共和国各级监察委员会是国家的监察机关。

第一百二十四条 中华人民共和国设立国家监察委员会和地方各级监察委员会。

监察委员会由下列人员组成：

主任，

副主任若干人，

委员若干人。

监察委员会主任每届任期同本级人民代表大会每届任期相同。国家监察委员会主任连续任职不得超过两届。

监察委员会的组织和职权由法律规定。

第一百二十五条 中华人民共和国国家监察委员会是最高监察机关。

国家监察委员会领导地方各级监察委员会的工作，上级监察委员会领导下级监察委员会的工作。

第一百二十六条 国家监察委员会对全国人民代表大会和全国人民代表大会常务委员会负责。地方各级监察委员会对产生它的国家权力机关和上一级监察委员会负责。

第一百二十七条 监察委员会依照法律规定独立行使监察权，不受行政机关、社会团体和个人的干涉。

监察机关办理职务违法和职务犯罪案件，应当与审判机关、检察机关、执法部门互相配合，互相制约。

第八节　人民法院和人民检察院

第一百二十八条 中华人民共和国人民法院是国家的审判机关。

第一百二十九条 中华人民共和国设立最高人民法院、地方各级人民法院和军事法院等专门人民法院。

最高人民法院院长每届任期同全国人民代表大会每届任期相同，连续任职不得超过两届。

人民法院的组织由法律规定。

第一百三十条 人民法院审理案件，除法律规定的特别情况外，一律公开进行。被告人有权获得辩护。

第一百三十一条 人民法院依照法律规定独立行使审判权，不受行政机关、社会团体和个人的干涉。

第一百三十二条 最高人民法院是最高审判机关。

最高人民法院监督地方各级人民法院和专门人民法院的审判工作，上级人民法院监督下级人民法院的审判工作。

第一百三十三条 最高人民法院对全国人民代表大会和全国人民代表大会常务委员会负责。地方各级人民法院对产生它的国家权力机关负责。

第一百三十四条 中华人民共和国人民检察院是国家的法律监督机关。

第一百三十五条 中华人民共和国设立最高人民检察院、地方各级人民检察院和军事检察院等专门人民检察院。

最高人民检察院检察长每届任期同全国人民代表大会每届任期相同，连续任职不得超过两届。

人民检察院的组织由法律规定。

第一百三十六条 人民检察院依照法律规定独立行使检察权，不受行政机关、社会团体和个人的干涉。

第一百三十七条 最高人民检察院是最高检察机关。

最高人民检察院领导地方各级人民检察院和专门人民检察院的工作，上级人民检察院领导下级人民检察院的工作。

第一百三十八条 最高人民检察院对全国人民代表大会和全国人民代表大会常务委员会负责。地方各级人民检察院对产生它的国家权力机关和上级人民检察院负责。

第一百三十九条 各民族公民都有用本民族语言文字进行诉讼的权利。人民法院和人民检察院对于不通晓当地通用的语言文字的诉讼参与人，应当为他们翻译。

在少数民族聚居或者多民族共同居住的地区，应当用当地通用的语言进行审理；起诉书、判决书、布告和其他文书应当根据实际需要使用当地通用的一种或者几种文字。

第一百四十条 人民法院、人民检察院和公安机关办理刑事案件，应当分工负责，互相配合，互相制约，以保证准确有效地执行法律。

……

中华人民共和国监察法

（2018年3月20日第十三届全国人民代表大会第一次会议通过　根据2024年12月25日第十四届全国人民代表大会常务委员会第十三次会议《关于修改〈中华人民共和国监察法〉的决定》修正）

第一章　总　则

第一条　为了深入开展廉政建设和反腐败工作，加强对所有行使公权力的公职人员的监督，实现国家监察全面覆盖，持续深化国家监察体制改革，推进国家治理体系和治理能力现代化，根据宪法，制定本法。

第二条　坚持中国共产党对国家监察工作的领导，以马克思列宁主义、毛泽东思想、邓小平理论、“三个代表”重要思想、科学发展观、习近平新时代中国特色社会主义思想为指导，构建集中统一、权威高效的中国特色国家监察体制。

第三条　各级监察委员会是行使国家监察职能的专责机关，依照本法对所有行使公权力的公职人员（以下称公职人员）进行监察，调查职务违法和职务犯罪，开展廉政建设和反腐败工作，维护宪法和法律的尊严。

第四条　监察委员会依照法律规定独立行使监察权，不受行政机关、社会团体和个人的干涉。

监察机关办理职务违法和职务犯罪案件，应当与审判机关、检察机关、执法部门互相配合，互相制约。

监察机关在工作中需要协助的，有关机关和单位应当根据监察机关的要求依法予以协助。

第五条　国家监察工作严格遵照宪法和法律，以事实为根据，以法律为准绳；权责对等，严格监督；遵守法定程序，公正履行职责；尊重和保障人权，在适用法律上一律平等，保障监察对象及相关人员的合法权益；惩戒与教育相结合，宽严相济。

第六条　国家监察工作坚持标本兼治、综合治理，强化监督问责，严厉惩治腐败；深化改革、健全法治，有效制约和监督权力；加强法治教育和道德教育，弘扬中华优秀传统文化，构建不敢腐、不能腐、不想腐的长效机制。

第二章　监察机关及其职责

第七条　中华人民共和国国家监察委员会是最高监察机关。

省、自治区、直辖市、自治州、县、自治县、市、市辖区设立监察委员会。

第八条　国家监察委员会由全国人民代表大会产生，负责全国监察工作。

国家监察委员会由主任、副主任若干人、委员若干人组成，主任由全国人民代表大会选举，副主任、委员由国家监察委员会主任提请全国人民代表大会常务委员会任免。

国家监察委员会主任每届任期同全国人民代表大会每届任期相同，连续任职不得超过两届。

国家监察委员会对全国人民代表大会及其常务委员会负责，并接受其监督。

第九条　地方各级监察委员会由本级人民代表大会产生，负责本行政区域内的监察工作。

地方各级监察委员会由主任、副主任若干人、委员若干人组成，主任由本级人民代表大会选举，副主任、委员由监察委员会主任提请本级人民代表大会常务委员会任免。

地方各级监察委员会主任每届任期同本级人民代表大会每届任期相同。

地方各级监察委员会对本级人民代表大会及其常务委员会和上一级监察委员会负责，并接受其监督。

第十条　国家监察委员会领导地方各级监察委员会的工作，上级监察委员会领导下级监察委员会的工作。

第十一条　监察委员会依照本法和有关法律规定履行监督、调查、处置职责：

（一）对公职人员开展廉政教育，对其依法履职、秉公用权、廉洁从政从业以及道德操守情况进行监督检查；

（二）对涉嫌贪污贿赂、滥用职权、玩忽职守、权力寻租、利益输送、徇私舞弊以及浪费国家资财等职务违法和职务犯罪进行调查；

（三）对违法的公职人员依法作出政务处分决定；对履行职责不力、失职失责的领导人员进行问责；对涉嫌职务犯罪的，将调查结果移送人民检察院依法审查、提起公诉；向监察对象所在单位提出监察建议。

第十二条 各级监察委员会可以向本级中国共产党机关、国家机关、中国人民政治协商会议委员会机关、法律法规授权或者委托管理公共事务的组织和单位以及辖区内特定区域、国有企业、事业单位等派驻或者派出监察机构、监察专员。

经国家监察委员会批准，国家监察委员会派驻本级实行垂直管理或者双重领导并以上级单位领导为主的单位、国有企业的监察机构、监察专员，可以向驻在单位的下一级单位再派出。

经国家监察委员会批准，国家监察委员会派驻监察机构、监察专员，可以向驻在单位管理领导班子的普通高等学校再派出；国家监察委员会派驻国务院国有资产监督管理机构的监察机构，可以向驻在单位管理领导班子的国有企业再派出。

监察机构、监察专员对派驻或者派出它的监察委员会或者监察机构、监察专员负责。

第十三条 派驻或者派出的监察机构、监察专员根据授权，按照管理权限依法对公职人员进行监督，提出监察建议，依法对公职人员进行调查、处置。

第十四条 国家实行监察官制度，依法确定监察官的等级设置、任免、考评和晋升等制度。

第三章 监察范围和管辖

第十五条 监察机关对下列公职人员和有关人员进行监察：

（一）中国共产党机关、人民代表大会及其常务委员会机关、人民政府、监察委员会、人民法院、人民检察院、中国人民政治协商会议各级委员会机关、民主党派机关和工商业联合会机关的公务员，以及参照《中华人民共和国公务员法》管理的人员；

（二）法律、法规授权或者受国家机关依法委托管理公共事务的组织中从事公务的人员；

（三）国有企业管理人员；

（四）公办的教育、科研、文化、医疗卫生、体育等单位中从事管理的人员；

（五）基层群众性自治组织中从事管理的人员；

（六）其他依法履行公职的人员。

第十六条 各级监察机关按照管理权限管辖本辖区内本法第十五条规定的人员所涉监察事项。

上级监察机关可以办理下一级监察机关管辖范围内的监察事项，必要时也可以办理所辖各级监察机关管辖范围内的监察事项。

监察机关之间对监察事项的管辖有争议的，由其共同的上级监察机关确定。

第十七条 上级监察机关可以将其所管辖的监察事项指定下级监察机关管辖，也可以将下级监察机关有管辖权的监察事项指定给其他监察机关管辖。

监察机关认为所管辖的监察事项重大、复杂，需要由上级监察机关管辖的，可以报请上级监察机关管辖。

第四章 监察权限

第十八条 监察机关行使监督、调查职权，有权依法向有关单位和个人了解情况，收集、调取证据。有关单位和个人应当如实提供。

监察机关及其工作人员对监督、调查过程中知悉的国家秘密、工作秘密、商业秘密、个人隐私和个人信息，应当保密。

任何单位和个人不得伪造、隐匿或者毁灭证据。

第十九条 对可能发生职务违法的监察对象，监察机关按照管理权限，可以直接或者委托有关机关、人员进行谈话，或者进行函询，要求说明情况。

第二十条 在调查过程中，对涉嫌职务违法的被调查人，监察机关可以进行谈话，要求其就涉嫌违法行为作出陈述，必要时向被调查人出具书面通知。

对涉嫌贪污贿赂、失职渎职等职务犯罪的被调查人，监察机关可以进行讯问，要求其如实供述涉嫌犯罪的情况。

第二十一条 监察机关根据案件情况，经依法审批，可以强制涉嫌严重职务违法或者职务犯罪的被调查人到案接受调查。

第二十二条 在调查过程中，监察机关可以询问证人等人员。

第二十三条 被调查人涉嫌严重职务违法或者职务犯罪，并有下列情形之一的，经监察机关依法审批，可以对其采取责令候查措施：

（一）不具有本法第二十四条第一款所列情形的；

（二）符合留置条件，但患有严重疾病、生活不能自理的，系怀孕或者正在哺乳自己婴儿的妇女，或者生活不能自理的人的唯一扶养人；

（三）案件尚未办结，但留置期限届满或者对被留置人员不需要继续采取留置措施的；

（四）符合留置条件，但因为案件的特殊情况或者办理案件的需要，采取责令候查措施更为适宜的。

被责令候查人员应当遵守以下规定：

（一）未经监察机关批准不得离开所居住的直辖市、设区的市的城市市区或者不设区的市、县的辖区；

（二）住址、工作单位和联系方式发生变动的，在二十四小时以内向监察机关报告；

（三）在接到通知的时候及时到案接受调查；

（四）不得以任何形式干扰证人作证；

（五）不得串供或者伪造、隐匿、毁灭证据。

被责令候查人员违反前款规定，情节严重的，可以依法予以留置。

第二十四条 被调查人涉嫌贪污贿赂、失职渎职等严重职务违法或者职务犯罪，监察机关已经掌握其部分违法犯罪事实及证据，仍有重要问题需要进一步调查，并有下列情形之一的，经监察机关依法审批，可以将其留置在特定场所：

（一）涉及案情重大、复杂的；

（二）可能逃跑、自杀的；

（三）可能串供或者伪造、隐匿、毁灭证据的；

（四）可能有其他妨碍调查行为的。

对涉嫌行贿犯罪或者共同职务犯罪的涉案人员，监察机关可以依照前款规定采取留置措施。

留置场所的设置、管理和监督依照国家有关规定执行。

第二十五条 对于未被留置的下列人员，监察机关发现存在逃跑、自杀等重大安全风险的，经依法审批，可以进行管护：

（一）涉嫌严重职务违法或者职务犯罪的自动投案人员；

（二）在接受谈话、函询、询问过程中，交代涉嫌严重职务违法或者职务犯罪问题的人员；

（三）在接受讯问过程中，主动交代涉嫌重大职务犯罪问题的人员。

采取管护措施后，应当立即将被管护人员送留置场所，至迟不得超过二十四小时。

第二十六条 监察机关调查涉嫌贪污贿赂、失职渎职等严重职务违法或者职务犯罪，根据工作需要，可以依照规定查询、冻结涉案单位和个人的存款、汇款、债券、股票、基金份额等财产。有关单位和个人应当配合。

冻结的财产经查明与案件无关的，应当在查明后三日内解除冻结，予以退还。

第二十七条 监察机关可以对涉嫌职务犯罪的被调查人以及可能隐藏被调查人或者犯罪证据的人的身体、物品、住处和其他有关地方进行搜查。在搜查时，应当出示搜查证，并有被搜查人或者其家属等见证人在场。

搜查女性身体，应当由女性工作人员进行。

监察机关进行搜查时，可以根据工作需要提请公安机关配合。公安机关应当依法予以协助。

第二十八条 监察机关在调查过程中，可以调取、查封、扣押用以证明被调查人涉嫌违法犯罪的财物、文件和电子数据等信息。采取调取、查封、扣押措施，应当收集原物原件，会同持有人或者保管人、见证人，当面逐一拍照、登记、编号，开列清单，由在场人员当场核对、签名，并将清单副本交财物、文件的持有人或者保管人。

对调取、查封、扣押的财物、文件，监察机关应当设立专用账户、专门场所，确定专门人员妥善保管，严格履行交接、调取手续，定期对账核实，不得毁损或者用于其他目的。对价值不明物品应当及时鉴定，专门封存保管。

查封、扣押的财物、文件经查明与案件无关的，应当在查明后三日内解除查封、扣押，予以退还。

第二十九条 监察机关在调查过程中，可以直接或者指派、聘请具有专门知识的人在调查人员主持下进行勘验检查。勘验检查情况应当制作笔录，由参加勘验检查的人员和见证人签名或者盖章。

必要时，监察机关可以进行调查实验。调查实验情况应当制作笔录，由参加实验的人员签名或者盖章。

第三十条 监察机关在调查过程中，对于案件中的专门性问题，可以指派、聘请有专门知识的人进行鉴定。鉴定人进行鉴定后，应当出具鉴定意见，并且签名。

第三十一条 监察机关调查涉嫌重大贪污贿赂等职务犯罪，根据需要，经过严格的批准手续，可以采取技术调查措施，按照规定交有关机关执行。

批准决定应当明确采取技术调查措施的种类和适用对象，自签发之日起三个月以内有效；对于复杂、疑难案件，期限届满仍有必要继续采取技术调查措施的，经过批准，有效期可以延长，每次不得超过三个月。对于不需要继续采取技术调查措施的，应当及时解除。

第三十二条 依法应当留置的被调查人如果在逃，监察机关可以决定在本行政区域内通缉，由公安机关发布通缉令，追捕归案。通缉范围超出本行政区域的，应当报请有权决定的上级监察机关决定。

第三十三条 监察机关为防止被调查人及相关人员逃匿境外，经省级以上监察机关批准，可以对被调查人及相关人员采取限制出境措施，由公安机关依法执行。对于不需要继续采取限制出境措施的，应当及时解除。

第三十四条 涉嫌职务犯罪的被调查人主动认罪认罚，有下列情形之一的，监察机关经领导人员集体研究，并报上一级监察机关批准，可以在移送人民检察院时提出从宽处罚的建议：

（一）自动投案，真诚悔罪悔过的；

（二）积极配合调查工作，如实供述监察机关还未掌握的违法犯罪行为的；

（三）积极退赃，减少损失的；

（四）具有重大立功表现或者案件涉及国家重大利益等情形的。

第三十五条 职务违法犯罪的涉案人员揭发有关被调查人职务违法犯罪行为，查证属实的，或者提供重要线索，有助于调查其他案件的，监察机关经领导人员集体研究，并报上一级监察机关批准，可以在移送人民检察院时提出从宽处罚的建议。

第三十六条 监察机关依照本法规定收集的物证、书证、证人证言、被调查人供述和辩解、视听资料、电子数据等证据材料，在刑事诉讼中可以作为证据使用。

监察机关在收集、固定、审查、运用证据时，应当与刑事审判关于证据的要求和标准相一致。

以非法方法收集的证据应当依法予以排除，不得作为案件处置的依据。

第三十七条 人民法院、人民检察院、公安机关、审计机关等国家机关在工作中发现公职人员涉嫌贪污贿赂、失职渎职等职务违法或者职务犯罪的问题线索，应当移送监察机关，由监察机关依法调查处置。

被调查人既涉嫌严重职务违法或者职务犯罪，又涉嫌其他违法犯罪的，一般应当由监察机关为主调查，其他机关予以协助。

第五章 监察程序

第三十八条 监察机关对于报案或者举报，应当接受并按照有关规定处理。对于不属于本机关管辖的，应当移送主管机关处理。

第三十九条 监察机关应当严格按照程序开展工作，建立问题线索处置、调查、审理各部门相互协调、相互制约的工作机制。

监察机关应当加强对调查、处置工作全过程的监督管理，设立相应的工作部门履行线索管理、监督检查、督促办理、统计分析等管理协调职能。

第四十条 监察机关对监察对象的问题线索，应当按照有关规定提出处置意见，履行审批手续，进行分类办理。线索处置情况应当定期汇总、通报，定期检查、抽查。

第四十一条 需要采取初步核实方式处置问题线索的，监察机关应当依法履行审批程序，成立核查组。初步核实工作结束后，核查组应当撰写初步核实情况报告，提出处理建议。承办部门应当提出分类处理意见。初步核实情况报告和分类处理意见报监察机关主要负责人审批。

第四十二条 经过初步核实，对监察对象涉嫌职务违法犯罪，需要追究法律责任的，监察机关应当按照规定的权限和程序办理立案手续。

监察机关主要负责人依法批准立案后，应当主持召开专题会议，研究确定调查方案，决定需要采取的调查措施。

立案调查决定应当向被调查人宣布，并通报相关组织。涉嫌严重职务违法或者职务犯罪的，应当通知被调查人家属，并向社会公开发布。

第四十三条 监察机关对职务违法和职务犯罪案件，应当进行调查，收集被调查人有无违法犯罪以及情节轻重的证据，查明违法犯罪事实，形成相互印证、完整稳定的证据链。

调查人员应当依法文明规范开展调查工作。严禁以暴力、威胁、引诱、欺骗及其他非法方式收集证据，严禁侮辱、打骂、虐待、体罚或者变相体罚被调查人和涉案人员。

监察机关及其工作人员在履行职责过程中应当依法保护企业产权和自主经营权，严禁利用职权非法干扰企业生产经营。需要企业经营者协助调查的，应当保障其人身权利、财产权利和其他合法权益，避免或者尽量减少对企业正常生产经营活动的影响。

第四十四条 调查人员采取讯问、询问、强制到案、责令候查、管护、留置、搜查、调取、查封、扣押、勘验检查等调查措施，均应当依照规定出示证件，出具书面通知，由二人以上进行，形成笔录、报告等书面材料，并由相关人员签名、盖章。

调查人员进行讯问以及搜查、查封、扣押等重要取证工作，应当对全过程进行录音录像，留存备查。

第四十五条 调查人员应当严格执行调查方案，不得随意扩大调查范围、变更调查对象和事项。

对调查过程中的重要事项，应当集体研究后按程序请示报告。

第四十六条 采取强制到案、责令候查或者管护措施，应当按照规定的权限和程序，经监察机关主要负责人批准。

强制到案持续的时间不得超过十二小时；需要采取管护或者留置措施的，强制到案持续的时间不得超过二十四小时。不得以连续强制到案的方式变相拘禁被调查人。

责令候查最长不得超过十二个月。

监察机关采取管护措施的，应当在七日以内依法作出留置或者解除管护的决定，特殊情况下可以延长一日至三日。

第四十七条 监察机关采取留置措施，应当由监察机关领导人员集体研究决定。设区的市级以下监察机关采取留置措施，应当报上一级监察机关批准。省级监察机关采取留置措施，应当报国家监察委员会备案。

第四十八条 留置时间不得超过三个月。在特殊情况下，可以延长一次，延长时间不得超过三个月。省级以下监察机关采取留置措施的，延长留置时间应当报上一级监察机关批准。监察机关发现采取留置措施不当或者不需要继续采取留置措施的，应当及时解除或者变更为责令候查措施。

对涉嫌职务犯罪的被调查人可能判处十年有期徒刑以上刑罚，监察机关依照前款规定延长期限届满，仍不能调查终结的，经国家监察委员会批准或者决定，可以再延长二个月。

省级以上监察机关在调查期间，发现涉嫌职务犯罪的被调查人另有与留置时的罪行不同种的重大职务犯罪或者同种的影响罪名认定、量刑档次的重大职务犯罪，经国家监察委员会批准或者决定，自发现之日起依照本条第一款的规定重新计算留置时间。留置时间重新计算以一次为限。

第四十九条 监察机关采取强制到案、责令候查、管护、留置措施，可以根据工作需要提请公安机关配合。公安机关应当依法予以协助。

省级以下监察机关留置场所的看护勤务由公安机关负责，国家监察委员会留置场所的看护勤务由国家另行规定。留置看护队伍的管理依照国家有关规定执行。

第五十条 采取管护或者留置措施后，应当在二十四小时以内，通知被管护人员、被留置人员所在单位和家属，但有可能伪造、隐匿、毁灭证据，干扰证人作证或者串供等有碍调查情形的除外。有碍调查的情形消失后，应当立即通知被管护人员、被留置人员所在单位和家属。解除管护或者留置的，应当及时通知被管护人员、被留置人员所在单位和家属。

被管护人员、被留置人员及其近亲属有权申请变更管护、留置措施。监察机关收到申请后，应当在三日以内作出决定；不同意变更措施的，应当告知申请人，并说明不同意的理由。

监察机关应当保障被强制到案人员、被管护人员以及被留置人员的饮食、休息和安全，提供医疗服务。对其谈话、讯问的，应当合理安排时间和时长，谈话笔录、讯问笔录由被谈话人、被讯问人阅看后签名。

被管护人员、被留置人员涉嫌犯罪移送司法机关后，被依法判处管制、拘役或者有期徒刑的，管护、留置一日折抵管制二日，折抵拘役、有期徒刑一日。

第五十一条 监察机关在调查工作结束后，应当依法对案件事实和证据、性质认定、程序手续、涉案财物等进行全面审理，形成审理报告，提请集体审议。

第五十二条 监察机关根据监督、调查结果，依法作出如下处置：

（一）对有职务违法行为但情节较轻的公职人员，按照管理权限，直接或者委托有关机关、人员，进行谈话提醒、批评教育、责令检查，或者予以诫勉；

（二）对违法的公职人员依照法定程序作出警告、记过、记大过、降级、撤职、开除等政务处分决定；

（三）对不履行或者不正确履行职责负有责任的领导人员，按照管理权限对其直接作出问责决定，或者向有权作出问责决定的机关提出问责建议；

（四）对涉嫌职务犯罪的，监察机关经调查认为犯罪事实清楚，证据确实、充分的，制作起诉意见书，连同案卷材料、证据一并移送人民检察院依法审查、提起公诉；

（五）对监察对象所在单位廉政建设和履行职责存在的问题等提出监察建议。

监察机关经调查，对没有证据证明被调查人存在违法犯罪行为的，应当撤销案件，并通知被调查人所在单位。

第五十三条 监察机关经调查，对违法取得的财物，依法予以没收、追缴或者责令退赔；对涉嫌犯罪取得的财物，应当随案移送人民检察院。

第五十四条 对监察机关移送的案件，人民检察院依照《中华人民共和国刑事诉讼法》对被调查人采取强制措施。

人民检察院经审查，认为犯罪事实已经查清，证据确实、充分，依法应当追究刑事责任的，应当作出起诉决定。

人民检察院经审查，认为需要补充核实的，应当退回监察机关补充调查，必要时可以自行补充侦查。对于补充调查的案件，应当在一个月内补充调查完毕。补充调查以二次为限。

人民检察院对于有《中华人民共和国刑事诉讼法》规定的不起诉的情形的，经上一级人民检察院批准，依法作出不起诉的决定。监察机关认为不起诉的决定有错误的，可以向上一级人民检察院提请复议。

第五十五条 监察机关在调查贪污贿赂、失职渎职等职务犯罪案件过程中，被调查人逃匿或者死亡，有必要继续调查的，应当继续调查并作出结论。被调查人逃匿，在通缉一年后不能到案，或者死亡的，由监察机关提请人民检察院依照法定程序，向人民法院提出没收违法所得的申请。

第五十六条 监察对象对监察机关作出的涉及本人的处理决定不服的，可以在收到处理决定之日起一个月内，向作出决定的监察机关申请复审，复审机关应当在一个月内作出复审决定；监察对象对复审决定仍不服的，可以在收到复审决定之日起一个月内，向上一级监察机关申请复核，复核机关应当在二个月内作出复核决定。复审、复核期间，不停止原处理决定的执行。复核机关经审查，认定处理决定有错误的，原处理机关应当及时予以纠正。

第六章 反腐败国际合作

第五十七条 国家监察委员会统筹协调与其他国家、地区、国际组织开展的反腐败国际交流、合作，组织反腐败国际条约实施工作。

第五十八条 国家监察委员会会同有关单位加强与有关国家、地区、国际组织在反腐败方面开展引渡、移管被判刑人、遣返、联合调查、调查取证、资产追缴和信息交流等执法司法合作和司法协助。

第五十九条 国家监察委员会加强对反腐败国际追逃追赃和防逃工作的组织协调，督促有关单位做好相关工作：

（一）对于重大贪污贿赂、失职渎职等职务犯罪案件，被调查人逃匿到国（境）外，掌握证据比较确凿的，通过开展境外追逃合作，追捕归案；

（二）向赃款赃物所在国请求查询、冻结、扣押、没收、追缴、返还涉案资产；

（三）查询、监控涉嫌职务犯罪的公职人员及其相关人员进出国（境）和跨境资金流动情况，在调查案件过程中设置防逃程序。

第七章 对监察机关和监察人员的监督

第六十条 各级监察委员会应当接受本级人民代表大会及其常务委员会的监督。

各级人民代表大会常务委员会听取和审议本级监察委员会的专项工作报告，组织执法检查。

县级以上各级人民代表大会及其常务委员会举行会议时，人民代表大会代表或者常务委员会组成人员可以依照法律规定的程序，就监察工作中的有关问题提出询问或者质询。

第六十一条 监察机关应当依法公开监察工作信息，接受民主监督、社会监督、舆论监督。

第六十二条 监察机关根据工作需要，可以从各方面代表中聘请特约监察员。特约监察员按照规定对监察机关及其工作人员履行职责情况实行监督。

第六十三条 监察机关通过设立内部专门的监督机构等方式，加强对监察人员执行职务和遵守法律情况的监督，建设忠诚、干净、担当的监察队伍。

第六十四条 监察人员涉嫌严重职务违法或者职务犯罪，为防止造成更为严重的后果或者恶劣影响，监察机关经依法审批，可以对其采取禁闭措施。禁闭的期限不得超过七日。

被禁闭人员应当配合监察机关调查。监察机关经调查发现被禁闭人员符合管护或者留置条件的，可以对其采取管护或者留置措施。

本法第五十条的规定，适用于禁闭措施。

第六十五条 监察人员必须模范遵守宪法和法律，忠于职守、秉公执法，清正廉洁、保守秘密；必须具有良好的政治素质，熟悉监察业务，具备运用法律、法规、政策和调查取证等能力，自觉接受监督。

第六十六条 对于监察人员打听案情、过问案件、说情干预的，办理监察事项的监察人员应当及时报告。有关情况应当登记备案。

发现办理监察事项的监察人员未经批准接触被调查人、涉案人员及其特定关系人，或者存在交往情形的，知情人应当及时报告。有关情况应当登记备案。

第六十七条 办理监察事项的监察人员有下列情形之一的，应当自行回避，监察对象、检举人及其他有关人员也有权要求其回避：

（一）是监察对象或者检举人的近亲属的；

（二）担任过本案的证人的；

（三）本人或者其近亲属与办理的监察事项有利害关系的；

（四）有可能影响监察事项公正处理的其他情形的。

第六十八条 监察机关涉密人员离岗离职后，应当遵守脱密期管理规定，严格履行保密义务，不得泄露相关秘密。

监察人员辞职、退休三年内，不得从事与监察和司法工作相关联且可能发生利益冲突的职业。

第六十九条 监察机关及其工作人员有下列行为之一的，被调查人及其近亲属、利害关系人有权向该机关申诉：

（一）采取强制到案、责令候查、管护、留置或者禁闭措施法定期限届满，不予以解除或者变更的；

（二）查封、扣押、冻结与案件无关或者明显超出涉案范围的财物的；

（三）应当解除查封、扣押、冻结措施而不解除的；

（四）贪污、挪用、私分、调换或者违反规定使用查封、扣押、冻结的财物的；

（五）利用职权非法干扰企业生产经营或者侵害企业经营者人身权利、财产权利和其他合法权益的；

（六）其他违反法律法规、侵害被调查人合法权益的行为。

受理申诉的监察机关应当在受理申诉之日起一个月内作出处理决定。申诉人对处理决定不服的，可以在收到处理决定之日起一个月内向上一级监察机关申请复查，上一级监察机关应当在收到复查申请之日起二个月内作出处理决定，情况属实的，及时予以纠正。

第七十条 对调查工作结束后发现立案依据不充分或者失实，案件处置出现重大失误，监察人员严重违法的，应当追究负有责任的领导人员和直接责任人员的责任。

第八章 法律责任

第七十一条 有关单位拒不执行监察机关作出的处理决定，或者无正当理由拒不采纳监察建议的，由其主管部门、上级机关责令改正，对单位给予通报批评；对负有责任的领导人员和直接责任人员依法给予处理。

第七十二条 有关人员违反本法规定，有下列行为之一的，由其所在单位、主管部门、上级机关或者监察机关责令改正，依法给予处理：

（一）不按要求提供有关材料，拒绝、阻碍调查措施实施等拒不配合监察机关调查的；

（二）提供虚假情况，掩盖事实真相的；

（三）串供或者伪造、隐匿、毁灭证据的；

（四）阻止他人揭发检举、提供证据的；

（五）其他违反本法规定的行为，情节严重的。

第七十三条 监察对象对控告人、检举人、证人或者监察人员进行报复陷害的；控告人、检举人、证人捏造事实诬告陷害监察对象的，依法给予处理。

第七十四条 监察机关及其工作人员有下列行为之一的，对负有责任的领导人员和直接责任人员依法给予处理：

（一）未经批准、授权处置问题线索，发现重大案情隐瞒不报，或者私自留存、处理涉案材料的；

（二）利用职权或者职务上的影响干预调查工作、以案谋私的；

（三）违法窃取、泄露调查工作信息，或者泄露举报事项、举报受理情况以及举报人信息的；

（四）对被调查人或者涉案人员逼供、诱供，或者侮辱、打骂、虐待、体罚或者变相体罚的；

（五）违反规定处置查封、扣押、冻结的财物的；

（六）违反规定发生办案安全事故，或者发生安全事故后隐瞒不报、报告失实、处置不当的；

（七）违反规定采取强制到案、责令候查、管护、留置或者禁闭措施，或者法定期限届满，不予以解除或者变更的；

（八）违反规定采取技术调查、限制出境措施，或者不按规定解除技术调查、限制出境措施的；

（九）利用职权非法干扰企业生产经营或者侵害企业经营者人身权利、财产权利和其他合法权益的；

（十）其他滥用职权、玩忽职守、徇私舞弊的行为。

第七十五条 违反本法规定，构成犯罪的，依法追究刑事责任。

第七十六条 监察机关及其工作人员行使职权，侵犯公民、法人和其他组织的合法权益造成损害的，依法给予国家赔偿。

第九章　附　　则

第七十七条 中国人民解放军和中国人民武装警察部队开展监察工作，由中央军事委员会根据本法制定具体规定。

第七十八条 本法自公布之日起施行。《中华人民共和国行政监察法》同时废止。

中华人民共和国监察法实施条例

（2021 年 7 月 20 日国家监察委员会全体会议决定　2021 年 9 月 20 日国家监察委员会公告第 1 号公布　2025 年 4 月 27 日国家监察委员会全体会议修订　2025 年 6 月 1 日国家监察委员会公告第 2 号公布）

第一章　总　则

第一条　为了推动监察工作法治化、规范化，保障依法公正行使监察权，根据《中华人民共和国监察法》（以下简称监察法），结合工作实际，制定本条例。

第二条　坚持中国共产党对监察工作的全面领导，增强政治意识、大局意识、核心意识、看齐意识，坚定中国特色社会主义道路自信、理论自信、制度自信、文化自信，坚决维护习近平总书记党中央的核心、全党的核心地位，坚决维护以习近平同志为核心的党中央权威和集中统一领导，把党的领导贯彻到监察工作各方面和全过程。

第三条　监察机关与党的纪律检查机关合署办公，坚持法治思维和法治方式，促进执纪执法贯通、有效衔接司法，实现依纪监督和依法监察、适用纪律和适用法律有机融合。

第四条　监察机关应当依法履行监督、调查、处置职责，坚持实事求是，坚持惩前毖后、治病救人，坚持惩戒与教育相结合，实现政治效果、法律效果和社会效果相统一。

第五条　监察机关应当坚定不移惩治腐败，推动深化改革、完善制度，规范权力运行，加强新时代廉洁文化建设，引导公职人员提高觉悟、担当作为、依法履职，一体推进不敢腐、不能腐、不想腐，着力铲除腐败滋生的土壤和条件。

第六条　监察机关坚持民主集中制，对于线索处置、立案调查、案件审理、处置执行、复审复核中的重要事项应当集体研究，严格按照权限履行请示报告程序。

第七条 监察机关应当尊重和保障人权，在适用法律上一律平等，充分保障监察对象以及相关人员的人身权、知情权、财产权、申辩权、申诉权以及申请复审复核权等合法权益。

第八条 监察机关办理职务犯罪案件，应当与人民法院、人民检察院互相配合、互相制约，在案件管辖、证据审查、案件移送、涉案财物处置等方面加强沟通协调，对于人民法院、人民检察院提出的退回补充调查、排除非法证据、调取同步录音录像、要求调查人员出庭等意见依法办理。

第九条 监察机关开展监察工作，可以依法提请组织人事、公安、国家安全、移民管理、审计、统计、市场监管、金融监管、财政、税务、自然资源、银行、证券、保险等有关部门、单位予以协助配合。

有关部门、单位应当根据监察机关的要求，依法协助采取有关措施、共享相关信息、提供相关资料和专业技术支持，配合开展监察工作。

第二章 监察机关及其职责

第一节 领导体制

第十条 国家监察委员会在党中央领导下开展工作。地方各级监察委员会在同级党委和上级监察委员会双重领导下工作，监督执法调查工作以上级监察委员会领导为主，线索处置和案件查办在向同级党委报告的同时应当一并向上一级监察委员会报告。

上级监察委员会应当加强对下级监察委员会的领导。下级监察委员会对上级监察委员会的决定必须执行，认为决定不当的，应当在执行的同时向上级监察委员会反映。上级监察委员会对下级监察委员会作出的错误决定，应当按程序予以纠正，或者要求下级监察委员会予以纠正。

第十一条 上级监察委员会可以依法统一调用所辖各级监察机关的监察人员办理监察事项。调用决定应当以书面形式作出。

监察机关办理监察事项应当加强互相协作和配合，对于重要、复杂事项可以提请上级监察机关予以协调。

第十二条 各级监察委员会依法向本级中国共产党机关、国家机关、中国人民政治协商会议委员会机关、法律法规授权或者受委托管理公共事务的组织和单位以及所管辖的国有企业、事业单位等派驻或者派出监察机构、监察专员。

省级和设区的市级监察委员会依法向地区、盟、开发区等不设置人民代表大会的区域派出监察机构或者监察专员。县级监察委员会和直辖市所辖区（县）监察委员会可以向街道、乡镇等区域派出监察机构或者监察专员。

监察机构、监察专员开展监察工作，受派出机关领导。

第十三条 各级监察委员会派驻或者派出的监察机构、监察专员根据派出机关授权，按照管理权限依法对派驻或者派出监督单位、区域等的公职人员开展监督，对职务违法和职务犯罪进行调查、处置。监察机构、监察专员可以按规定与地方监察委员会联合调查严重职务违法、职务犯罪，或者移交地方监察委员会调查。

前款规定的监察机构、监察专员未被授予职务犯罪调查权的，其发现监察对象涉嫌职务犯罪线索，应当及时向派出机关报告，由派出机关调查或者依法移交有关地方监察委员会调查。

第十四条 经国家监察委员会批准，国家监察委员会有关派驻监察机构、监察专员可以按照监察法第十二条第二款、第三款规定再派出。

再派出监察机构、监察专员开展监察工作，受派出它的监察机构、监察专员领导。

再派出监察机构、监察专员根据授权，按照管理权限依法对再派出监督单位的公职人员开展监督，对职务违法进行调查、处置。职务犯罪的调查、处置，按照本条例第五十二条第二款规定办理。

第二节 监察监督

第十五条 监察机关依法履行监察监督职责，对公职人员政治品行、行使公权力和道德操守情况进行监督检查，督促有关机关、单位加强对所属公职人员的教育、管理、监督。

第十六条 监察机关应当坚决维护宪法确立的国家指导思想，加强对公职人员特别是领导人员坚持党的领导、坚持中国特色社会主义制度，贯彻落实党和国家路线方针政策、重大决策部署，履行从严管理监督职责，依法行使公权力等情况的监督。

第十七条 监察机关应当加强对公职人员理想信念教育、为人民服务教育、宪法法律法规教育和社会主义先进文化、革命文化、中华优秀传统文化教育，弘扬社会主义核心价值观，深入开展警示教育，教育引导公职人员树立正确的权力观、政绩观、事业观，保持为民务实清廉本色。

第十八条 监察机关应当结合公职人员的职责加强日常监督，通过收集群众反映、座谈走访、查阅资料、召集或者列席会议、听取工作汇报和述责述廉、开展监督检查等方式，促进公职人员依法用权、公正用权、为民用权、廉洁用权。

第十九条 监察机关可以与公职人员进行谈心谈话，发现政治品行、行使公权力和道德操守方面有苗头性、倾向性问题的，及时进行教育提醒。

第二十条 监察机关对于发现的行业性、系统性、区域性的突出问题，以及群众反映强烈的问题，可以通过专项监督进行深入了解，督促有关机关、单位强化治理，促进公职人员履职尽责。

第二十一条 监察机关应当加强基层监督工作，促进基层监督资源和力量整合，有效衔接村（居）务监督等各类基层监督，畅通群众监督渠道，及时发现、处理侵害群众利益的不正之风和腐败问题。

第二十二条 监察机关应当以办案促进整改、以监督促进治理，在查清问题、依法处置的同时，剖析问题发生的原因，发现制度建设、权力配置、监督机制等方面存在的问题，向有关机关、单位提出改进工作的意见或者监察建议，促进完善制度，提高治理效能。

对同一行业、系统、区域相关职务违法或者职务犯罪案件，监察机关应当加强类案分析，深入挖掘存在的共性问题，提出综合性改进工作的意见或者监察建议。

第二十三条 监察机关应当依法运用大数据、人工智能等信息化手段，整合各类监督信息资源，强化数据综合分析研判，促进及时预警风险、精准发现问题。

第二十四条 监察机关开展监察监督，应当与纪律监督、派驻监督、巡视监督统筹衔接，与人大监督、民主监督、行政监督、司法监督、审计监督、财会监督、统计监督、群众监督和舆论监督等贯通协调，健全信息、资源、成果共享等机制，形成监督合力。

第三节 监察调查

第二十五条 监察机关依法履行监察调查职责，依据监察法、《中华人民共和国公职人员政务处分法》（以下简称政务处分法）和《中华人民共和国刑法》（以下简称刑法）等规定对职务违法和职务犯罪进行调查。

第二十六条 监察机关负责调查的职务违法是指公职人员实施的与其职务相关联，虽不构成犯罪但依法应当承担法律责任的下列违法行为：

（一）利用职权实施的违法行为；

（二）利用职务上的影响实施的违法行为；

（三）履行职责不力、失职失责的违法行为；

（四）其他违反与公职人员职务相关的特定义务的违法行为。

第二十七条 监察机关发现公职人员存在其他违法行为，具有下列情形之一的，可以依法进行调查、处置：

（一）超过行政违法追究时效，或者超过犯罪追诉时效、未追究刑事责任，但需要依法给予政务处分的；

（二）被追究行政法律责任，需要依法给予政务处分的；

（三）监察机关调查职务违法或者职务犯罪时，对被调查人实施的事实简单、清楚，需要依法给予政务处分的其他违法行为一并查核的。

监察机关发现公职人员成为监察对象前有前款规定的违法行为的，依照前款规定办理。

第二十八条 监察机关依法对监察法第十一条第二项规定的职务犯罪进行调查。

第二十九条 监察机关依法调查涉嫌贪污贿赂犯罪，包括贪污罪，挪用公款罪，受贿罪，单位受贿罪，利用影响力受贿罪，行贿罪，对有影响力的人行贿罪，对单位行贿罪，介绍贿赂罪，单位行贿罪，巨额财产来源不明罪，隐瞒境外存款罪，私分国有资产罪，私分罚没财物罪，以及公职人员在行使公权力过程中实施的职务侵占罪，挪用资金罪，对外国公职人员、国际公共组织官员行贿罪，非国家工作人员受贿罪和相关联的对非国家工作人员行贿罪。

第三十条 监察机关依法调查公职人员涉嫌滥用职权犯罪，包括滥用职权罪，国有公司、企业、事业单位人员滥用职权罪，滥用管理公司、证券职权罪，食品、药品监管渎职罪，故意泄露国家秘密罪，报复陷害罪，阻碍解救被拐卖、绑架妇女、儿童罪，帮助犯罪分子逃避处罚罪，违法发放林木采伐许可证罪，办理偷越国（边）境人员出入境证件罪，放行偷越国（边）境人员罪，挪用特定款物罪，非法剥夺公民宗教信仰自由罪，侵犯少数民族风俗习惯罪，打击报复会计、统计人员罪，以及司法工作人员以外的公职人员利用职权实施的非法拘禁罪、虐待被监管人罪、非法搜查罪。

第三十一条 监察机关依法调查公职人员涉嫌玩忽职守犯罪，包括玩忽职守罪，国有公司、企业、事业单位人员失职罪，签订、履行合同失职被骗罪，国家机关工作人员签订、履行合同失职被骗罪，环境监管失职罪，传染病防治失职罪，商检失职罪，动植物检疫失职罪，不解救被拐卖、绑架妇女、儿童罪，失职造成珍贵文物损毁、流失罪，过失泄露国家秘密罪。

第三十二条 监察机关依法调查公职人员涉嫌徇私舞弊犯罪，包括徇私舞弊低价折股、出售公司、企业资产罪，非法批准征收、征用、占用土地罪，非法低价出让国有土地使用权罪，非法经营同类营业罪，为亲友非法牟利罪，枉法仲裁罪，徇私舞弊发售发票、抵扣税款、出口退税罪，商检徇私舞弊罪，动植物检疫徇私舞弊罪，放纵走私罪，放纵制售伪劣商品犯罪行为罪，招收公务员、学生徇私舞弊罪，徇私舞弊不移交刑事案件罪，违法提供出口退税凭证罪，徇私舞弊不征、少征税款罪。

第三十三条 监察机关依法调查公职人员在行使公权力过程中涉及的重大责任事故犯罪，包括重大责任事故罪，教育设施重大安全事故罪，消防责任事故罪，重大劳动安全事故罪，强令、组织他人违章冒险作业罪，危险作业罪，不报、谎报安全事故罪，铁路运营安全事故罪，重大飞行事故罪，大型群众性活动重大安全事故罪，危险物品肇事罪，工程重大安全事故罪。

第三十四条 监察机关依法调查公职人员在行使公权力过程中涉及的其他犯罪，包括破坏选举罪，背信损害上市公司利益罪，金融工作人员购买假币、以假币换取货币罪，利用未公开信息交易罪，诱骗投资者买卖证券、期货合约罪，背信运用受托财产罪，违法运用资金罪，违法发放贷款罪，吸收客户资金不入账罪，违规出具金融票证罪，对违法票据承兑、付款、保证罪，非法转让、倒卖土地使用权罪，私自开拆、隐匿、毁弃邮件、电报罪，故意延误投递邮件罪，泄露不应公开的案件信息罪，披露、报道不应公开的案件信息罪，接送不合格兵员罪。

第三十五条 监察机关发现依法由其他机关管辖的违法犯罪线索，应当及时移送有管辖权的机关。

监察机关调查结束后，对于应当给予被调查人或者涉案人员行政处罚等其他处理的，依法移送有关机关。

第四节 监察处置

第三十六条 监察机关对违法的公职人员，依据监察法、政务处分法等规定作出政务处分决定。

第三十七条 监察机关在追究违法的公职人员直接责任的同时，依法对履行职责不力、失职失责，造成严重后果或者恶劣影响的领导人员予以问责。

监察机关应当组成调查组依法开展问责调查。调查结束后经集体讨论形成调查报告，需要进行问责的按照管理权限作出问责决定，或者向有权作出问责决定的机关、单位书面提出问责建议。

第三十八条 监察机关对涉嫌职务犯罪的人员，经调查认为犯罪事实清楚，证据确实、充分，需要追究刑事责任的，依法移送人民检察院审查起诉。

第三十九条 监察机关根据监督、调查结果，发现监察对象所在单位具有下列情形之一，需要整改纠正的，依法提出监察建议，推动以案促改工作：

（一）廉政建设方面存在突出问题的；

（二）权力运行制约监督方面存在较大风险的；

（三）监察对象教育管理监督方面存在突出问题的；

（四）执行法律法规制度不到位的；

（五）不履行或者不正确履行法定职责的；

（六）其他需要提出监察建议的情形。

监察机关应当跟踪了解监察建议的采纳情况，指导、督促有关单位限期整改，对未达到整改要求的提出进一步整改意见，推动监察建议落实到位。

第三章 监察范围和管辖

第一节 监察对象

第四十条 监察机关依法对所有行使公权力的公职人员进行监察，实现国家监察全面覆盖。

第四十一条 监察法第十五条第一项所称公务员范围，依据《中华人民共和国公务员法》（以下简称公务员法）确定。

监察法第十五条第一项所称参照公务员法管理的人员，是指有关单位中经批准参照公务员法进行管理的工作人员。

第四十二条 监察法第十五条第二项所称法律、法规授权或者受国家机关依法委托管理公共事务的组织中从事公务的人员，是指在上述组织中，除参照公务员法管理的人员外，对公共事务履行组织、领导、管理、监督等职责的人员，包括具有公共事务管理职能的行业协会等组织中从事公务的人员，以及法定检验检测、检疫等机构中从事公务的人员。

第四十三条 监察法第十五条第三项所称国有企业管理人员，是指国家出资企业中的下列人员：

（一）在国有独资、全资公司、企业中履行组织、领导、管理、监督等职责的人员；

（二）经党组织或者国家机关，国有独资、全资公司、企业，事业单位提名、推荐、任命、批准等，在国有控股、参股公司及其分支机构中履行组织、领导、管理、监督等职责的人员；

（三）经国家出资企业中负有管理、监督国有资产职责的组织批准或者研究决定，代表其在国有控股、参股公司及其分支机构中从事组织、领导、管理、监督等工作的人员。

第四十四条 监察法第十五条第四项所称公办的教育、科研、文化、医疗卫生、体育等单位中从事管理的人员，是指国家为了社会公益目的，由国家机关举办或者其他组织利用国有资产举办的教育、科研、文化、医疗卫生、体育等事业单位中，从事组织、领导、管理、监督等工作的人员。

第四十五条 监察法第十五条第五项所称基层群众性自治组织中从事管理的人员，是指该组织中的下列人员：

（一）从事集体事务和公益事业管理的人员；

（二）从事集体资金、资产、资源管理的人员；

（三）协助人民政府从事行政管理工作的人员，包括从事救灾、防疫、抢险、防汛、优抚、帮扶、移民、救济款物的管理，社会捐助公益事业款物的管理，国有土地的经营和管理，土地征收、征用补偿费用的管理，代征、代缴税款，有关计划生育、户籍、征兵工作，协助人民政府等国家机关在基层群众性自治组织中从事的其他管理工作。

第四十六条 下列人员属于监察法第十五条第六项所称其他依法履行公职的人员：

（一）履行人民代表大会职责的各级人民代表大会代表，履行公职的中国人民政治协商会议各级委员会委员、人民陪审员、人民监督员；

（二）虽未列入党政机关人员编制，但在党政机关中从事公务的人员；

（三）在集体经济组织等单位、组织中，由党组织或者国家机关，国有独资、全资公司、企业，国家出资企业中负有管理监督国有和集体资产职责的组织，事业单位提名、推荐、任命、批准等，从事组织、领导、管理、监督等工作的人员；

（四）在依法组建的评标、谈判、询价等组织中代表国家机关，国有独资、全资公司、企业，事业单位，人民团体临时履行公共事务组织、领导、管理、监督等职责的人员；

（五）其他依法行使公权力的人员。

第四十七条 有关机关、单位、组织集体作出的决定违法或者实施违法行为的，监察机关应当对负有责任的领导人员和直接责任人员中的公职人员依法追究法律责任。

第二节 管 辖

第四十八条 监察机关开展监督、调查、处置，按照管理权限与属地管辖相结合的原则，实行分级负责制。

第四十九条 设区的市级以上监察委员会按照管理权限，依法管辖同级党委管理的公职人员涉嫌职务违法和职务犯罪案件。

县级监察委员会和直辖市所辖区（县）监察委员会按照管理权限，依法管辖本辖区内公职人员涉嫌职务违法和职务犯罪案件。

地方各级监察委员会按照本条例第十三条、第五十二条规定，可以依法管辖工作单位在本辖区内的有关公职人员涉嫌职务违法和职务犯罪案件。

监察机关调查公职人员涉嫌职务犯罪案件，可以依法对涉嫌行贿犯罪、介绍贿赂犯罪或者共同职务犯罪的涉案人员中的非公职人员一并管辖并进行调查处置。非公职人员涉嫌利用影响力受贿罪的，监察机关按照其所利用的公职人员的管理权限确定管辖并进行调查处置。

第五十条 上级监察机关对于下一级监察机关管辖范围内的职务违法和职务犯罪案件，具有下列情形之一的，可以依法提级管辖：

（一）在本辖区有重大影响的；

（二）涉及多个下级监察机关管辖的监察对象，调查难度大的；

（三）其他需要提级管辖的重大、复杂案件。

上级监察机关对于所辖各级监察机关管辖范围内有重大影响的案件，必要时可以依法直接调查或者组织、指挥、参与调查。

地方各级监察机关所管辖的职务违法和职务犯罪案件，具有第一款规定情形的，可以依法报请上一级监察机关管辖。

第五十一条 上级监察机关可以依法将其所管辖的案件指定下级监察机关管辖。

设区的市级监察委员会将同级党委管理的公职人员涉嫌职务违法或者职务犯罪案件指定下级监察委员会管辖的，应当报请省级监察委员会批准；省级监察委员会将同级党委管理的公职人员涉嫌职务违法或者职务犯罪案件指定下级监察委员会管辖的，应当报送国家监察委员会相关监督检查部门备案。

上级监察机关对于下级监察机关管辖的职务违法和职务犯罪案件，具有下列情形之一，认为由其他下级监察机关管辖更为适宜的，可以依法指定给其他下级监察机关管辖：

（一）管辖有争议的；

（二）指定管辖有利于案件公正处理的；

（三）下级监察机关报请指定管辖的；

（四）其他有必要指定管辖的。

被指定的下级监察机关未经指定管辖的监察机关批准，不得将案件再行指定管辖。发现新的职务违法或者职务犯罪线索，以及其他重要情况、重大问题，应当及时向指定管辖的监察机关请示报告。

第五十二条 工作单位在地方、管理权限在主管部门的公职人员涉嫌职务违法和职务犯罪，一般由驻在主管部门、有管辖权的监察机构、监察专员管辖；经协商，监察机构、监察专员可以按规定移交公职人员工作单位所在地的地方监察委员会调查，或者与地方监察委员会联合调查。地方监察委员会在工作中发现上述公职人员有关问题线索，应当向驻在主管部门、有管辖权的监察机构、监察专员通报，并协商确定管辖。

前款规定单位的其他公职人员涉嫌职务违法的，可以由公职人员工作单位所在地的地方监察委员会管辖。涉嫌职务犯罪的，一般由公职人员工作单位所在地的地方监察委员会管辖；因涉及主管部门管理的公职人员等特殊情形，驻在主管部门的监察机构、监察专员认为由自己管辖或者其他地方监察委员会管辖更为适宜的，经与公职人员工作单位所在地的地方监察委员会协商，可以自行调查或者依法办理指定管辖。

地方监察委员会调查前两款规定案件，应当按程序将立案、留置、移送审查起诉、撤销案件等重要情况通报相关监察机构、监察专员。

第五十三条 监察机关办理案件中涉及无隶属关系的其他监察机关的监察对象，认为需要立案调查的，应当商请有管理权限的监察机关依法立案调查。商请立案时，应当提供涉案人员基本情况、已经查明的涉嫌违法犯罪事实以及相关证据材料。

承办案件的监察机关认为由其一并调查更为适宜的，可以报请有权决定的上级监察机关指定管辖。

第五十四条 公职人员既涉嫌贪污贿赂、失职渎职等严重职务违法和职务犯罪，又涉嫌公安机关、人民检察院等机关管辖的犯罪，依法由监察机关为主调查的，应当由监察机关和其他机关分别依职权立案，监察机关承担组织协调职责，协调调查和侦查工作进度、重要调查和侦查措施使用等重要事项。

第五十五条 监察机关必要时可以依法调查司法工作人员利用职权实施的涉嫌非法拘禁、刑讯逼供、非法搜查等侵犯公民权利、损害司法公正的犯罪，并在立案后及时通报同级人民检察院。

监察机关在调查司法工作人员涉嫌贪污贿赂等职务犯罪中，可以对其涉嫌的前款规定的犯罪一并调查，并及时通报同级人民检察院。人民检察院在办理直接受理侦查的案件中，发现犯罪嫌疑人同时涉嫌监察机关管辖的其他职务犯罪，经沟通全案移送监察机关管辖的，监察机关应当依法进行调查。

第五十六条 监察机关对于退休公职人员在退休前或者退休后，或者离职、死亡的公职人员在履职期间实施的涉嫌职务违法或者职务犯罪行为，可以依法进行调查。

对前款规定人员，按照其原任职务的管辖规定确定管辖的监察机关；由其他监察机关管辖更为适宜的，可以依法指定或者交由其他监察机关管辖。

第四章 监察权限

第一节 一般要求

第五十七条 监察机关应当加强监督执法调查工作规范化建设，严格按规定对监察措施进行审批和监管，依照法定的范围、程序和期限采取相关措施，出具、送达法律文书。

第五十八条 监察机关应当根据开展监督执法调查工作的需要、涉嫌职务违法或者职务犯罪行为的严重程度、监察措施适用对象与案件的关联程度，以及采取监察措施的紧急程度等情况，合理确定采取监察措施的对象、种类和期限，不得超过必要限度。禁止违反规定滥用监察措施。

第五十九条 监察机关在初步核实中，可以依法采取谈话、询问、查询、调取、勘验检查、调查实验、鉴定措施；立案后可以采取讯问、强制到案、责令候查、管护、留置、禁闭、冻结、搜查、查封、扣押、通缉措施。发现存在逃跑、自杀等重大安全风险，在立案前依法对监察法第二十五条第一款第一项、第二项规定的人员采取管护措施的，符合立案条件的应当及时立案。需要采取技术调查、限制出境措施的，应当按照规定交有关机关依法执行。设区的市级以下监察机关在初步核实中不得采取技术调查措施。监察机关采取谈话、函询方式处置问题线索的，适用监察法和本条例关于采取该两项措施的相关规定。

开展问责调查，根据具体情况可以依法采取相关监察措施。

第六十条 开展讯问、搜查、查封、扣押以及重要的谈话、询问等调查取证工作，应当全程同步录音录像，并保持录音录像资料的完整性。

对谈话、讯问、询问进行同步录音录像的，谈话笔录、讯问笔录、询问笔录记载的起止时间应当与录音录像资料反映的起止时间一致。谈话笔录、讯问笔录、询问笔录内容应当与录音录像资料内容相符。

同步录音录像资料应当妥善保管、及时归档，留存备查。监察机关案件监督管理部门应当开展常态化检查。人民检察院、人民法院需要调取同步录音录像的，监察机关应当依法予以提供。

第六十一条 需要商请其他监察机关协助收集证据材料的，应当依法出具《委托调查函》；商请其他监察机关对采取措施提供一般性协助的，应当依法出具《商请协助采取措施函》。商请协助事项涉及协助地监察机关管辖的监察对象的，应当由协助地监察机关按照所涉人员的管理权限报批。协助地监察机关对于协助请求，应当依法予以协助配合。

第六十二条 采取、解除或者变更监察措施需要告知、通知相关人员的，应当依法办理。告知包括口头、书面两种方式，除本条例另有规定外，通知应当采取书面方式。采取口头方式告知、通知的，应当将相关情况制作工作记录；采取书面方式告知、通知的，可以通过直接送交、邮寄、转交等途径送达，将有关回执或者凭证附卷。

无法告知、通知，或者相关人员拒绝接收的，调查人员应当在工作记录或者有关文书上记明。

第六十三条 监察机关采取监察措施，依法需要见证人在场的，应当邀请合适的见证人在场。下列人员不得担任见证人：

（一）生理上、精神上有缺陷或者未成年，不具有相应辨别能力或者不能正确表达的人；

（二）与案件有利害关系，可能影响案件公正处理的人；

（三）监察机关的工作人员或者其聘用的人员；

（四）依法协助监察机关采取监察措施的工作人员。

第六十四条 监察机关依法变更强制到案、责令候查、管护、留置以及禁闭等监察强制措施的，原监察强制措施自监察机关采取新的监察强制措施之时自动解除。

第六十五条 县级以上监察机关需要提请公安机关协助采取强制到案、责令候查、管护、留置、搜查措施的，应当按规定报批，请同级公安机关依法予以协助。提请协助时，应当出具提请协助函，列明提请协助的具体事项和建议，协助采取措施的时间、地点等内容，附采取监察措施决定书复印件。

因保密需要，不宜在采取监察措施前向公安机关告知采取措施对象姓名的，可以作出说明，进行保密处理。

需要提请异地公安机关协助采取监察措施的，应当按规定报批，向协作地同级监察机关出具协作函件和相关文书，由协作地监察机关提请当地公安机关依法予以协助。

第二节 证 据

第六十六条 可以用于证明案件事实的材料都是证据，包括：

（一）物证；

（二）书证；

（三）证人证言；

（四）被害人陈述；

（五）被调查人陈述、供述和辩解；

（六）鉴定意见；

（七）勘验检查、辨认、调查实验等笔录；

（八）视听资料、电子数据。

监察机关向有关单位和个人收集、调取证据时，应当告知其必须依法如实提供证据。对于不按要求提供有关材料，泄露相关信息，伪造、隐匿、毁灭证据，提供虚假情况或者阻止他人提供证据的，依法追究法律责任。

监察机关依照监察法和本条例规定收集的证据材料，经审查符合法定要求的，在刑事诉讼中可以作为证据使用。

第六十七条 监察机关认定案件事实应当以证据为根据，全面、客观地收集、固定被调查人有无违法犯罪以及情节轻重的各种证据，形成相互印证、完整稳定的证据链。

只有被调查人陈述或者供述，没有其他证据的，不能认定案件事实；没有被调查人陈述或者供述，证据符合法定标准的，可以认定案件事实。

第六十八条 证据必须经过查证属实，才能作为定案的根据。审查认定证据，应当结合案件的具体情况，从证据与待证事实的关联程度、各证据之间的联系、是否依照法定程序收集等方面进行综合判断。

第六十九条 监察机关调查终结的职务违法案件，应当事实清楚、证据确凿。证据确凿，应当符合下列条件：

（一）定性处置的事实都有证据证实；

（二）定案证据真实、合法；

（三）据以定案的证据之间不存在无法排除的矛盾；

（四）综合全案证据，所认定事实清晰且令人信服。

第七十条 监察机关调查终结的职务犯罪案件，应当事实清楚，证据确实、充分。证据确实、充分，应当符合下列条件：

（一）定罪量刑的事实都有证据证明；

（二）据以定案的证据均经法定程序查证属实；

（三）综合全案证据，对所认定事实已排除合理怀疑。

证据不足的，不得移送人民检察院审查起诉。

第七十一条 调查人员应当依法文明规范开展调查工作。严禁以暴力、威胁、引诱、欺骗以及非法限制人身自由等非法方法收集证据，严禁侮辱、打骂、虐待、体罚或者变相体罚被调查人、涉案人员和证人。

监察机关应当保障被强制到案人员、被管护人员、被留置人员以及被禁闭人员的合法权益，尊重其人格和民族习俗，保障饮食、休息和安全，提供医疗服务。

第七十二条 对于调查人员采用暴力、威胁以及非法限制人身自由等非法方法收集的被调查人供述、证人证言、被害人陈述，应当依法予以排除。

前款所称暴力的方法，是指采用殴打、违法使用戒具等方法或者变相肉刑的恶劣手段，使人遭受难以忍受的痛苦而违背意愿作出供述、证言、陈述；威胁的方法，是指采用以暴力或者严重损害本人及其近亲属合法权益等进行威胁的方法，使人遭受难以忍受的痛苦而违背意愿作出供述、证言、陈述。

收集物证、书证不符合法定程序，可能严重影响案件公正处理的，应当予以补正或者作出合理解释；不能补正或者作出合理解释的，对该证据应当予以排除。

第七十三条 监察机关监督检查、调查、案件审理、案件监督管理等部门发现监察人员在办理案件中，可能存在以非法方法收集证据情形的，应当依据职责进行调查核实。对于被调查人控告、举报调查人员采用非法方法收集证据，并提供涉嫌非法取证的人员、时间、地点、方式和内容等材料或者线索的，应当受理并进行审核。根据现有材料无法证明证据收集合法性的，应当进行调查核实。

经调查核实，确认或者不能排除以非法方法收集证据的，对有关证据依法予以排除，不得作为案件定性处置、移送审查起诉的依据。认定调查人员非法取证的，应当依法处理，另行指派调查人员重新调查取证。

监察机关接到对下级监察机关调查人员采用非法方法收集证据的控告、举报，可以直接进行调查核实，也可以交由下级监察机关调查核实。交由下级监察机关调查核实的，下级监察机关应当及时将调查结果报告上级监察机关。

第七十四条 对收集的证据材料及扣押的财物应当妥善保管，严格履行交接、调用手续，定期对账核实，不得违规使用、调换、损毁或者自行处理。

第七十五条 监察机关对行政机关在行政执法和查办案件中收集的物证、书证、视听资料、电子数据，勘验、检查等笔录，以及鉴定意见等证据材料，经审查符合法定要求的，可以作为证据使用。

根据法律、行政法规规定行使国家行政管理职权的组织在行政执法和查办案件中收集的证据材料，视为行政机关收集的证据材料。

第七十六条 监察机关对人民法院、人民检察院、公安机关、国家安全机关等在刑事诉讼中收集的物证、书证、视听资料、电子数据，勘验、检查、辨认、侦查实验等笔录，以及鉴定意见等证据材料，经审查符合法定要求的，可以作为证据使用。

监察机关办理职务违法案件，对于人民法院生效刑事判决、裁定和人民检察院不起诉决定采信的证据材料，可以直接作为证据使用。

第三节 谈 话

第七十七条 监察机关对涉嫌职务违法的监察对象，可以依法进行谈话，要求其如实说明情况或者作出陈述。

谈话应当个别进行。负责谈话的人员不得少于二人。

第七十八条 对一般性问题线索的处置，可以采取谈话方式进行，对监察对象给予警示、批评、教育。谈话应当在监察机关谈话场所、具备安全保障条件的工作地点等场所进行，明确告知谈话事项，注重谈清问题、取得教育效果。

第七十九条 采取谈话方式处置问题线索的，经审批可以由监察人员或者委托被谈话人所在单位主要负责人等进行谈话。

监察机关谈话应当形成谈话笔录或者记录。谈话结束后，可以根据需要要求被谈话人在十五个工作日以内作出书面说明。被谈话人应当在书面说明每页签名，修改的地方也应当签名。

委托谈话的，受委托人应当在收到委托函后的十五个工作日以内进行谈话。谈话结束后及时形成谈话情况材料报送监察机关，必要时附被谈话人的书面说明。

第八十条 监察机关开展初步核实工作，一般不与被核查人接触；确有需要与被核查人谈话的，应当按规定报批。

第八十一条 监察机关对涉嫌职务违法的被调查人立案后，可以依法进行谈话。

与被调查人首次谈话时，应当出示《被调查人权利义务告知书》，由其签名、捺指印。被调查人拒绝签名、捺指印的，调查人员应当在文书上记明。对于被调查人未被限制人身自由的，应当在首次谈话时出具《谈话通知书》。

与涉嫌严重职务违法的被调查人进行谈话的，应当全程同步录音录像，并告知被调查人。告知情况应当在录音录像中予以反映，并在笔录中记明。

第八十二条 立案后，与被责令候查人员或者未被限制人身自由的被调查人谈话的，应当在具备安全保障条件的场所进行。

调查人员按规定通知被调查人所在单位派员或者被调查人家属陪同被调查人到指定场所的，应当与陪同人员办理交接手续，填写《陪送交接单》。

第八十三条 调查人员与被强制到案人员、被管护人员、被留置人员或者被禁闭人员谈话的，按照法定程序在执行相关监察强制措施的场所进行。

与在押的犯罪嫌疑人、被告人谈话的，应当持以监察机关名义出具的介绍信、工作证件，商请有关案件主管机关依法协助办理。

与在看守所、监狱服刑的人员谈话的，应当持以监察机关名义出具的介绍信、工作证件办理。

第八十四条 与被调查人进行谈话，应当合理安排时间、控制时长，保证其饮食和必要的休息时间。

第八十五条 谈话笔录应当在谈话现场制作。笔录应当详细具体，如实反映谈话情况。笔录制作完成后，应当交给被调查人核对。被调查人没有阅读能力的，应当向其宣读。

笔录记载有遗漏或者差错的，应当补充或者更正，由被调查人在补充或者更正处捺指印。被调查人核对无误后，应当在笔录中逐页签名、捺指印。被调查人拒绝签名、捺指印的，调查人员应当在笔录中记明。调查人员也应当在笔录中签名。

第八十六条 被调查人请求自行书写说明材料的，应当准许。必要时，调查人员可以要求被调查人自行书写说明材料。

被调查人应当在说明材料上逐页签名、捺指印，在末页写明日期。对说明材料有修改的，在修改之处应当捺指印。说明材料应当由二名调查人员接收，在首页记明接收的日期并签名。

第八十七条 本条例第八十一条至第八十六条的规定，也适用于在初步核实中开展的谈话。

第四节　讯　　问

第八十八条　监察机关对涉嫌职务犯罪的被调查人，可以依法进行讯问，要求其如实供述涉嫌犯罪的情况。

第八十九条　讯问被管护人员、被留置人员，应当在留置场所进行。

第九十条　讯问应当个别进行，调查人员不得少于二人。

首次讯问时，应当向被讯问人出示《被调查人权利义务告知书》，由其签名、捺指印。被讯问人拒绝签名、捺指印的，调查人员应当在文书上记明。被讯问人未被限制人身自由的，应当在首次讯问时向其出具《讯问通知书》。

讯问一般按照下列顺序进行：

（一）核实被讯问人的基本情况，包括姓名、曾用名、出生年月日、户籍地、身份证件号码、民族、职业、政治面貌、文化程度、工作单位及职务、住所、家庭情况、社会经历，是否属于党代表大会代表、人大代表、政协委员，是否受到过党纪政务处分，是否受到过刑事处罚等；

（二）告知被讯问人如实供述自己罪行可以依法从宽处理和认罪认罚的法律规定；

（三）讯问被讯问人是否有犯罪行为，让其陈述有罪的事实或者无罪的辩解，应当允许其连贯陈述。

调查人员的提问应当与调查的案件相关。被讯问人对调查人员的提问应当如实回答。调查人员对被讯问人的辩解，应当如实记录，认真查核。

发现涉嫌职务犯罪的被调查人自动投案、如实供述监察机关还未掌握的违法犯罪行为、揭发他人犯罪行为或者提供重要线索等，可能具有自首、立功等法定情节的，应当依法及时讯问。对某一具体涉嫌职务犯罪事实初步查清后，应当在全面梳理分析在案证据的基础上进行讯问。

讯问时，应当告知被讯问人将进行全程同步录音录像。告知情况应当在录音录像中予以反映，并在笔录中记明。

第九十一条　本条例第八十二条至第八十六条的要求，也适用于讯问。

第五节　询　　问

第九十二条　监察机关按规定报批后，可以依法对证人、被害人等人员进行询问，了解核实有关问题或者案件情况。

第九十三条 证人未被限制人身自由的，可以在其工作地点、住所或者其提出的地点进行询问，也可以通知其到指定地点接受询问。到证人提出的地点或者调查人员指定的地点进行询问的，应当在笔录中记明。

调查人员认为有必要或者证人提出需要由所在单位派员或者其家属陪同到询问地点的，应当办理交接手续并填写《陪送交接单》。

第九十四条 询问应当个别进行。负责询问的调查人员不得少于二人。

首次询问时，应当向证人出示《证人权利义务告知书》，由其签名、捺指印。证人拒绝签名、捺指印的，调查人员应当在文书上记明。证人未被限制人身自由的，应当在首次询问时向其出具《询问通知书》。

询问时，应当核实证人身份，问明证人的基本情况，告知证人应当如实提供证据、证言，以及作伪证或者隐匿证据应当承担的法律责任。不得向证人泄露案情，不得采用非法方法获取证言。

询问重大或者有社会影响案件的重要证人，应当对询问过程全程同步录音录像，并告知证人。告知情况应当在录音录像中予以反映，并在笔录中记明。

第九十五条 询问未成年人，应当通知其法定代理人到场。无法通知或者法定代理人不能到场的，应当通知未成年人的其他成年亲属或者所在学校、居住地基层组织的代表等有关人员到场。询问结束后，由法定代理人或者有关人员在笔录中签名。调查人员应当将到场情况记录在案。

询问聋、哑人，应当有通晓聋、哑手势的人员参加。调查人员应当在笔录中记明证人的聋、哑情况，以及翻译人员的姓名、工作单位和职业。询问不通晓当地通用语言、文字的证人，应当有翻译人员。询问结束后，由翻译人员在笔录中签名。

第九十六条 凡是知道案件情况的人，都有如实作证的义务。对故意提供虚假证言的证人，应当依法追究法律责任。

证人或者其他任何人不得帮助被调查人伪造、隐匿、毁灭证据或者串供，不得实施其他干扰调查活动的行为。

第九十七条 证人、鉴定人、被害人因作证，本人或者近亲属人身安全面临危险，向监察机关请求保护的，监察机关应当受理并及时进行审查；对于确实存在人身安全危险的，监察机关应当采取必要的保护措施。监察机关发现存在上述情形的，应当主动采取保护措施。

监察机关可以采取下列一项或者多项保护措施：

（一）不公开真实姓名、住址和工作单位等个人信息；

（二）禁止特定的人员接触证人、鉴定人、被害人及其近亲属；

（三）对人身和住宅采取专门性保护措施；

（四）其他必要的保护措施。

依法决定不公开证人、鉴定人、被害人的真实姓名、住址和工作单位等个人信息的，可以在询问笔录等法律文书、证据材料中使用化名。但是应当另行书面说明使用化名的情况并标明密级，单独成卷。

监察机关采取保护措施需要协助的，可以提请公安机关等有关单位和要求有关个人依法予以协助。

第九十八条 本条例第八十三条至第八十六条的要求，也适用于询问。询问重要涉案人员，根据情况适用本条例第八十二条的规定。

询问被害人，适用询问证人的规定。

第六节 强制到案

第九十九条 监察机关调查严重职务违法或者职务犯罪，对于经通知无正当理由不到案的被调查人，经依法审批，可以强制其到监察机关谈话场所或者留置场所接受调查。

首次通知到案一般应当以书面方式，确因情况紧急无法书面通知的，可以通过电话等方式通知，并将相关情况制作工作记录。

采取强制到案措施时，调查人员不得少于二人，应当向被强制到案人员出具《强制到案决定书》。

第一百条 监察机关应当立即将被强制到案人员送至监察机关谈话场所或者留置场所。强制到案的时间自被强制到案人员到达相关场所时起算。

被强制到案人员到案后，应当要求其在《强制到案决定书》上填写到案时间，并签名、捺指印；强制到案结束后，应当要求被强制到案人员在《强制到案决定书》上填写结束时间，并签名、捺指印。被强制到案人员拒绝填写或者签名、捺指印的，调查人员应当在文书上记明。

一次强制到案持续的时间不得超过十二小时；依法需要采取管护或者留置措施的，按规定报批后，强制到案持续的时间不得超过二十四小时。两次强制到案间隔的时间不得少于二十四小时，不得以连续强制到案的方式变相拘禁被调查人。两次强制到案的间隔时间从第一次强制到案结束时起算。

第一百零一条 监察机关强制被调查人到案后，应当对涉嫌职务违法的被调查人及时谈话，对涉嫌职务犯罪的被调查人及时讯问。

第一百零二条 监察机关在强制到案期限内未作出采取其他监察强制措施决定的，强制到案期满，应当立即结束强制到案。

第七节 责令候查

第一百零三条 监察机关调查严重职务违法或者职务犯罪，对于符合监察法第二十三条第一款规定的，经依法审批，可以对被调查人采取责令候查措施。

第一百零四条 采取责令候查措施时，调查人员不得少于二人，应当向被责令候查人员宣布《责令候查决定书》，出示《被责令候查人员权利义务告知书》，由被责令候查人员签名、捺指印，要求其遵守监察法第二十三条第二款的规定，告知其违反规定应负的法律责任。被责令候查人员拒绝签名、捺指印的，调查人员应当在文书上记明。

监察机关将其他监察强制措施变更为责令候查措施的，应当按照前款规定履行权利义务告知程序。

责令候查最长不得超过十二个月，自向被责令候查人员宣布之日起算。

第一百零五条 除无法通知的以外，监察机关应当在采取责令候查措施后二十四小时以内，通知被责令候查人员所在单位和家属。当面通知的，由有关人员在《责令候查通知书》上签名。无法当面通知的，可以先以电话等方式通知，并通过邮寄、转交等方式送达《责令候查通知书》，要求有关人员在《责令候查通知书》上签名。有关人员拒绝签名的，调查人员应当在文书上记明。

第一百零六条 责令候查应当由决定采取责令候查措施的监察机关执行。

执行责令候查的监察机关应当履行下列职责：

（一）监督、考察被责令候查人员遵守有关规定，及时掌握其活动、住址、工作单位、联系方式及变动情况；

（二）审批被责令候查人员离开所居住的直辖市、设区的市的城市市区或者不设区的市、县的辖区（以下统称所居住的市、县）的申请；

（三）被责令候查人员违反应当遵守的规定的，及时制止或者纠正；

（四）会同被责令候查人员所在单位、家属等对被责令候查人员开展思想教育、心理疏导工作。

第一百零七条 被责令候查人员未经批准不得离开所居住的市、县。确有正当理由需要离开的，应当经决定采取责令候查措施的监察机关批准。

在同一直辖市、设区的市内跨区活动的，不属于离开所居住的市、县。

本条第一款所称正当理由，是指就医、就学、参与诉讼、往返居住地与工作地、处理重要家庭事务或者参加重要公务、商务活动等。

第一百零八条 被责令候查人员需要离开所居住的市、县的，应当向监察机关提出书面申请，并注明事由、目的地、路线、交通方式、往返日期、联系方式等。监察机关应当自收到书面申请之日起三日以内作出决定。被责令候查人员有紧急事由，无法及时提出书面申请的，可以先行通过电话等方式提出申请，并及时补办书面申请手续。

监察机关批准被责令候查人员离开所居住的市、县的申请后，应当告知其遵守下列要求：

（一）保持联系方式畅通，并在接到通知后及时到案接受调查；

（二）严格按照批准的地点、路线、往返日期出行；

（三）不得从事妨碍调查的活动；

（四）返回居住地后及时向执行机关报告。

对于被责令候查人员因正常工作或者生活需要经常性离开所居住的市、县的，可以根据情况简化批准程序，一次性审批其在特定期间内按照批准的地点、路线出行。

第一百零九条 被责令候查人员具有下列情形之一的，可以认定为监察法第二十三条第三款所规定的违反责令候查规定，情节严重：

（一）企图逃跑、自杀的；

（二）实施伪造、隐匿、毁灭证据或者串供、干扰证人作证行为，严重影响调查工作正常进行的；

（三）对举报人、控告人、被害人、证人、鉴定人等相关人员实施打击报复的；

（四）未经批准，擅自离开所居住的市、县，严重影响调查工作正常进行，或者两次未经批准，擅自离开所居住的市、县的；

（五）经通知无正当理由不到案，严重影响调查工作正常进行，或者两次经通知无正当理由不到案的；

（六）住址、工作单位和联系方式等发生变动，未按规定向监察机关报告，导致无法通知到案，严重影响调查工作正常进行的。

依照监察法第二十三条第一款第三项规定被责令候查的人员，违反责令候查规定，情节严重，依法应予留置的，省级监察机关应当报请国家监察委员会批准，设区的市级以下监察机关应当逐级报送省级监察机关批准。

第一百一十条 被管护人员、被留置人员、被禁闭人员及其近亲属向监察机关申请变更为责令候查措施的，应当以书面方式提出。监察机关收到申请后，应当在三日以内作出决定。经审查，符合责令候查条件的，可以将管护、留置或者禁闭措施依法变更为责令候查措施；不符合责令候查条件的，应当告知申请人，并说明不同意的理由。

第一百一十一条 对被责令候查人员不需要继续采取责令候查措施或者责令候查期满的，应当按规定报批后解除责令候查措施。调查人员应当向被责令候查人员宣布《解除责令候查决定书》，由其签名、捺指印。被责令候查人员拒绝签名、捺指印的，调查人员应当在文书上记明。

解除责令候查措施的，应当及时通知被责令候查人员所在单位和家属。当面通知的，由有关人员在《解除责令候查通知书》上签名。无法当面通知的，可以先以电话等方式通知，并通过邮寄、转交等方式送达《解除责令候查通知书》，要求有关人员在《解除责令候查通知书》上签名。有关人员拒绝签名的，调查人员应当在文书上记明。

第一百一十二条 案件依法移送人民检察院审查起诉的，责令候查措施自移送之日自动解除，不再办理解除法律手续。

第八节 管　　护

第一百一十三条 监察机关对于符合监察法第二十五条第一款规定的未被留置人员，经依法审批，可以对其采取管护措施。

第一百一十四条 采取管护措施时，调查人员不得少于二人，应当向被管护人员宣布《管护决定书》，告知被管护人员权利义务，要求其在《管护决定书》上签名、捺指印。被管护人员拒绝签名、捺指印的，调查人员应当在文书上记明。

第一百一十五条 采取管护措施后，应当立即将被管护人员送留置场所，至迟不得超过二十四小时。

第一百一十六条 采取管护措施后，应当在二十四小时以内通知被管护人员所在单位和家属。当面通知的，由有关人员在《管护通知书》上签名。无法当面通知的，可以先以电话等方式通知，并通过邮寄、转交等方式送达《管护通知书》，要求有关人员在《管护通知书》上签名。有关人员拒绝签名的，调查人员应当在文书上记明。

因可能伪造、隐匿、毁灭证据，干扰证人作证或者串供等有碍调查情形而不宜通知的，应当按规定报批，记录在案。有碍调查的情形消失后，应当立即通知被管护人员所在单位和家属。

第一百一十七条 监察机关采取管护措施后，应当在二十四小时以内对被管护人员进行谈话、讯问。

第一百一十八条 管护时间不得超过七日，自向被管护人员宣布之日起算。因案情复杂、疑难，在七日以内无法作出留置或者解除管护决定的，经审批可以延长一日至三日。

延长管护时间的，应当在管护期满前向被管护人员宣布延长管护时间的决定，要求其在《延长管护时间决定书》上签名、捺指印。被管护人员拒绝签名、捺指印的，调查人员应当在文书上记明。

延长管护时间的，应当及时通知被管护人员所在单位和家属。

第一百一十九条 对被管护人员不需要继续采取管护措施的，应当按规定报批后解除管护或者变更为责令候查措施。管护期满的，应当按规定报批后予以解除。

解除管护措施的，调查人员应当向被管护人员宣布解除管护措施的决定，由其在《解除管护决定书》上签名、捺指印；变更为责令候查措施的，应当向被管护人员宣布变更为责令候查措施的决定，由其在《变更管护决定书》上签名、捺指印。被管护人员拒绝签名、捺指印的，调查人员应当在文书上记明。

解除管护措施或者变更为责令候查措施的，应当及时通知被管护人员所在单位和家属、申请人。调查人员应当与交接人办理交接手续，并由其在《解除管护通知书》或者《变更管护通知书》上签名。无法通知或者有关人员拒绝签名的，调查人员应当在文书上记明。不得因办理交接手续延迟解除或者变更管护措施。

第一百二十条 在管护期满前，将管护措施变更为留置措施的，按照本条例关于采取留置措施的规定执行。

第九节 留 置

第一百二十一条 监察机关调查严重职务违法或者职务犯罪，对于符合监察法第二十四条第一款规定的，经依法审批，可以对被调查人采取留置措施。

监察法第二十四条第一款规定的已经掌握其部分违法犯罪事实及证据，是指同时具备下列情形：

（一）有证据证明发生了违法犯罪事实；

（二）有证据证明该违法犯罪事实是被调查人实施；

（三）证明被调查人实施违法犯罪行为的证据已经查证属实。

部分违法犯罪事实，既可以是单一违法犯罪行为的事实，也可以是数个违法犯罪行为中任何一个违法犯罪行为的事实。

监察法第二十四条第一款规定的重要问题，是指对被调查人涉嫌的严重职务违法或者职务犯罪，在定性处置、定罪量刑等方面有重要影响的事实、情节及证据。

第一百二十二条 被调查人具有下列情形之一的，可以认定为监察法第二十四条第一款第二项所规定的可能逃跑、自杀：

（一）着手准备自杀、自残或者逃跑的；

（二）曾经有自杀、自残或者逃跑行为的；

（三）有自杀、自残或者逃跑意图的；

（四）其他可能逃跑、自杀的情形。

第一百二十三条 被调查人具有下列情形之一的，可以认定为监察法第二十四条第一款第三项所规定的可能串供或者伪造、隐匿、毁灭证据：

（一）曾经或者企图串供，伪造、隐匿、毁灭、转移证据的；

（二）曾经或者企图威逼、恐吓、利诱、收买证人，干扰证人作证的；

（三）有同案人或者与被调查人存在密切关联违法犯罪的涉案人员在逃，重要证据尚未收集完成的；

（四）其他可能串供或者伪造、隐匿、毁灭证据的情形。

第一百二十四条 被调查人具有下列情形之一的，可以认定为监察法第二十四条第一款第四项所规定的可能有其他妨碍调查行为：

（一）可能继续实施违法犯罪行为的；

（二）有危害国家安全、公共安全等现实危险的；

（三）可能对举报人、控告人、被害人、证人、鉴定人等相关人员实施打击报复的；

（四）无正当理由拒不到案，严重影响调查的；

（五）其他可能妨碍调查的行为。

第一百二十五条 对下列人员不得采取留置措施：

（一）患有严重疾病、生活不能自理的；

（二）怀孕或者正在哺乳自己婴儿的妇女；

（三）生活不能自理的人的唯一扶养人。

上述情形消失后，根据调查需要可以对相关人员采取留置措施。

第一百二十六条 采取留置措施时，调查人员不得少于二人，应当向被留置人员宣布《留置决定书》，告知被留置人员权利义务，要求其在《留置决定书》上签名、捺指印。被留置人员拒绝签名、捺指印的，调查人员应当在文书上记明。

第一百二十七条 采取留置措施后，应当在二十四小时以内通知被留置人员所在单位和家属。当面通知的，由有关人员在《留置通知书》上签名。无法当面通知的，可以先以电话等方式通知，并通过邮寄、转交等方式送达《留置通知书》，要求有关人员在《留置通知书》上签名。有关人员拒绝签名的，调查人员应当在文书上记明。

因可能伪造、隐匿、毁灭证据，干扰证人作证或者串供等有碍调查情形而不宜通知的，应当按规定报批，记录在案。有碍调查的情形消失后，应当立即通知被留置人员所在单位和家属。

第一百二十八条 监察机关采取留置措施后，应当在二十四小时以内对涉嫌职务违法的被调查人进行谈话，对涉嫌职务犯罪的被调查人进行讯问。

第一百二十九条 留置时间不得超过三个月，自向被留置人员宣布之日起算。具有下列情形之一的，经审批可以延长一次，延长时间不得超过三个月：

（一）案情重大，严重危害国家利益或者公共利益的；

（二）案情复杂，涉案人员多、金额巨大，涉及范围广的；

（三）重要证据尚未收集完成，或者重要涉案人员尚未到案，导致违法犯罪的主要事实仍须继续调查的；

（四）其他需要延长留置时间的情形。

省级以下监察机关采取留置措施的，延长留置时间应当报请上一级监察机关批准。

延长留置时间的，应当在留置期满前向被留置人员宣布延长留置时间的决定，要求其在《延长留置时间决定书》上签名、捺指印。被留置人员拒绝签名、捺指印的，调查人员应当在文书上记明。

延长留置时间的，应当及时通知被留置人员所在单位和家属。

第一百三十条 对涉嫌职务犯罪的被调查人可能判处十年有期徒刑以上刑罚，监察机关按照本条例第一百二十九条规定延长期限届满，仍不能调查终结的，经审批可以再延长，再延长时间不得超过二个月。

省级以下监察机关需要再延长留置时间的，应当逐级报送国家监察委员会批准。

再延长留置时间的，应当在留置期满前向被留置人员宣布再延长留置时间的决定，要求其在《再延长留置时间决定书》上签名、捺指印。被留置人员拒绝签名、捺指印的，调查人员应当在文书上记明。

再延长留置时间的，应当及时通知被留置人员所在单位和家属。

第一百三十一条 报请批准延长或者再延长留置时间，应当在报请材料中写明被留置人员基本情况、主要案情和留置后调查工作进展情况、下一步调查工作计划、延长或者再延长留置时间的具体理由及起止时间。

报请批准延长或者再延长留置时间，应当根据案件具体情况和实际工作需要，提出合理、必要的时间建议。

上级监察机关收到报请批准延长或者再延长留置时间的申请后，应当及时研究，在原留置期限届满前按程序作出决定。

第一百三十二条 省级以上监察机关在调查期间，发现涉嫌职务犯罪的被调查人另有与留置时的罪行不同种的重大职务犯罪或者同种的影响罪名认定、量刑档次的重大职务犯罪，经审批可以依照监察法第四十八条第三款的规定重新计算留置时间。留置时间重新计算以一次为限。

依照前款规定重新计算留置时间的，国家监察委员会调查部门应当自发现之日起五日以内履行报批程序，省级监察机关应当自发现之日起五日以内报请国家监察委员会批准。

重新计算留置时间的，应当自作出决定之日起五日以内向被留置人员宣布，要求其在《重新计算留置时间决定书》上签名、捺指印，并及时通知被留置人员所在单位和家属。被留置人员拒绝签名、捺指印的，调查人员应当在文书上记明。

第一百三十三条 重新计算留置时间的，留置时间不得超过三个月。新发现的罪行具有本条例第一百二十九条、第一百三十条规定情形的，可以依法延长和再延长留置时间。但是，此前已经根据本条例第一百三十条规定再延长留置时间的，不得再次适用该规定再延长留置时间。

第一百三十四条 对被留置人员不需要继续采取留置措施的，应当按规定报批后解除留置或者变更为责令候查措施。留置期满的，应当按规定报批后予以解除。

解除留置措施的，调查人员应当向被留置人员宣布解除留置措施的决定，由其在《解除留置决定书》上签名、捺指印；变更为责令候查措施的，应当向被留置人员宣布变更为责令候查措施的决定，由其在《变更留置决定书》上签名、捺指印。被留置人员拒绝签名、捺指印的，调查人员应当在文书上记明。

解除留置措施或者变更为责令候查措施的，应当及时通知被留置人员所在单位和家属、申请人。调查人员应当与交接人办理交接手续，并由其在《解除留置通知书》或者《变更留置通知书》上签名。无法通知或者有关人员拒绝签名的，调查人员应当在文书上记明。不得因办理交接手续延迟解除或者变更留置措施。

案件依法移送人民检察院审查起诉的，留置措施自犯罪嫌疑人被执行拘留时自动解除，不再办理解除法律手续。

第十节 查询、冻结

第一百三十五条 监察机关调查严重职务违法或者职务犯罪，根据工作需要，按规定报批后，可以依法查询、冻结涉案单位和个人的存款、汇款、债券、股票、基金份额等财产。

第一百三十六条 查询、冻结财产时，调查人员不得少于二人。调查人员应当出具《协助查询财产通知书》或者《协助冻结财产通知书》，送交银行或者其他金融机构、邮政部门等单位执行。有关单位和个人应当予以配合，并严格保密。

查询财产应当在《协助查询财产通知书》中填写查询账号、查询内容等信息。没有具体账号的，应当填写足以确定账户或者权利人的自然人姓名、身份证件号码或者市场主体名称、统一社会信用代码等信息。

冻结财产应当在《协助冻结财产通知书》中填写冻结账户名称、冻结账号、冻结数额、冻结期限起止时间等信息。冻结数额应当具体、明确，暂时无法确定具体数额的，应当在《协助冻结财产通知书》上明确写明"只收不付"。冻结证券和交易结算资金时，应当明确冻结的范围是否及于孳息。

冻结财产，应当为被调查人及其所扶养的亲属保留必需的生活费用。

第一百三十七条 调查人员可以根据需要对查询结果进行打印、抄录、复制、拍照，要求相关单位在有关材料上加盖证明印章。对查询结果有疑问的，可以要求相关单位进行书面解释并加盖印章。

第一百三十八条 监察机关对查询信息应当加强管理，规范信息交接、调阅、使用程序和手续，防止滥用和泄露。

调查人员不得查询与案件调查工作无关的信息。

第一百三十九条 冻结财产的期限不得超过六个月。冻结期限到期未办理续冻手续的，冻结自动解除。

有特殊原因需要延长冻结期限的，应当在到期前按原程序报批，办理续冻手续。每次续冻期限不得超过六个月。

第一百四十条 已被冻结的财产可以轮候冻结，不得重复冻结。轮候冻结的，监察机关应当要求有关银行或者其他金融机构等单位在解除冻结或者作出处理前予以通知。

监察机关接受司法机关、其他监察机关等国家机关移送的涉案财物后，该国家机关采取的冻结期限届满，监察机关续行冻结的顺位与该国家机关冻结的顺位相同。

第一百四十一条 冻结财产应当通知权利人或者其法定代理人、委托代理人，要求其在《冻结财产告知书》上签名。冻结股票、债券、基金份额等财产，应当告知权利人或者其法定代理人、委托代理人有权申请出售。

对于被冻结的股票、债券、基金份额等财产，权利人或者其法定代理人、委托代理人申请出售，不损害国家利益、被害人利益，不影响调查正常进行的，经审批可以在案件办结前由相关机构依法出售或者变现。对于被冻结的汇票、本票、支票即将到期的，经审批可以在案件办结前由相关机构依法出售或者变现。出售上述财产的，应当出具《许可出售冻结财产通知书》。

出售或者变现所得价款应当继续冻结在其对应的银行账户中；没有对应的银行账户的，应当存入监察机关指定的专用账户保管，并将存款凭证送监察机关登记。监察机关应当及时向权利人或者其法定代理人、委托代理人出具《出售冻结财产通知书》，并要求其签名。拒绝签名的，调查人员应当在文书上记明。

第一百四十二条 对于冻结的财产，应当及时核查。经查明与案件无关的，经审批，应当在查明后三日以内将《解除冻结财产通知书》送交有关单位执行。解除情况应当告知被冻结财产的权利人或者其法定代理人、委托代理人。

第十一节 搜 查

第一百四十三条 监察机关调查职务犯罪案件，为了收集犯罪证据、查获被调查人，按规定报批后，可以依法对被调查人以及可能隐藏被调查人或者犯罪证据的人的身体、物品、住处、工作地点和其他有关地方进行搜查。

第一百四十四条 搜查应当在调查人员主持下进行，调查人员不得少于二人。搜查女性的身体，由女性工作人员进行。

搜查时，应当有被搜查人或者其家属、其所在单位工作人员或者其他见证人在场。调查人员应当向被搜查人或者其家属、见证人出示《搜查证》，要求其签名或者盖章。被搜查人或者其家属不在场，或者拒绝签名、盖章的，调查人员应当在文书上记明。

第一百四十五条 搜查时，应当要求在场人员予以配合，不得进行阻碍。对以暴力、威胁等方法阻碍搜查的，应当依法制止。对阻碍搜查构成违法犯罪的，依法追究法律责任。

第一百四十六条 对搜查取证工作，应当全程同步录音录像。

对搜查情况应当制作《搜查笔录》，由调查人员和被搜查人或者其家属、见证人签名或者盖章。被搜查人或者其家属不在场，或者拒绝签名、盖章的，调查人员应当在笔录中记明。

对于查获的重要物证、书证、视听资料、电子数据及其放置、存储位置应当拍照，并在《搜查笔录》中作出文字说明。

第一百四十七条 搜查时，应当避免未成年人或者其他不适宜在搜查现场的人在场。

搜查人员应当服从指挥、文明执法，不得擅自变更搜查对象和扩大搜查范围，严禁单独进入搜查区域。搜查的具体时间、方法，在实施前应当严格保密。

第一百四十八条 在搜查过程中查封、扣押财物和文件的，按照查封、扣押的有关规定办理。

第十二节 调 取

第一百四十九条 监察机关按规定报批后，可以依法向有关单位和个人调取用以证明案件事实的证据材料。

第一百五十条 调取证据材料时，调查人员不得少于二人。调查人员应当依法出具《调取证据通知书》，必要时附《调取证据清单》。

有关单位和个人配合监察机关调取证据，应当严格保密。

第一百五十一条 调取物证应当调取原物。原物不便搬运、保存，或者依法应当返还，或者因保密工作需要不能调取原物的，可以将原物封存，并拍照、录像。对原物拍照或者录像时，应当足以反映原物的外形、内容。

调取书证、视听资料应当调取原件。取得原件确有困难或者因保密工作需要不能调取原件的，可以调取副本或者复制件。

调取物证的照片、录像和书证、视听资料的副本、复制件的，应当书面记明不能调取原物、原件的原因，原物、原件存放地点，制作过程，是否与原物、原件相符，并由调查人员和物证、书证、视听资料原持有人签名或者盖章。持有人无法签名、盖章或者拒绝签名、盖章的，应当在笔录中记明，由见证人签名。

第一百五十二条 调取外文材料作为证据使用的，应当交由具有资质的机构和人员出具中文译本。中文译本应当加盖翻译机构公章。

第一百五十三条 收集、提取电子数据，能够扣押原始存储介质的，应当予以扣押、封存并在笔录中记录封存状态。无法扣押原始存储介质的，可以采取调取、勘验检查措施，通过现场或者网络远程收集、提取电子数据，但应当在笔录中记明不能扣押的原因、原始存储介质的存放地点或者电子数据的来源等情况。

由于客观原因无法或者不宜采取前款规定方式收集、提取电子数据的，可以采取打印、拍照或者录像等方式固定相关证据，并在笔录中说明原因。

收集、提取的电子数据，足以保证完整性，无删除、修改、增加等情形的，可以作为证据使用。

收集、提取电子数据，应当制作笔录，记录案由、对象、内容，收集、提取电子数据的时间、地点、方法、过程，并附电子数据清单，注明类别、文件格式、完整性校验值等，由调查人员、电子数据持有人（提供人）签名或者盖章；电子数据持有人（提供人）无法签名或者拒绝签名的，应当在笔录中记明，由见证人签名或者盖章。有条件的，应当对相关活动进行录像。

第一百五十四条 调取的物证、书证、视听资料等原件，经查明与案件无关的，经审批，应当在查明后三日以内退还，并办理交接手续。

第十三节 查封、扣押

第一百五十五条 监察机关按规定报批后，可以依法查封、扣押用以证明被调查人涉嫌违法犯罪以及情节轻重的财物、文件、电子数据等证据材料。

对于被调查人到案时随身携带的物品，以及被调查人或者其他相关人员主动上交的财物和文件，依法需要扣押的，依照前款规定办理。对于被调查人随身携带的与案件无关的个人用品，应当逐件登记，随案移交或者退还。

第一百五十六条 对查封、扣押工作，应当全程同步录音录像。

查封、扣押时，应当出具《查封/扣押通知书》，调查人员不得少于二人。持有人拒绝交出应当查封、扣押的财物和文件的，可以依法强制查封、扣押。

调查人员对于查封、扣押的财物和文件，应当会同在场见证人和被查封、扣押财物持有人进行清点核对，开列《查封/扣押财物、文件清单》，由调查人员、见证人和持有人签名或者盖章。持有人不在场或者拒绝签名、盖章的，调查人员应当在清单上记明。

查封、扣押财物，应当为被调查人及其所扶养的亲属保留必需的生活费用和物品。

第一百五十七条 查封、扣押不动产和置于该不动产上不宜移动的设施、家具和其他相关财物，以及车辆、船舶、航空器和大型机械、设备等财物，必要时可以依法扣押其权利证书，经拍照或者录像后原地封存。调查人员应当在查封清单上记明相关财物的所在地址和特征，已经拍照或者录像及其权利证书被扣押的情况，由调查人员、见证人和持有人签名或者盖章。持有人不在场或者拒绝签名、盖章的，调查人员应当在清单上记明。

查封、扣押前款规定财物的，必要时可以将被查封财物交给持有人或者其近亲属保管。调查人员应当告知保管人妥善保管，不得对被查封财物进行转移、变卖、毁损、抵押、赠予等处理。

调查人员应当将《查封/扣押通知书》送达不动产、生产设备或者车辆、船舶、航空器等财物的登记、管理部门，告知其在查封期间禁止办理抵押、转让、出售等权属关系变更、转移登记手续。相关情况应当在查封清单上记明。被查封、扣押的财物已经办理抵押登记的，监察机关在执行没收、追缴、责令退赔等决定时应当及时通知抵押权人。

第一百五十八条 查封、扣押下列物品，应当依法进行相应的处理：

（一）查封、扣押外币、金银珠宝、文物、名贵字画以及其他不易辨别真伪的贵重物品，具备当场密封条件的，应当当场密封，由二名以上调查人员在密封材料上签名并记明密封时间。不具备当场密封条件的，应当在笔录中记明，以拍照、录像等方法加以保全后进行封存。查封、扣押的贵重物品需要鉴定的，应当及时鉴定。

（二）查封、扣押存折、银行卡、有价证券等支付凭证和具有一定特征能够证明案情的现金，应当记明特征、编号、种类、面值、张数、金额等，当场密封，由二名以上调查人员在密封材料上签名并记明密封时间。

（三）查封、扣押易损毁、灭失、变质等不宜长期保存的物品以及有消费期限的卡、券，应当在笔录中记明，以拍照、录像等方法加以保全后进行封存，或者经审批委托有关机构变卖、拍卖。变卖、拍卖的价款存入专用账户保管，待调查终结后一并处理。

（四）对于可以作为证据使用的录音录像、电子数据存储介质，应当记明案由、对象、内容，录制、复制的时间、地点、规格、类别、应用长度、文件格式及长度等，制作清单。具备查封、扣押条件的电子设备、存储介质应当密封保存。必要时，可以请有关机关协助。

（五）对被调查人使用违法犯罪所得与合法收入共同购置的不可分割的财产，可以先行查封、扣押。对无法分割退还的财产，涉及违法的，可以经被调查人申请并经监察机关批准，由被调查人亲属或者被调查人委托的其他人员在监察机关监督下自行变现后上缴违法所得及孳息，也可以由监察机关在结案后委托有关单位拍卖、变卖，退还不属于违法所得的部分及孳息；涉及职务犯罪的，依法移送司法机关处置，并说明涉嫌犯罪所得及孳息数额。

（六）查封、扣押危险品、违禁品，应当及时送交有关部门，或者根据工作需要严格封存保管。

第一百五十九条 对于需要启封的财物和文件，应当由二名以上调查人员共同办理。重新密封时，由二名以上调查人员在密封材料上签名、记明时间。

第一百六十条 查封、扣押涉案财物，应当按规定将涉案财物详细信息、《查封/扣押财物、文件清单》录入并上传监察机关涉案财物信息管理系统。

对于涉案款项，应当在采取措施后十五日以内存入监察机关指定的专用账户。对于涉案物品，应当在采取措施后三十日以内移交涉案财物保管部门保管。因特殊原因不能按时存入专用账户或者移交保管的，应当按规定报批，将保管情况录入涉案财物信息管理系统，在原因消除后及时存入或者移交。

第一百六十一条 对于已移交涉案财物保管部门保管的涉案财物，根据调查工作需要，经审批可以临时调用，并应当确保完好。调用结束后，应当及时归还。调用和归还时，调查人员、保管人员应当当面清点查验。保管部门应当对调用和归还情况进行登记，全程录像并上传涉案财物信息管理系统。

第一百六十二条 对于被扣押的股票、债券、基金份额等财产，以及即将到期的汇票、本票、支票，依法需要出售或者变现的，按照本条例关于出售冻结财产的规定办理。

第一百六十三条 监察机关接受司法机关、其他监察机关等国家机关移送的涉案财物后，该国家机关采取的查封、扣押期限届满，监察机关续行查封、扣押的顺位与该国家机关查封、扣押的顺位相同。

第一百六十四条 对查封、扣押的财物和文件，应当及时进行核查。经查明与案件无关的，经审批，应当在查明后三日以内解除查封、扣押，予以退还。解除查封、扣押的，应当向有关单位、原持有人或者近亲属送达《解除查封/扣押通知书》，附《解除查封/扣押财物、文件清单》，要求其签名或者盖章。

第一百六十五条 在立案调查之前，对监察对象及相关人员主动上交的涉案财物，经审批可以接收。

接收时，应当由二名以上调查人员，会同持有人和见证人进行清点核对，当场填写《主动上交财物登记表》。调查人员、持有人和见证人应当在登记表上签名或者盖章。

对于主动上交的财物，应当根据立案及调查情况及时决定是否依法查封、扣押。

第十四节 勘验检查、调查实验

第一百六十六条 监察机关按规定报批后，可以依法对与违法犯罪有关的场所、物品、人身、尸体、电子数据等进行勘验检查。

第一百六十七条 依法需要勘验检查的，应当制作《勘验检查证》；需要委托勘验检查的，应当出具《委托勘验检查书》，送具有专门知识的人办理。

第一百六十八条 勘验检查应当由二名以上调查人员主持，邀请与案件无关的见证人在场。勘验检查情况应当制作笔录，并由参加勘验检查人员和见证人签名或者盖章。

勘验检查现场、拆封电子数据存储介质应当全程同步录音录像。对现场情况应当拍摄现场照片、制作现场图，并由勘验检查人员签名或者盖章。

第一百六十九条 为了确定被调查人或者相关人员的某些特征、伤害情况或者生理状态，可以依法对其人身进行检查。必要时可以聘请法医或者医师进行人身检查。检查女性身体，应当由女性工作人员或者医师进行。被调查人拒绝检查的，可以依法强制检查。

人身检查不得采用损害被检查人生命、健康或者贬低其名誉、人格的方法。对人身检查过程中知悉的个人隐私，应当严格保密。

对人身检查的情况应当制作笔录，由参加检查的调查人员、检查人员、被检查人员和见证人签名或者盖章。被检查人员拒绝签名、盖章的，调查人员应当在笔录中记明。

第一百七十条 为查明案情，在必要的时候，经审批可以依法进行调查实验。调查实验，可以聘请有关专业人员参加，也可以要求被调查人、被害人、证人参加。

进行调查实验，应当全程同步录音录像，制作调查实验笔录，由参加实验的人签名或者盖章。进行调查实验，禁止一切足以造成危险、侮辱人格的行为。

调查实验的条件与事件发生时的条件有明显差异，或者存在影响实验结论科学性的其他情形的，调查实验笔录不得作为认定案件的依据。

第一百七十一条 调查人员在必要时，可以依法让被害人、证人和被调查人对与违法犯罪有关的物品、文件、尸体或者场所进行辨认；也可以让被害人、证人对被调查人进行辨认，或者让被调查人对涉案人员进行辨认。

辨认工作应当由二名以上调查人员主持进行。在辨认前，应当向辨认人详细询问辨认对象的具体特征，避免辨认人见到辨认对象，并告知辨认人作虚假辨认应当承担的法律责任。几名辨认人对同一辨认对象进行辨认时，应当由辨认人个别进行。辨认应当形成笔录，并由调查人员、辨认人签名或者盖章。

第一百七十二条 辨认人员时，被辨认的人数不得少于七人，照片不得少于十张。

辨认人不愿公开进行辨认时，应当在不暴露辨认人的情况下进行辨认，并为其保守秘密。

第一百七十三条 组织辨认物品时一般应当辨认实物。被辨认的物品系名贵字画等贵重物品或者存在不便搬运等情况的，可以对实物照片进行辨认。辨认人进行辨认时，应当在辨认出的实物照片与附纸骑缝上捺指印予以确认，在附纸上写明该实物涉案情况并签名、捺指印。

辨认物品时，同类物品不得少于五件，照片不得少于五张。

对于难以找到相似物品的特定物，可以将该物品照片交由辨认人进行确认后，在照片与附纸骑缝上捺指印，在附纸上写明该物品涉案情况并签名、捺指印。在辨认人确认前，应当向其详细询问物品的具体特征，并对确认过程和结果形成笔录。

第一百七十四条　辨认笔录具有下列情形之一的，不得作为认定案件的依据：

（一）辨认开始前使辨认人见到辨认对象的；

（二）辨认活动没有个别进行的；

（三）辨认对象没有混杂在具有类似特征的其他对象中，或者供辨认的对象数量不符合规定的，但特定辨认对象除外；

（四）辨认中给辨认人明显暗示或者明显有指认嫌疑的；

（五）辨认不是在调查人员主持下进行的；

（六）违反有关规定，不能确定辨认笔录真实性的其他情形。

辨认笔录存在其他瑕疵的，应当结合全案证据审查其真实性和关联性，作出综合判断。

第十五节　鉴　　定

第一百七十五条　监察机关为解决案件中的专门性问题，按规定报批后，可以依法进行鉴定。

鉴定时应当出具《委托鉴定书》，由二名以上调查人员送交具有鉴定资格的鉴定机构、鉴定人进行鉴定。

第一百七十六条　监察机关可以依法开展下列鉴定：

（一）对笔迹、印刷文件、污损文件、制成时间不明的文件和以其他形式表现的文件等进行鉴定；

（二）对案件中涉及的财务会计资料及相关财物进行会计鉴定；

（三）对被调查人、证人的行为能力进行精神病鉴定；

（四）对人体造成的损害或者死因进行人身伤亡医学鉴定；

（五）对录音录像资料进行鉴定；

（六）对因电子信息技术应用而出现的材料及其派生物进行电子数据鉴定；

（七）其他可以依法进行的专业鉴定。

第一百七十七条 监察机关应当为鉴定提供必要条件，向鉴定人送交有关检材和对比样本等原始材料，介绍与鉴定有关的情况。调查人员应当明确提出要求鉴定事项，但不得暗示或者强迫鉴定人作出某种鉴定意见。

监察机关应当做好检材的保管和送检工作，记明检材送检环节的责任人，确保检材在流转环节的同一性和不被污染。

第一百七十八条 鉴定人应当在出具的鉴定意见上签名，并附鉴定机构和鉴定人的资质证明或者其他证明文件。多个鉴定人的鉴定意见不一致的，应当在鉴定意见上记明分歧的内容和理由，并且分别签名。

监察机关对于法庭审理中依法决定鉴定人出庭作证的，应当予以协调。

鉴定人故意作虚假鉴定的，应当依法追究法律责任。

第一百七十九条 调查人员应当对鉴定意见进行审查。对经审查作为证据使用的鉴定意见，应当告知被调查人及相关单位、人员，送达《鉴定意见告知书》。

被调查人或者相关单位、人员提出补充鉴定或者重新鉴定申请，经审查符合法定要求的，应当按规定报批，进行补充鉴定或者重新鉴定。

对鉴定意见告知情况可以制作笔录，载明告知内容和被告知人的意见等。

第一百八十条 经审查具有下列情形之一的，应当补充鉴定：

（一）鉴定内容有明显遗漏的；

（二）发现新的有鉴定意义的证物的；

（三）对鉴定证物有新的鉴定要求的；

（四）鉴定意见不完整，委托事项无法确定的；

（五）其他需要补充鉴定的情形。

第一百八十一条 经审查具有下列情形之一的，应当重新鉴定：

（一）鉴定程序违法或者违反相关专业技术要求的；

（二）鉴定机构、鉴定人不具备鉴定资质和条件的；

（三）鉴定人故意作出虚假鉴定或者违反回避规定的；

（四）鉴定意见依据明显不足的；

（五）检材虚假或者被损坏的；

（六）其他应当重新鉴定的情形。

决定重新鉴定的，应当另行确定鉴定机构和鉴定人。

第一百八十二条 因无鉴定机构，或者根据法律法规等规定，监察机关可以指派、聘请具有专门知识的人就案件的专门性问题出具报告。

第十六节 技术调查

第一百八十三条 监察机关根据调查涉嫌重大贪污贿赂等职务犯罪需要，依照规定的权限和程序报经批准，可以依法采取技术调查措施，按照规定交公安机关或者国家有关执法机关依法执行。

第一百八十四条 依法采取技术调查措施的，监察机关应当出具《采取技术调查措施委托函》《采取技术调查措施决定书》和《采取技术调查措施适用对象情况表》，送交有关机关执行。其中，设区的市级以下监察机关委托有关执行机关采取技术调查措施，还应当提供《立案决定书》。

第一百八十五条 技术调查措施的期限按照监察法的规定执行，期限届满前未办理延期手续的，到期自动解除。

对于不需要继续采取技术调查措施的，监察机关应当按规定及时报批，将《解除技术调查措施决定书》送交有关机关执行。

需要依法变更技术调查措施种类或者增加适用对象的，监察机关应当重新办理报批和委托手续，依法送交有关机关执行。

第一百八十六条 对于采取技术调查措施收集的信息和材料，依法需要作为刑事诉讼证据使用的，监察机关应当按规定报批，出具《调取技术调查证据材料通知书》向有关执行机关调取。

对于采取技术调查措施收集的物证、书证及其他证据材料，监察机关应当制作书面说明，写明获取证据的时间、地点、数量、特征以及采取技术调查措施的批准机关、种类等。调查人员应当在书面说明上签名。

对于采取技术调查措施获取的证据材料，如果使用该证据材料可能危及有关人员的人身安全，或者可能产生其他严重后果的，应当采取不暴露有关人员身份、技术方法等保护措施。必要时，可以建议由审判人员在庭外进行核实。

第一百八十七条 调查人员对采取技术调查措施过程中知悉的国家秘密、工作秘密、商业秘密、个人隐私和个人信息，应当严格保密。

采取技术调查措施获取的证据、线索及其他有关材料，只能用于对违法犯罪的调查、起诉和审判，不得用于其他用途。

对采取技术调查措施获取的与案件无关的材料，应当经审批及时销毁。对销毁情况应当制作记录，由调查人员签名。

第十七节 通 缉

第一百八十八条 县级以上监察机关对在逃的应当被留置人员，依法决定在本行政区域内通缉的，应当按规定报批，送交同级公安机关执行。送交执行时，应当出具《通缉决定书》，附《留置决定书》等法律文书和被通缉人员信息，以及承办单位、承办人员等有关情况。

通缉范围超出本行政区域的，应当报有决定权的上级监察机关出具《通缉决定书》，并附《留置决定书》及相关材料，送交同级公安机关执行。

第一百八十九条 国家监察委员会依法需要提请公安部对在逃人员发布公安部通缉令的，应当先提请公安部采取网上追逃措施。如情况紧急，可以向公安部同时出具《通缉决定书》和《提请采取网上追逃措施函》。

省级以下监察机关报请国家监察委员会提请公安部发布公安部通缉令的，应当先提请本地公安机关采取网上追逃措施。

第一百九十条 监察机关接到公安机关抓获被通缉人员的通知后，应当立即核实被抓获人员身份，并在接到通知后二十四小时以内派员办理交接手续。边远或者交通不便地区，至迟不得超过三日。

公安机关在移交前，将被抓获人员送往当地监察机关留置场所临时看管的，当地监察机关应当接收，并保障临时看管期间的安全，对工作信息严格保密。

监察机关需要提请公安机关协助将被抓获人员带回的，应当按规定报批，请本地同级公安机关依法予以协助。提请协助时，应当出具《提请协助采取留置措施函》，附《留置决定书》复印件及相关材料。

第一百九十一条 监察机关对于被通缉人员已经归案、死亡，或者依法撤销留置决定以及发现有其他不需要继续采取通缉措施情形的，应当经审批出具《撤销通缉通知书》，送交协助采取原措施的公安机关执行。需要撤销网上追逃措施的，监察机关应当出具《撤销网上追逃通知书》，送交协助采取原措施的公安机关执行。

第十八节　限制出境

第一百九十二条　监察机关为防止被调查人及相关人员逃匿境外，按规定报批后，可以依法决定采取限制出境措施，交由移民管理机构依法执行。

第一百九十三条　监察机关采取限制出境措施应当出具有关函件，与采取限制出境措施决定书等文书材料一并送交移民管理机构执行。其中，采取边控措施的，应当附《边控对象通知书》；采取法定不批准出境措施的，应当附《法定不准出境人员报备表》。

第一百九十四条　限制出境措施有效期不超过三个月，到期自动解除。

到期后仍有必要继续采取边控措施的，应当按原程序报批。承办部门应当出具有关函件，在到期前与《延长限制出境措施期限决定书》一并送交移民管理机构执行。延长期限每次不得超过三个月。

到期后仍有必要继续采取法定不批准出境措施的，应当在报备期满三日前按规定再次办理法定不批准出境人员报备手续。

第一百九十五条　监察机关接到口岸移民管理机构查获被决定采取留置措施的边控对象的通知后，应当于二十四小时以内到达口岸办理移交手续。无法及时到达的，应当委托当地监察机关及时前往口岸办理移交手续。当地监察机关应当予以协助。

第一百九十六条　对于不需要继续采取限制出境措施的，应当按规定报批，及时予以解除。承办部门应当出具有关函件，与《解除限制出境措施决定书》一并送交移民管理机构执行。

第一百九十七条　县级以上监察机关在重要紧急情况下，经审批可以依法直接向口岸所在地口岸移民管理机构提请办理临时限制出境措施，期限不超过七日，不能延期。

第五章　监察程序

第一节　线索处置

第一百九十八条　监察机关应当对问题线索归口受理、集中管理、分类处置、定期清理。

第一百九十九条　监察机关对于报案或者举报应当依法接受。属于本级监察机关管辖的，依法予以受理；属于其他监察机关管辖的，应当在五个工作日以内予以转送。

监察机关可以向下级监察机关发函交办检举控告，并进行督办，下级监察机关应当按期回复办理结果。

第二百条 对于涉嫌职务违法或者职务犯罪的公职人员自动投案的，应当依法接待和办理。

第二百零一条 监察机关对于执法机关、司法机关等其他机关移送的问题线索，应当及时审核，并按照下列方式办理：

（一）本单位有管辖权的，及时研究提出处置意见；

（二）本单位没有管辖权但其他监察机关有管辖权的，在五个工作日以内转送有管辖权的监察机关；

（三）本单位对部分问题线索有管辖权的，对有管辖权的部分提出处置意见，并及时将其他问题线索转送有管辖权的机关；

（四）监察机关没有管辖权的，及时退回移送机关。

第二百零二条 信访举报部门归口受理本机关管辖监察对象涉嫌职务违法和职务犯罪问题的检举控告，统一接收有关监察机关以及其他单位移送的相关检举控告，移交本机关监督检查部门或者相关部门，并将移交情况通报案件监督管理部门。

案件监督管理部门统一接收巡视巡察机构和审计机关、执法机关、司法机关等其他机关移送的职务违法和职务犯罪问题线索，按程序移交本机关监督检查部门或者相关部门办理。

监督检查部门、调查部门在工作中发现的相关问题线索，属于本部门受理范围的，应当报送案件监督管理部门备案；属于本机关其他部门受理范围的，经审批后移交案件监督管理部门分办。

第二百零三条 案件监督管理部门应当对问题线索实行集中管理、动态更新，定期汇总、核对问题线索及处置情况，向监察机关主要负责人报告，并向相关部门通报。

问题线索承办部门应当指定专人负责管理线索，逐件编号登记、建立管理台账。线索管理处置各环节应当由经手人员签名，全程登记备查，及时与案件监督管理部门核对。

第二百零四条 监督检查部门应当结合问题线索所涉及地区、部门、单位总体情况进行综合分析，提出处置意见并制定处置方案，经审批按照适当了解、谈话、函询、初步核实、暂存待查、予以了结等方式进行处置，或者按照职责移送调查部门处置。

第二百零五条 采取适当了解方式处置问题线索，应当按规定报批后，依法依规向有关单位和个人了解情况，验证问题的真实性，不得采取限制人身、财产权利的措施，不得与被反映人接触。

承办部门应当根据适当了解的情况，提出谈话、函询、初步核实、拟立案调查、予以了结、暂存待查，或者移送有关部门、机关处理等建议，按程序报批后办理。

第二百零六条 采取谈话方式处置问题线索的，按照本条例第七十八条、第七十九条规定办理。

函询应当以监察机关办公厅（室）名义发函给被反映人，并抄送其所在单位和派驻监察机构主要负责人。被函询人应当在收到函件后十五个工作日以内写出说明材料，由其所在单位主要负责人签署意见后发函回复。被函询人为所在单位主要负责人的，或者被函询人所作说明涉及所在单位主要负责人的，应当直接发函回复监察机关。

被函询人已经退休的，按照第二款规定程序办理。

监察机关根据工作需要，经审批可以对谈话、函询情况进行抽查核实。

承办部门应当根据谈话、函询的情况，提出初步核实、拟立案调查、予以了结、暂存待查，或者移送有关部门、机关处理等建议，按程序报批后办理。

第二百零七条 监察机关对具有可查性的职务违法和职务犯罪问题线索，应当按规定报批后，依法开展初步核实工作。采取初步核实方式处置问题线索，应当确定初步核实对象，制定工作方案，明确需要核实的问题和采取的措施，成立核查组。

在初步核实中应当注重收集客观性证据，确保真实性和准确性。在初步核实中发现或者受理被核查人新的具有可查性的问题线索的，应当经审批纳入原初核方案开展核查。

核查组在初步核实工作结束后应当撰写初步核实情况报告，列明被核查人基本情况、反映的主要问题、办理依据、初步核实结果、存在疑点、处理建议，由全体人员签名。

承办部门应当综合分析初步核实情况，提出拟立案调查、予以了结、暂存待查，或者移送有关部门、机关处理等建议，按照批准初步核实的程序报批。

第二百零八条 监察机关根据适当了解、谈话、函询或者初步核实情况，发现公职人员有职务违法行为但情节较轻的，可以按照本条例第二百三十一条规定处理，予以了结。

第二百零九条 检举控告人使用本人真实姓名或者本单位名称，有电话等具体联系方式的，属于实名检举控告。监察机关对实名检举控告应当优先办理、优先处置，依法给予答复。虽有署名但不是检举控告人真实姓名（单位名称）或者无法验证的检举控告，按照匿名检举控告处理。

信访举报部门对属于本机关受理的实名检举控告，应当在收到检举控告之日起十五个工作日以内按规定告知实名检举控告人受理情况，并做好记录。

调查人员应当将实名检举控告的处理结果在办结之日起十五个工作日以内向检举控告人反馈，并记录反馈情况。对检举控告人提出异议的应当如实记录，并向其进行说明；对提供新证据材料的，应当依法核查处理。

第二节 立 案

第二百一十条 监察机关已经掌握监察对象涉嫌职务违法或者职务犯罪的部分事实和证据，认为需要追究其法律责任的，应当按规定报批后，依法立案调查。

第二百一十一条 监察机关立案调查职务违法或者职务犯罪案件，需要对涉嫌行贿犯罪、介绍贿赂犯罪或者共同职务犯罪的涉案人员立案调查的，应当一并办理立案手续。需要交由下级监察机关立案的，经审批交由下级监察机关办理立案手续。

对单位涉嫌受贿、行贿等职务犯罪，需要追究法律责任的，依法对该单位办理立案调查手续。对事故（事件）中存在职务违法或者职务犯罪问题，需要追究法律责任，但相关责任人员尚不明确的，可以以事立案。对单位立案或者以事立案后，经调查确定相关责任人员的，按照管理权限报批确定被调查人。

监察机关根据人民法院生效刑事判决、裁定和人民检察院不起诉决定认定的事实，需要对监察对象给予政务处分的，可以由相关监督检查部门依据司法机关的生效判决、裁定、决定及其认定的事实、性质和情节，提出给予政务处分的意见，按程序移送审理。对依法被追究行政法律责任的监察对象，需要给予政务处分的，应当依法办理立案手续。

第二百一十二条 对案情简单、经过初步核实已查清主要职务违法事实，应当追究监察对象法律责任，不再需要开展调查的，立案和移送审理可以一并报批，履行立案程序后再移送审理。

第二百一十三条 上级监察机关需要指定下级监察机关立案调查的，应当按规定报批，向被指定管辖的监察机关出具《指定管辖决定书》，由其办理立案手续。

第二百一十四条 批准立案后，应当由二名以上调查人员出示证件，向被调查人宣布立案决定。宣布立案决定后，应当及时向被调查人所在单位等相关组织送达《立案通知书》，并向被调查人所在单位主要负责人通报。

对涉嫌严重职务违法或者职务犯罪的公职人员立案调查并采取留置措施的，应当按规定通知被调查人所在单位和家属，并向社会公开发布。

第三节 调 查

第二百一十五条 监察机关对已经立案的职务违法或者职务犯罪案件应当依法进行调查，收集证据查明违法犯罪事实。

调查职务违法或者职务犯罪案件，对被调查人没有采取留置措施的，应当在立案后一年以内作出处理决定；对被调查人解除留置措施的，应当在解除留置措施后一年以内作出处理决定。案情重大、复杂的案件，经上一级监察机关批准，可以适当延长，但延长期限不得超过六个月。

被调查人在监察机关立案调查以后逃匿的，调查期限自被调查人到案之日起重新计算。

第二百一十六条 案件立案后，监察机关主要负责人应当依照法定程序批准确定调查方案。

监察机关应当组成调查组依法开展调查。调查工作应当严格按照批准的方案执行，不得随意扩大调查范围、变更调查对象和事项，对重要事项应当及时请示报告。调查人员在调查工作期间，未经批准不得单独接触任何涉案人员及其特定关系人，不得擅自采取调查措施。

第二百一十七条 调查组应当将调查认定的涉嫌违法犯罪事实形成书面材料，交给被调查人核对，听取其意见。被调查人应当在书面材料上签署意见。对被调查人签署不同意见或者拒不签署意见的，调查组应当作出说明或者注明情况。对被调查人提出申辩的事实、理由和证据应当进行核实，成立的予以采纳。

调查组对于立案调查的涉嫌行贿犯罪、介绍贿赂犯罪或者共同职务犯罪的涉案人员，在查明其涉嫌犯罪问题后，依照前款规定办理。

对于按照本条例规定，对立案和移送审理一并报批的案件，应当在报批前履行本条第一款规定的程序。

第二百一十八条 调查组在调查工作结束后应当集体讨论，形成调查报告。调查报告应当列明被调查人基本情况、问题线索来源及调查依据、调查过程，涉嫌的主要职务违法或者职务犯罪事实，被调查人的态度和认识，处置建议及法律依据，并由调查组组长以及有关人员签名。

对调查过程中发现的重要问题和形成的意见建议，应当形成专题报告。

第二百一十九条 调查组对被调查人涉嫌职务犯罪拟依法移送人民检察院审查起诉的，应当起草《起诉建议书》。《起诉建议书》应当载明被调查人基本情况，调查简况，认罪认罚情况，采取监察强制措施的时间，涉嫌职务犯罪事实以及证据，对被调查人从重、从轻、减轻或者免除处罚等情节，提出对被调查人移送起诉的理由和法律依据，采取刑事强制措施的建议，并注明移送案卷数及涉案财物等内容。

调查组应当形成被调查人到案经过及量刑情节方面的材料，包括案件来源、到案经过，自动投案、如实供述、立功等量刑情节，认罪悔罪态度、退赃、避免和减少损害结果发生等方面的情况说明及相关材料。被检举揭发的问题已被立案、查破，被检举揭发人已被采取调查措施或者刑事强制措施、起诉或者审判的，还应当附有关法律文书。

第二百二十条 经调查认为被调查人构成职务违法或者职务犯罪的，应当区分不同情况提出相应处理意见，经审批将调查报告、职务违法或者职务犯罪事实材料、涉案财物报告、涉案人员处理意见等材料，连同全部证据和文书手续移送审理。

对涉嫌职务犯罪的案件材料应当按照刑事诉讼要求单独立卷，与《起诉建议书》、涉案财物报告、同步录音录像资料及其自查报告等材料一并移送审理。

调查全过程形成的材料应当案结卷成、事毕归档。

第四节 审 理

第二百二十一条 案件审理部门收到移送审理的案件后，应当审核材料是否齐全、手续是否完备。对被调查人涉嫌职务犯罪的，还应当审核相关案卷材料是否符合职务犯罪案件立卷要求，是否在调查报告中单独表述已查明的涉嫌犯罪问题，是否形成《起诉建议书》。

经审核符合移送条件的，应当予以受理；不符合移送条件的，经审批可以暂缓受理或者不予受理，并要求承办部门补充完善材料。

第二百二十二条 案件审理部门受理案件后，应当成立由二人以上组成的审理组，全面审理案卷材料。

案件审理部门对于受理的案件，应当以监察法、政务处分法、刑法、《中华人民共和国刑事诉讼法》等法律法规为准绳，对案件事实和证据、性质认定、程序手续、涉案财物等进行全面审理。

案件审理部门应当强化监督制约职能，对案件严格审核把关，坚持实事求是、独立审理，依法提出审理意见。坚持调查与审理相分离的原则，案件调查人员不得参与审理。

第二百二十三条 审理工作应当坚持民主集中制原则，经集体审议形成审理意见。

第二百二十四条 审理工作应当在受理之日起一个月以内完成，重大、复杂案件经批准可以适当延长。

第二百二十五条 案件审理部门根据案件审理情况，经审批可以与被调查人谈话，告知其在审理阶段的权利义务，核对涉嫌违法犯罪事实，听取其辩解意见，了解有关情况。与被调查人谈话应当在具备安全保障条件的场所进行，被调查人为在押的犯罪嫌疑人、被告人或者在看守所、监狱服刑人员的，按照本条例第八十三条规定办理。谈话时，案件审理人员不得少于二人。

具有下列情形之一的，一般应当与被调查人谈话：

（一）对被调查人采取留置措施，拟移送起诉的；

（二）可能存在以非法方法收集证据情形的；

（三）被调查人对涉嫌违法犯罪事实材料签署不同意见或者拒不签署意见的；

（四）被调查人要求向案件审理人员当面陈述的；

（五）其他有必要与被调查人进行谈话的情形。

第二百二十六条 经审理认为主要违法犯罪事实不清、证据不足的，应当经审批将案件退回承办部门重新调查。

具有下列情形之一，需要补充完善证据的，经审批可以退回补充调查：

（一）部分事实不清、证据不足的；

（二）遗漏违法犯罪事实的；

（三）其他需要进一步查清案件事实的情形。

案件审理部门将案件退回重新调查或者补充调查的，应当出具审核意见，写明调查事项、理由、调查方向、需要补充收集的证据及其证明作用等，连同案卷材料一并送交承办部门。

承办部门补充调查结束后，应当经审批将补证情况报告及相关证据材料，连同案卷材料一并移送案件审理部门；对确实无法查明的事项或者无法补充的证据，应当作出书面说明。重新调查终结后，应当重新形成调查报告，依法移送审理。

重新调查完毕移送审理的，审理期限重新计算。补充调查期间不计入审理期限。

第二百二十七条 审理工作结束后应当形成审理报告，载明被调查人基本情况、调查简况、涉嫌违法或者犯罪事实、被调查人态度和认识、涉案财物处置、承办部门意见、审理意见等内容，提请监察机关集体审议。

对被调查人涉嫌职务犯罪需要追究刑事责任的，应当形成《起诉意见书》，作为审理报告附件。《起诉意见书》应当忠实于事实真象，载明被调查人基本情况，调查简况，采取监察强制措施的时间，依法查明的犯罪事实和证据，从重、从轻、减轻或者免除处罚等情节，涉案财物情况，涉嫌罪名和法律依据，采取刑事强制措施的建议，以及其他需要说明的情况。

案件审理部门经审理认为现有证据不足以证明被调查人存在违法犯罪行为，且通过退回补充调查仍无法达到证明标准的，应当提出撤销案件的建议。

第二百二十八条 上级监察机关办理下级监察机关管辖案件的，可以经审理后按程序直接进行处置，也可以经审理形成处置意见后，交由下级监察机关办理。

第二百二十九条 被指定管辖的监察机关在调查结束后应当将案件移送审理，提请监察机关集体审议。

上级监察机关将其所管辖的案件指定管辖的，被指定管辖的下级监察机关应当按照前款规定办理后，将案件报上级监察机关依法作出政务处分决定。上级监察机关在作出决定前，应当进行审理。

上级监察机关将下级监察机关管辖的案件指定其他下级监察机关管辖的，被指定管辖的监察机关应当按照第一款规定办理后，将案件送交有管理权限的监察机关依法作出政务处分决定。有管理权限的监察机关应当进行审理，审理意见与被指定管辖的监察机关意见不一致的，双方应当进行沟通；经沟通不能取得一致意见的，报请有权决定的上级监察机关决定。经协商，有管理权限的监察机关在被指定管辖的监察机关审理阶段可以提前阅卷，沟通了解情况。

对于前款规定的重大、复杂案件，被指定管辖的监察机关经集体审议后将处理意见报有权决定的上级监察机关审核同意的，有管理权限的监察机关可以经集体审议后依法处置。

第五节 处 置

第二百三十条 监察机关根据监督、调查结果，依据监察法、政务处分法等规定进行处置。

第二百三十一条 监察机关对于公职人员有职务违法行为但情节较轻的，可以依法进行谈话提醒、批评教育、责令检查，或者予以诫勉。上述方式可以单独使用，也可以依据规定合并使用。

谈话提醒、批评教育应当由监察机关相关负责人或者承办部门负责人进行，可以由被谈话提醒、批评教育人所在单位有关负责人陪同；经批准也可以委托其所在单位主要负责人进行。对谈话提醒、批评教育情况应当制作记录。

被责令检查的公职人员应当作出书面检查并进行整改。整改情况在一定范围内通报。

诫勉由监察机关以谈话或者书面方式进行。采取谈话方式予以诫勉的，应当由监察机关相关负责人或者承办部门负责人进行；经批准也可以委托诫勉对象所在单位主要负责人进行。对谈话情况应当制作记录。

第二百三十二条 对违法的公职人员依法需要给予政务处分的，应当根据情节轻重作出警告、记过、记大过、降级、撤职、开除的政务处分决定，制作政务处分决定书。

第二百三十三条 监察机关应当将政务处分决定书在作出后一个月以内送达被处分人和被处分人所在机关、单位，并依法履行宣布、书面告知程序。

政务处分决定自作出之日起生效。有关机关、单位、组织应当依法及时执行处分决定，并将执行情况向监察机关报告。处分决定应当在作出之日起一个月以内执行完毕，特殊情况下经监察机关批准可以适当延长办理期限，最迟不得超过六个月。

第二百三十四条 监察机关对不履行或者不正确履行职责造成严重后果或者恶劣影响的领导人员，可以按照管理权限采取通报、诫勉、政务处分等方式进行问责；提出组织处理的建议。

第二百三十五条 监察机关依法向监察对象所在单位提出监察建议的，应当经审批制作监察建议书。

监察建议书一般应当包括下列内容：

（一）监督调查情况；

（二）发现的主要问题及其产生的原因；

（三）整改建议内容和要求；

（四）整改期限和反馈整改情况的要求；

（五）提出异议的期限和方式。

第二百三十六条 监察机关在研究提出监察建议过程中，应当坚持问题导向、系统观念，加强分析研判，保证监察建议质量。

监察机关可以采取专题调研、部门会商、征求特约监察员等有关人员意见，以及与被建议单位或者其他有关方面沟通等方式，提高监察建议的针对性、可行性。

第二百三十七条 监察机关经调查，对没有证据证明或者现有证据不足以证明被调查人存在违法犯罪行为的，应当依法撤销案件。省级以下监察机关撤销案件后，应当在七个工作日以内向上一级监察机关报送备案报告。上一级监察机关监督检查部门负责备案工作。

省级以下监察机关拟撤销上级监察机关指定管辖或者交办案件的，应当将《撤销案件意见书》连同案卷材料，在法定调查期限到期七个工作日前报指定管辖或者交办案件的监察机关审查。对于重大、复杂案件，在法定调查期限到期十个工作日前报指定管辖或者交办案件的监察机关审查。

指定管辖或者交办案件的监察机关由监督检查部门负责审查工作。指定管辖或者交办案件的监察机关同意撤销案件的，下级监察机关应当作出撤销案件决定，制作《撤销案件决定书》；指定管辖或者交办案件的监察机关不同意撤销案件的，下级监察机关应当执行该决定。

监察机关对于撤销案件的决定应当向被调查人宣布，由其在《撤销案件决定书》上签名、捺指印，立即解除监察强制措施，并通知其所在单位。

撤销案件后又发现重要事实或者有充分证据，认为被调查人有违法犯罪事实需要追究法律责任的，应当重新立案调查。

第二百三十八条 对于涉嫌行贿等犯罪的非监察对象，案件调查终结后依法移送起诉。综合考虑行为性质、手段、后果、时间节点、认罪悔罪态度等具体情况，对于情节较轻，经审批不予移送起诉的，应当采取批评教育、责令具结悔过等方式处置；应当给予行政处罚的，依法移送有关行政执法部门。

对于有行贿行为的涉案单位和人员，按规定记入相关信息记录，可以作为信用评价的依据。

对于涉案单位和人员通过行贿等非法手段取得的财物及孳息，应当依法予以没收、追缴或者责令退赔，不得没收、追缴与案件无关的财物。对于涉案单位和人员主动上交的涉案财物，应当严格核查，确系违法所得及孳息的，依法予以没收、追缴。对于违法取得的经营资格、资质、荣誉、奖励、学历学位、职称或者职务职级等其他不正当利益，应当建议有关机关、单位、组织依照法律法规及有关规定予以纠正处理。

第二百三十九条 对查封、扣押、冻结的涉嫌职务犯罪所得财物及孳息应当妥善保管，并制作《移送司法机关涉案财物清单》随案移送人民检察院。对作为证据使用的实物应当随案移送；对不宜移送的，应当将清单、照片和其他证明文件随案移送。

对于移送人民检察院的涉案财物，价值不明的，应当在移送起诉前委托进行价格认定。在价格认定过程中，需要对涉案财物先行作出真伪鉴定或者出具技术、质量检测报告的，应当委托有关鉴定机构或者检测机构进行真伪鉴定或者技术、质量检测。

对不属于犯罪所得但属于违法取得的财物及孳息，应当依法予以没收、追缴或者责令退赔，并出具有关法律文书。

对经认定不属于违法所得的财物及孳息，应当及时予以返还，并办理签收手续。

第二百四十条 监察机关经调查，对违法取得的财物及孳息决定追缴或者责令退赔的，可以依法要求公安、自然资源、住房城乡建设、市场监管、金融监管等部门以及银行等机构、单位予以协助。

追缴涉案财物以追缴原物为原则，原物已经转化为其他财物的，应当追缴转化后的财物。涉案财物已被用于清偿合法债务、转让或者设置其他权利负担，善意第三人通过正常市场交易、支付合理对价，并实际取得相应权利的，不得对善意取得的财物进行追缴。

有证据证明依法应当追缴、没收的涉案财物无法找到、被他人善意取得、价值灭失减损或者与其他合法财产混合且不可分割的，可以依法追缴、没收被调查人的其他等值财产。

追缴或者责令退赔应当自处置决定作出之日起一个月以内执行完毕。因被调查人的原因逾期执行的除外。

人民检察院、人民法院依法将不认定为犯罪所得的相关涉案财物退回监察机关的，监察机关应当依法处理。

第二百四十一条 监察对象对监察机关作出的涉及本人的处理决定不服的，可以在收到处理决定之日起一个月以内，向作出决定的监察机关申请复审。复审机关应当依法受理，并在受理后一个月以内作出复审决定。监察对象对复审决定仍不服的，可以在收到复审决定之日起一个月以内，向上一级监察机关申请复核。复核机关应当依法受理，并在受理后二个月以内作出复核决定。

上一级监察机关的复核决定和国家监察委员会的复审、复核决定为最终决定。

第二百四十二条 复审、复核机关承办部门应当成立工作组，调阅原案卷宗，必要时可以进行调查取证。承办部门应当集体研究，提出办理意见，经审批作出复审、复核决定。决定应当送达申请人，抄送相关单位，并在一定范围内宣布。

复审、复核期间，不停止原处理决定的执行。复审、复核机关经审查认定处理决定有错误或者不当的，应当依法撤销、变更原处理决定，或者责令原处理机关及时予以纠正。复审、复核机关经审查认定处理决定事实清楚、适用法律正确的，应当予以维持。

坚持复审复核与调查审理分离，原案调查、审理人员不得参与复审复核。

第六节　移送审查起诉

第二百四十三条　监察机关决定对涉嫌职务犯罪的被调查人移送起诉的，应当出具《起诉意见书》，连同案卷材料、证据及到案经过材料等，一并移送同级人民检察院。

监察机关案件审理部门负责与人民检察院审查起诉的衔接工作，调查、案件监督管理等部门应当予以协助。

国家监察委员会派驻或者派出的监察机构、监察专员调查的职务犯罪案件，应当依法移送省级人民检察院审查起诉。

第二百四十四条　涉嫌职务犯罪的被调查人和涉案人员符合监察法第三十四条、第三十五条规定情形的，结合其案发前的一贯表现、违法犯罪行为的情节、后果和影响等因素，监察机关经综合研判和集体审议，报请上一级监察机关批准，可以在移送人民检察院时依法提出从轻、减轻或者免除处罚等从宽处罚建议。报请批准时，应当一并提供主要证据材料、忏悔反思材料。

上级监察机关相关监督检查部门负责审查工作，重点审核拟认定的从宽处罚情形、提出的从宽处罚建议，经审批在十五个工作日以内作出批复。

第二百四十五条　涉嫌职务犯罪的被调查人具有下列情形之一，如实交代自己主要犯罪事实的，可以认定为监察法第三十四条第一项规定的自动投案，真诚悔罪悔过：

（一）职务犯罪问题未被监察机关掌握或者监察机关正在就有关问题线索进行适当了解时，向监察机关投案的；

（二）在监察机关谈话、函询过程中，如实交代监察机关未掌握的涉嫌职务犯罪问题的；

（三）在初步核实阶段，尚未受到监察机关谈话时投案的；

（四）职务犯罪问题虽被监察机关立案，但尚未受到讯问或者采取监察强制措施，向监察机关投案的；

（五）因伤病等客观原因无法前往投案，先委托他人代为表达投案意愿，或者以书信、网络、电话、传真等方式表达投案意愿，后到监察机关接受处理的；

（六）涉嫌职务犯罪潜逃后又投案，包括在被通缉、抓捕过程中投案的；

（七）经查实确已准备去投案，或者正在投案途中被有关机关抓获的；

（八）经他人规劝或者在他人陪同下投案的；

（九）虽未向监察机关投案，但向其所在党组织、单位或者有关负责人员投案，向有关巡视巡察机构投案，以及向公安机关、人民检察院、人民法院投案的；

（十）具有其他应当视为自动投案的情形的。

被调查人自动投案后不能如实交代自己的主要犯罪事实，或者自动投案并如实供述自己的罪行后又翻供的，不能适用前款规定。

第二百四十六条 涉嫌职务犯罪的被调查人具有下列情形之一的，可以认定为监察法第三十四条第二项规定的积极配合调查工作，如实供述监察机关还未掌握的违法犯罪行为：

（一）监察机关所掌握线索针对的犯罪事实不成立，在此范围外被调查人主动交代其他罪行的；

（二）主动交代监察机关尚未掌握的犯罪事实，与监察机关已掌握的犯罪事实属不同种罪行的；

（三）主动交代监察机关尚未掌握的犯罪事实，与监察机关已掌握的犯罪事实属同种罪行的；

（四）监察机关掌握的证据不充分，被调查人如实交代有助于收集定案证据的。

第二百四十七条 涉嫌职务犯罪的被调查人具有下列情形之一的，可以认定为监察法第三十四条第三项规定的积极退赃，减少损失：

（一）全额退赃的；

（二）退赃能力不足，但被调查人及其亲友在监察机关追缴赃款赃物过程中积极配合，且大部分已追缴到位的；

（三）犯罪后主动采取措施避免损失发生，或者积极采取有效措施减少、挽回大部分损失的。

第二百四十八条 涉嫌职务犯罪的被调查人具有下列情形之一的，可以认定为监察法第三十四条第四项规定的具有重大立功表现：

（一）检举揭发他人重大犯罪行为且经查证属实的；

（二）提供其他重大案件的重要线索且经查证属实的；

（三）阻止他人重大犯罪活动的；

（四）协助抓捕其他重大职务犯罪案件被调查人、重大犯罪嫌疑人（包括同案犯）的；

（五）为国家挽回重大损失等对国家和社会有其他重大贡献的。

前款所称重大犯罪一般是指依法可能被判处无期徒刑以上刑罚的犯罪行为；重大案件一般是指在本省、自治区、直辖市或者全国范围内有较大影响的案件；查证属实一般是指有关案件已被监察机关或者司法机关立案调查、侦查，被调查人、犯罪嫌疑人被监察机关采取监察强制措施或者被司法机关采取刑事强制措施，或者被告人被人民法院作出有罪判决，并结合案件事实、证据进行判断。

监察法第三十四条第四项规定的案件涉及国家重大利益，是指案件涉及国家主权和领土完整、国家安全、外交、社会稳定、经济发展等情形。

第二百四十九条 涉嫌行贿等犯罪的涉案人员具有下列情形之一的，可以认定为监察法第三十五条规定的揭发有关被调查人职务违法犯罪行为，查证属实或者提供重要线索，有助于调查其他案件：

（一）揭发所涉案件以外的被调查人职务犯罪行为，经查证属实的；

（二）提供的重要线索指向具体的职务犯罪事实，对调查其他案件起到实质性推动作用的；

（三）提供的重要线索有助于加快其他案件办理进度，或者对其他案件固定关键证据、挽回损失、追逃追赃等起到积极作用的。

第二百五十条 从宽处罚建议一般应当在移送起诉时作为《起诉意见书》内容一并提出，特殊情况下也可以在案件移送后、人民检察院提起公诉前，单独形成从宽处罚建议书移送人民检察院。对于从宽处罚建议所依据的证据材料，应当一并移送人民检察院。

监察机关对于被调查人在调查阶段认罪认罚，但不符合监察法规定的提出从宽处罚建议条件，在移送起诉时没有提出从宽处罚建议的，应当在《起诉意见书》中写明其自愿认罪认罚的情况。

第二百五十一条 监察机关一般应当在正式移送起诉十日前，向拟移送的人民检察院采取书面通知等方式预告移送事宜。监察机关发现被调查人因身体等原因存在不适宜羁押等可能影响刑事强制措施执行情形的，应当通报人民检察院；被调查人已被采取留置措施的，可以在移送起诉前依法变更为责令候查措施。对于未采取监察强制措施的案件，可以根据案件具体情况，向人民检察院提出对被调查人采取刑事强制措施的建议。

第二百五十二条 监察机关办理的职务犯罪案件移送起诉，需要指定起诉、审判管辖的，应当与同级人民检察院协商有关程序事宜。需要由同级人民检察院的上级人民检察院指定管辖的，应当商请同级人民检察院办理指定管辖事宜。

监察机关一般应当在移送起诉二十日前，将商请指定管辖函送交同级人民检察院。商请指定管辖函应当附案件基本情况，对于被调查人已被其他机关立案侦查的犯罪认为需要并案审查起诉的，一并进行说明。

派驻或者派出的监察机构、监察专员调查的职务犯罪案件需要指定起诉、审判管辖的，应当报派出机关办理指定管辖手续。

第二百五十三条 上级监察机关指定下级监察机关进行调查，移送起诉时需要人民检察院依法指定管辖的，应当按规定办理有关程序事宜。

第二百五十四条 监察机关对已经移送起诉的职务犯罪案件，发现遗漏被调查人罪行需要补充移送起诉的，应当经审批出具《补充起诉意见书》，连同相关案卷材料、证据等一并移送同级人民检察院。

对于经人民检察院指定管辖的案件需要补充移送起诉的，可以直接移送原受理移送起诉的人民检察院；需要追加犯罪嫌疑人、被告人的，应当再次商请人民检察院办理指定管辖手续。

第二百五十五条 对于涉嫌行贿犯罪、介绍贿赂犯罪或者共同职务犯罪等关联案件的涉案人员，移送起诉时一般应当随主案确定管辖。

主案与关联案件由不同监察机关立案调查的，调查关联案件的监察机关在移送起诉前，应当报告或者通报调查主案的监察机关，由其统一协调案件管辖事宜。因特殊原因，关联案件不宜随主案确定管辖的，调查主案的监察机关应当及时通报和协调有关事项。

第二百五十六条 监察机关对于人民检察院在审查起诉中书面提出的下列要求应当予以配合：

（一）认为可能存在以非法方法收集证据情形，要求监察机关对证据收集的合法性作出说明或者提供相关证明材料的；

（二）排除非法证据后，要求监察机关另行指派调查人员重新取证的；

（三）对物证、书证、视听资料、电子数据及勘验检查、辨认、调查实验等笔录存在疑问，要求调查人员提供获取、制作的有关情况的；

（四）要求监察机关对案件中某些专门性问题进行鉴定，或者对勘验检查进行复验、复查的；

（五）认为主要犯罪事实已经查清，仍有部分证据需要补充完善，要求监察机关补充提供证据的；

（六）人民检察院依法提出的其他工作要求。

第二百五十七条　监察机关对于人民检察院依法退回补充调查的案件，应当向主要负责人报告，并积极开展补充调查工作。

第二百五十八条　对人民检察院退回补充调查的案件，经审批分别作出下列处理：

（一）认定犯罪事实的证据不够充分的，应当在补充证据后，制作补充调查报告书，连同相关材料一并移送人民检察院审查，对无法补充完善的证据，应当作出书面情况说明并加盖监察机关或者承办部门公章；

（二）在补充调查中发现新的同案犯或者增加、变更犯罪事实，需要追究刑事责任的，应当重新提出处理意见，移送人民检察院审查；

（三）犯罪事实的认定出现重大变化，认为不应当追究被调查人刑事责任的，应当在补充调查期限内重新提出处理意见，将处理结果书面通知人民检察院并说明理由；

（四）认为移送起诉的犯罪事实清楚，证据确实、充分的，应当说明理由，移送人民检察院依法审查。

第二百五十九条　人民检察院在审查起诉过程中发现新的职务违法或者职务犯罪问题线索并移送监察机关的，监察机关应当依法处置。

第二百六十条　在案件审判过程中，人民检察院书面要求监察机关补充提供证据，对证据进行补正、解释，或者协助人民检察院补充侦查的，监察机关应当予以配合。监察机关不能提供有关证据材料的，应当书面说明情况。

人民法院在审判过程中就证据收集合法性问题要求有关调查人员出庭说明情况时，监察机关应当依法予以配合。

第二百六十一条 监察机关认为人民检察院不起诉决定有错误的，应当在收到不起诉决定书后三十日以内，依法向其上一级人民检察院提请复议。监察机关应当将上述情况及时向上一级监察机关书面报告。

第二百六十二条 对于监察机关移送起诉的案件，人民检察院作出不起诉决定，人民法院作出无罪判决，或者监察机关经人民检察院退回补充调查后不再移送起诉，涉及对被调查人已生效政务处分事实认定的，监察机关应当依法对政务处分决定进行审核。认为原政务处分决定认定事实清楚、适用法律正确的，不再改变；认为原政务处分决定确有错误或者不当的，依法予以撤销或者变更。

第二百六十三条 对于贪污贿赂、失职渎职等职务犯罪案件，被调查人逃匿，在通缉一年后不能到案，或者被调查人死亡，依法应当追缴其违法所得及其他涉案财产的，承办部门在调查终结后应当依法移送审理。

监察机关应当经集体审议，出具《没收违法所得意见书》，连同案卷材料、证据等，一并移送人民检察院依法提出没收违法所得的申请。

监察机关将《没收违法所得意见书》移送人民检察院后，在逃的被调查人自动投案或者被抓获的，监察机关应当及时通知人民检察院。

第二百六十四条 监察机关立案调查拟适用缺席审判程序的贪污贿赂犯罪案件，应当逐级报送国家监察委员会同意。

监察机关承办部门认为在境外的被调查人犯罪事实已经查清，证据确实、充分，依法应当追究刑事责任的，应当依法移送审理。

监察机关应当经集体审议，出具《起诉意见书》，连同案卷材料、证据等，一并移送人民检察院审查起诉。

在审查起诉或者缺席审判过程中，犯罪嫌疑人、被告人向监察机关自动投案或者被抓获的，监察机关应当立即通知人民检察院、人民法院。

第六章　反腐败国际合作

第一节　工作职责和领导体制

第二百六十五条 国家监察委员会统筹协调与其他国家、地区、国际组织开展反腐败国际交流、合作。

国家监察委员会组织《联合国反腐败公约》等反腐败国际条约的实施以

及履约审议等工作，承担《联合国反腐败公约》司法协助中央机关有关工作。

国家监察委员会组织协调有关单位建立集中统一、高效顺畅的反腐败国际追逃追赃和防逃协调机制，统筹协调、督促指导各级监察机关反腐败国际追逃追赃等涉外案件办理工作，具体履行下列职责：

（一）制定反腐败国际追逃追赃和防逃工作计划，研究工作中的重要问题；

（二）会同有关单位开展反腐败国际追逃追赃等重大涉外案件办理工作；

（三）办理由国家监察委员会管辖的涉外案件；

（四）指导地方各级监察机关依法开展涉外案件办理工作；

（五）汇总和通报全国职务犯罪外逃案件信息和追逃追赃工作信息；

（六）建立健全反腐败国际追逃追赃和防逃合作网络；

（七）承担监察机关开展国际刑事司法协助的主管机关职责；

（八）承担其他与反腐败国际追逃追赃等涉外案件办理工作相关的职责。

第二百六十六条 地方各级监察机关在国家监察委员会领导下，统筹协调、督促指导本地区反腐败国际追逃追赃等涉外案件办理工作，具体履行下列职责：

（一）落实上级监察机关关于反腐败国际追逃追赃和防逃工作部署，制定工作计划；

（二）按照管辖权限或者上级监察机关指定管辖，办理涉外案件；

（三）按照上级监察机关要求，协助配合其他监察机关开展涉外案件办理工作；

（四）汇总和通报本地区职务犯罪外逃案件信息和追逃追赃工作信息；

（五）承担本地区其他与反腐败国际追逃追赃等涉外案件办理工作相关的职责。

省级监察委员会应当会同有关单位，建立健全本地区反腐败国际追逃追赃和防逃协调机制。

国家监察委员会派驻或者派出的监察机构、监察专员统筹协调、督促指导驻在单位反腐败国际追逃追赃等涉外案件办理工作，参照第一款规定执行。

第二百六十七条 国家监察委员会国际合作局归口管理监察机关反腐败国际追逃追赃等涉外案件办理工作。地方各级监察委员会应当明确专责部门，归口管理本地区涉外案件办理工作。

国家监察委员会派驻或者派出的监察机构、监察专员和地方各级监察机关办理涉外案件中有关执法司法国际合作事项，应当逐级报送国家监察委员会审批。由国家监察委员会依法直接或者协调有关单位与有关国家（地区）相关机构沟通，以双方认可的方式实施。

第二百六十八条 监察机关应当建立追逃追赃和防逃工作内部联络机制。承办部门在调查过程中，发现被调查人或者重要涉案人员外逃、违法所得及其他涉案财产被转移到境外的，可以请追逃追赃部门提供工作协助。监察机关将案件移送人民检察院审查起诉后，仍有重要涉案人员外逃或者未追缴的违法所得及其他涉案财产的，应当由追逃追赃部门继续办理，或者由追逃追赃部门指定协调有关单位办理。

第二节 国（境）内工作

第二百六十九条 监察机关应当将防逃工作纳入日常监督内容，督促相关机关、单位建立健全防逃责任机制。

监察机关在监督、调查工作中，应当根据情况制定对监察对象、重要涉案人员的防逃方案，防范人员外逃和资金外流风险。监察机关应当会同同级组织人事、外事、公安、移民管理等单位健全防逃预警机制，对存在外逃风险的监察对象早发现、早报告、早处置。

第二百七十条 监察机关应当加强与同级人民银行、公安等单位的沟通协作，推动预防、打击利用离岸公司和地下钱庄等向境外转移违法所得及其他涉案财产，对涉及职务违法和职务犯罪的行为依法进行调查。

第二百七十一条 国家监察委员会派驻或者派出的监察机构、监察专员和地方各级监察委员会发现监察对象出逃、失踪、出走，或者违法所得及其他涉案财产被转移至境外的，应当在二十四小时以内将有关信息逐级报送至国家监察委员会国际合作局，并迅速开展相关工作。

第二百七十二条 监察机关追逃追赃部门统一接收巡视巡察机构、审计机关、执法机关、司法机关等单位移交的外逃信息。

监察机关对涉嫌职务违法和职务犯罪的外逃人员，应当明确承办部门，建立案件档案。

第二百七十三条 监察机关应当依法全面收集外逃人员涉嫌职务违法

和职务犯罪证据。

第二百七十四条 开展反腐败国际追逃追赃等涉外案件办理工作，应当把思想教育贯穿始终，落实宽严相济刑事政策，依法适用认罪认罚从宽制度，促使外逃人员回国投案或者配合调查、主动退赃。开展相关工作，应当尊重所在国家（地区）的法律规定。

第二百七十五条 外逃人员归案、违法所得及其他涉案财产被追缴后，承办案件的监察机关应当将情况逐级报送国家监察委员会国际合作局。监察机关应当依法对涉案人员和违法所得及其他涉案财产作出处置，或者请有关单位依法处置。对不需要继续采取相关措施的，应当及时解除或者撤销。

第三节 对外合作

第二百七十六条 监察机关对依法应当留置或者已经决定留置的外逃人员，需要申请发布国际刑警组织红色通报的，应当逐级报送国家监察委员会审核。国家监察委员会审核后，依法通过公安部向国际刑警组织提出申请。

需要延期、暂停、撤销红色通报的，申请发布红色通报的监察机关应当逐级报送国家监察委员会审核，由国家监察委员会依法通过公安部联系国际刑警组织办理。

第二百七十七条 地方各级监察机关通过引渡方式办理相关涉外案件的，应当按照《中华人民共和国引渡法》、相关双边及多边国际条约等规定准备引渡请求书及相关材料，逐级报送国家监察委员会审核。由国家监察委员会依法通过外交途径向外国提出引渡请求。

第二百七十八条 地方各级监察机关通过刑事司法协助方式办理相关涉外案件的，应当按照《中华人民共和国国际刑事司法协助法》（以下简称国际刑事司法协助法）、相关双边及多边国际条约等规定准备刑事司法协助请求书及相关材料，逐级报送国家监察委员会审核。由国家监察委员会依法直接或者通过对外联系机关等渠道，向外国提出刑事司法协助请求。

国家监察委员会收到外国提出的刑事司法协助请求书及所附材料，经审查认为符合有关规定的，作出决定并交由省级监察机关执行，或者转交其他有关主管机关。省级监察机关应当立即执行，或者交由下级监察机关执行，并将执行结果或者妨碍执行的情形及时报送国家监察委员会。在执行过程中，需要依法采取查询、调取、查封、扣押、冻结等措施或者需要返还涉案财物的，根据我国法律规定和国家监察委员会的执行决定办理有关法律手续。

第二百七十九条 地方各级监察机关通过执法合作方式办理相关涉外案件的，应当将合作事项及相关材料逐级报送国家监察委员会审核。由国家监察委员会依法直接或者协调有关单位，向有关国家（地区）相关机构提交并开展合作。

第二百八十条 地方各级监察机关通过境外追诉方式办理相关涉外案件的，应当提供外逃人员相关违法线索和证据，逐级报送国家监察委员会审核。由国家监察委员会按照国际刑事司法协助法等规定直接或者协调有关单位向有关国家（地区）相关机构提交，请其依法对外逃人员调查、起诉、审判，移管被判刑人或者遣返外逃人员。

第二百八十一条 监察机关对依法应当追缴的境外违法所得及其他涉案财产，应当责令涉案人员以合法方式退赔。涉案人员拒不退赔的，可以依法通过下列方式追缴：

（一）在开展引渡等追逃合作时，随附请求有关国家（地区）移交相关违法所得及其他涉案财产；

（二）依法启动违法所得没收程序，申请由人民法院对相关违法所得及其他涉案财产作出没收裁定，请有关国家（地区）承认和执行，并予以返还；

（三）请有关国家（地区）依法追缴相关违法所得及其他涉案财产，并予以返还；

（四）通过其他合法方式追缴。

第七章 对监察机关和监察人员的监督

第二百八十二条 监察机关和监察人员必须自觉坚持党的领导，在党组织的管理、监督下开展工作，依法接受本级人民代表大会及其常务委员会的监督，接受民主监督、司法监督、社会监督、舆论监督，加强内部监督制约机制建设，确保权力受到严格的约束和监督。

第二百八十三条 各级监察委员会应当按照监察法第六十条第二款规定，由主要负责人在本级人民代表大会常务委员会全体会议上报告专项工作。

在报告专项工作前，应当与本级人民代表大会有关专门委员会、常务委员会有关工作机构沟通协商，并配合开展专题调查研究等工作。各级人民代表大会常务委员会审议专项工作报告时，本级监察委员会应当根据要求派出负责人列席相关会议，听取意见。

各级监察委员会应当认真研究处理本级人民代表大会常务委员会反馈的审议意见，并按照要求书面报告研究处理情况。本级人民代表大会常务委员会对专项工作报告作出决议的，监察委员会应当在决议规定的期限内，将执行决议的情况向其报告。

第二百八十四条　各级监察委员会应当积极接受、配合本级人民代表大会常务委员会组织的执法检查。对本级人民代表大会常务委员会的执法检查报告，应当认真研究处理，并向其报告研究处理情况。本级人民代表大会常务委员会对执法检查报告作出决议的，监察委员会应当在决议规定的期限内，将执行决议的情况向其报告。

第二百八十五条　各级监察委员会在本级人民代表大会常务委员会会议审议与监察工作有关的议案和报告时，应当派相关负责人到会听取意见，回答询问。

本级人民代表大会常务委员会就与监察工作有关的重大问题，召开全体会议、联组会议或者分组会议进行专题询问的，监察委员会负责人应当到会，听取意见，回答询问。各级监察委员会应当及时向本级人民代表大会常务委员会提交专题询问中提出意见的研究处理情况报告。

监察机关对依法交由监察机关答复的质询案应当按照要求进行答复。口头答复的，由监察机关主要负责人或者委派相关负责人到会答复。书面答复的，由监察机关主要负责人签署。

第二百八十六条　各级监察机关应当通过互联网政务媒体、报刊、广播、电视等途径，向社会及时准确公开下列监察工作信息：

（一）监察法规；

（二）依法应当向社会公开的案件调查信息；

（三）检举控告地址、电话、网站等信息；

（四）其他依法应当公开的信息。

第二百八十七条　各级监察机关可以根据工作需要，按程序选聘特约监察员履行监督、咨询等职责。特约监察员名单应当向社会公布。

监察机关应当为特约监察员依法开展工作提供必要条件和便利。特约监察员对监察机关提出的意见、建议和批评，监察机关应当及时办理和反馈。

第二百八十八条 监察机关实行严格的人员准入制度，严把政治关、品行关、能力关、作风关、廉洁关。监察人员必须忠诚坚定、担当尽责、遵纪守法、清正廉洁。

第二百八十九条 监察机关应当建立信访举报、监督检查、调查、案件监督管理、案件审理等部门相互协调制约的工作机制。

监督检查和调查部门实行分工协作、相互制约。监督检查部门主要负责联系地区、部门、单位的日常监督检查和对涉嫌一般违法问题线索处置。调查部门主要负责对涉嫌严重职务违法和职务犯罪问题线索进行初步核实和立案调查。

案件监督管理部门负责对监督检查、调查工作全过程进行监督管理，做好线索管理、组织协调、监督检查、督促办理、统计分析等工作。案件监督管理部门发现监察人员在监督检查、调查中有违规办案行为的，及时督促整改；涉嫌违纪违法的，根据管理权限移交相关部门处理。

第二百九十条 监察机关应当部署使用覆盖信访举报、线索处置、监督检查、调查、案件审理等监察执法主要流程和关键要素的监察一体化工作平台，推动数字技术融入监察工作，通过信息化手段加强对监督、调查、处置工作的全过程监督管理。

第二百九十一条 监察机关应当对监察权运行关键环节进行经常性监督检查，适时开展专项督查。案件监督管理、案件审理等部门应当按照各自职责，对问题线索处置、调查措施使用、涉案财物管理等进行监督检查，建立常态化、全覆盖的案件质量评查机制。

第二百九十二条 监察机关应当加强对监察人员执行职务和遵纪守法情况的监督，按照管理权限依法对监察人员涉嫌违法犯罪问题进行调查处置。

第二百九十三条 监察机关及其监督检查、调查部门负责人应当定期检查调查期间的录音录像、谈话笔录、讯问笔录、询问笔录、涉案财物登记资料，加强对调查全过程的监督，发现问题及时纠正并报告。

对谈话、讯问和询问的同步录音录像，应当重点检查是否存在以下情形：

（一）以暴力、威胁等非法方法收集证据；

（二）未保证被调查人的饮食和必要的休息时间；

（三）谈话笔录、讯问笔录、询问笔录记载的起止时间与谈话、讯问、询问录音录像资料反映的起止时间不一致；

（四）谈话笔录、讯问笔录、询问笔录与谈话、讯问、询问录音录像资料内容存在实质性差异。

第二百九十四条 对监察人员打听案情、过问案件、说情干预的，办理监察事项的监察人员应当及时向上级负责人报告。有关情况应当登记备案。

发现办理监察事项的监察人员未经批准接触被调查人、涉案人员及其特定关系人，或者存在交往情形的，知情的监察人员应当及时向上级负责人报告。有关情况应当登记备案。

第二百九十五条 办理监察事项的监察人员有监察法第六十七条所列情形之一的，应当自行提出回避；没有自行提出回避的，监察机关应当依法决定其回避，监察对象、检举人及其他有关人员也有权要求其回避。

选用借调人员、看护人员、调查场所，应当严格执行回避制度。

第二百九十六条 监察人员自行提出回避，或者监察对象、检举人及其他有关人员要求监察人员回避的，应当书面或者口头提出，并说明理由。口头提出的，应当形成记录。

监察机关主要负责人的回避，由上级监察机关主要负责人决定；其他监察人员的回避，由本级监察机关主要负责人决定。

第二百九十七条 上级监察机关应当通过专项检查、业务考评、开展复查等方式，强化对下级监察机关及监察人员执行职务和遵纪守法情况的监督。

第二百九十八条 监察机关应当对监察人员有计划地进行政治、理论和业务培训。培训应当坚持理论联系实际、按需施教、讲求实效，突出政治机关特色，建设忠诚干净担当、敢于善于斗争的高素质专业化监察队伍，全面提高监察工作规范化法治化正规化水平。

第二百九十九条 监察机关应当严格执行保密制度，控制监察事项知悉范围和时间。监察人员不准私自留存、隐匿、查阅、摘抄、复制、携带问题线索和涉案资料，严禁泄露监察工作秘密。

监察机关应当建立健全检举控告保密制度，对检举控告人的姓名（单位名称）、工作单位、住址、电话和邮箱等有关情况以及检举控告内容必须严格保密。

第三百条 监察机关涉密人员离岗离职后，应当遵守脱密期管理规定，严格履行保密义务，不得泄露相关秘密。

第三百零一条 监察人员离任三年以内，不得从事与监察和司法工作相关联且可能发生利益冲突的职业。

监察人员离任后，不得担任原任职监察机关办理案件的诉讼代理人或者辩护人，但是作为当事人的监护人或者近亲属代理诉讼或者进行辩护的除外。

第三百零二条 监察人员应当严格遵守有关规范领导干部配偶、子女及其配偶经商办企业行为的规定。

第三百零三条 监察机关及其工作人员在履行职责过程中应当依法保护企业产权和自主经营权，严禁利用职权非法干扰企业生产经营。需要企业经营者协助调查的，应当依法保障其人身权利、财产权利和其他合法权益，避免或者尽量减少对涉案企业正常生产经营活动的影响。

监察机关查封、扣押、冻结以及追缴涉案财物，应当严格区分企业财产与经营者个人财产，被调查人个人财产与家庭成员财产，违法所得、其他涉案财产与合法财产。

查封经营性涉案财物，企业继续使用对该涉案财物价值无重大影响的，可以允许其使用。对于按规定不应交由企业保管使用的涉案财物，监察机关应当采取合理的保管保值措施。对于正在运营或者正在用于科技创新、产品研发的设备和技术资料等，一般不予查封、扣押，确需调取违法犯罪证据的，可以采取拍照、复制等方式。

第三百零四条 监察机关根据已经掌握的事实及证据，发现涉嫌严重职务违法或者职务犯罪的监察人员可能实施下列行为之一的，经依法审批，可以在具备安全保障条件的场所对其采取禁闭措施：

（一）继续实施违法犯罪行为的；

（二）为被调查人或者涉案人员通风报信等泄露监察工作秘密的；

（三）威胁、恐吓、蓄意报复举报人、控告人、被害人、证人、鉴定人等相关人员的；

（四）其他可能造成更为严重的后果或者恶劣影响的行为。

第三百零五条 采取禁闭措施时，调查人员不得少于二人，应当向被禁闭人员宣布《禁闭决定书》，告知被禁闭人员权利义务，要求其在《禁闭决定书》上签名、捺指印。被禁闭人员拒绝签名、捺指印的，调查人员应当在文书上记明。

禁闭的期限不得超过七日，自向被禁闭人员宣布之日起算。

第三百零六条 采取禁闭措施后，应当在二十四小时以内通知被禁闭人员所在单位和家属。当面通知的，由有关人员在《禁闭通知书》上签名。无法当面通知的，可以先以电话等方式通知，并通过邮寄、转交等方式送达《禁闭通知书》，要求有关人员在《禁闭通知书》上签名。有关人员拒绝签名的，调查人员应当在文书上记明。

因可能伪造、隐匿、毁灭证据，干扰证人作证或者串供等有碍调查情形而不宜通知的，应当按规定报批，记录在案。有碍调查的情形消失后，应当立即通知被禁闭人员所在单位和家属。

第三百零七条 对被禁闭人员不需要继续采取禁闭措施的，应当按规定报批后解除禁闭或者变更为责令候查措施。禁闭期满的，应当按规定报批后予以解除。

解除禁闭措施的，调查人员应当向被禁闭人员宣布解除禁闭措施的决定，由其在《解除禁闭决定书》上签名、捺指印；变更为责令候查措施的，应当向被禁闭人员宣布变更为责令候查措施的决定，由其在《变更禁闭决定书》上签名、捺指印。被禁闭人员拒绝签名、捺指印的，调查人员应当在文书上记明。

解除禁闭措施或者变更为责令候查措施的，应当及时通知被禁闭人员所在单位和家属、申请人。调查人员应当与交接人办理交接手续，并由其在《解除禁闭通知书》或者《变更禁闭通知书》上签名。无法通知或者有关人员拒绝签名的，调查人员应当在文书上记明。不得因办理交接手续延迟解除或者变更禁闭措施。

在禁闭期满前，对被禁闭人员采取管护、留置措施的，按照本条例关于采取管护、留置措施的规定执行。

第三百零八条 被调查人及其近亲属、利害关系人认为监察机关及其工作人员存在监察法第六十九条第一款规定的有关情形，向监察机关提出申诉的，由监察机关案件监督管理部门依法受理。监察机关应当自受理申诉之日起一个月以内作出处理决定。

前款规定的利害关系人，是指与有关涉案财产存在利害关系的自然人、法人或者其他组织。

第三百零九条 监察机关案件监督管理部门受理申诉后，应当组织成立核查组，对申诉反映的问题进行核实。根据工作需要，核查组可以调阅相关措施文书等材料，听取申诉人意见和承办部门工作人员的情况说明。案件监督管理部门应当集体研究，提出办理意见，经审批作出决定。

第三百一十条 监察机关应当自申诉处理决定作出之日起七日以内，向申诉人送达申诉处理决定书，要求其在申诉处理决定书上签名。申诉人拒绝签名的，工作人员应当在文书上记明。

第三百一十一条 申诉人对申诉处理决定不服的，可以自收到申诉处理决定书之日起一个月以内向上一级监察机关申请复查。上一级监察机关应当进行核实，并自收到复查申请之日起二个月以内作出处理决定。

第三百一十二条 监察机关应当加强留置场所管理和监督工作，依法规范管理、使用留置场所。

留置场所应当建立健全保密、消防、医疗、防疫、餐饮及安保等方面安全制度，制定突发事件处置预案，采取安全防范措施，严格落实安全工作责任制。

发生被强制到案人员、被管护人员、被留置人员或者被禁闭人员死亡、伤残、脱逃等办案安全事故、事件的，应当及时做好处置、处理工作。相关情况应当立即报告监察机关主要负责人，并在二十四小时以内逐级上报至国家监察委员会。

第三百一十三条 监察机关在维护监督执法调查工作纪律方面失职失责的，依法追究责任。监察人员涉嫌严重职务违法、职务犯罪或者对案件处置出现重大失误的，既应当追究直接责任，还应当严肃追究负有责任的领导人员责任。

监察机关应当建立办案质量责任制，对滥用职权、失职失责造成严重后果的，实行终身责任追究。

第八章 法律责任

第三百一十四条 有关单位拒不执行监察机关依法作出的下列处理决定的，应当由其主管部门、上级机关责令改正，对单位给予通报批评，对负有责任的领导人员和直接责任人员依法给予处理：

（一）政务处分决定；

（二）问责决定；

（三）谈话提醒、批评教育、责令检查，或者予以诫勉的决定；

（四）采取调查措施的决定；

（五）复审、复核决定；

（六）监察机关依法作出的其他处理决定。

第三百一十五条 监察对象对控告人、申诉人、批评人、检举人、证人、监察人员进行打击、压制等报复陷害的，监察机关应当依法给予政务处分。构成犯罪的，依法追究刑事责任。

第三百一十六条 控告人、检举人、证人采取捏造事实、伪造材料等方式诬告陷害的，监察机关应当依法给予政务处分，或者移送有关机关处理。构成犯罪的，依法追究刑事责任。

监察人员因依法履行职责遭受不实举报、诬告陷害、侮辱诽谤，致使名誉受到损害的，监察机关应当会同有关部门及时澄清事实，消除不良影响，并依法追究相关单位或者个人的责任。

第三百一十七条 监察机关应当建立健全办案安全责任制。承办部门主要负责人和调查组组长是调查安全第一责任人。调查组应当指定专人担任安全员。

地方各级监察机关履行管理、监督职责不力发生严重办案安全事故、事件的，或者办案中存在严重违规违纪违法行为的，省级监察机关主要负责人应当按规定向国家监察委员会作出检讨，并予以通报、严肃追责问责。

案件监督管理部门应当对办案安全责任制落实情况组织经常性检查和不定期抽查，发现问题及时报告并督促整改。

第三百一十八条 监察人员在履行职责中有下列行为之一的，依法严肃处理；构成犯罪的，依法追究刑事责任：

（一）贪污贿赂、徇私舞弊的；

（二）不履行或者不正确履行监督职责，应当发现的问题没有发现，或者发现问题不报告、不处置，造成严重影响的；

（三）未经批准、授权处置问题线索，发现重大案情隐瞒不报，或者私自留存、处理涉案材料的；

（四）利用职权或者职务上的影响干预调查工作的；

（五）违法窃取、泄露调查工作信息，或者泄露举报事项、举报受理情况以及举报人信息的；

（六）对被调查人或者涉案人员等逼供、诱供，或者侮辱、打骂、虐待、体罚或者变相体罚的；

（七）违反规定处置查封、扣押、冻结的财物的；

（八）违反规定导致发生办案安全事故、事件，或者发生安全事故、事件后隐瞒不报、报告失实、处置不当的；

（九）违反规定采取强制到案、责令候查、管护、留置或者禁闭措施，或者法定期限届满，不予以解除或者变更的；

（十）违反规定采取技术调查、限制出境措施，或者不按规定解除技术调查、限制出境措施的；

（十一）利用职权非法干扰企业生产经营或者侵害企业经营者人身权利、财产权利和其他合法权益的；

（十二）其他职务违法和职务犯罪行为。

第三百一十九条 对监察人员在履行职责中存在违法行为的，可以根据情节轻重，依法进行谈话提醒、批评教育、责令检查、诫勉，或者给予政务处分。构成犯罪的，依法追究刑事责任。

第三百二十条 监察机关及其工作人员在行使职权时，具有下列情形之一的，受害人可以申请国家赔偿：

（一）违法采取管护、禁闭措施，或者依照法定条件和程序采取管护、禁闭措施，但是管护时间、禁闭时间超过法定时限，其后决定撤销案件的；

（二）采取留置措施后，决定撤销案件的；

（三）违法没收、追缴或者违法查封、扣押、冻结财物造成损害的；

（四）违法行使职权，造成被调查人、涉案人员或者证人身体伤害或者死亡的；

（五）其他侵犯公民、法人和其他组织合法权益造成损害的。

受害人死亡的，其继承人和其他有扶养关系的亲属有权要求赔偿；受害的法人或者其他组织终止的，其权利承受人有权要求赔偿。

第三百二十一条 监察机关及其工作人员违法行使职权侵犯公民、法人和其他组织的合法权益造成损害的，该机关为赔偿义务机关。申请赔偿应当向赔偿义务机关提出，由该机关负责复审复核工作的部门受理。

赔偿以支付赔偿金为主要方式。能够返还财产或者恢复原状的，予以返还财产或者恢复原状。

第九章　附　　则

第三百二十二条　本条例所称监察机关，包括各级监察委员会及其派驻或者派出监察机构、监察专员，以及再派出的监察机构、监察专员。

第三百二十三条　本条例所称严重职务违法，是指根据监察机关已经掌握的事实及证据，被调查人涉嫌的职务违法行为情节严重，可能被给予撤职以上政务处分。

本条例所称重大职务犯罪、重大贪污贿赂等职务犯罪，是指具有下列情形之一的职务犯罪：

（一）案情重大、复杂，涉及国家利益、重大公共利益或者犯罪行为致使公共财产、国家和人民利益遭受特别重大损失的；

（二）被调查人可能被判处十年有期徒刑以上刑罚的；

（三）案件在全国或者本省、自治区、直辖市范围内有较大影响的。

第三百二十四条　本条例所称同种罪行和不同种罪行，应当以罪名区分，但属选择性罪名或者在法律、事实上密切关联的犯罪，应当认定为同种罪行。

第三百二十五条　本条例所称近亲属，是指夫、妻、父、母、子、女、同胞兄弟姊妹。

第三百二十六条　本条例所称以上、以下、以内，包括本级、本数。

第三百二十七条　期间以时、日、月、年计算，期间开始的时和日不算在期间以内。本条例另有规定的除外。

按照年、月计算期间的，到期月的对应日为期间的最后一日；没有对应日的，月末日为期间的最后一日。

期间的最后一日是节假日的，以节假日结束的次日为期间的最后一日。但被调查人被采取责令候查、管护、留置或者禁闭措施的期间应当至期满之日为止，不得因节假日而延长。

第三百二十八条　本条例由国家监察委员会负责解释。

第三百二十九条　本条例自发布之日起施行。

中华人民共和国公务员法

（2005 年 4 月 27 日第十届全国人民代表大会常务委员会第十五次会议通过　根据 2017 年 9 月 1 日第十二届全国人民代表大会常务委员会第二十九次会议《关于修改〈中华人民共和国法官法〉等八部法律的决定》修正　2018 年 12 月 29 日第十三届全国人民代表大会常务委员会第七次会议修订　2018 年 12 月 29 日中华人民共和国主席令第 20 号公布　自 2019 年 6 月 1 日起施行）

第一章　总　则

第一条　为了规范公务员的管理，保障公务员的合法权益，加强对公务员的监督，促进公务员正确履职尽责，建设信念坚定、为民服务、勤政务实、敢于担当、清正廉洁的高素质专业化公务员队伍，根据宪法，制定本法。

第二条　本法所称公务员，是指依法履行公职、纳入国家行政编制、由国家财政负担工资福利的工作人员。

公务员是干部队伍的重要组成部分，是社会主义事业的中坚力量，是人民的公仆。

第三条　公务员的义务、权利和管理，适用本法。

法律对公务员中领导成员的产生、任免、监督以及监察官、法官、检察官等的义务、权利和管理另有规定的，从其规定。

第四条　公务员制度坚持中国共产党领导，坚持以马克思列宁主义、毛泽东思想、邓小平理论、“三个代表”重要思想、科学发展观、习近平新时代中国特色社会主义思想为指导，贯彻社会主义初级阶段的基本路线，贯彻新时代中国共产党的组织路线，坚持党管干部原则。

第五条　公务员的管理，坚持公开、平等、竞争、择优的原则，依照法定的权限、条件、标准和程序进行。

第六条　公务员的管理，坚持监督约束与激励保障并重的原则。

第七条　公务员的任用，坚持德才兼备、以德为先，坚持五湖四海、任人唯贤，坚持事业为上、公道正派，突出政治标准，注重工作实绩。

第八条 国家对公务员实行分类管理，提高管理效能和科学化水平。

第九条 公务员就职时应当依照法律规定公开进行宪法宣誓。

第十条 公务员依法履行职责的行为，受法律保护。

第十一条 公务员工资、福利、保险以及录用、奖励、培训、辞退等所需经费，列入财政预算，予以保障。

第十二条 中央公务员主管部门负责全国公务员的综合管理工作。县级以上地方各级公务员主管部门负责本辖区内公务员的综合管理工作。上级公务员主管部门指导下级公务员主管部门的公务员管理工作。各级公务员主管部门指导同级各机关的公务员管理工作。

第二章 公务员的条件、义务与权利

第十三条 公务员应当具备下列条件：

（一）具有中华人民共和国国籍；

（二）年满十八周岁；

（三）拥护中华人民共和国宪法，拥护中国共产党领导和社会主义制度；

（四）具有良好的政治素质和道德品行；

（五）具有正常履行职责的身体条件和心理素质；

（六）具有符合职位要求的文化程度和工作能力；

（七）法律规定的其他条件。

第十四条 公务员应当履行下列义务：

（一）忠于宪法，模范遵守、自觉维护宪法和法律，自觉接受中国共产党领导；

（二）忠于国家，维护国家的安全、荣誉和利益；

（三）忠于人民，全心全意为人民服务，接受人民监督；

（四）忠于职守，勤勉尽责，服从和执行上级依法作出的决定和命令，按照规定的权限和程序履行职责，努力提高工作质量和效率；

（五）保守国家秘密和工作秘密；

（六）带头践行社会主义核心价值观，坚守法治，遵守纪律，恪守职业道德，模范遵守社会公德、家庭美德；

（七）清正廉洁，公道正派；

（八）法律规定的其他义务。

第十五条 公务员享有下列权利：

（一）获得履行职责应当具有的工作条件；

（二）非因法定事由、非经法定程序，不被免职、降职、辞退或者处分；

（三）获得工资报酬，享受福利、保险待遇；

（四）参加培训；

（五）对机关工作和领导人员提出批评和建议；

（六）提出申诉和控告；

（七）申请辞职；

（八）法律规定的其他权利。

第三章 职务、职级与级别

第十六条 国家实行公务员职位分类制度。

公务员职位类别按照公务员职位的性质、特点和管理需要，划分为综合管理类、专业技术类和行政执法类等类别。根据本法，对于具有职位特殊性，需要单独管理的，可以增设其他职位类别。各职位类别的适用范围由国家另行规定。

第十七条 国家实行公务员职务与职级并行制度，根据公务员职位类别和职责设置公务员领导职务、职级序列。

第十八条 公务员领导职务根据宪法、有关法律和机构规格设置。

领导职务层次分为：国家级正职、国家级副职、省部级正职、省部级副职、厅局级正职、厅局级副职、县处级正职、县处级副职、乡科级正职、乡科级副职。

第十九条 公务员职级在厅局级以下设置。

综合管理类公务员职级序列分为：一级巡视员、二级巡视员、一级调研员、二级调研员、三级调研员、四级调研员、一级主任科员、二级主任科员、三级主任科员、四级主任科员、一级科员、二级科员。

综合管理类以外其他职位类别公务员的职级序列，根据本法由国家另行规定。

第二十条 各机关依照确定的职能、规格、编制限额、职数以及结构比例，设置本机关公务员的具体职位，并确定各职位的工作职责和任职资格条件。

第二十一条 公务员的领导职务、职级应当对应相应的级别。公务员领导职务、职级与级别的对应关系，由国家规定。

根据工作需要和领导职务与职级的对应关系，公务员担任的领导职务和职级可以互相转任、兼任；符合规定资格条件的，可以晋升领导职务或者职级。

公务员的级别根据所任领导职务、职级及其德才表现、工作实绩和资历确定。公务员在同一领导职务、职级上，可以按照国家规定晋升级别。

公务员的领导职务、职级与级别是确定公务员工资以及其他待遇的依据。

第二十二条 国家根据人民警察、消防救援人员以及海关、驻外外交机构等公务员的工作特点，设置与其领导职务、职级相对应的衔级。

第四章 录 用

第二十三条 录用担任一级主任科员以下及其他相当职级层次的公务员，采取公开考试、严格考察、平等竞争、择优录取的办法。

民族自治地方依照前款规定录用公务员时，依照法律和有关规定对少数民族报考者予以适当照顾。

第二十四条 中央机关及其直属机构公务员的录用，由中央公务员主管部门负责组织。地方各级机关公务员的录用，由省级公务员主管部门负责组织，必要时省级公务员主管部门可以授权设区的市级公务员主管部门组织。

第二十五条 报考公务员，除应当具备本法第十三条规定的条件以外，还应当具备省级以上公务员主管部门规定的拟任职位所要求的资格条件。

国家对行政机关中初次从事行政处罚决定审核、行政复议、行政裁决、法律顾问的公务员实行统一法律职业资格考试制度，由国务院司法行政部门商有关部门组织实施。

第二十六条 下列人员不得录用为公务员：

（一）因犯罪受过刑事处罚的；

（二）被开除中国共产党党籍的；

（三）被开除公职的；

（四）被依法列为失信联合惩戒对象的；

（五）有法律规定不得录用为公务员的其他情形的。

第二十七条 录用公务员，应当在规定的编制限额内，并有相应的职位空缺。

第二十八条 录用公务员，应当发布招考公告。招考公告应当载明招考的职位、名额、报考资格条件、报考需要提交的申请材料以及其他报考须知事项。

招录机关应当采取措施，便利公民报考。

第二十九条 招录机关根据报考资格条件对报考申请进行审查。报考者提交的申请材料应当真实、准确。

第三十条 公务员录用考试采取笔试和面试等方式进行，考试内容根据公务员应当具备的基本能力和不同职位类别、不同层级机关分别设置。

第三十一条 招录机关根据考试成绩确定考察人选，并进行报考资格复审、考察和体检。

体检的项目和标准根据职位要求确定。具体办法由中央公务员主管部门会同国务院卫生健康行政部门规定。

第三十二条 招录机关根据考试成绩、考察情况和体检结果，提出拟录用人员名单，并予以公示。公示期不少于五个工作日。

公示期满，中央一级招录机关应当将拟录用人员名单报中央公务员主管部门备案；地方各级招录机关应当将拟录用人员名单报省级或者设区的市级公务员主管部门审批。

第三十三条 录用特殊职位的公务员，经省级以上公务员主管部门批准，可以简化程序或者采用其他测评办法。

第三十四条 新录用的公务员试用期为一年。试用期满合格的，予以任职；不合格的，取消录用。

第五章 考　　核

第三十五条 公务员的考核应当按照管理权限，全面考核公务员的德、能、勤、绩、廉，重点考核政治素质和工作实绩。考核指标根据不同职位类别、不同层级机关分别设置。

第三十六条 公务员的考核分为平时考核、专项考核和定期考核等方式。定期考核以平时考核、专项考核为基础。

第三十七条 非领导成员公务员的定期考核采取年度考核的方式。先由个人按照职位职责和有关要求进行总结，主管领导在听取群众意见后，提出考核等次建议，由本机关负责人或者授权的考核委员会确定考核等次。

领导成员的考核由主管机关按照有关规定办理。

第三十八条 定期考核的结果分为优秀、称职、基本称职和不称职四个等次。

定期考核的结果应当以书面形式通知公务员本人。

第三十九条 定期考核的结果作为调整公务员职位、职务、职级、级别、工资以及公务员奖励、培训、辞退的依据。

第六章 职务、职级任免

第四十条 公务员领导职务实行选任制、委任制和聘任制。公务员职级实行委任制和聘任制。

领导成员职务按照国家规定实行任期制。

第四十一条 选任制公务员在选举结果生效时即任当选职务；任期届满不再连任或者任期内辞职、被罢免、被撤职的，其所任职务即终止。

第四十二条 委任制公务员试用期满考核合格，职务、职级发生变化，以及其他情形需要任免职务、职级的，应当按照管理权限和规定的程序任免。

第四十三条 公务员任职应当在规定的编制限额和职数内进行，并有相应的职位空缺。

第四十四条 公务员因工作需要在机关外兼职，应当经有关机关批准，并不得领取兼职报酬。

第七章 职务、职级升降

第四十五条 公务员晋升领导职务，应当具备拟任职务所要求的政治素质、工作能力、文化程度和任职经历等方面的条件和资格。

公务员领导职务应当逐级晋升。特别优秀的或者工作特殊需要的，可以按照规定破格或者越级晋升。

第四十六条 公务员晋升领导职务，按照下列程序办理：

（一）动议；

（二）民主推荐；

（三）确定考察对象，组织考察；

（四）按照管理权限讨论决定；

（五）履行任职手续。

第四十七条 厅局级正职以下领导职务出现空缺且本机关没有合适人选的，可以通过适当方式面向社会选拔任职人选。

第四十八条 公务员晋升领导职务的，应当按照有关规定实行任职前公示制度和任职试用期制度。

第四十九条 公务员职级应当逐级晋升，根据个人德才表现、工作实绩和任职资历，参考民主推荐或者民主测评结果确定人选，经公示后，按照管理权限审批。

第五十条 公务员的职务、职级实行能上能下。对不适宜或者不胜任现任职务、职级的，应当进行调整。

公务员在年度考核中被确定为不称职的，按照规定程序降低一个职务或者职级层次任职。

第八章 奖 励

第五十一条 对工作表现突出，有显著成绩和贡献，或者有其他突出事迹的公务员或者公务员集体，给予奖励。奖励坚持定期奖励与及时奖励相结合，精神奖励与物质奖励相结合、以精神奖励为主的原则。

公务员集体的奖励适用于按照编制序列设置的机构或者为完成专项任务组成的工作集体。

第五十二条 公务员或者公务员集体有下列情形之一的，给予奖励：

（一）忠于职守，积极工作，勇于担当，工作实绩显著的；

（二）遵纪守法，廉洁奉公，作风正派，办事公道，模范作用突出的；

（三）在工作中有发明创造或者提出合理化建议，取得显著经济效益或者社会效益的；

（四）为增进民族团结，维护社会稳定做出突出贡献的；

（五）爱护公共财产，节约国家资财有突出成绩的；

（六）防止或者消除事故有功，使国家和人民群众利益免受或者减少损失的；

（七）在抢险、救灾等特定环境中做出突出贡献的；

（八）同违纪违法行为作斗争有功绩的；

（九）在对外交往中为国家争得荣誉和利益的；

（十）有其他突出功绩的。

第五十三条 奖励分为：嘉奖、记三等功、记二等功、记一等功、授予称号。

对受奖励的公务员或者公务员集体予以表彰，并对受奖励的个人给予一次性奖金或者其他待遇。

第五十四条 给予公务员或者公务员集体奖励，按照规定的权限和程序决定或者审批。

第五十五条 按照国家规定，可以向参与特定时期、特定领域重大工作的公务员颁发纪念证书或者纪念章。

第五十六条 公务员或者公务员集体有下列情形之一的，撤销奖励：

（一）弄虚作假，骗取奖励的；

（二）申报奖励时隐瞒严重错误或者严重违反规定程序的；

（三）有严重违纪违法等行为，影响称号声誉的；

（四）有法律、法规规定应当撤销奖励的其他情形的。

第九章 监督与惩戒

第五十七条 机关应当对公务员的思想政治、履行职责、作风表现、遵纪守法等情况进行监督，开展勤政廉政教育，建立日常管理监督制度。

对公务员监督发现问题的，应当区分不同情况，予以谈话提醒、批评教育、责令检查、诫勉、组织调整、处分。

对公务员涉嫌职务违法和职务犯罪的，应当依法移送监察机关处理。

第五十八条 公务员应当自觉接受监督，按照规定请示报告工作、报告个人有关事项。

第五十九条 公务员应当遵纪守法，不得有下列行为：

（一）散布有损宪法权威、中国共产党和国家声誉的言论，组织或者参加旨在反对宪法、中国共产党领导和国家的集会、游行、示威等活动；

（二）组织或者参加非法组织，组织或者参加罢工；

（三）挑拨、破坏民族关系，参加民族分裂活动或者组织、利用宗教活动破坏民族团结和社会稳定；

（四）不担当，不作为，玩忽职守，贻误工作；

（五）拒绝执行上级依法作出的决定和命令；

（六）对批评、申诉、控告、检举进行压制或者打击报复；

（七）弄虚作假，误导、欺骗领导和公众；

（八）贪污贿赂，利用职务之便为自己或者他人谋取私利；

（九）违反财经纪律，浪费国家资财；

（十）滥用职权，侵害公民、法人或者其他组织的合法权益；

（十一）泄露国家秘密或者工作秘密；

（十二）在对外交往中损害国家荣誉和利益；

（十三）参与或者支持色情、吸毒、赌博、迷信等活动；

（十四）违反职业道德、社会公德和家庭美德；

（十五）违反有关规定参与禁止的网络传播行为或者网络活动；

（十六）违反有关规定从事或者参与营利性活动，在企业或者其他营利性组织中兼任职务；

（十七）旷工或者因公外出、请假期满无正当理由逾期不归；

（十八）违纪违法的其他行为。

第六十条 公务员执行公务时，认为上级的决定或者命令有错误的，可以向上级提出改正或者撤销该决定或者命令的意见；上级不改变该决定或者命令，或者要求立即执行的，公务员应当执行该决定或者命令，执行的后果由上级负责，公务员不承担责任；但是，公务员执行明显违法的决定或者命令的，应当依法承担相应的责任。

第六十一条 公务员因违纪违法应当承担纪律责任的，依照本法给予处分或者由监察机关依法给予政务处分；违纪违法行为情节轻微，经批评教育后改正的，可以免予处分。

对同一违纪违法行为，监察机关已经作出政务处分决定的，公务员所在机关不再给予处分。

第六十二条 处分分为：警告、记过、记大过、降级、撤职、开除。

第六十三条 对公务员的处分，应当事实清楚、证据确凿、定性准确、处理恰当、程序合法、手续完备。

公务员违纪违法的，应当由处分决定机关决定对公务员违纪违法的情况进行调查，并将调查认定的事实以及拟给予处分的依据告知公务员本人。公务员有权进行陈述和申辩；处分决定机关不得因公务员申辩而加重处分。

处分决定机关认为对公务员应当给予处分的，应当在规定的期限内，按照管理权限和规定的程序作出处分决定。处分决定应当以书面形式通知公务员本人。

第六十四条 公务员在受处分期间不得晋升职务、职级和级别，其中受记过、记大过、降级、撤职处分的，不得晋升工资档次。

受处分的期间为：警告，六个月；记过，十二个月；记大过，十八个月；降级、撤职，二十四个月。

受撤职处分的，按照规定降低级别。

第六十五条 公务员受开除以外的处分，在受处分期间有悔改表现，并且没有再发生违纪违法行为的，处分期满后自动解除。

解除处分后，晋升工资档次、级别和职务、职级不再受原处分的影响。但是，解除降级、撤职处分的，不视为恢复原级别、原职务、原职级。

第十章 培　　训

第六十六条 机关根据公务员工作职责的要求和提高公务员素质的需要，对公务员进行分类分级培训。

国家建立专门的公务员培训机构。机关根据需要也可以委托其他培训机构承担公务员培训任务。

第六十七条 机关对新录用人员应当在试用期内进行初任培训；对晋升领导职务的公务员应当在任职前或者任职后一年内进行任职培训；对从事专项工作的公务员应当进行专门业务培训；对全体公务员应当进行提高政治素质和工作能力、更新知识的在职培训，其中对专业技术类公务员应当进行专业技术培训。

国家有计划地加强对优秀年轻公务员的培训。

第六十八条 公务员的培训实行登记管理。

公务员参加培训的时间由公务员主管部门按照本法第六十七条规定的

培训要求予以确定。

公务员培训情况、学习成绩作为公务员考核的内容和任职、晋升的依据之一。

第十一章　交流与回避

第六十九条　国家实行公务员交流制度。

公务员可以在公务员和参照本法管理的工作人员队伍内部交流，也可以与国有企业和不参照本法管理的事业单位中从事公务的人员交流。

交流的方式包括调任、转任。

第七十条　国有企业、高等院校和科研院所以及其他不参照本法管理的事业单位中从事公务的人员，可以调入机关担任领导职务或者四级调研员以上及其他相当层次的职级。

调任人选应当具备本法第十三条规定的条件和拟任职位所要求的资格条件，并不得有本法第二十六条规定的情形。调任机关应当根据上述规定，对调任人选进行严格考察，并按照管理权限审批，必要时可以对调任人选进行考试。

第七十一条　公务员在不同职位之间转任应当具备拟任职位所要求的资格条件，在规定的编制限额和职数内进行。

对省部级正职以下的领导成员应当有计划、有重点地实行跨地区、跨部门转任。

对担任机关内设机构领导职务和其他工作性质特殊的公务员，应当有计划地在本机关内转任。

上级机关应当注重从基层机关公开遴选公务员。

第七十二条　根据工作需要，机关可以采取挂职方式选派公务员承担重大工程、重大项目、重点任务或者其他专项工作。

公务员在挂职期间，不改变与原机关的人事关系。

第七十三条　公务员应当服从机关的交流决定。

公务员本人申请交流的，按照管理权限审批。

第七十四条　公务员之间有夫妻关系、直系血亲关系、三代以内旁系血亲关系以及近姻亲关系的，不得在同一机关双方直接隶属于同一领导人员的职位或者有直接上下级领导关系的职位工作，也不得在其中一方担任领导职务的机关从事组织、人事、纪检、监察、审计和财务工作。

公务员不得在其配偶、子女及其配偶经营的企业、营利性组织的行业监管或者主管部门担任领导成员。

因地域或者工作性质特殊，需要变通执行任职回避的，由省级以上公务员主管部门规定。

第七十五条 公务员担任乡级机关、县级机关、设区的市级机关及其有关部门主要领导职务的，应当按照有关规定实行地域回避。

第七十六条 公务员执行公务时，有下列情形之一的，应当回避：

（一）涉及本人利害关系的；

（二）涉及与本人有本法第七十四条第一款所列亲属关系人员的利害关系的；

（三）其他可能影响公正执行公务的。

第七十七条 公务员有应当回避情形的，本人应当申请回避；利害关系人有权申请公务员回避。其他人员可以向机关提供公务员需要回避的情况。

机关根据公务员本人或者利害关系人的申请，经审查后作出是否回避的决定，也可以不经申请直接作出回避决定。

第七十八条 法律对公务员回避另有规定的，从其规定。

第十二章　工资、福利与保险

第七十九条 公务员实行国家统一规定的工资制度。

公务员工资制度贯彻按劳分配的原则，体现工作职责、工作能力、工作实绩、资历等因素，保持不同领导职务、职级、级别之间的合理工资差距。

国家建立公务员工资的正常增长机制。

第八十条 公务员工资包括基本工资、津贴、补贴和奖金。

公务员按照国家规定享受地区附加津贴、艰苦边远地区津贴、岗位津贴等津贴。

公务员按照国家规定享受住房、医疗等补贴、补助。

公务员在定期考核中被确定为优秀、称职的，按照国家规定享受年终奖金。

公务员工资应当按时足额发放。

第八十一条 公务员的工资水平应当与国民经济发展相协调、与社会进步相适应。

国家实行工资调查制度，定期进行公务员和企业相当人员工资水平的调查比较，并将工资调查比较结果作为调整公务员工资水平的依据。

第八十二条 公务员按照国家规定享受福利待遇。国家根据经济社会发展水平提高公务员的福利待遇。

公务员执行国家规定的工时制度，按照国家规定享受休假。公务员在法定工作日之外加班的，应当给予相应的补休，不能补休的按照国家规定给予补助。

第八十三条 公务员依法参加社会保险，按照国家规定享受保险待遇。

公务员因公牺牲或者病故的，其亲属享受国家规定的抚恤和优待。

第八十四条 任何机关不得违反国家规定自行更改公务员工资、福利、保险政策，擅自提高或者降低公务员的工资、福利、保险待遇。任何机关不得扣减或者拖欠公务员的工资。

第十三章 辞职与辞退

第八十五条 公务员辞去公职，应当向任免机关提出书面申请。任免机关应当自接到申请之日起三十日内予以审批，其中对领导成员辞去公职的申请，应当自接到申请之日起九十日内予以审批。

第八十六条 公务员有下列情形之一的，不得辞去公职：

（一）未满国家规定的最低服务年限的；

（二）在涉及国家秘密等特殊职位任职或者离开上述职位不满国家规定的脱密期限的；

（三）重要公务尚未处理完毕，且须由本人继续处理的；

（四）正在接受审计、纪律审查、监察调查，或者涉嫌犯罪，司法程序尚未终结的；

（五）法律、行政法规规定的其他不得辞去公职的情形。

第八十七条 担任领导职务的公务员，因工作变动依照法律规定需要辞去现任职务的，应当履行辞职手续。

担任领导职务的公务员，因个人或者其他原因，可以自愿提出辞去领导职务。

领导成员因工作严重失误、失职造成重大损失或者恶劣社会影响的，或者对重大事故负有领导责任的，应当引咎辞去领导职务。

领导成员因其他原因不再适合担任现任领导职务的，或者应当引咎辞职本人不提出辞职的，应当责令其辞去领导职务。

第八十八条 公务员有下列情形之一的，予以辞退：

（一）在年度考核中，连续两年被确定为不称职的；

（二）不胜任现职工作，又不接受其他安排的；

（三）因所在机关调整、撤销、合并或者缩减编制员额需要调整工作，本人拒绝合理安排的；

（四）不履行公务员义务，不遵守法律和公务员纪律，经教育仍无转变，不适合继续在机关工作，又不宜给予开除处分的；

（五）旷工或者因公外出、请假期满无正当理由逾期不归连续超过十五天，或者一年内累计超过三十天的。

第八十九条 对有下列情形之一的公务员，不得辞退：

（一）因公致残，被确认丧失或者部分丧失工作能力的；

（二）患病或者负伤，在规定的医疗期内的；

（三）女性公务员在孕期、产假、哺乳期内的；

（四）法律、行政法规规定的其他不得辞退的情形。

第九十条 辞退公务员，按照管理权限决定。辞退决定应当以书面形式通知被辞退的公务员，并应当告知辞退依据和理由。

被辞退的公务员，可以领取辞退费或者根据国家有关规定享受失业保险。

第九十一条 公务员辞职或者被辞退，离职前应当办理公务交接手续，必要时按照规定接受审计。

第十四章 退 休

第九十二条 公务员达到国家规定的退休年龄或者完全丧失工作能力的，应当退休。

第九十三条 公务员符合下列条件之一的，本人自愿提出申请，经任免机关批准，可以提前退休：

（一）工作年限满三十年的；

（二）距国家规定的退休年龄不足五年，且工作年限满二十年的；

（三）符合国家规定的可以提前退休的其他情形的。

第九十四条 公务员退休后，享受国家规定的养老金和其他待遇，国家为其生活和健康提供必要的服务和帮助，鼓励发挥个人专长，参与社会发展。

第十五章 申诉与控告

第九十五条 公务员对涉及本人的下列人事处理不服的，可以自知道该人事处理之日起三十日内向原处理机关申请复核；对复核结果不服的，可以自接到复核决定之日起十五日内，按照规定向同级公务员主管部门或者作出该人事处理的机关的上一级机关提出申诉；也可以不经复核，自知道该人事处理之日起三十日内直接提出申诉：

（一）处分；

（二）辞退或者取消录用；

（三）降职；

（四）定期考核定为不称职；

（五）免职；

（六）申请辞职、提前退休未予批准；

（七）不按照规定确定或者扣减工资、福利、保险待遇；

（八）法律、法规规定可以申诉的其他情形。

对省级以下机关作出的申诉处理决定不服的，可以向作出处理决定的上一级机关提出再申诉。

受理公务员申诉的机关应当组成公务员申诉公正委员会，负责受理和审理公务员的申诉案件。

公务员对监察机关作出的涉及本人的处理决定不服向监察机关申请复审、复核的，按照有关规定办理。

第九十六条 原处理机关应当自接到复核申请书后的三十日内作出复核决定，并以书面形式告知申请人。受理公务员申诉的机关应当自受理之日起六十日内作出处理决定；案情复杂的，可以适当延长，但是延长时间不得超过三十日。

复核、申诉期间不停止人事处理的执行。

公务员不因申请复核、提出申诉而被加重处理。

第九十七条 公务员申诉的受理机关审查认定人事处理有错误的，原处理机关应当及时予以纠正。

第九十八条 公务员认为机关及其领导人员侵犯其合法权益的，可以依法向上级机关或者监察机关提出控告。受理控告的机关应当按照规定及时处理。

第九十九条 公务员提出申诉、控告，应当尊重事实，不得捏造事实，诬告、陷害他人。对捏造事实，诬告、陷害他人的，依法追究法律责任。

第十六章 职位聘任

第一百条 机关根据工作需要，经省级以上公务员主管部门批准，可以对专业性较强的职位和辅助性职位实行聘任制。

前款所列职位涉及国家秘密的，不实行聘任制。

第一百零一条 机关聘任公务员可以参照公务员考试录用的程序进行公开招聘，也可以从符合条件的人员中直接选聘。

机关聘任公务员应当在规定的编制限额和工资经费限额内进行。

第一百零二条 机关聘任公务员，应当按照平等自愿、协商一致的原则，签订书面的聘任合同，确定机关与所聘公务员双方的权利、义务。聘任合同经双方协商一致可以变更或者解除。

聘任合同的签订、变更或者解除，应当报同级公务员主管部门备案。

第一百零三条 聘任合同应当具备合同期限，职位及其职责要求，工资、福利、保险待遇，违约责任等条款。

聘任合同期限为一年至五年。聘任合同可以约定试用期，试用期为一个月至十二个月。

聘任制公务员实行协议工资制，具体办法由中央公务员主管部门规定。

第一百零四条 机关依据本法和聘任合同对所聘公务员进行管理。

第一百零五条 聘任制公务员与所在机关之间因履行聘任合同发生争议的，可以自争议发生之日起六十日内申请仲裁。

省级以上公务员主管部门根据需要设立人事争议仲裁委员会，受理仲裁申请。人事争议仲裁委员会由公务员主管部门的代表、聘用机关的代表、聘任制公务员的代表以及法律专家组成。

当事人对仲裁裁决不服的，可以自接到仲裁裁决书之日起十五日内向人民法院提起诉讼。仲裁裁决生效后，一方当事人不履行的，另一方当事人可以申请人民法院执行。

第十七章 法律责任

第一百零六条 对有下列违反本法规定情形的，由县级以上领导机关或者公务员主管部门按照管理权限，区别不同情况，分别予以责令纠正或者宣布无效；对负有责任的领导人员和直接责任人员，根据情节轻重，给予批评教育、责令检查、诫勉、组织调整、处分；构成犯罪的，依法追究刑事责任：

（一）不按照编制限额、职数或者任职资格条件进行公务员录用、调任、转任、聘任和晋升的；

（二）不按照规定条件进行公务员奖惩、回避和办理退休的；

（三）不按照规定程序进行公务员录用、调任、转任、聘任、晋升以及考核、奖惩的；

（四）违反国家规定，更改公务员工资、福利、保险待遇标准的；

（五）在录用、公开遴选等工作中发生泄露试题、违反考场纪律以及其他严重影响公开、公正行为的；

（六）不按照规定受理和处理公务员申诉、控告的；

（七）违反本法规定的其他情形的。

第一百零七条 公务员辞去公职或者退休的，原系领导成员、县处级以上领导职务的公务员在离职三年内，其他公务员在离职两年内，不得到与原工作业务直接相关的企业或者其他营利性组织任职，不得从事与原工作业务直接相关的营利性活动。

公务员辞去公职或者退休后有违反前款规定行为的，由其原所在机关的同级公务员主管部门责令限期改正；逾期不改正的，由县级以上市场监管部门没收该人员从业期间的违法所得，责令接收单位将该人员予以清退，并根据情节轻重，对接收单位处以被处罚人员违法所得一倍以上五倍以下的罚款。

第一百零八条 公务员主管部门的工作人员，违反本法规定，滥用职权、玩忽职守、徇私舞弊，构成犯罪的，依法追究刑事责任；尚不构成犯罪的，给予处分或者由监察机关依法给予政务处分。

第一百零九条 在公务员录用、聘任等工作中，有隐瞒真实信息、弄虚作假、考试作弊、扰乱考试秩序等行为的，由公务员主管部门根据情节作出考试成绩无效、取消资格、限制报考等处理；情节严重的，依法追究法律责任。

第一百一十条 机关因错误的人事处理对公务员造成名誉损害的，应当赔礼道歉、恢复名誉、消除影响；造成经济损失的，应当依法给予赔偿。

第十八章 附　　则

第一百一十一条 本法所称领导成员，是指机关的领导人员，不包括机关内设机构担任领导职务的人员。

第一百一十二条 法律、法规授权的具有公共事务管理职能的事业单位中除工勤人员以外的工作人员，经批准参照本法进行管理。

第一百一十三条 本法自2019年6月1日起施行。

中华人民共和国监察官法

（2021年8月20日第十三届全国人民代表大会常务委员会第三十次会议通过　2021年8月20日中华人民共和国主席令第92号公布　自2022年1月1日起施行）

第一章 总　　则

第一条 为了加强对监察官的管理和监督，保障监察官依法履行职责，维护监察官合法权益，推进高素质专业化监察官队伍建设，推进监察工作规范化、法治化，根据宪法和《中华人民共和国监察法》，制定本法。

第二条 监察官的管理和监督坚持中国共产党领导，坚持以马克思列宁主义、毛泽东思想、邓小平理论、“三个代表”重要思想、科学发展观、习近平新时代中国特色社会主义思想为指导，坚持党管干部原则，增强监察官的使命感、责任感、荣誉感，建设忠诚干净担当的监察官队伍。

第三条 监察官包括下列人员：

（一）各级监察委员会的主任、副主任、委员；

（二）各级监察委员会机关中的监察人员；

（三）各级监察委员会派驻或者派出到中国共产党机关、国家机关、法律法规授权或者委托管理公共事务的组织和单位以及所管辖的行政区域等的监察机构中的监察人员、监察专员；

（四）其他依法行使监察权的监察机构中的监察人员。

对各级监察委员会派驻到国有企业的监察机构工作人员、监察专员，以及国有企业中其他依法行使监察权的监察机构工作人员的监督管理，参照执行本法有关规定。

第四条 监察官应当忠诚坚定、担当尽责、清正廉洁，做严格自律、作风优良、拒腐防变的表率。

第五条 监察官应当维护宪法和法律的尊严和权威，以事实为根据，以法律为准绳，客观公正地履行职责，保障当事人的合法权益。

第六条 监察官应当严格按照规定的权限和程序履行职责，坚持民主集中制，重大事项集体研究。

第七条 监察机关应当建立健全对监察官的监督制度和机制，确保权力受到严格约束。

监察官应当自觉接受组织监督和民主监督、社会监督、舆论监督。

第八条 监察官依法履行职责受法律保护，不受行政机关、社会团体和个人的干涉。

第二章 监察官的职责、义务和权利

第九条 监察官依法履行下列职责：

（一）对公职人员开展廉政教育；

（二）对公职人员依法履职、秉公用权、廉洁从政从业以及道德操守情况进行监督检查；

（三）对法律规定由监察机关管辖的职务违法和职务犯罪进行调查；

（四）根据监督、调查的结果，对办理的监察事项提出处置意见；

（五）开展反腐败国际合作方面的工作；

（六）法律规定的其他职责。

监察官在职权范围内对所办理的监察事项负责。

第十条 监察官应当履行下列义务：

（一）自觉坚持中国共产党领导，严格执行中国共产党和国家的路线方针政策、重大决策部署；

（二）模范遵守宪法和法律；

（三）维护国家和人民利益，秉公执法，勇于担当、敢于监督，坚决同腐败现象作斗争；

（四）依法保障监察对象及有关人员的合法权益；

（五）忠于职守，勤勉尽责，努力提高工作质量和效率；

（六）保守国家秘密和监察工作秘密，对履行职责中知悉的商业秘密和个人隐私、个人信息予以保密；

（七）严守纪律，恪守职业道德，模范遵守社会公德、家庭美德；

（八）自觉接受监督；

（九）法律规定的其他义务。

第十一条 监察官享有下列权利：

（一）履行监察官职责应当具有的职权和工作条件；

（二）履行监察官职责应当享有的职业保障和福利待遇；

（三）人身、财产和住所安全受法律保护；

（四）提出申诉或者控告；

（五）《中华人民共和国公务员法》等法律规定的其他权利。

第三章 监察官的条件和选用

第十二条 担任监察官应当具备下列条件：

（一）具有中华人民共和国国籍；

（二）忠于宪法，坚持中国共产党领导和社会主义制度；

（三）具有良好的政治素质、道德品行和廉洁作风；

（四）熟悉法律、法规、政策，具有履行监督、调查、处置等职责的专业知识和能力；

（五）具有正常履行职责的身体条件和心理素质；

（六）具备高等学校本科及以上学历；

（七）法律规定的其他条件。

本法施行前的监察人员不具备前款第六项规定的学历条件的，应当接受培训和考核，具体办法由国家监察委员会制定。

第十三条 有下列情形之一的，不得担任监察官：

（一）因犯罪受过刑事处罚，以及因犯罪情节轻微被人民检察院依法作出不起诉决定或者被人民法院依法免予刑事处罚的；

（二）被撤销中国共产党党内职务、留党察看、开除党籍的；

（三）被撤职或者开除公职的；

（四）被依法列为失信联合惩戒对象的；

（五）配偶已移居国（境）外，或者没有配偶但是子女均已移居国（境）外的；

（六）法律规定的其他情形。

第十四条 监察官的选用，坚持德才兼备、以德为先，坚持五湖四海、任人唯贤，坚持事业为上、公道正派，突出政治标准，注重工作实绩。

第十五条 监察官采用考试、考核的办法，从符合监察官条件的人员中择优选用。

第十六条 录用监察官，应当依照法律和国家有关规定采取公开考试、严格考察、平等竞争、择优录取的办法。

第十七条 监察委员会可以根据监察工作需要，依照法律和国家有关规定从中国共产党机关、国家机关、事业单位、国有企业等机关、单位从事公务的人员中选择符合任职条件的人员担任监察官。

第十八条 监察委员会可以根据监察工作需要，依照法律和国家有关规定在从事与监察机关职能职责相关的职业或者教学、研究的人员中选拔或者聘任符合任职条件的人员担任监察官。

第四章 监察官的任免

第十九条 国家监察委员会主任由全国人民代表大会选举和罢免，副主任、委员由国家监察委员会主任提请全国人民代表大会常务委员会任免。

地方各级监察委员会主任由本级人民代表大会选举和罢免，副主任、委员由监察委员会主任提请本级人民代表大会常务委员会任免。

新疆生产建设兵团各级监察委员会主任、副主任、委员，由新疆维吾尔自治区监察委员会主任提请自治区人民代表大会常务委员会任免。

其他监察官的任免，按照管理权限和规定的程序办理。

第二十条 监察官就职时应当依照法律规定进行宪法宣誓。

第二十一条 监察官有下列情形之一的，应当免去其监察官职务：

（一）丧失中华人民共和国国籍的；

（二）职务变动不需要保留监察官职务的；

（三）退休的；

（四）辞职或者依法应当予以辞退的；

（五）因违纪违法被调离或者开除的；

（六）法律规定的其他情形。

第二十二条 监察官不得兼任人民代表大会常务委员会的组成人员，不得兼任行政机关、审判机关、检察机关的职务，不得兼任企业或者其他营利性组织、事业单位的职务，不得兼任人民陪审员、人民监督员、执业律师、仲裁员和公证员。

监察官因工作需要兼职的，应当按照管理权限批准，但是不得领取兼职报酬。

第二十三条 监察官担任县级、设区的市级监察委员会主任的，应当按照有关规定实行地域回避。

第二十四条 监察官之间有夫妻关系、直系血亲关系、三代以内旁系血亲以及近姻亲关系的，不得同时担任下列职务：

（一）同一监察委员会的主任、副主任、委员，上述人员和其他监察官；

（二）监察委员会机关同一部门的监察官；

（三）同一派驻机构、派出机构或者其他监察机构的监察官；

（四）上下相邻两级监察委员会的主任、副主任、委员。

第五章 监察官的管理

第二十五条 监察官等级分为十三级，依次为总监察官、一级副总监察官、二级副总监察官，一级高级监察官、二级高级监察官、三级高级监察官、四级高级监察官，一级监察官、二级监察官、三级监察官、四级监察官、五级监察官、六级监察官。

第二十六条 国家监察委员会主任为总监察官。

第二十七条 监察官等级的确定，以监察官担任的职务职级、德才表现、业务水平、工作实绩和工作年限等为依据。

监察官等级晋升采取按期晋升和择优选升相结合的方式，特别优秀或者作出特别贡献的，可以提前选升。

第二十八条 监察官的等级设置、确定和晋升的具体办法，由国家另行规定。

第二十九条 初任监察官实行职前培训制度。

第三十条 对监察官应当有计划地进行政治、理论和业务培训。

培训应当突出政治机关特色，坚持理论联系实际、按需施教、讲求实效，提高专业能力。

监察官培训情况，作为监察官考核的内容和任职、等级晋升的依据之一。

第三十一条 监察官培训机构按照有关规定承担培训监察官的任务。

第三十二条 国家加强监察学科建设，鼓励具备条件的普通高等学校设置监察专业或者开设监察课程，培养德才兼备的高素质监察官后备人才，提高监察官的专业能力。

第三十三条 监察官依照法律和国家有关规定实行任职交流。

第三十四条 监察官申请辞职，应当由本人书面提出，按照管理权限批准后，依照规定的程序免去其职务。

第三十五条 监察官有依法应当予以辞退情形的，依照规定的程序免去其职务。

辞退监察官应当按照管理权限决定。辞退决定应当以书面形式通知被辞退的监察官，并列明作出决定的理由和依据。

第六章 监察官的考核和奖励

第三十六条 对监察官的考核，应当全面、客观、公正，实行平时考核、专项考核和年度考核相结合。

第三十七条 监察官的考核应当按照管理权限，全面考核监察官的德、能、勤、绩、廉，重点考核政治素质、工作实绩和廉洁自律情况。

第三十八条 年度考核结果分为优秀、称职、基本称职和不称职四个等次。

考核结果作为调整监察官等级、工资以及监察官奖惩、免职、降职、辞退的依据。

第三十九条 年度考核结果以书面形式通知监察官本人。监察官对考核结果如果有异议，可以申请复核。

第四十条 对在监察工作中有显著成绩和贡献，或者有其他突出事迹的监察官、监察官集体，给予奖励。

第四十一条 监察官有下列表现之一的，给予奖励：

（一）履行监督职责，成效显著的；

（二）在调查、处置职务违法和职务犯罪工作中，做出显著成绩和贡献的；

（三）提出有价值的监察建议，对防止和消除重大风险隐患效果显著的；

（四）研究监察理论、总结监察实践经验成果突出，对监察工作有指导作用的；

（五）有其他功绩的。

监察官的奖励按照有关规定办理。

第七章 监察官的监督和惩戒

第四十二条 监察机关应当规范工作流程，加强内部监督制约机制建设，强化对监察官执行职务和遵守法律情况的监督。

第四十三条 任何单位和个人对监察官的违纪违法行为，有权检举、控告。受理检举、控告的机关应当及时调查处理，并将结果告知检举人、控告人。

对依法检举、控告的单位和个人，任何人不得压制和打击报复。

第四十四条 对于审判机关、检察机关、执法部门等移送的监察官违纪违法履行职责的问题线索，监察机关应当及时调查处理。

第四十五条 监察委员会根据工作需要，按照规定从各方面代表中聘请特约监察员等监督人员，对监察官履行职责情况进行监督，提出加强和改进监察工作的意见、建议。

第四十六条 监察官不得打听案情、过问案件、说情干预。对于上述行为，办理监察事项的监察官应当及时向上级报告。有关情况应当登记备案。

办理监察事项的监察官未经批准不得接触被调查人、涉案人员及其特定关系人，或者与其进行交往。对于上述行为，知悉情况的监察官应当及时向上级报告。有关情况应当登记备案。

第四十七条 办理监察事项的监察官有下列情形之一的，应当自行回避，监察对象、检举人、控告人及其他有关人员也有权要求其回避；没有主动申请回避的，监察机关应当依法决定其回避：

（一）是监察对象或者检举人、控告人的近亲属的；

（二）担任过本案的证人的；

（三）本人或者其近亲属与办理的监察事项有利害关系的；

（四）有可能影响监察事项公正处理的其他情形的。

第四十八条 监察官应当严格执行保密制度，控制监察事项知悉范围和时间，不得私自留存、隐匿、查阅、摘抄、复制、携带问题线索和涉案资料，严禁泄露监察工作秘密。

监察官离岗离职后，应当遵守脱密期管理规定，严格履行保密义务，不得泄露相关秘密。

第四十九条 监察官离任三年内，不得从事与监察和司法工作相关联且可能发生利益冲突的职业。

监察官离任后，不得担任原任职监察机关办理案件的诉讼代理人或者辩护人，但是作为当事人的监护人或者近亲属代理诉讼、进行辩护的除外。

监察官被开除后，不得担任诉讼代理人或者辩护人，但是作为当事人的监护人或者近亲属代理诉讼、进行辩护的除外。

第五十条 监察官应当遵守有关规范领导干部配偶、子女及其配偶经商办企业行为的规定。违反规定的，予以处理。

第五十一条 监察官的配偶、父母、子女及其配偶不得以律师身份担任该监察官所任职监察机关办理案件的诉讼代理人、辩护人，或者提供其他有偿法律服务。

第五十二条 监察官有下列行为之一的，依法给予处理；构成犯罪的，依法追究刑事责任：

（一）贪污贿赂的；

（二）不履行或者不正确履行监督职责，应当发现的问题没有发现，或者发现问题不报告、不处置，造成恶劣影响的；

（三）未经批准、授权处置问题线索，发现重大案情隐瞒不报，或者私自留存、处理涉案材料的；

（四）利用职权或者职务上的影响干预调查工作、以案谋私的；

（五）窃取、泄露调查工作信息，或者泄露举报事项、举报受理情况以及举报人信息的；

（六）隐瞒、伪造、变造、故意损毁证据、案件材料的；

（七）对被调查人或者涉案人员逼供、诱供，或者侮辱、打骂、虐待、体罚、变相体罚的；

（八）违反规定采取调查措施或者处置涉案财物的；

（九）违反规定发生办案安全事故，或者发生安全事故后隐瞒不报、报告失实、处置不当的；

（十）其他职务违法犯罪行为。

监察官有其他违纪违法行为，影响监察官队伍形象，损害国家和人民利益的，依法追究相应责任。

第五十三条 监察官涉嫌违纪违法，已经被立案审查、调查、侦查，不宜继续履行职责的，按照管理权限和规定的程序暂时停止其履行职务。

第五十四条 实行监察官责任追究制度，对滥用职权、失职失责造成严重后果的，终身追究责任或者进行问责。

监察官涉嫌严重职务违法、职务犯罪或者对案件处置出现重大失误的，应当追究负有责任的领导人员和直接责任人员的责任。

第八章　监察官的职业保障

第五十五条 除下列情形外，不得将监察官调离：

（一）按规定需要任职回避的；

（二）按规定实行任职交流的；

（三）因机构、编制调整需要调整工作的；

（四）因违纪违法不适合继续从事监察工作的；

（五）法律规定的其他情形。

第五十六条 任何单位或者个人不得要求监察官从事超出法定职责范围的事务。

对任何干涉监察官依法履职的行为，监察官有权拒绝并予以全面如实记录和报告；有违纪违法情形的，由有关机关根据情节轻重追究有关人员的责任。

第五十七条 监察官的职业尊严和人身安全受法律保护。

任何单位和个人不得对监察官及其近亲属打击报复。

对监察官及其近亲属实施报复陷害、侮辱诽谤、暴力侵害、威胁恐吓、滋事骚扰等违法犯罪行为的，应当依法从严惩治。

第五十八条 监察官因依法履行职责遭受不实举报、诬告陷害、侮辱诽谤，致使名誉受到损害的，监察机关应当会同有关部门及时澄清事实，消除不良影响，并依法追究相关单位或者个人的责任。

第五十九条 监察官因依法履行职责，本人及其近亲属人身安全面临危险的，监察机关、公安机关应当对监察官及其近亲属采取人身保护、禁止特定人员接触等必要保护措施。

第六十条 监察官实行国家规定的工资制度，享受监察官等级津贴和其他津贴、补贴、奖金、保险、福利待遇。监察官的工资及等级津贴制度，由国家另行规定。

第六十一条 监察官因公致残的，享受国家规定的伤残待遇。监察官因公牺牲或者病故的，其亲属享受国家规定的抚恤和优待。

第六十二条 监察官退休后，享受国家规定的养老金和其他待遇。

第六十三条 对于国家机关及其工作人员侵犯监察官权利的行为，监察官有权提出控告。

受理控告的机关应当依法调查处理，并将调查处理结果及时告知本人。

第六十四条 监察官对涉及本人的政务处分、处分和人事处理不服的，可以依照规定的程序申请复审、复核，提出申诉。

第六十五条 对监察官的政务处分、处分或者人事处理错误的，应当及时予以纠正；造成名誉损害的，应当恢复名誉、消除影响、赔礼道歉；造成经济损失的，应当赔偿。对打击报复的直接责任人员，应当依法追究其责任。

第九章 附 则

第六十六条 有关监察官的权利、义务和管理制度，本法已有规定的，适用本法的规定；本法未作规定的，适用《中华人民共和国公务员法》等法律法规的规定。

第六十七条 中国人民解放军和中国人民武装警察部队的监察官制度，按照国家和军队有关规定执行。

第六十八条 本法自2022年1月1日起施行。

中华人民共和国保守国家秘密法

（1988年9月5日第七届全国人民代表大会常务委员会第三次会议通过 2010年4月29日第十一届全国人民代表大会常务委员会第十四次会议第一次修订 2024年2月27日第十四届全国人民代表大会常务委员会第八次会议第二次修订 2024年2月27日中华人民共和国主席令第20号公布 自2024年5月1日起施行）

第一章 总 则

第一条 为了保守国家秘密，维护国家安全和利益，保障改革开放和社会主义现代化建设事业的顺利进行，根据宪法，制定本法。

第二条 国家秘密是关系国家安全和利益，依照法定程序确定，在一定时间内只限一定范围的人员知悉的事项。

第三条 坚持中国共产党对保守国家秘密（以下简称保密）工作的领导。中央保密工作领导机构领导全国保密工作，研究制定、指导实施国家保密工作战略和重大方针政策，统筹协调国家保密重大事项和重要工作，推进国家保密法治建设。

第四条 保密工作坚持总体国家安全观，遵循党管保密、依法管理，积极防范、突出重点，技管并重、创新发展的原则，既确保国家秘密安全，又便利信息资源合理利用。

法律、行政法规规定公开的事项，应当依法公开。

第五条 国家秘密受法律保护。

一切国家机关和武装力量、各政党和各人民团体、企业事业组织和其他社会组织以及公民都有保密的义务。

任何危害国家秘密安全的行为，都必须受到法律追究。

第六条 国家保密行政管理部门主管全国的保密工作。县级以上地方各级保密行政管理部门主管本行政区域的保密工作。

第七条 国家机关和涉及国家秘密的单位（以下简称机关、单位）管理本机关和本单位的保密工作。

中央国家机关在其职权范围内管理或者指导本系统的保密工作。

第八条 机关、单位应当实行保密工作责任制，依法设置保密工作机构或者指定专人负责保密工作，健全保密管理制度，完善保密防护措施，开展保密宣传教育，加强保密监督检查。

第九条 国家采取多种形式加强保密宣传教育，将保密教育纳入国民教育体系和公务员教育培训体系，鼓励大众传播媒介面向社会进行保密宣传教育，普及保密知识，宣传保密法治，增强全社会的保密意识。

第十条 国家鼓励和支持保密科学技术研究和应用，提升自主创新能力，依法保护保密领域的知识产权。

第十一条 县级以上人民政府应当将保密工作纳入本级国民经济和社会发展规划，所需经费列入本级预算。

机关、单位开展保密工作所需经费应当列入本机关、本单位年度预算或者年度收支计划。

第十二条 国家加强保密人才培养和队伍建设，完善相关激励保障机制。

对在保守、保护国家秘密工作中做出突出贡献的组织和个人，按照国家有关规定给予表彰和奖励。

第二章 国家秘密的范围和密级

第十三条 下列涉及国家安全和利益的事项，泄露后可能损害国家在政治、经济、国防、外交等领域的安全和利益的，应当确定为国家秘密：

（一）国家事务重大决策中的秘密事项；

（二）国防建设和武装力量活动中的秘密事项；

（三）外交和外事活动中的秘密事项以及对外承担保密义务的秘密事项；

（四）国民经济和社会发展中的秘密事项；

（五）科学技术中的秘密事项；

（六）维护国家安全活动和追查刑事犯罪中的秘密事项；

（七）经国家保密行政管理部门确定的其他秘密事项。

政党的秘密事项中符合前款规定的，属于国家秘密。

第十四条 国家秘密的密级分为绝密、机密、秘密三级。

绝密级国家秘密是最重要的国家秘密，泄露会使国家安全和利益遭受特别严重的损害；机密级国家秘密是重要的国家秘密，泄露会使国家安全和利益遭受严重的损害；秘密级国家秘密是一般的国家秘密，泄露会使国家安全和利益遭受损害。

第十五条 国家秘密及其密级的具体范围（以下简称保密事项范围），由国家保密行政管理部门单独或者会同有关中央国家机关规定。

军事方面的保密事项范围，由中央军事委员会规定。

保密事项范围的确定应当遵循必要、合理原则，科学论证评估，并根据情况变化及时调整。保密事项范围的规定应当在有关范围内公布。

第十六条 机关、单位主要负责人及其指定的人员为定密责任人，负责本机关、本单位的国家秘密确定、变更和解除工作。

机关、单位确定、变更和解除本机关、本单位的国家秘密，应当由承办人提出具体意见，经定密责任人审核批准。

第十七条 确定国家秘密的密级，应当遵守定密权限。

中央国家机关、省级机关及其授权的机关、单位可以确定绝密级、机密级和秘密级国家秘密；设区的市级机关及其授权的机关、单位可以确定机密级和秘密级国家秘密；特殊情况下无法按照上述规定授权定密的，国家保密行政管理部门或者省、自治区、直辖市保密行政管理部门可以授予机关、单位定密权限。具体的定密权限、授权范围由国家保密行政管理部门规定。

下级机关、单位认为本机关、本单位产生的有关定密事项属于上级机关、单位的定密权限，应当先行采取保密措施，并立即报请上级机关、单位确定；没有上级机关、单位的，应当立即提请有相应定密权限的业务主管部门或者保密行政管理部门确定。

公安机关、国家安全机关在其工作范围内按照规定的权限确定国家秘密的密级。

第十八条 机关、单位执行上级确定的国家秘密事项或者办理其他机关、单位确定的国家秘密事项，需要派生定密的，应当根据所执行、办理的国家秘密事项的密级确定。

第十九条 机关、单位对所产生的国家秘密事项，应当按照保密事项范围的规定确定密级，同时确定保密期限和知悉范围；有条件的可以标注密点。

第二十条 国家秘密的保密期限，应当根据事项的性质和特点，按照维护国家安全和利益的需要，限定在必要的期限内；不能确定期限的，应当确定解密的条件。

国家秘密的保密期限，除另有规定外，绝密级不超过三十年，机密级不超过二十年，秘密级不超过十年。

机关、单位应当根据工作需要，确定具体的保密期限、解密时间或者解密条件。

机关、单位对在决定和处理有关事项工作过程中确定需要保密的事项，根据工作需要决定公开的，正式公布时即视为解密。

第二十一条 国家秘密的知悉范围，应当根据工作需要限定在最小范围。

国家秘密的知悉范围能够限定到具体人员的，限定到具体人员；不能限定到具体人员的，限定到机关、单位，由该机关、单位限定到具体人员。

国家秘密的知悉范围以外的人员，因工作需要知悉国家秘密的，应当经过机关、单位主要负责人或者其指定的人员批准。原定密机关、单位对扩大国家秘密的知悉范围有明确规定的，应当遵守其规定。

第二十二条 机关、单位对承载国家秘密的纸介质、光介质、电磁介质等载体（以下简称国家秘密载体）以及属于国家秘密的设备、产品，应当作出国家秘密标志。

涉及国家秘密的电子文件应当按照国家有关规定作出国家秘密标志。

不属于国家秘密的，不得作出国家秘密标志。

第二十三条 国家秘密的密级、保密期限和知悉范围，应当根据情况变化及时变更。国家秘密的密级、保密期限和知悉范围的变更，由原定密机关、单位决定，也可以由其上级机关决定。

国家秘密的密级、保密期限和知悉范围变更的，应当及时书面通知知悉范围内的机关、单位或者人员。

第二十四条 机关、单位应当每年审核所确定的国家秘密。

国家秘密的保密期限已满的，自行解密。在保密期限内因保密事项范围调整不再作为国家秘密，或者公开后不会损害国家安全和利益，不需要继续保密的，应当及时解密；需要延长保密期限的，应当在原保密期限届满前重新确定密级、保密期限和知悉范围。提前解密或者延长保密期限的，由原定密机关、单位决定，也可以由其上级机关决定。

第二十五条 机关、单位对是否属于国家秘密或者属于何种密级不明确或者有争议的，由国家保密行政管理部门或者省、自治区、直辖市保密行政管理部门按照国家保密规定确定。

第三章 保密制度

第二十六条 国家秘密载体的制作、收发、传递、使用、复制、保存、维修和销毁，应当符合国家保密规定。

绝密级国家秘密载体应当在符合国家保密标准的设施、设备中保存，并指定专人管理；未经原定密机关、单位或者其上级机关批准，不得复制和摘抄；收发、传递和外出携带，应当指定人员负责，并采取必要的安全措施。

第二十七条 属于国家秘密的设备、产品的研制、生产、运输、使用、保存、维修和销毁，应当符合国家保密规定。

第二十八条 机关、单位应当加强对国家秘密载体的管理，任何组织和个人不得有下列行为：

（一）非法获取、持有国家秘密载体；

（二）买卖、转送或者私自销毁国家秘密载体；

（三）通过普通邮政、快递等无保密措施的渠道传递国家秘密载体；

（四）寄递、托运国家秘密载体出境；

（五）未经有关主管部门批准，携带、传递国家秘密载体出境；

（六）其他违反国家秘密载体保密规定的行为。

第二十九条 禁止非法复制、记录、存储国家秘密。

禁止未按照国家保密规定和标准采取有效保密措施，在互联网及其他公共信息网络或者有线和无线通信中传递国家秘密。

禁止在私人交往和通信中涉及国家秘密。

第三十条 存储、处理国家秘密的计算机信息系统（以下简称涉密信息系统）按照涉密程度实行分级保护。

涉密信息系统应当按照国家保密规定和标准规划、建设、运行、维护，并配备保密设施、设备。保密设施、设备应当与涉密信息系统同步规划、同步建设、同步运行。

涉密信息系统应当按照规定，经检查合格后，方可投入使用，并定期开展风险评估。

第三十一条 机关、单位应当加强对信息系统、信息设备的保密管理，建设保密自监管设施，及时发现并处置安全保密风险隐患。任何组织和个人不得有下列行为：

（一）未按照国家保密规定和标准采取有效保密措施，将涉密信息系统、涉密信息设备接入互联网及其他公共信息网络；

（二）未按照国家保密规定和标准采取有效保密措施，在涉密信息系统、涉密信息设备与互联网及其他公共信息网络之间进行信息交换；

（三）使用非涉密信息系统、非涉密信息设备存储或者处理国家秘密；

（四）擅自卸载、修改涉密信息系统的安全技术程序、管理程序；

（五）将未经安全技术处理的退出使用的涉密信息设备赠送、出售、丢弃或者改作其他用途；

（六）其他违反信息系统、信息设备保密规定的行为。

第三十二条 用于保护国家秘密的安全保密产品和保密技术装备应当符合国家保密规定和标准。

国家建立安全保密产品和保密技术装备抽检、复检制度，由国家保密行政管理部门设立或者授权的机构进行检测。

第三十三条 报刊、图书、音像制品、电子出版物的编辑、出版、印制、发行，广播节目、电视节目、电影的制作和播放，网络信息的制作、复制、发布、传播，应当遵守国家保密规定。

第三十四条 网络运营者应当加强对其用户发布的信息的管理，配合监察机关、保密行政管理部门、公安机关、国家安全机关对涉嫌泄露国家秘密案件进行调查处理；发现利用互联网及其他公共信息网络发布的信息涉嫌泄露国家秘密的，应当立即停止传输该信息，保存有关记录，向保密行政管理部门或者公安机关、国家安全机关报告；应当根据保密行政管理部门或者公安机关、国家安全机关的要求，删除涉及泄露国家秘密的信息，并对有关设备进行技术处理。

第三十五条 机关、单位应当依法对拟公开的信息进行保密审查，遵守国家保密规定。

第三十六条 开展涉及国家秘密的数据处理活动及其安全监管应当符合国家保密规定。

国家保密行政管理部门和省、自治区、直辖市保密行政管理部门会同有关主管部门建立安全保密防控机制，采取安全保密防控措施，防范数据汇聚、关联引发的泄密风险。

机关、单位应当对汇聚、关联后属于国家秘密事项的数据依法加强安全管理。

第三十七条 机关、单位向境外或者向境外在中国境内设立的组织、机构提供国家秘密，任用、聘用的境外人员因工作需要知悉国家秘密的，按照国家有关规定办理。

第三十八条 举办会议或者其他活动涉及国家秘密的，主办单位应当采取保密措施，并对参加人员进行保密教育，提出具体保密要求。

第三十九条 机关、单位应当将涉及绝密级或者较多机密级、秘密级国家秘密的机构确定为保密要害部门，将集中制作、存放、保管国家秘密载体的专门场所确定为保密要害部位，按照国家保密规定和标准配备、使用必要的技术防护设施、设备。

第四十条 军事禁区、军事管理区和属于国家秘密不对外开放的其他场所、部位，应当采取保密措施，未经有关部门批准，不得擅自决定对外开放或者扩大开放范围。

涉密军事设施及其他重要涉密单位周边区域应当按照国家保密规定加强保密管理。

第四十一条 从事涉及国家秘密业务的企业事业单位，应当具备相应的保密管理能力，遵守国家保密规定。

从事国家秘密载体制作、复制、维修、销毁，涉密信息系统集成，武器装备科研生产，或者涉密军事设施建设等涉及国家秘密业务的企业事业单位，应当经过审查批准，取得保密资质。

第四十二条 采购涉及国家秘密的货物、服务的机关、单位，直接涉及国家秘密的工程建设、设计、施工、监理等单位，应当遵守国家保密规定。

机关、单位委托企业事业单位从事涉及国家秘密的业务，应当与其签订保密协议，提出保密要求，采取保密措施。

第四十三条 在涉密岗位工作的人员（以下简称涉密人员），按照涉密程度分为核心涉密人员、重要涉密人员和一般涉密人员，实行分类管理。

任用、聘用涉密人员应当按照国家有关规定进行审查。

涉密人员应当具有良好的政治素质和品行，经过保密教育培训，具备胜任涉密岗位的工作能力和保密知识技能，签订保密承诺书，严格遵守国家保密规定，承担保密责任。

涉密人员的合法权益受法律保护。对因保密原因合法权益受到影响和限制的涉密人员，按照国家有关规定给予相应待遇或者补偿。

第四十四条 机关、单位应当建立健全涉密人员管理制度，明确涉密人员的权利、岗位责任和要求，对涉密人员履行职责情况开展经常性的监督检查。

第四十五条 涉密人员出境应当经有关部门批准，有关机关认为涉密人员出境将对国家安全造成危害或者对国家利益造成重大损失的，不得批准出境。

第四十六条 涉密人员离岗离职应当遵守国家保密规定。机关、单位应当开展保密教育提醒，清退国家秘密载体，实行脱密期管理。涉密人员在脱密期内，不得违反规定就业和出境，不得以任何方式泄露国家秘密；脱密期结束后，应当遵守国家保密规定，对知悉的国家秘密继续履行保密义务。涉密人员严重违反离岗离职及脱密期国家保密规定的，机关、单位应当及时报告同级保密行政管理部门，由保密行政管理部门会同有关部门依法采取处置措施。

第四十七条 国家工作人员或者其他公民发现国家秘密已经泄露或者可能泄露时，应当立即采取补救措施并及时报告有关机关、单位。机关、单位接到报告后，应当立即作出处理，并及时向保密行政管理部门报告。

第四章　监督管理

第四十八条 国家保密行政管理部门依照法律、行政法规的规定，制定保密规章和国家保密标准。

第四十九条 保密行政管理部门依法组织开展保密宣传教育、保密检查、保密技术防护、保密违法案件调查处理工作，对保密工作进行指导和监督管理。

第五十条 保密行政管理部门发现国家秘密确定、变更或者解除不当的，应当及时通知有关机关、单位予以纠正。

第五十一条 保密行政管理部门依法对机关、单位遵守保密法律法规和相关制度的情况进行检查；涉嫌保密违法的，应当及时调查处理或者组织、督促有关机关、单位调查处理；涉嫌犯罪的，应当依法移送监察机关、司法机关处理。

对严重违反国家保密规定的涉密人员，保密行政管理部门应当建议有关机关、单位将其调离涉密岗位。

有关机关、单位和个人应当配合保密行政管理部门依法履行职责。

第五十二条 保密行政管理部门在保密检查和案件调查处理中，可以依法查阅有关材料、询问人员、记录情况，先行登记保存有关设施、设备、文件资料等；必要时，可以进行保密技术检测。

保密行政管理部门对保密检查和案件调查处理中发现的非法获取、持有的国家秘密载体，应当予以收缴；发现存在泄露国家秘密隐患的，应当要求采取措施，限期整改；对存在泄露国家秘密隐患的设施、设备、场所，应当责令停止使用。

第五十三条 办理涉嫌泄露国家秘密案件的机关，需要对有关事项是否属于国家秘密、属于何种密级进行鉴定的，由国家保密行政管理部门或者省、自治区、直辖市保密行政管理部门鉴定。

第五十四条 机关、单位对违反国家保密规定的人员不依法给予处分的，保密行政管理部门应当建议纠正；对拒不纠正的，提请其上一级机关或者监察机关对该机关、单位负有责任的领导人员和直接责任人员依法予以处理。

第五十五条 设区的市级以上保密行政管理部门建立保密风险评估机制、监测预警制度、应急处置制度，会同有关部门开展信息收集、分析、通报工作。

第五十六条 保密协会等行业组织依照法律、行政法规的规定开展活动，推动行业自律，促进行业健康发展。

第五章 法律责任

第五十七条 违反本法规定，有下列情形之一，根据情节轻重，依法给予处分；有违法所得的，没收违法所得：

（一）非法获取、持有国家秘密载体的；

（二）买卖、转送或者私自销毁国家秘密载体的；

（三）通过普通邮政、快递等无保密措施的渠道传递国家秘密载体的；

（四）寄递、托运国家秘密载体出境，或者未经有关主管部门批准，携带、传递国家秘密载体出境的；

（五）非法复制、记录、存储国家秘密的；

（六）在私人交往和通信中涉及国家秘密的；

（七）未按照国家保密规定和标准采取有效保密措施，在互联网及其他公共信息网络或者有线和无线通信中传递国家秘密的；

（八）未按照国家保密规定和标准采取有效保密措施，将涉密信息系统、涉密信息设备接入互联网及其他公共信息网络的；

（九）未按照国家保密规定和标准采取有效保密措施，在涉密信息系统、涉密信息设备与互联网及其他公共信息网络之间进行信息交换的；

（十）使用非涉密信息系统、非涉密信息设备存储、处理国家秘密的；

（十一）擅自卸载、修改涉密信息系统的安全技术程序、管理程序的；

（十二）将未经安全技术处理的退出使用的涉密信息设备赠送、出售、丢弃或者改作其他用途的；

（十三）其他违反本法规定的情形。

有前款情形尚不构成犯罪，且不适用处分的人员，由保密行政管理部门督促其所在机关、单位予以处理。

第五十八条 机关、单位违反本法规定，发生重大泄露国家秘密案件的，依法对直接负责的主管人员和其他直接责任人员给予处分。不适用处分的人员，由保密行政管理部门督促其主管部门予以处理。

机关、单位违反本法规定，对应当定密的事项不定密，对不应当定密的事项定密，或者未履行解密审核责任，造成严重后果的，依法对直接负责的主管人员和其他直接责任人员给予处分。

第五十九条 网络运营者违反本法第三十四条规定的，由公安机关、国家安全机关、电信主管部门、保密行政管理部门按照各自职责分工依法予以处罚。

第六十条 取得保密资质的企业事业单位违反国家保密规定的，由保密行政管理部门责令限期整改，给予警告或者通报批评；有违法所得的，没收违法所得；情节严重的，暂停涉密业务、降低资质等级；情节特别严重的，吊销保密资质。

未取得保密资质的企业事业单位违法从事本法第四十一条第二款规定的涉密业务的，由保密行政管理部门责令停止涉密业务，给予警告或者通报批评；有违法所得的，没收违法所得。

第六十一条 保密行政管理部门的工作人员在履行保密管理职责中滥用职权、玩忽职守、徇私舞弊的，依法给予处分。

第六十二条 违反本法规定，构成犯罪的，依法追究刑事责任。

第六章 附 则

第六十三条 中国人民解放军和中国人民武装警察部队开展保密工作的具体规定，由中央军事委员会根据本法制定。

第六十四条 机关、单位对履行职能过程中产生或者获取的不属于国家秘密但泄露后会造成一定不利影响的事项，适用工作秘密管理办法采取必要的保护措施。工作秘密管理办法另行规定。

第六十五条 本法自2024年5月1日起施行。

中华人民共和国保守国家秘密法实施条例

（2014年1月17日中华人民共和国国务院令第646号公布
2024年7月10日中华人民共和国国务院令第786号修订）

第一章 总 则

第一条 根据《中华人民共和国保守国家秘密法》（以下简称保密法）的规定，制定本条例。

第二条 坚持和加强中国共产党对保守国家秘密（以下简称保密）工作的领导。

中央保密工作领导机构领导全国保密工作，负责全国保密工作的顶层设计、统筹协调、整体推进、督促落实。

地方各级保密工作领导机构领导本地区保密工作，按照中央保密工作领导机构统一部署，贯彻落实党和国家保密工作战略及重大政策措施，统筹协调保密重大事项和重要工作，督促保密法律法规严格执行。

第三条 国家保密行政管理部门主管全国的保密工作。县级以上地方各级保密行政管理部门在上级保密行政管理部门指导下，主管本行政区域的保密工作。

第四条 中央国家机关在其职权范围内管理或者指导本系统的保密工作，监督执行保密法律法规，可以根据实际情况制定或者会同有关部门制定主管业务方面的保密规定。

第五条 国家机关和涉及国家秘密的单位（以下简称机关、单位）不得将依法应当公开的事项确定为国家秘密，不得将涉及国家秘密的信息公开。

第六条 机关、单位实行保密工作责任制，承担本机关、本单位保密工作主体责任。机关、单位主要负责人对本机关、本单位的保密工作负总责，分管保密工作的负责人和分管业务工作的负责人在职责范围内对保密工作负领导责任，工作人员对本岗位的保密工作负直接责任。

机关、单位应当加强保密工作力量建设，中央国家机关应当设立保密工作机构，配备专职保密干部，其他机关、单位应当根据保密工作需要设立保密工作机构或者指定人员专门负责保密工作。

机关、单位及其工作人员履行保密工作责任制情况应当纳入年度考评和考核内容。

第七条 县级以上人民政府应当加强保密基础设施建设和关键保密科学技术产品的配备。

省级以上保密行政管理部门应当推动保密科学技术自主创新，促进关键保密科学技术产品的研发工作，鼓励和支持保密科学技术研究和应用。

第八条 保密行政管理部门履行职责所需的经费，应当列入本级预算。机关、单位开展保密工作所需经费应当列入本机关、本单位的年度预算或者年度收支计划。

第九条 保密行政管理部门应当组织开展经常性的保密宣传教育。干部教育培训主管部门应当会同保密行政管理部门履行干部保密教育培训工作职责。干部教育培训机构应当将保密教育纳入教学体系。教育行政部门应当推动保密教育纳入国民教育体系。宣传部门应当指导鼓励大众传播媒介充分发挥作用，普及保密知识，宣传保密法治，推动全社会增强保密意识。

机关、单位应当定期对本机关、本单位工作人员进行保密工作优良传统、保密形势任务、保密法律法规、保密技术防范、保密违法案例警示等方面的教育培训。

第十条 保密行政管理部门应当按照国家有关规定完善激励保障机制，加强专门人才队伍建设、专业培训和装备配备，提升保密工作专业化能力和水平。教育行政部门应当加强保密相关学科专业建设指导和支持。

第十一条 对有下列表现之一的组织和个人，应当按照国家有关规定给予表彰和奖励：

（一）在危急情况下保护国家秘密安全的；

（二）在重大涉密活动中，为维护国家秘密安全做出突出贡献的；

（三）在保密科学技术研发中取得重大成果或者显著成绩的；

（四）及时检举泄露或者非法获取、持有国家秘密行为的；

（五）发现他人泄露或者可能泄露国家秘密，立即采取补救措施，避免或者减轻危害后果的；

（六）在保密管理等涉密岗位工作，忠于职守，严守国家秘密，表现突出的；

（七）其他在保守、保护国家秘密工作中做出突出贡献的。

第二章　国家秘密的范围和密级

第十二条 国家秘密及其密级的具体范围（以下称保密事项范围）应当明确规定国家秘密具体事项的名称、密级、保密期限、知悉范围和产生层级。

保密事项范围应当根据情况变化及时调整。制定、修订保密事项范围应当充分论证，听取有关机关、单位和相关行业、领域专家的意见。

第十三条 有定密权限的机关、单位应当依据本行业、本领域以及相关行业、领域保密事项范围，制定国家秘密事项一览表，并报同级保密行政管理部门备案。国家秘密事项一览表应当根据保密事项范围及时修订。

第十四条 机关、单位主要负责人为本机关、本单位法定定密责任人，根据工作需要，可以明确本机关、本单位其他负责人、内设机构负责人或者其他人员为指定定密责任人。

定密责任人、承办人应当接受定密培训，熟悉定密职责和保密事项范围，掌握定密程序和方法。

第十五条 定密责任人在职责范围内承担国家秘密确定、变更和解除工作，指导、监督职责范围内的定密工作。具体职责是：

（一）审核批准承办人拟定的国家秘密的密级、保密期限和知悉范围；

（二）对本机关、本单位确定的尚在保密期限内的国家秘密进行审核，作出是否变更或者解除的决定；

（三）参与制定修订本机关、本单位国家秘密事项一览表；

（四）对是否属于国家秘密和属于何种密级不明确的事项先行拟定密级、保密期限和知悉范围，并按照规定的程序报保密行政管理部门确定。

第十六条 中央国家机关、省级机关以及设区的市级机关可以根据保密工作需要或者有关机关、单位申请，在国家保密行政管理部门规定的定密权限、授权范围内作出定密授权。

无法按照前款规定授权的，省级以上保密行政管理部门可以根据保密工作需要或者有关机关、单位申请，作出定密授权。

定密授权应当以书面形式作出。授权机关应当对被授权机关、单位履行定密授权的情况进行监督。被授权机关、单位不得再授权。

中央国家机关、省级机关和省、自治区、直辖市保密行政管理部门作出的定密授权，报国家保密行政管理部门备案；设区的市级机关作出的定密授权，报省、自治区、直辖市保密行政管理部门备案。

第十七条 机关、单位应当在国家秘密产生的同时，由承办人依据有关保密事项范围拟定密级、保密期限和知悉范围，报定密责任人审核批准，并采取相应保密措施。

机关、单位对应当定密但本机关、本单位没有定密权限的事项，先行采取保密措施，并依照法定程序，报上级机关、单位确定；没有上级机关、单位的，报有定密权限的业务主管部门或者保密行政管理部门确定。

机关、单位确定国家秘密，能够明确密点的，按照国家保密规定确定并标注。

第十八条 机关、单位执行上级确定的国家秘密事项或者办理其他机关、单位确定的国家秘密事项，有下列情形之一的，应当根据所执行、办理的国家秘密事项的密级、保密期限和知悉范围派生定密：

（一）与已确定的国家秘密事项完全一致的；

（二）涉及已确定的国家秘密事项密点的；

（三）对已确定的国家秘密事项进行概括总结、编辑整合、具体细化的；

（四）原定密机关、单位对使用已确定的国家秘密事项有明确定密要求的。

第十九条 机关、单位对所产生的国家秘密，应当按照保密事项范围的规定确定具体的保密期限或者解密时间；不能确定的，应当确定解密条件。

国家秘密的保密期限，自标明的制发日起计算；不能标明制发日的，确定该国家秘密的机关、单位应当书面通知知悉范围内的机关、单位和人员，保密期限自通知之日起计算。

第二十条 机关、单位应当依法限定国家秘密的知悉范围，对知悉机密级以上国家秘密的人员，应当作出记录。

第二十一条 国家秘密载体以及属于国家秘密的设备、产品（以下简称密品）的明显部位应当作出国家秘密标志。国家秘密标志应当标注密级、保密期限。国家秘密的密级或者保密期限发生变更的，应当及时对原国家秘密标志作出变更。

无法作出国家秘密标志的，确定该国家秘密的机关、单位应当书面通知知悉范围内的机关、单位和人员。

第二十二条 机关、单位对所确定的国家秘密，认为符合保密法有关解除或者变更规定的，应当及时解除或者变更。

机关、单位对不属于本机关、本单位确定的国家秘密，认为符合保密法有关解除或者变更规定的，可以向原定密机关、单位或者其上级机关、单位提出建议。

已经依法移交各级国家档案馆的属于国家秘密的档案，由原定密机关、单位按照国家有关规定进行解密审核。

第二十三条 机关、单位被撤销或者合并、分立的，该机关、单位所确定国家秘密的变更和解除，由承担其职能的机关、单位负责；没有相应机关、单位的，由其上级机关、单位或者同级保密行政管理部门指定的机关、单位负责。

第二十四条 机关、单位发现本机关、本单位国家秘密的确定、变更和解除不当的，应当及时纠正；上级机关、单位发现下级机关、单位国家秘密的确定、变更和解除不当的，应当及时通知其纠正，也可以直接纠正。

第二十五条 机关、单位对符合保密法的规定，但保密事项范围没有规定的不明确事项，应当先行拟定密级、保密期限和知悉范围，采取相应的保密措施，并自拟定之日起10个工作日内报有关部门确定。拟定为绝密级的事项和中央国家机关拟定的机密级、秘密级的事项，报国家保密行政管理部门确定；其他机关、单位拟定的机密级、秘密级的事项，报省、自治区、直辖市保密行政管理部门确定。

保密行政管理部门接到报告后，应当在10个工作日内作出决定。省、自治区、直辖市保密行政管理部门还应当将所作决定及时报国家保密行政管理部门备案。

第二十六条 机关、单位对已确定的国家秘密事项是否属于国家秘密或者属于何种密级有不同意见的，可以向原定密机关、单位提出异议，由原定密机关、单位作出决定。

机关、单位对原定密机关、单位未予处理或者对作出的决定仍有异议的，按照下列规定办理：

（一）确定为绝密级的事项和中央国家机关确定的机密级、秘密级的事项，报国家保密行政管理部门确定；

（二）其他机关、单位确定的机密级、秘密级的事项，报省、自治区、直辖市保密行政管理部门确定；对省、自治区、直辖市保密行政管理部门作出的决定有异议的，可以报国家保密行政管理部门确定。

在原定密机关、单位或者保密行政管理部门作出决定前，对有关事项应当按照主张密级中的最高密级采取相应的保密措施。

第三章 保密制度

第二十七条 国家秘密载体管理应当遵守下列规定：

（一）制作国家秘密载体，应当由本机关、本单位或者取得国家秘密载体制作、复制资质的单位承担，制作场所、设备应当符合国家保密规定；

（二）收发国家秘密载体，应当履行清点、编号、登记、签收手续；

（三）传递国家秘密载体，应当通过机要交通、机要通信或者其他符合国家保密规定的方式进行；

（四）阅读、使用国家秘密载体，应当在符合国家保密规定的场所进行；

（五）复制国家秘密载体或者摘录、引用、汇编属于国家秘密的内容，应当按照规定报批，不得擅自改变原件的密级、保密期限和知悉范围，复制件应当加盖复制机关、单位戳记，并视同原件进行管理；

（六）保存国家秘密载体的场所、设施、设备，应当符合国家保密规定；

（七）维修国家秘密载体，应当由本机关、本单位专门技术人员负责。确需外单位人员维修的，应当由本机关、本单位的人员现场监督。确需在本机关、本单位以外维修的，应当符合国家保密规定；

（八）携带国家秘密载体外出，应当符合国家保密规定，并采取可靠的保密措施。携带国家秘密载体出境，应当按照国家保密规定办理审批手续；

（九）清退国家秘密载体，应当按照制发机关、单位要求办理。

第二十八条 销毁国家秘密载体，应当符合国家保密规定和标准，确保销毁的国家秘密信息无法还原。

销毁国家秘密载体，应当履行清点、登记、审批手续，并送交保密行政管理部门设立的工作机构或者指定的单位销毁。机关、单位因工作需要，自行销毁少量国家秘密载体的，应当使用符合国家保密标准的销毁设备和方法。

第二十九条 绝密级国家秘密载体管理还应当遵守下列规定：

（一）收发绝密级国家秘密载体，应当指定专人负责；

（二）传递、携带绝密级国家秘密载体，应当两人以上同行，所用包装应当符合国家保密规定；

（三）阅读、使用绝密级国家秘密载体，应当在符合国家保密规定的指定场所进行；

（四）禁止复制、下载、汇编、摘抄绝密级文件信息资料，确有工作需要的，应当征得原定密机关、单位或者其上级机关同意；

（五）禁止将绝密级国家秘密载体携带出境，国家另有规定的从其规定。

第三十条 机关、单位应当依法对密品的研制、生产、试验、运输、使用、保存、维修、销毁等进行管理。

机关、单位应当及时确定密品的密级和保密期限，严格控制密品的接触范围，对放置密品的场所、部位采取安全保密防范措施。

绝密级密品的研制、生产、维修应当在符合国家保密规定的封闭场所进行，并设置专门放置、保存场所。

密品的零件、部件、组件等物品，涉及国家秘密的，按照国家保密规定管理。

第三十一条 机关、单位应当依法确定保密要害部门、部位，报同级保密行政管理部门确认，严格保密管理。

第三十二条 涉密信息系统按照涉密程度分为绝密级、机密级、秘密级。机关、单位应当根据涉密信息系统存储、处理信息的最高密级确定保护等级，按照分级保护要求采取相应的安全保密防护措施。

第三十三条 涉密信息系统应当由国家保密行政管理部门设立或者授权的机构进行检测评估，并经设区的市级以上保密行政管理部门审查合格，方可投入使用。

公安机关、国家安全机关的涉密信息系统测评审查工作按照国家保密行政管理部门会同国务院公安、国家安全部门制定的有关规定执行。

第三十四条 机关、单位应当加强信息系统、信息设备的运行维护、使用管理，指定专门机构或者人员负责运行维护、安全保密管理和安全审计，按照国家保密规定建设保密自监管设施，定期开展安全保密检查和风险评估，配合保密行政管理部门排查预警事件，及时发现并处置安全保密风险隐患。

第三十五条 机关、单位应当按照国家保密规定，对绝密级信息系统每年至少开展一次安全保密风险评估，对机密级及以下信息系统每两年至少开展一次安全保密风险评估。机关、单位涉密信息系统的密级、使用范围和使用环境等发生变化可能产生新的安全保密风险隐患的，应当按照国家保密规定和标准采取相应防护措施，并开展安全保密风险评估。

涉密信息系统中使用的信息设备应当安全可靠，以无线方式接入涉密信息系统的，应当符合国家保密和密码管理规定、标准。

涉密信息系统不再使用的，应当按照国家保密规定和标准对相关保密设施、设备进行处理，并及时向相关保密行政管理部门备案。

第三十六条 研制、生产、采购、配备用于保护国家秘密的安全保密产品和保密技术装备应当符合国家保密规定和标准。

国家鼓励研制生产单位根据保密工作需要，采用新技术、新方法、新工艺等创新安全保密产品和保密技术装备。

第三十七条 研制生产单位应当为用于保护国家秘密的安全保密产品和保密技术装备持续提供维修维护服务，建立漏洞、缺陷发现和处理机制，不得在安全保密产品和保密技术装备中设置恶意程序。

研制生产单位可以向国家保密行政管理部门设立或者授权的机构申请对安全保密产品和保密技术装备进行检测，检测合格的，上述机构颁发合格证书。研制生产单位生产的安全保密产品和保密技术装备应当与送检样品一致。

第三十八条 国家保密行政管理部门组织其设立或者授权的机构开展用于保护国家秘密的安全保密产品和保密技术装备抽检、复检，发现不符合国家保密规定和标准的，应当责令整改；存在重大缺陷或者重大泄密隐患的，应当责令采取停止销售、召回产品等补救措施，相关单位应当配合。

第三十九条 网络运营者应当遵守保密法律法规和国家有关规定，建立保密违法行为投诉、举报、发现、处置制度，完善受理和处理工作机制，制定泄密应急预案。发生泄密事件时，网络运营者应当立即启动应急预案，采取补救措施，并向保密行政管理部门或者公安机关、国家安全机关报告。

第四十条 网络运营者对保密行政管理部门依法实施的保密违法案件调查和预警事件排查，应当予以配合。

省级以上保密行政管理部门在履行保密监督管理职责中，发现网络存在较大泄密隐患或者发生泄密事件的，可以按照规定权限和程序对该网络运营者的法定代表人或者主要负责人进行约谈，督促其及时整改，消除隐患。

第四十一条 机关、单位应当加强对互联网使用的保密管理。机关、单位工作人员使用智能终端产品等应当符合国家保密规定，不得违反有关规定使用非涉密信息系统、信息设备存储、处理、传输国家秘密。

第四十二条 机关、单位应当健全信息公开保密审查工作机制，明确审查机构，规范审查程序，按照先审查、后公开的原则，对拟公开的信息逐项进行保密审查。

第四十三条 机关、单位应当承担涉密数据安全保护责任，涉密数据收集、存储、使用、加工、传输、提供等处理活动应当符合国家保密规定。

省级以上保密行政管理部门应当会同有关部门建立动态监测、综合评估等安全保密防控机制，指导机关、单位落实安全保密防控措施，防范数据汇聚、关联引发的泄密风险。

机关、单位应当对汇聚、关联后属于国家秘密事项的数据依法加强安全管理，落实安全保密防控措施。

第四十四条 机关、单位向境外或者向境外在中国境内设立的组织、机构提供国家秘密，任用、聘用的境外人员因工作需要知悉国家秘密的，应当按照国家保密规定办理，进行审查评估，签订保密协议，督促落实保密管理要求。

第四十五条 举办会议或者其他活动涉及国家秘密的，主办单位应当采取下列保密措施，承办、参加单位和人员应当配合：

（一）根据会议、活动的内容确定密级，制定保密方案，限定参加人员和工作人员范围；

（二）使用符合国家保密规定和标准的场所、设施、设备，采取必要保密技术防护等措施；

（三）按照国家保密规定管理国家秘密载体；

（四）对参加人员和工作人员进行身份核实和保密教育，提出具体保密要求；

（五）保密法律法规和国家保密规定要求的其他措施。

通过电视、电话、网络等方式举办会议或者其他活动涉及国家秘密的，还应当符合国家有关保密标准。

第四十六条 保密行政管理部门及其他主管部门应当加强对涉密军事设施及其他重要涉密单位周边区域保密管理工作的指导和监督，建立协调机制，加强军地协作，组织督促整改，有关机关、单位应当配合，及时发现并消除安全保密风险隐患。

第四十七条 从事涉及国家秘密业务（以下简称涉密业务）的企业事业单位应当符合下列条件：

（一）在中华人民共和国境内依法成立1年以上的法人，国家另有规定的从其规定；

（二）无犯罪记录，近1年内未发生泄密案件；

（三）从事涉密业务的人员具有中华人民共和国国籍，国家另有规定的从其规定；

（四）保密制度完善，有专门的机构或者人员负责保密工作；

（五）用于涉密业务的场所、设施、设备符合国家保密规定和标准；

（六）具有从事涉密业务的专业能力；

（七）保密法律法规和国家保密规定要求的其他条件。

第四十八条 从事国家秘密载体制作、复制、维修、销毁，涉密信息系统集成，武器装备科研生产，或者涉密军事设施建设等涉密业务的企业事业单位，应当由保密行政管理部门单独或者会同有关部门进行保密审查，取得保密资质。

取得保密资质的企业事业单位，不得有下列行为：

（一）超出保密资质业务种类范围承担其他需要取得保密资质的业务；

（二）变造、出卖、出租、出借保密资质证书；

（三）将涉密业务转包给其他单位或者分包给无相应保密资质的单位；

（四）其他违反保密法律法规和国家保密规定的行为。

取得保密资质的企业事业单位实行年度自检制度，应当每年向作出准予行政许可决定的保密行政管理部门报送上一年度自检报告。

第四十九条 机关、单位采购涉及国家秘密的工程、货物、服务，或者委托企业事业单位从事涉密业务，应当根据国家保密规定确定密级，并符合国家保密规定和标准。机关、单位应当与有关单位、个人签订保密协议，提出保密要求，采取保密措施，实施全过程管理。

机关、单位采购或者委托企业事业单位从事本条例第四十八条第一款规定的涉密业务的，应当核验承担单位的保密资质。采购或者委托企业事业单位从事其他涉密业务的，应当核查参与单位的业务能力和保密管理能力。

政府采购监督管理部门、保密行政管理部门应当依法加强对涉及国家秘密的工程、货物、服务采购或者其他委托开展涉密业务的监督管理。

第五十条 机关、单位应当依法确定涉密岗位，对拟任用、聘用到涉密岗位工作的人员进行上岗前保密审查，确认其是否具备在涉密岗位工作的条件和能力。未通过保密审查的，不得任用、聘用到涉密岗位工作。

机关、单位组织人事部门负责组织实施保密审查时，拟任用、聘用到涉密岗位工作的人员应当如实提供有关情况；需要其原工作、学习单位以及居住地有关部门和人员配合的，相关单位、部门和人员应当配合。必要时，公安机关、国家安全机关依申请协助审查。

机关、单位组织人事部门应当定期组织复审，确保涉密人员符合涉密岗位工作要求。

第五十一条 涉密人员应当遵守保密法律法规和本机关、本单位保密制度，严格遵守保密纪律、履行保密承诺，接受保密管理，不得以任何方式泄露国家秘密。

第五十二条 机关、单位组织人事部门会同保密工作机构负责涉密人员保密管理工作。机关、单位保密工作机构应当对涉密人员履行保密责任情况开展经常性的监督检查，会同组织人事部门加强保密教育培训。

涉密人员出境，由机关、单位组织人事部门和保密工作机构提出意见，按照人事、外事审批权限审批。涉密人员出境应当经过保密教育培训，及时报告在境外相关情况。

第五十三条 涉密人员离岗离职应当遵守有关法律法规规定；离岗离职前，应当接受保密提醒谈话，签订离岗离职保密承诺书。机关、单位应当开展保密教育提醒，清退国家秘密载体、涉密设备，取消涉密信息系统访问权限，确定脱密期期限。涉密人员在脱密期内就业、出境应当遵守国家保密规定。涉密人员不得利用知悉的国家秘密为有关组织、个人提供服务或者谋取利益。

第五十四条 涉密人员擅自离职或者脱密期内严重违反国家保密规定的，机关、单位应当及时报告同级保密行政管理部门，由保密行政管理部门会同有关部门依法采取处置措施。

第五十五条 机关、单位应当建立健全涉密人员权益保障制度，按照国家有关规定给予因履行保密义务导致合法权益受到影响和限制的人员相应待遇或者补偿。

第四章 监督管理

第五十六条 机关、单位应当向同级保密行政管理部门报送本机关、本单位年度保密工作情况。下级保密行政管理部门应当向上级保密行政管理部门报送本行政区域年度保密工作情况。

第五十七条 国家建立和完善保密标准体系。国家保密行政管理部门依照法律、行政法规的规定制定国家保密标准；相关学会、协会等社会团体可以制定团体标准；相关企业可以制定企业标准。

第五十八条 机关、单位应当对遵守保密法律法规和相关制度情况开展自查自评。保密行政管理部门依法对下列情况进行检查：

（一）保密工作责任制落实情况；

（二）保密制度建设情况；

（三）保密宣传教育培训情况；

（四）涉密人员保密管理情况；

（五）国家秘密确定、变更、解除情况；

（六）国家秘密载体管理情况；

（七）信息系统和信息设备保密管理情况；

（八）互联网使用保密管理情况；

（九）涉密场所及保密要害部门、部位管理情况；

（十）采购涉及国家秘密的工程、货物、服务，或者委托企业事业单位从事涉密业务管理情况；

（十一）涉及国家秘密会议、活动管理情况；

（十二）信息公开保密审查情况；

（十三）其他遵守保密法律法规和相关制度的情况。

第五十九条 保密行政管理部门依法开展保密检查和案件调查处理，查阅有关材料、询问人员、记录情况，对有关设施、设备、文件资料等登记保存，进行保密技术检测，应当遵守国家有关规定和程序。

有关机关、单位和个人应当配合保密行政管理部门依法履行职责，如实反映情况，提供必要资料，不得弄虚作假，隐匿、销毁证据，或者以其他方式逃避、妨碍保密监督管理。

保密行政管理部门实施保密检查后，应当出具检查意见，对需要整改的，应当明确整改内容和期限，并在一定范围内通报检查结果。

第六十条 保密行政管理部门对涉嫌保密违法的线索和案件，应当依法及时调查处理或者组织、督促有关机关、单位调查处理；发现需要采取补救措施的，应当立即责令有关机关、单位和人员停止违法行为，采取有效补救措施。调查工作结束后，有违反保密法律法规的事实，需要追究责任的，保密行政管理部门应当依法作出行政处罚决定或者提出处理建议；涉嫌犯罪的，应当依法移送监察机关、司法机关处理。有关机关、单位应当及时将处理结果书面告知同级保密行政管理部门。

第六十一条 机关、单位发现国家秘密已经泄露或者可能泄露的，应当立即采取补救措施，并在24小时内向同级保密行政管理部门和上级主管部门报告。

地方各级保密行政管理部门接到泄密报告的，应当在24小时内逐级报至国家保密行政管理部门。

保密行政管理部门依法受理公民对涉嫌保密违法线索的举报，并保护举报人的合法权益。

第六十二条 保密行政管理部门收缴非法获取、持有的国家秘密载体，应当进行登记并出具清单，查清密级、数量、来源、扩散范围等，并采取相应的保密措施。

保密行政管理部门可以提请公安、市场监督管理等有关部门协助收缴非法获取、持有的国家秘密载体，有关部门应当予以配合。

第六十三条 办理涉嫌泄密案件的地方各级监察机关、司法机关申请国家秘密和情报鉴定的，向所在省、自治区、直辖市保密行政管理部门提出；办理涉嫌泄密案件的中央一级监察机关、司法机关申请国家秘密和情报鉴定的，向国家保密行政管理部门提出。

国家秘密和情报鉴定应当根据保密法律法规和保密事项范围等进行。保密行政管理部门受理鉴定申请后，应当自受理之日起30日内出具鉴定结论；不能按期出具的，经保密行政管理部门负责人批准，可以延长30日。专家咨询等时间不计入鉴定办理期限。

第六十四条 设区的市级以上保密行政管理部门应当建立监测预警制度，分析研判保密工作有关情况，配备监测预警设施和相应工作力量，发现、识别、处置安全保密风险隐患，及时发出预警通报。

第六十五条 保密行政管理部门和其他相关部门应当在保密工作中加强协调配合，及时通报情况。

第六十六条 保密行政管理部门及其工作人员应当按照法定的职权和程序开展工作，做到严格规范公正文明执法，依法接受监督。

第五章 法律责任

第六十七条 机关、单位违反保密法律法规发生泄密案件，有下列情形之一的，根据情节轻重，对直接负责的主管人员和其他直接责任人员依法给予处分；构成犯罪的，依法追究刑事责任：

（一）未落实保密工作责任制的；

（二）未依法确定、变更或者解除国家秘密的；

（三）未按照要求对涉密场所以及保密要害部门、部位进行防护或者管理的；

（四）涉密信息系统未按照规定进行测评审查而投入使用，经责令整改仍不改正的；

（五）未经保密审查或者保密审查不严，公开国家秘密的；

（六）委托不具备从事涉密业务条件的单位从事涉密业务的；

（七）违反涉密人员保密管理规定的；

（八）发生泄密案件未按照规定报告或者未及时采取补救措施的；

（九）未依法履行涉密数据安全管理责任的；

（十）其他违反保密法律法规的情形。

有前款情形尚不构成犯罪，且不适用处分的人员，由保密行政管理部门督促其主管部门予以处理。

第六十八条 在保密检查或者保密违法案件调查处理中，有关机关、单位及其工作人员拒不配合，弄虚作假，隐匿、销毁证据，或者以其他方式逃避、妨碍保密检查或者保密违法案件调查处理的，对直接负责的主管人员和其他直接责任人员依法给予处分；不适用处分的人员，由保密行政管理部门督促其主管部门予以处理。

企业事业单位及其工作人员协助机关、单位逃避、妨碍保密检查或者保密违法案件调查处理的，由有关主管部门依法予以处罚。

第六十九条 网络运营者违反保密法律法规，有下列情形之一的，由保密行政管理等部门按照各自职责分工责令限期整改，给予警告或者通报批评；情节严重的，处5万元以上50万元以下罚款，对直接负责的主管人员和其他直接责任人员处1万元以上10万元以下罚款：

（一）发生泄密事件，未依法采取补救措施的；

（二）未依法配合保密行政管理部门实施保密违法案件调查、预警事件排查的。

第七十条 用于保护国家秘密的安全保密产品和保密技术装备不符合国家保密规定和标准，有下列情形之一的，由保密行政管理等部门对研制生产单位给予警告或者通报批评，责令有关检测机构取消合格证书；有违法所得的，没收违法所得：

（一）研制生产单位拒不整改或者整改后仍不符合国家保密规定和标准的；

（二）安全保密产品和保密技术装备存在重大缺陷或者重大泄密隐患的；

（三）造成国家秘密泄露的；

（四）其他严重危害国家秘密安全的。

第七十一条 从事涉密业务的企业事业单位违反保密法律法规及国家保密规定的，由保密行政管理部门责令限期整改，给予警告或者通报批评；有违法所得的，没收违法所得。

取得保密资质的企业事业单位，有下列情形之一的，并处暂停涉密业务、降低资质等级：

（一）超出保密资质业务种类范围承担其他需要取得保密资质业务的；

（二）未按照保密行政管理部门要求时限完成整改或者整改后仍不符合保密法律法规及国家保密规定的；

（三）其他违反保密法律法规及国家保密规定，存在重大泄密隐患的。

取得保密资质的企业事业单位，有下列情形之一的，并处吊销保密资质：

（一）变造、出卖、出租、出借保密资质证书的；

（二）将涉密业务转包给其他单位或者分包给无相应保密资质单位的；

（三）发现国家秘密已经泄露或者可能泄露，未立即采取补救措施或者未按照规定时限报告的；

（四）拒绝、逃避、妨碍保密检查的；

（五）暂停涉密业务期间承接新的涉密业务的；

（六）暂停涉密业务期满仍不符合保密法律法规及国家保密规定的；

（七）发生重大泄密案件的；

（八）其他严重违反保密法律法规及国家保密规定行为的。

第七十二条 保密行政管理部门未依法履行职责，或者滥用职权、玩忽职守、徇私舞弊的，对直接负责的主管人员和其他直接责任人员依法给予处分；构成犯罪的，依法追究刑事责任。

第六章 附 则

第七十三条 中央国家机关应当结合工作实际制定本行业、本领域工作秘密事项具体范围，报国家保密行政管理部门备案。

机关、单位应当加强本机关、本单位工作秘密管理，采取技术防护、自监管等保护措施。违反有关规定造成工作秘密泄露，情节严重的，对直接负责的主管人员和其他直接责任人员依法给予处分。

第七十四条 本条例自2024年9月1日起施行。

纪检监察机关派驻机构工作规则

（2022年6月2日中共中央政治局常委会会议审议批准 2022年6月22日中共中央办公厅发布）

第一章 总 则

第一条 为了加强和规范纪检监察机关派驻机构工作，根据《中国共产党纪律检查委员会工作条例》和《中华人民共和国监察法》，制定本规则。

第二条 派驻机构工作坚持以习近平新时代中国特色社会主义思想为指导，增强“四个意识”、坚定“四个自信”、做到“两个维护”，坚持自我革命，坚持敢于斗争，坚持实事求是，深入贯彻全面从严治党战略方针，坚定不移推进党风廉政建设和反腐败斗争，建立健全系统集成、协同高效的派驻监督体制机制，增强“派”的权威和“驻”的优势，一体推进不敢腐、不能腐、不想腐，充分发挥监督保障执行、促进完善发展作用。

第三条 在党中央集中统一领导下，中央纪律检查委员会国家监察委员会向中央一级党和国家机关以及其他组织派驻纪检监察机构，地方各级纪律检查委员会监察委员会向本级党和国家机关以及其他组织派驻纪检监察机构。派驻机构是派出机关的组成部分，与驻在单位是监督和被监督的关系。

派驻机构应当强化政治监督，把坚持和加强党的领导贯穿工作全过程各方面，推动驻在单位切实做到“两个维护”，贯彻党的理论和路线方针政策，落实党中央决策部署。

第四条 派驻机构遵循以下原则开展工作：

（一）坚持党中央集中统一领导，强化组织自上而下的监督功能；

（二）坚持民主集中制，重要事项集体研究决定；

（三）坚持敢于善于监督，完善常态化监督工作机制；

（四）坚持职责定位，依规依纪依法履行职责；

（五）坚持各项监督统筹衔接，推动全面从严治党主体责任和监督责任一体落实；

（六）坚持监督与被监督相统一，自觉接受各方面监督。

第五条 派驻机构应当持续深化转职能、转方式、转作风，聚焦全面从严治党、党风廉政建设和反腐败工作，强化监督职责，突出工作重点，创新履职方式，有效运用“四种形态”，增强派驻监督全覆盖的有效性，推动派驻监督工作高质量发展。

第二章 组织设置

第六条 中央纪律检查委员会国家监察委员会向中央一级党和国家机关、中管金融企业派驻纪检监察组。地方各级纪律检查委员会监察委员会向本级党和国家机关、所管辖的国有金融企业派驻纪检监察组。

中央纪律检查委员会国家监察委员会、地方各级纪律检查委员会监察委员会按照规定向国有企业、普通高等学校等单位派驻纪检监察组；或者依法派驻监察机构，派驻监察专员并设立监察专员办公室，与该单位党的纪律检查机构合署办公。

对系统规模大、直属单位多、监督对象多的单位，可以单独派驻纪检监察组；对业务关联度高，或者需要统筹力量实施监督的相关单位，可以综合派驻纪检监察组。

第七条 派驻机构主要负责人按照规定担任驻在单位的党组（党委）成员，履行监督专责，不分管驻在单位工作。

派驻机构主要负责人实行交流任职、定期轮岗。

第八条 派驻机构的领导机构是组务会。组务会由派驻机构正职、副职组成。组务会会议学习贯彻落实党中央决策部署，贯彻中央纪委国家监委工作部署，落实派出机关工作安排，研究讨论管辖范围内纪检监察工作的重要问题、重要事项，按照权限讨论或者决定党纪政务处分等事项。

派驻机构应当健全组务会会议以及组长办公会议、专题会议等会议制度，完善议事决策机制。

第九条 派驻机构应当按照信访举报、监督检查、审查调查、案件监督管理、案件审理相互协调、相互制约的原则，结合实际设置内设机构或者明确人员分工。

第三章 领导体制

第十条 各级党委应当加强对纪检监察机关派驻机构工作的领导，健全机构设置、干部管理、工作保障等机制，听取纪律检查委员会监察委员会关于派驻监督工作的汇报，推动派驻机构履职尽责。

第十一条 驻在单位应当支持配合派驻机构工作，主动及时通报重要情况、重要问题，根据派驻机构工作需要提供有关材料，为派驻机构开展工作创造条件、提供保障。

第十二条 派驻机构由派出机关直接领导、统一管理，向派出机关负责，受派出机关监督。

各级纪律检查委员会常务委员会应当定期听取派驻监督工作情况报告。派出机关分管领导应当定期召开派驻机构负责人会议，经常同派驻机构主要负责人研究工作。

第十三条 派出机关相关部门根据职能职责，加强对派驻机构的指导、联系、服务和保障。

监督检查部门协助分管领导联系派驻机构日常工作：

（一）指导督促派驻机构履行职责；

（二）对派驻机构请示报告的问题、事项进行审核把关；

（三）对派出机关交办的重要案件、事项进行督促办理；

（四）办理派驻机构提请支持、协调的重要事项；

（五）向派驻机构通报驻在单位领导班子及其成员、驻在单位上级党委管理的其他人员的一般性问题和谈话提醒、批评教育、责令检查、诫勉谈话等情况；

（六）联系开展其他工作。

第十四条 派出机关相关部门应当会同派驻机构联合开展以下监督工作：

（一）开展专项检查，推动驻在单位落实党中央决策部署；

（二）研判驻在单位政治生态，有针对性地开展监督；

（三）开展专题调查研究，查找分析利用公共权力和资源设租寻租、离职后违规从业等行业性、系统性廉洁风险，向驻在单位提出意见建议或者督促开展专项治理；

（四）支持配合派出机关同级党委巡视巡察机构开展工作，对整改情况进行监督；

（五）推动驻在单位落实纪检监察建议；

（六）其他需要联合开展的监督工作。

第十五条 派出机关监督检查部门、审查调查部门对于派驻机构管辖的重大、复杂案件，经批准可以直接办理或者组织、指挥办理。

第十六条 派出机关相关部门应当指导、协调派驻机构与地方纪律检查委员会监察委员会协作开展以下工作：

（一）协同开展专项检查、专项监督，推动解决有关系统和领域的突出问题；

（二）协作采取监督检查、审查调查措施；

（三）协商确定驻在单位党员、干部以及监察对象涉嫌违纪和职务违法、职务犯罪案件的管辖，或者由派驻机构报请派出机关指定有关地方纪委监委管辖；

（四）联合审查调查驻在单位党员、干部以及监察对象涉嫌违纪和职务违法、职务犯罪案件；

（五）其他需要协作开展的工作。

第十七条 派出机关相关部门应当组织、指导各派驻机构之间协作配合开展以下工作：

（一）针对共性或者关联性问题同步开展专项监督；

（二）对重大、复杂案件进行联合审查调查；

（三）协作开展案件审理、复议复查和复审工作；

（四）对派出机关部署的重要工作落实情况开展交叉检查或者联合检查；

（五）联合开展调研、培训；

（六）其他需要协作配合开展的工作。

第十八条 派驻机构应当加强对驻在单位内设纪检机构及直属单位纪检机构的业务指导和监督检查，督促、支持其发挥职能作用，推动纪检干部队伍建设，加强政治教育和业务培训，协调人员力量开展监督执纪工作。

第十九条 派驻垂直管理单位的纪检监察组应当加强对驻在单位的下一级单位纪检机构的业务指导和监督检查，对驻在单位各级纪检机构的工作进行统筹，推动层层落实监督责任。下一级单位纪检机构的监督执纪工作以派驻纪检监察组领导为主，线索处置和案件查办在向同级党组（党委）报告的同时应当一并向派驻纪检监察组报告。

实行双重领导并以上级单位领导为主的单位，国有企业、国有金融企业的派驻机构工作，参照前款规定执行。

第二十条 各级纪律检查委员会监察委员会派出的机关纪检监察工作委员会，按照规定审理有关派驻机构审查调查的案件，定期向派出机关报告案件审理工作情况。在派出机关领导下，建立健全案件质量评查机制，向派驻机构反馈评查结果。

机关纪检监察工作委员会应当加强与派驻机构的沟通协调，对本级党和国家机关部门机关纪委的执纪审查工作进行协同指导。

第二十一条 派驻国有资产监管机构、教育行政部门等的纪检监察组，按照规定协助派出机关加强对国有企业、普通高等学校等单位派驻机构工作的指导，形成监督合力。

派驻国有资产监管机构的纪检监察组，应当加强对驻在单位党组（党委）管理领导班子的国有企业纪检机构监督执纪工作的领导。相关国有企业纪检机构的线索处置和案件查办在向同级党委报告的同时，应当一并向派驻纪检监察组报告。

第四章 工作职责

第二十二条 派驻机构依规依纪依法履行监督执纪问责和监督调查处置职责。

第二十三条 派驻机构应当把监督作为基本职责，结合驻在单位实际，重点监督检查以下情况：

（一）对党忠诚，践行党的性质宗旨情况；

（二）贯彻党的理论和路线方针政策、落实党中央决策部署、践行“两个维护”情况；

（三）落实全面从严治党主体责任、加强党风廉政建设和反腐败工作情况；

（四）贯彻执行民主集中制、依规依法履职用权、廉洁自律等情况。

第二十四条 派驻机构应当重点监督以下对象：

（一）驻在单位领导班子及其成员特别是主要负责人；

（二）驻在单位上级党委管理的其他人员；

（三）驻在单位党组（党委）管理的领导班子及其成员；

（四）其他列入重点监督对象的驻在单位人员。

第二十五条 派驻机构应当支持和督促驻在单位党组（党委）落实全面从严治党主体责任，协助其开展内部巡视巡察，推动驻在单位深化改革、健全制度、完善治理、防控风险。

第二十六条 派驻机构应当结合派驻监督工作情况，推动驻在单位党组（党委）开展全面从严治党、党风廉政建设和反腐败工作的形势任务教育，强化纪法教育、警示教育，推进廉洁文化建设，教育引导党员、干部以及监察对象修身律己，筑牢思想道德防线。

第二十七条 派驻机构对反映驻在单位党组织和党员、干部以及监察对象问题的检举控告，按照规定受理和处置。

第二十八条 派驻机构对驻在单位领导班子及其成员、驻在单位上级党委管理的其他人员涉嫌违纪和职务违法、职务犯罪问题线索，经批准可以参与派出机关的初步核实、审查调查工作。

第二十九条 派驻机构负责审查以下党组织和党员涉嫌违犯党纪的案件：

（一）驻在单位党组（党委）直接领导的党组织；

（二）驻在单位党组（党委）管理的领导班子成员；

（三）本规则第二十四条第四项规定的人员。

派驻机构必要时可以审查驻在单位党组（党委）管理的其他党组织和党员涉嫌违犯党纪的案件。

派驻机构根据派出机关授权，依法调查驻在单位监察对象涉嫌职务违法、职务犯罪案件。

第三十条 派驻机构按照管理权限，对违纪违法的驻在单位党组织和党员、干部以及监察对象进行处理处分，对不履行或者不正确履行职责的驻在单位党组织和领导干部进行问责。

第三十一条 派驻机构负责受理和处置以下申诉或者复审申请：

（一）党组织和党员对派驻机构所作处理决定不服的申诉；

（二）监察对象对派驻机构所作处理决定不服的复审申请；

（三）被调查人及其近亲属对派驻机构及其工作人员侵害被调查人合法权益行为的申诉。

对于派驻机构立案审查调查后由驻在单位作出处理决定案件的申诉或者复核申请，派驻机构应当协助驻在单位做好有关处置工作。

第五章 履职程序

第三十二条 派驻机构开展日常监督应当深入实际、深入群众，监督方式包括：

（一）参加会议。参加或者列席驻在单位领导班子会议等重要会议，了解学习贯彻党中央决策部署以及上级党组织决定情况和班子成员的意见态度，“三重一大”决策制度执行情况，按照规定向派出机关报告。

（二）谈心谈话。同党员、干部和群众广泛谈心谈话，听取对监督对象的反映，发现监督对象存在苗头性、倾向性问题的，进行谈话提醒、批评教育。

（三）听取汇报。听取驻在单位党组（党委）管理的领导班子及其成员履行管党治党责任情况的汇报，发现责任落实不到位的，进行提醒纠正。

（四）查阅资料。按照规定查阅、复制驻在单位有关文件、资料、数据等材料，了解核实有关情况。

（五）沟通情况。加强与驻在单位机关党委、党委办公室和组织人事、巡视巡察、法规法务、财务审计等部门的沟通，及时发现和通报问题。

（六）分析研判。分析信访举报、党风廉政等情况，对典型性、普遍性问题向驻在单位提出意见建议。

（七）廉政把关。建立健全、动态更新驻在单位党组（党委）管理的领导干部廉政档案，严把党风廉政意见回复关。

（八）实地调查。开展驻点调研、现场核查，精准发现驻在单位存在的突出问题。

（九）其他开展日常监督的方式。

第三十三条 派驻机构应当严格执行报告制度，发现驻在单位领导班子及其成员重要问题、重要事项及时向派出机关报告。

派驻机构应当经常对驻在单位领导班子及其成员坚持党的领导、加强党的建设、履行全面从严治党主体责任情况以及党风廉政状况进行分析，每年向派出机关提交专题报告。

第三十四条 派驻机构应当定期会同驻在单位党组（党委）专题研究全面从严治党、党风廉政建设和反腐败工作。派出机关监督检查部门根据情况派员参加。

派驻机构主要负责人应当经常与驻在单位党组（党委）主要负责人就政治生态、作风建设、廉洁风险等情况交换意见，提出工作建议，督促完善有关制度措施。

第三十五条 派驻机构应当向驻在单位领导班子成员通报其分管部门和单位领导干部遵守党章党规党纪、廉洁自律等情况，推动领导班子成员落实"一岗双责"要求，抓好分管部门和单位的党风廉政建设工作。

第三十六条 派驻机构对驻在单位开展内部巡视巡察提供以下协助：

（一）通报监督执纪执法中发现的问题；

（二）处置内部巡视巡察移交的问题线索；

（三）检查整改责任落实情况；

（四）其他协助内部巡视巡察的工作。

第三十七条 派驻机构应当指定专人负责管理涉嫌违纪和职务违法、职务犯罪问题线索，逐件编号登记，建立管理台账。

派驻机构应当结合日常监督掌握的情况，对问题线索进行综合分析、适当了解，采取谈话函询、初步核实、暂存待查、予以了结等方式进行处置。线索处置意见应当自收到线索之日起1个月内提出。

处置问题线索应当报派驻机构主要负责人审批，并按照规定报派出机关备案。

第三十八条 派驻机构经过初步核实，需要进行立案审查调查的，应当报派驻机构主要负责人审批。其中，对驻在单位党组（党委）直接领导的党组织、党组（党委）管理的领导班子成员中的正职领导干部立案和副职领导干部涉嫌严重职务违法、职务犯罪立案的，应当报派出机关审批。

派驻机构在立案前应当征求驻在单位党组（党委）主要负责人意见，对于有不同意见的应当报派出机关决定。确因安全保密等特殊情况，经派出机关同意，也可以在立案后及时向驻在单位党组（党委）主要负责人通报。

第三十九条 派驻机构按照规定报批后，可以依规依纪依法采取谈话、讯问、询问、留置、查询、冻结、搜查、调取、查封、扣押（暂扣、封存）、勘验检查、鉴定措施。对依法应当交有关机关执行的措施，报派出机关审批并以派出机关名义办理。

派驻机构应当对审查调查措施进行严格监管，建立措施使用台账，定期将有关情况报派出机关案件监督管理部门、监督检查部门备案。

第四十条 派驻机构审查调查工作结束后，应当按照规定进行审理，提出纪律处理或者党纪处分建议、拟作出的政务处分决定或者处分建议，通报驻在单位党组（党委）。

第四十一条 驻在单位党组（党委）按照权限和程序，对违纪的党组织、党员作出纪律处理或者党纪处分决定。

派驻机构按照管理权限，对违法的监察对象依法作出政务处分决定；建议驻在单位处分的，由驻在单位依法依规作出处分决定。

派驻机构提出的处理处分建议与驻在单位党组（党委）的意见不同又不能协商一致的，由派驻机构报派出机关研究决定。

第四十二条 派驻机构发现驻在单位党组（党委）管理的党组织和领导干部失职失责造成严重后果或者恶劣影响，需要进行问责调查的，应当报派驻机构主要负责人审批后，启动问责调查程序。

派驻机构应当依规依纪依法开展问责调查，查明失职失责问题，按照管理权限作出问责决定，或者向有权作出问责决定的党组织（单位）提出问责建议。

对党组织采取改组方式问责的，按照党章和其他党内法规规定的权限、程序执行。对领导干部采取党纪政务处分方式问责的，按照本规则第三十八条、第四十条、第四十一条办理。

第四十三条 派驻机构对调查的监察对象和涉案人员涉嫌职务犯罪案

件，经集体审议，认为犯罪事实清楚，证据确实、充分，需要追究刑事责任的，依法依规移送人民检察院审查起诉。

第四十四条 派驻机构发现驻在单位在贯彻党中央决策部署、落实全面从严治党主体责任、开展党风廉政建设以及决策机制、监督管理、制度执行等方面存在突出问题或者薄弱环节的，应当提出纪检监察建议。

派驻机构应当加强对驻在单位问题整改情况的监督检查，督促限期整改、反馈，推动纪检监察建议落实到位。

第六章 管理监督

第四十五条 派驻机构必须坚持以习近平新时代中国特色社会主义思想武装头脑、指导实践、推动工作，以党的政治建设为统领推进党的各方面建设，教育引导派驻机构干部忠于职守、履职尽责，不断提高政治判断力、政治领悟力、政治执行力，带头增强“四个意识”、坚定“四个自信”、做到“两个维护”，发扬党的优良传统和作风，加强思想淬炼、政治历练、实践锻炼、专业训练，增强法治意识、程序意识、证据意识，建设政治素质高、忠诚干净担当、专业化能力强、敢于善于斗争的派驻机构干部队伍。

派驻机构党组织应当严格执行党的组织生活制度，推进党支部标准化规范化建设，增强党组织政治功能和组织力凝聚力，发挥战斗堡垒作用。

第四十六条 派出机关应当严把派驻机构干部入口关，按照干部管理权限统筹派出机关和派驻机构干部的选拔任用、人员交流、考核培训、监督管理，有计划地安排派驻机构干部参与派出机关工作、进行培养锻炼。

第四十七条 派出机关应当每年组织派驻机构主要负责人进行述责述廉。结合驻在单位特点，对派驻机构履行职责以及自身建设等方面情况进行考核。考核中，应当听取驻在单位领导班子和有关方面的意见，并将其作为考核的重要依据。

第四十八条 派驻机构应当加强规范化、法治化、正规化建设，明确职权范围，健全内控机制，规范工作流程和审批权限，完善回避、保密和过问、干预案件登记备案等管理制度，建立健全办案安全责任制，推动各项工作依规依纪依法进行。

第四十九条 派驻机构应当坚持打铁必须自身硬，坚持严的标准，勇于刀刃向内，牢固树立监督者更要自觉接受监督的意识，加强自我管理、自我约束，不断提高免疫力，切实防治“灯下黑”。

派驻机构应当接受派出机关同级党委巡视巡察监督和派出机关的管理监督，对所提监督意见进行整改落实，并报告整改情况。

派驻机构应当明确专门机构或者人员负责干部日常管理监督工作，及时汇总各方面意见，对自身权力运行的关键环节进行经常性检查，认真核查相关检举控告，按照规定将处置情况向派出机关干部监督部门报告。

派驻机构应当听取驻在单位领导班子对派驻机构工作的意见建议，认真研究处理，并及时反馈。自觉接受驻在单位党员、干部和群众的监督，畅通意见反映渠道，对反映的问题进行调查核实处置，不断完善制度、改进工作。

第五十条 派驻机构干部有跑风漏气、迟报瞒报、滥用职权、以案谋私以及其他违规违纪违法行为的，依规依纪依法严肃处理；构成犯罪的，依法追究刑事责任。

第五十一条 派驻机构及其领导干部不履行或者不正确履行职责，导致应当发现的问题没有发现，或者发现问题不报告不处置，执纪执法不严格不规范，造成严重后果或者恶劣影响的，予以严肃问责。

第七章 附 则

第五十二条 本规则涉及的审批权限均指最低审批权限，工作中根据需要可以按照更高层级的审批权限报批。

第五十三条 派驻国有企业、普通高等学校的监察机构、监察专员（监察专员办公室）除执行本规则外，还应当执行中央纪律检查委员会国家监察委员会相关规定。

第五十四条 中央军事委员会可以根据本规则制定相关细则。

第五十五条 本规则由中央纪律检查委员会国家监察委员会负责解释。

第五十六条 本规则自发布之日起施行。此前发布的其他有关纪检监察机关派驻机构工作的规定，凡与本规则不一致的，按照本规则执行。

国家行政机关及其工作人员在国内公务活动中不得赠送和接受礼品的规定

（1988 年 11 月 22 日国务院第 26 次常务会议通过　1988 年 12 月 1 日中华人民共和国国务院令第 20 号发布　自发布之日起施行）

第一条　为了严肃政纪，保持国家行政机关及其工作人员廉洁，制定本规定。

第二条　国家行政机关及其工作人员在国内公务活动中，不得赠送和接受礼品。

第三条　国家行政机关及其工作人员不得假借名义或者以变相形式赠送和接受礼品：

（一）以鉴定会、评比会、业务会、订货会、展销会、招待会、茶话会、新闻发布会、座谈会、研讨会以及其他会议的形式；

（二）以祝贺春节、元旦、国庆节、中秋节和其他节假日的名义；

（三）以试用、借用、品尝、鉴定的名义；

（四）以祝寿、生日、婚丧嫁娶的名义；

（五）以其他形式和名义。

第四条　本规定所称的礼品，是指礼物、礼金、礼券以及以象征性低价收款的物品。

第五条　国家行政机关违反本规定第二、三条的规定，对负直接责任的机关有关领导人和直接责任者，根据数额多少，情节轻重，分别给予警告、记过、记大过、降级直至撤职处分。

第六条　国家行政机关工作人员，违反本规定第二、三条的规定，接受礼品的，根据数额多少，情节轻重，分别给予警告、记过、记大过、降级直至撤职处分。

国家行政机关工作人员，违反本规定第二、三条的规定，赠送礼品的，应当给予批评教育；影响很坏的，给予警告或者记过处分。

各级国家行政机关的领导人违反前两款规定的，从重处分。

第七条 国家行政机关及其工作人员违反本规定第二、三条的规定，数额较少、情节轻微，经批评教育表示悔改的，可以免予行政处分。

第八条 国家行政机关及其工作人员为谋取不正当利益而赠送、接受或者索取礼品的，按照国家有关惩治行贿、受贿的法律、法规处理。

第九条 对接收的礼品必须在1个月内交出并上交国库。所收礼品不按期交出的，按贪污论处。

第十条 对国家行政机关工作人员赠送和接受礼品的行政处分，依照国家行政机关工作人员的管理权限和行政处分程序的规定办理。

第十一条 本规定由各级国家行政机关执行，各级监察部门负责监督、检查。

第十二条 各省、自治区、直辖市人民政府可以根据本规定制定实施办法。

第十三条 本规定自发布之日起施行。

国务院关于在对外公务活动中赠送和接受礼品的规定

（1993年12月5日中华人民共和国国务院令第133号发布　自发布之日起施行）

第一条 为了加强对国家行政机关工作人员在对外公务活动中赠送和接受礼品的管理，严肃外事纪律，保持清廉，制定本规定。

第二条 本规定所称的礼品，是指礼物、礼金、有价证券。

第三条 根据国际惯例和对外工作需要，必要时可以对外赠送礼物。礼物的金额标准另行规定。

第四条 对外赠送礼物必须贯彻节约、从简的原则。礼物应当以具有民族特色的纪念品、传统手工艺品和实用物品为主。

第五条 对来访的外宾，不主动赠送礼物。外宾向我方赠送礼物的，可以适当回赠礼物。

第六条 对外赠送礼物或者回赠礼物，必须经国务院所属部门或者省、自治区、直辖市人民政府批准，或者由其授权的机关批准。审批时，应当从严掌握。

第七条 在对外公务活动中接受的礼物，应当妥善处理。价值按我国市价折合人民币 200 元以上的，自接受之日起（在国外接受礼物的，自回国之日起）1 个月内填写礼品申报单并将应上缴的礼物上缴礼品管理部门或者受礼人所在单位；不满 200 元的，归受礼人本人或者受礼人所在单位。

在对外公务活动中，对方赠送礼金、有价证券时，应当予以谢绝；确实难以谢绝的，所收礼金、有价证券必须一律上缴国库。

第八条 在对外公务活动中，不得私相授受礼品，不得以明示或者暗示的方式索取礼品。

第九条 国务院机关事务管理局负责保管、处理国务院各部门上缴的礼品。

县级以上地方各级人民政府指定专门单位负责保管、处理该级人民政府各部门上缴的礼品。

第十条 礼品管理部门及有关部门对于收缴的礼品，应当登记造册，妥善保管，及时处理。礼品保管部门应当每年向受礼单位通报礼品处理情况。受礼单位应当将礼品处理情况告知受礼人。

第十一条 国家行政监察机关按照有关规定负责对对外赠送和接受礼品的情况进行监督、检查。

第十二条 国家行政机关工作人员违反本规定的，对负直接责任的机关有关领导人和直接责任人，给予行政处分；构成犯罪的，由司法机关依法追究刑事责任。

对国家行政机关工作人员的行政处分，按照干部管理权限和规定程序办理。

第十三条 国家行政机关工作人员在公务活动中向华侨和香港、澳门、台湾地区的居民赠送礼品和接受其礼品，依照本规定执行。

第十四条 本规定由国务院办公厅负责解释。

第十五条 本规定自发布之日起施行。

违规发放津贴补贴行为处分规定

（2013年6月13日监察部、人力资源和社会保障部、财政部、审计署令第31号公布　自2013年8月1日起施行）

第一条　为维护收入分配秩序，严肃财经纪律，规范津贴补贴政策执行，根据《中华人民共和国行政监察法》、《中华人民共和国公务员法》、《行政机关公务员处分条例》及其他有关法律、行政法规，制定本规定。

第二条　本规定所称津贴补贴包括国家统一规定的津贴补贴和工作性津贴、生活性补贴、离退休人员补贴、改革性补贴以及奖金、实物、有价证券等。

第三条　有违规发放津贴补贴行为的单位，其负有责任的领导人员和直接责任人员，以及有违规发放津贴补贴行为的个人，应当承担纪律责任。属于下列人员的，由任免机关或者监察机关按照管理权限依法给予处分：

（一）行政机关公务员；

（二）法律、法规授权的具有公共事务管理职能的事业单位中经批准参照《中华人民共和国公务员法》管理的工作人员。

法律、行政法规对违规发放津贴补贴行为的处分另有规定的，从其规定。

第四条　有下列行为之一的，给予警告处分；情节较重的，给予记过或者记大过处分；情节严重的，给予降级或者撤职处分：

（一）违反规定自行新设项目或者继续发放已经明令取消的津贴补贴的；

（二）超过规定标准、范围发放津贴补贴的；

（三）违反中共中央组织部、人力资源社会保障部有关公务员奖励的规定，以各种名义向职工普遍发放各类奖金的；

（四）在实施职务消费和福利待遇货币化改革并发放补贴后，继续开支相关职务消费和福利费用的；

（五）违反规定发放加班费、值班费和未休年休假补贴的；

（六）违反《中共中央纪委、中共中央组织部、监察部、财政部、人事部、审计署关于规范公务员津贴补贴问题的通知》（中纪发〔2006〕17号）等规定，擅自提高标准发放改革性补贴的；

（七）超标准缴存住房公积金的；

（八）以有价证券、支付凭证、商业预付卡、实物等形式发放津贴补贴的；

（九）违反规定使用工会会费、福利费及其他专项经费发放津贴补贴的；

（十）借重大活动筹备或者节日庆祝之机，变相向职工普遍发放现金、有价证券或者与活动无关的实物的；

（十一）违反规定向关联单位（企业）转移好处，再由关联单位（企业）以各种名目给机关职工发放津贴补贴的；

（十二）其他违反规定发放津贴补贴的。

第五条 将执收执罚工作与津贴补贴挂钩，使用行政事业性收费、罚没收入发放津贴补贴的，给予记大过处分；情节严重的，给予降级或者撤职处分。

第六条 以发放津贴补贴的形式，变相将国有资产集体私分给个人的，给予记大过处分；情节较重的，给予降级或者撤职处分；情节严重的，给予开除处分。

第七条 违反财政部关于行政事业单位工资津贴补贴有关会计核算的规定核算津贴补贴的，给予警告处分；情节较重的，给予记过或者记大过处分；情节严重的，给予降级或者撤职处分。

第八条 使用“小金库”款项发放津贴补贴的，给予警告处分；情节较重的，给予记过或者记大过处分；情节严重的，给予降级或者撤职处分。

第九条 利用职务上的便利或者职务影响，违反规定在其他单位领取津贴补贴的，给予记过或者记大过处分；情节较重的，给予降级或者撤职处分；情节严重的，给予开除处分。

第十条 以虚报、冒领等手段骗取财政资金发放津贴补贴的，给予记大过处分；情节较重的，给予降级或者撤职处分；情节严重的，给予开除处分。

以虚报、冒领等手段骗取财政资金，并以发放津贴补贴的形式合伙私分的，依照前款规定从重处分。

第十一条 在执行津贴补贴政策中不负责任，导致本地区、本部门、本系统和本单位发生严重违规发放津贴补贴行为的，给予记过或者记大过处分；情节较重的，给予降级或者撤职处分；情节严重的，给予开除处分。

第十二条 不制止、不查处本地区、本部门、本系统和本单位发生的严重违规发放津贴补贴行为的，给予记过或者记大过处分；情节较重的，给予降级或者撤职处分；情节严重的，给予开除处分。

第十三条 对违规发放的津贴补贴，应当按有关规定责令整改，并清退收回。

第十四条 经费来源由财政补助的事业单位工作人员有本规定所列行为的，参照本规定第四条至第十二条规定的违纪情节，依照《事业单位工作人员处分暂行规定》处理。

第十五条 处分的程序和不服处分的申诉，依照《中华人民共和国行政监察法》、《中华人民共和国公务员法》、《行政机关公务员处分条例》等有关法律法规的规定办理。

第十六条 有违规发放津贴补贴行为，应当给予党纪处分的，移送党的纪律检查机关处理；涉嫌犯罪的，移送司法机关处理。

第十七条 本规定由监察部、人力资源社会保障部、财政部、审计署负责解释。

第十八条 本规定自2013年8月1日起施行。

党政机关办公用房建设标准

（2014年11月24日 发改投资〔2014〕2674号）

第一章 总 则

第一条 为规范党政机关办公用房建设，提高投资决策科学化水平，合理确定党政机关办公用房的建设内容、建设规模和标准，满足办公使用功能的需要，加强管理和监督，制定本建设标准。

第二条 本建设标准是党政机关办公用房建设项目决策和建设的全

国统一标准，是编制、评估和审批党政机关办公用房建设项目的项目建议书、可行性研究报告、初步设计以及对项目建设进行监督检查的重要依据。

第三条 本建设标准适用于全国乡（镇、苏木）级及以上党的机关、人大机关、行政机关、政协机关、审判机关、检察机关，工会、共青团、妇联等人民团体机关，以及各级机关组成机构、直属机构、派出机构和直属事业单位（以下统称党政机关）办公用房的新建（或购置）、改建和扩建工程。配备、租用办公用房参照执行。

第四条 党政机关办公用房建设必须贯彻艰苦奋斗、勤俭节约、反对浪费的方针，按照统筹兼顾、适用为主、满足办公需要的原则进行建设。

集中建设或联合建设的办公用房，应充分利用公共服务和附属设施，打破系统、部门之间的界限，实行统一规划、集中管理、共同使用。

第五条 党政机关办公用房建设必须符合土地利用和城乡规划要求，从严控制用地规模，严格土地审批，节约集约用地，严禁超标准占地、低效利用土地，不得占用耕地，新建项目不得配套建设大型广场、公园等设施。

第六条 党政机关办公用房建设应做到庄重、朴素、经济、适用和资源节约，不得定位为城市标志性建筑。外立面不得搞豪华装修，内装修应简洁朴素。

第七条 党政机关办公用房的建设规模应根据使用单位的类别和各级别编制定员，按照本建设标准的规定确定建筑面积。严禁超规模、超标准、超投资建设党政机关办公用房。

第八条 党政机关办公用房的建设除应符合本建设标准外，还应符合国家关于安全、资源节约、环境保护、卫生、绿色建筑等标准和规范要求。

第二章 建筑分类与面积指标

第九条 党政机关办公用房根据单位级别和性质分为五类，其适用对象见表1。

表1 党政机关办公用房类别划分

类别	适用对象
中央机关	中央部（委）级党的机关、人大机关、行政机关、政协机关、审判机关、检察机关，工会、共青团、妇联等人民团体机关，以及各机关派出机构和直属事业单位。
省级机关	省（自治区、直辖市）级党的机关、人大机关、行政机关、政协机关、审判机关、检察机关，工会、共青团、妇联等人民团体机关，以及各机关的组成机构、直属机构、派出机构和直属事业单位。
市级机关	市（地、州、盟）级党的机关、人大机关、行政机关、政协机关、审判机关、检察机关，工会、共青团、妇联等人民团体机关，以及各机关的组成机构、直属机构、派出机构和直属事业单位。
县级机关	县（市、旗）级党的机关、人大机关、行政机关、政协机关、审判机关、检察机关，工会、共青团、妇联等人民团体机关，以及各机关的组成机构、直属机构、派出机构和直属事业单位。
乡级机关	乡（镇、苏木）级党的机关、人大机关、行政机关及其他机关。

第十条 党政机关办公用房由基本办公用房（办公室、服务用房、设备用房）、附属用房两部分组成，并应符合表2的规定。

表2 党政机关办公用房功能分类

办公用房	包括内容	
基本办公用房	办公室	包括领导人员办公室和一般工作人员办公室
	服务用房	包括会议室、接待室、档案室、图书资料室、机关信息网络用房、机要保密室、文印室、收发室、医务室、值班室、储藏室、物业及工勤人员用房、开水间、卫生间等。
	设备用房	包括变配电室、水泵房、水箱间、中水处理间、锅炉房（或热力交换站）、空调机房、通信机房、电梯机房、建筑智能化系统设备用房等。
附属用房	包括食堂、停车库（汽车库，自行车库，电动车、摩托车库）、警卫用房、人防设施等。	

注：表中所称领导人员是指独立法人单位的领导班子成员。

第十一条 各级工作人员办公室使用面积不应超过表3的规定：

表 3　各级工作人员办公室使用面积

类别	适用对象	使用面积（平方米/人）
中央机关	部级正职	54
	部级副职	42
	正司（局）级	24
	副司（局）级	18
	处级	12
	处级以下	9
省级机关	省级正职	54
	省级副职	42
	正厅（局）级	30
	副厅（局）级	24
	正处级	18
	副处级	12
	处级以下	9
市级机关	市级正职	42
	市级副职	30
	正局（处）级	24
	副局（处）级	18
	局（处）级以下	9
县级机关	县级正职	30
	县级副职	24
	正科级	18
	副科级	12
	科级以下	9

续表

类别	适用对象	使用面积（平方米/人）
乡级机关	乡级正职	由省级人民政府按照中央规定和精神自行做出规定，原则上不得超过县级副职。
	乡级副职	
	乡级以下	

注：1. 副省级城市、副部级单位副职办公室面积指标按不超过省（部）级副职标准执行，其组成部门的正、副局（司）级人员办公室面积指标按不超过省级机关或中央机关相应的正、副厅（局、司）级标准执行。副市（厅）、副县（处）级单位以此类推。

2. 中央机关司（局）级派出机构、事业单位按省级机关厅（局）级单位标准执行，处级派出机构、事业单位按市级机关局（处）级单位标准执行；省级机关处级直属机构、派出机构、事业单位按市级机关局（处）级单位标准执行，科级派出机构、事业单位按县级机关科级单位标准执行。其他以此类推。

3. 各级党政机关领导人员办公室可在上列规定的办公室使用面积范围内配备休息室。

4. 省部级领导人员、省（自治区、直辖市）所属厅（局）正职和市（地、州、盟）、县（市、区、旗）党政正职办公室可在上列规定的办公室使用面积范围内配备不超过6平方米的卫生间。

第十二条 服务用房使用面积不应超过表4的规定：

表4 服务用房编制定员人均使用面积

类别	使用面积（平方米/人）	计算方法
中央机关 省级机关	7~9	200人及以下取上限，400人及以上取下限，中间值用公式（1100-x）/100计算确定。
市级机关	6~8	200人及以下取上限，400人及以上取下限，中间值用公式（1000-x）/100计算确定。
县级机关	6~8	100人及以下取上限，200人及以上取下限，中间值用公式（500-x）/50计算确定。
乡级机关	由省级人民政府按照中央规定和精神自行做出规定，原则上不得超过县级机关。	—

注：表中x为编制定员。

第十三条 设备用房使用面积应根据地理位置、建设规模以及相关设备需求确定，宜按办公室和服务用房使用面积之和的9%测算。

第十四条 党政机关办公用房应合理确定门厅、走廊、电梯厅等面积，提高使用面积系数。基本办公用房建筑总使用面积系数，多层建筑不应低于65%，高层建筑不应低于60%。

第十五条 附属用房建筑面积，不应超过下列规定：

1. 食堂：食堂餐厅及厨房建筑面积按编制定员计算，编制定员100人及以下的，人均建筑面积为3.7平方米；编制定员超过100人的，超出人员的人均建筑面积为2.6平方米。

2. 停车库：总停车位数应满足城乡规划建设要求，汽车库建筑面积指标为40平方米/辆，超出200个车位以上部分为38平方米/辆，可设置新能源汽车充电桩；自行车库建筑面积指标为1.8平方米/辆；电动车、摩托车库建筑面积指标为2.5平方米/辆。

3. 警卫用房：宜按警卫编制定员及武警营房建筑面积标准计算，人均建筑面积为25平方米。

4. 人防设施：应按国家人防部门规定的设防范围和标准计列建筑面积，本着平战结合、充分利用的原则，在平时可以兼作地下车库、物品仓库等。

第十六条 党政机关办公用房总建筑面积可按下式计算得出：

$$S=[A+B+(A+B)\times 9\%]/K+C$$

式中：

S—总建筑面积；

A—各级工作人员办公室总使用面积；

B—服务用房总使用面积；

K—基本办公用房建筑总使用面积系数；

C—附属用房总建筑面积。

第三章　选址、布局与建设用地

第十七条 党政机关办公用房选址应符合当地土地利用总体规划和城乡规划的要求，在规划确定的城镇建设用地范围内，选择位置适合、交通便利、环境适宜、基础设施和地质条件良好、有利于安全保卫的地点。

第十八条 党政机关办公用房在城市中的布局宜相对集中。联合建设时，其设备用房和附属用房等应统一规划与建设。

第十九条 党政机关办公用房的建筑总平面布置应遵循功能组织合理、建筑组合紧凑、服务资源共享的原则，科学合理组织和利用地上、地下空间。

第二十条 党政机关办公用房建设用地包括：建筑主体及其附属建筑用地、道路及停车用地、绿化用地等。

第二十一条 党政机关办公用房改建、扩建工程应充分利用原有场地和设施，减少新增用地。

第二十二条 党政机关办公用房建设用地不得用于建造与办公无关的居住或商用建筑等，不得占用风景名胜资源。

第二十三条 党政机关办公用房的建筑容积率不应小于表5的规定，并应满足所在地城乡规划与建设的相关控制要求。

表5 建筑容积率指标

类别	容积率
中央机关	2.0
省级机关	2.0
市级机关	1.2
县级机关	1.0
乡级机关	由省级人民政府按照中央规定和精神自行做出规定。

第二十四条 党政机关办公用房总停车位数应满足当地城乡规划建设要求，地面停车场面积指标为：汽车25平方米/辆，自行车1.2平方米/辆，电动车、摩托车1.8平方米/辆。

第二十五条 党政机关办公用房建设用地的绿地率不宜低于30%，并应满足当地城乡规划和建设有关绿地的控制要求。绿化植被应采用本土植物，不得移栽大树、古树，以降低绿化成本。

第四章 建筑标准

第二十六条 党政机关办公用房不宜建造一、二层的低层建筑，也不应建造超高层、超大体量的建筑。

第二十七条 党政机关基本办公用房建筑面积小于（等于）表6的规定时，不宜单独建设。

表6 建筑面积控制指标

类别	建筑面积（平方米）
中央机关	6000
省级机关	6000
市级机关	4000
县级机关	2000
乡级机关	—

第二十八条 党政机关办公用房标准层每层建筑面积不应低于表7的规定：

表7 标准层建筑面积

分类	建筑面积（平方米）
四层及以下办公用房	600
五层及以上多层办公用房	1000
高层办公用房	1200

第二十九条 党政机关办公用房入口门厅高度不应超过两层，门厅的使用面积不应超过表8的规定：

表8 入口门厅的使用面积指标

类别	使用面积（平方米）
中央机关	300
省级机关	300
市级机关	240
县级机关	120
乡级机关	由省级人民政府按照中央规定和精神自行做出规定，原则上不得超过县级机关。

第三十条 党政机关办公用房不得在办公区域内建设阶梯式和有舞台灯光音响、舞台机械、同声传译的会堂、报告厅、大型会议室。建筑物内不宜设置阳光房、采光中厅、室内花园、景观走廊等超出办公用房功能的其他空间或房间。

第三十一条 党政机关办公用房标准层的层高应根据办公室净高要求、结构形式及设施情况确定，不得超越净高规定或结构及设施的合理技术条件加大层高。办公室的净高应符合下列规定：

1. 有集中空调设施并有吊顶的标准单间办公室宜为2.5~2.7米；
2. 无集中空调设施的标准单间办公室宜为2.6~2.8米；
3. 有集中空调设施并有吊顶的大空间办公室宜为2.6~2.8米；
4. 无集中空调设施的大空间办公室宜为2.8~3.0米。

第三十二条 党政机关办公用房标准层的走道净宽应符合下列规定：

1. 走道长度≤40米时，单面布房的走道净宽不宜小于1.5米且不宜大于1.8米，双面布房的走道净宽不宜小于1.8米且不宜大于2.1米。

2. 走道长度>40米时，单面布房的走道净宽不宜小于1.5米且不宜大于2.1米，双面布房的走道净宽不宜小于1.8米且不宜大于2.5米。

第三十三条 五层及五层以上的党政机关办公用房应设置乘客电梯，办公用房的办公区域不应设置自动扶梯。

第三十四条 党政机关办公用房应满足国家有关无障碍规范的要求。

第三十五条 党政机关办公用房的建设应满足功能需求，党政机关一般工作人员办公室宜采用大开间，提高办公室利用率。

第三十六条 党政机关办公用房建筑应符合国家有关建筑设计防火、抗震、节能规范等的规定，并确保建筑在设计使用年限期间能正常使用。

第五章 建筑装修

第三十七条 党政机关办公用房装修设计应构造简洁、色彩适宜，营造庄重、实用、协调的装饰效果，因地制宜地选用节能环保装修材料或构配件。

第三十八条 党政机关办公用房室内装修包括楼地面、墙面、柱面、天棚、内门窗、轻质隔墙、细部等，不包括活动家具、窗帘、饰物等。

第三十九条 党政机关办公用房装修标准可分为基本装修、中级装修、中高级装修三类，并宜符合表9的规定。

表 9　装修标准

分类	装修要求
基本装修	选用建筑所在地区经济型普通装修材料或构配件。楼地面可选用普通 PVC 地材、地砖、水泥砂浆等；墙、柱面选用普通涂料；天棚刷普通涂料或普通饰面板吊顶；门采用普通复合木门。
中级装修	选用建筑所在地区中等价位的装修材料或构配件。楼地面可选用中档复合木地板、PVC 地材、石材、地砖等；墙、柱面可选用中档饰面板、涂料或壁纸；天棚可做中档饰面板吊顶；门采用中档复合木门或玻璃门。
中高级装修	选用建筑所在地区中等价位、局部选用中高价位的装修材料或构配件。楼地面可选用中高档石材、木材、普通化纤地毯；墙、柱面可选用中档饰面板或涂料；天棚可做中高档饰面板吊顶；门采用中高档复合木门或玻璃门。

注：同等档次室内装修材料，提倡采用新型环保节能材料。

第四十条　党政机关办公用房建筑装修应符合表 10 的规定。

表 10　装修选用标准

类别 房间或部位		中央机关、省级机关	市级机关	县级机关	乡级机关
办公室	一般工作人员办公室	基本	基本	基本	基本
	领导人员办公室	中高级	中级	中级或基本	基本
服务用房	会议室、接待室	中高级或中级	中级	中级或基本	基本
	其他用房	基本	基本	基本	基本
设备用房		基本	基本	基本	基本
附属用房		基本	基本	基本	基本
主入口门厅及电梯厅		中高级	中级	中级或基本	基本

第四十一条　党政机关办公用房的办公室及办公区走廊等应采用普通灯具和高效节能型光源，会议室、接待室及主入口门厅可采用装饰性灯具，配用高效节能型光源，但不应选用豪华灯具。

第四十二条　采暖地区一般工作人员办公室不应做装饰性暖气罩。

第四十三条 党政机关办公用房室外装修包括墙面、柱面、外门窗、门头、台阶、坡道等。

第四十四条 党政机关办公用房室外装修设计，应综合考虑所在地区传统文化特色、经济状况、城镇景观及周边建筑风貌，做到实用、协调、庄重。外墙面不宜大面积采用玻璃幕墙，主入口不应使用铜质门、豪华旋转门。

第四十五条 党政机关办公用房装修工程造价包括：室内装修工程、室外装修工程造价。装修工程造价占建筑安装工程费用的比例，不宜超过表 11 的规定。

表 11 装修工程造价占建筑安装工程费用的比例

类别	比例（%）
中央机关	35
省级机关	35
市级机关	35
县级机关	30
乡级机关	25

第六章 室内环境与建筑设备

第四十六条 党政机关办公用房室内环境应符合公共建筑节能设计标准的规定。其中，办公室冬季采暖设定温度不应高于 20℃，夏季制冷设定温度不应低于 26℃。

第四十七条 党政机关办公用房的一个主立面朝向外窗的窗墙比不应大于 0.6，其余朝向外窗的窗墙比不应大于 0.4，并满足自然采光的要求。

第四十八条 采用集中采暖、空调系统的办公用房，应设置分楼层或分室内区域或分用户的室温可调控装置，并按使用部门或耗能部门设置热、冷量分摊计量装置。

第四十九条 党政机关办公用房的给水系统应充分利用城镇给水管网直接供水，其供水设备宜采用管网叠压供水设备。

第五十条 党政机关办公用房不得采用冲洗水量大于 9 升的便器及水箱，洗手（脸）盆宜采用感应式水嘴、延时自闭水嘴，便器采用感应式或延时自闭冲洗阀。卫生器具和配件均应采用节水型产品。

第五十一条 各类用房或部位的照度标准值应符合表12的规定。

表12 照度标准值

房间或部位	照度标准值（lx）
办公室、会议室、接待室、文印室、门厅等	300
档案室、资料室等	200

第五十二条 走廊、楼梯间、门厅等公共场所的照明，宜采用集中控制，并按建筑使用条件和天然采光状况采取分区、分组控制措施。

第七章 智能化系统

第五十三条 党政机关办公用房智能化系统宜由智能化集成系统、信息设施系统、信息化应用系统、公共安全系统、建筑设备管理系统等构成，党政机关可根据各自需要和实际情况配置相应的办公用房智能化系统。

第五十四条 中央机关、省级机关、市级机关办公用房宜设置智能化集成系统。智能化集成系统建设应根据办公用房规模、办公业务的综合性以及建筑设备的控制要求综合考虑确定。

第五十五条 党政机关办公用房信息设施系统宜包括用户电话交换系统、信息网络系统、综合布线系统、有线电视系统、广播系统、会议系统等。系统配置标准宜符合表13的规定。

表13 信息设施系统配置标准

信息设施系统	中央机关、省级机关	市级机关	县级机关	乡级机关
用户电话交换系统	●	●	●	○
信息网络系统	●	●	●	●
综合布线系统	●	●	●	●
有线电视系统	●	●	●	●
广播系统	●	●	○	○
会议系统	●	●	●	○

注：●表示可配置；○表示不宜配置

第五十六条 党政机关办公用房信息化应用系统宜包括办公业务系统、物业运营管理系统、智能卡应用系统、信息安全管理系统等。系统配置标准宜符合表 14 的规定。

表 14 信息化应用系统配置标准

信息化应用系统	中央机关、省级机关	市级机关	县级机关	乡级机关
办公业务系统	●	●	●	○
物业运营管理系统	●	●	○	○
智能卡应用系统	●	●	○	○
信息安全管理系统	●	●	●	○

注：●表示可配置；○表示不宜配置

第五十七条 党政机关办公用房公共安全系统宜包括火灾自动报警系统、安全技术防范系统及与政府职能相关的应急响应系统等。办公用房内（或部分区域）对安全技术防范具有其他特殊要求的范围，应实施符合特殊安全技术防范管理规定所要求的安全技术措施。系统配置标准宜符合表 15 的规定。

表 15 公共安全系统配置标准

<table>
<tr><th colspan="2">公共安全系统</th><th>中央机关、省级机关</th><th>市级机关</th><th>县级机关</th><th>乡级机关</th></tr>
<tr><td colspan="2">火灾自动报警系统</td><td colspan="4">按国家现行有关标准进行配置</td></tr>
<tr><td rowspan="5">安全技术防范系统</td><td>安全防范综合管理系统</td><td>●</td><td>●</td><td>○</td><td>○</td></tr>
<tr><td>入侵（周界）报警系统</td><td>●</td><td>●</td><td>●</td><td>●</td></tr>
<tr><td>视频安防监控系统</td><td>●</td><td>●</td><td>●</td><td>●</td></tr>
<tr><td>出入口控制系统</td><td>●</td><td>●</td><td>●</td><td>○</td></tr>
<tr><td>电子巡查管理系统</td><td>●</td><td>●</td><td>○</td><td>○</td></tr>
<tr><td colspan="2">应急响应系统</td><td colspan="4">应纳入国家各级行政区域应急体系</td></tr>
</table>

注：●表示可配置；○表示不宜配置

第五十八条 党政机关办公用房综合布线系统建设，应根据各类机关办公工作业务和办公人员的岗位职能，配置相应的数据信息端口和电话通信端口。

第八章　附　　则

第五十九条　本建设标准由国家发展和改革委员会、住房和城乡建设部负责解释。

第六十条　本建设标准自发布之日起施行，《国家计委关于印发党政机关办公用房建设标准的通知》（计投资〔1999〕2250号）同时停止执行。

本建设标准用词和用语说明

1. 为便于在执行本建设标准条文时区别对待，对要求严格程度不同的用词说明如下：

（1）表示很严格，非这样做不可的用词：

正面词采用“必须”，反面词采用“严禁”。

（2）表示严格，在正常情况下均应这样做的用词：

正面词采用“应”，反面词采用“不应”或“不得”。

（3）表示允许稍有选择，在条件许可时首先应这样做的用词：

正面词采用“宜”，反面词采用“不宜”；

（4）表示有选择，在一定条件下可以这样做的，采用“可”。

2. 本建设标准中指明应按其他有关标准、规范执行的写法为“应按……执行”或“应符合……的要求（或规定）”。

用公款出国（境）旅游及相关违纪行为处分规定

（2010年8月12日监察部、人力资源和社会保障部令第23号公布　自公布之日起施行）

第一条　为规范因公出国（境）管理秩序，明确相关政策界限，惩处用公款出国（境）旅游及相关违纪行为，根据《中华人民共和国行政监察法》、《中华人民共和国公务员法》和《行政机关公务员处分条例》等有关法律、行政法规，制定本规定。

第二条 本规定适用于下列人员：

（一）行政机关公务员；

（二）法律、法规授权的具有管理公共事务职能的组织以及国家行政机关依法委托的组织中除工勤人员以外的工作人员；

（三）企业、事业单位、社会团体中由行政机关任命的人员。

第三条 本规定所称用公款出国（境）旅游行为，是指无出国（境）公务，组织或者参加用公款支付全部或者部分费用，到国（境）外进行参观、游览等活动的行为；其中包括无实质性公务，以考察、学习、培训、研讨、招商、参展、参加会议等名义，变相用公款出国（境）旅游的行为。

第四条 用公款出国（境）旅游的，给予记过或者记大过处分；情节较重的，给予降级或者撤职处分；情节严重的，给予开除处分。

组织用公款出国（境）旅游的，给予降级或者撤职处分；情节严重的，给予开除处分。

第五条 有下列行为之一的，给予警告或者记过处分；情节较重的，给予记大过或者降级处分；情节严重的，给予撤职处分：

（一）虚报出国（境）公务骗取批准的；

（二）购买、伪造邀请函或者编造虚假日程骗取批准的；

（三）采取伪造个人身份、资料等形式，安排与出国（境）公务无关人员出国（境）的；

（四）避开主管部门委托非主管部门办理因公出国（境）审核审批手续的；

（五）违反因公出国（境）管理规定，将一个团组拆分为若干团组报批或者审核审批的；

（六）其他违反因公出国（境）审核审批管理规定的。

第六条 组织以营利为目的的跨地区、跨部门团组用公款出国（境）的，给予记过或者记大过处分；情节较重的，给予降级或者撤职处分；情节严重的，给予开除处分。

第七条 擅自批准或者同意延长在国（境）外停留时间，绕道安排行程，或者到未经批准进行公务活动的国家（地区）、城市，造成不良影响或者经济损失的，给予警告、记过或者记大过处分；情节较重的，给予降级或者撤职处分；情节严重的，给予开除处分。

第八条 因公出国（境）派出单位和审核审批管理部门玩忽职守、滥用职权，致使发生用公款出国（境）旅游行为，造成不良影响或者经济损失的，给予记过或者记大过处分；情节较重的，给予降级或者撤职处分；情节严重的，给予开除处分。

第九条 对本地区、本部门、本系统、本单位发生的用公款出国（境）旅游行为不制止、不查处，造成不良影响或者经济损失的，给予记过或者记大过处分；情节较重的，给予降级或者撤职处分；情节严重的，给予开除处分。

第十条 用公款出国（境）旅游的，应当责令其退赔用公款支付的各项费用。

第十一条 处分的程序和不服处分的申诉，依照《中华人民共和国行政监察法》、《中华人民共和国公务员法》、《行政机关公务员处分条例》等有关法律法规的规定办理。

第十二条 有公款出国（境）旅游及相关违纪行为，应当给予党纪处分的，移送党的纪律检查机关处理；涉嫌犯罪的，移送司法机关处理。

第十三条 本规定由监察部、人力资源社会保障部负责解释。

第十四条 本规定自公布之日起施行。

加强党政干部因公出国（境）经费管理暂行办法

（2008年8月5日 财行〔2008〕230号）

第一条 为贯彻落实党中央、国务院关于加强因公出国（境）管理工作的指示精神，切实规范党政干部因公出国（境）活动，进一步严格因公出国（境）经费审批及监督管理，强化预算约束，提高财政资金使用效益，制定本办法。

第二条 各级党政机关因公出国（境）活动，包括访问、考察、培训、参加国际活动等，应严格执行中共中央办公厅、国务院办公厅《关于进一步加强因公出国（境）管理的若干规定》（中办发〔2008〕9号），严格遵守预算管理的法律、行政法规，不得为不符合因公出国（境）条件的团组安排经费。

第三条 各级财政部门应进一步加强对因公出国（境）经费的预算管理。应根据财力的可能，科学合理地安排因公出国（境）经费预算额度，将因公出国（境）经费全部纳入预算管理，未安排预算的单位视为无出国（境）任务安排。严格控制因公出国（境）经费预算规模，对各级党政机关因公出国（境）经费预算实行零增长。

第四条 各级财政部门应进一步加强对因公出国（境）活动的用汇额度管理。按照各级党政机关因公出国（境）经费预算规模相应安排出国（境）用汇额度，采取切实措施加强党政机关出国（境）用汇管理，实行因公出国（境）经费预算及用汇额度双控制。

第五条 各级党政机关应切实加强因公出国（境）经费管理。要在财政部门批准的年度因公出国（境）经费预算和外汇额度内核定出国（境）计划，并根据工作需要组织安排出国（境）活动，确定出国（境）团组数量和规模，如需调整，应在预算内调剂安排。各级党政机关不得超预算或无预算安排出国（境）团组，不得接受或变相接受企事业单位资助，或向同级机关、下级机关和下属单位摊派、转嫁费用。

第六条 各级党政机关应贯彻“勤俭办外事”的方针，加强对因公出国（境）团组的财经纪律教育。因公出国（境）团组应严格执行各项费用开支标准，本着务实、高效、精简、节约的原则开展工作，努力提高工作效率和工作质量。

第七条 各级党政机关应建立因公出国（境）经费先行审核制度。因公出国（境）经费审批部门和任务审批部门要实行审批联动，从源头上把握和控制因公出国（境）活动，坚决制止公款出国（境）旅游行为。因公出国（境）经费审批部门和任务审批部门应根据各自的职责参与因公出国（境）的审批联动，具体审核原则如下：

（一）各级党政机关按照部门预算管理程序向同级财政部门申请出国（境）经费预算时，必须同时提供上一年度出国（境）经费预算执行情况。

（二）各级外事审批部门与财政部门应及时沟通因公出国（境）计划情况。各级财政部门应根据国家和地方财力及出国（境）经费预算申请情况确定各部门的出国经费预算额度，并实行总量控制。

（三）各地区各部门每年1月底前向中央外事工作领导小组办公室和外

交部报送省部级人员本年度出国（境）计划时，应明确预算安排可以保证出国（境）团组经费开支。

（四）各级党政机关预算经各级人大批准以后，各级外事审批部门与派出单位的财务部门要根据出国（境）经费预算对纳入出国（境）计划的具体出国（境）任务逐一进行任务和经费联动审核，相互及时沟通情况，严格把关，堵塞漏洞。

（五）各级外事审批部门在审批因公出国（境）任务时，派出单位的财务部门应出具经费安排的意见，双跨类团组参团人员由其所在单位的财务部门出具经费审核意见，确保出国（境）任务在部门预算确定的出国（境）经费预算额度内执行。

（六）中央外事工作领导小组办公室和外交部在审批省部级因公出国（境）团组任务时，团组成员所在中央单位财务部门、地方财政部门应出具经费安排的意见。

（七）对于部门预算中未安排出国（境）经费预算，要求使用其他经费（包括单位行政、事业经费，摊派经费，企业赞助经费等）的因公出国（境）团组申请，视为无出国（境）经费预算安排，财务部门一律不得出具认可意见。凡未经财务部门经费审核认可的因公出国（境）申请，各级外事审批部门一律不予批准。

第八条 国家外国专家局安排的出国（境）培训团组，已纳入国家外国专家局计划并由其资助的出国人员，由国家外国专家局出具经费审核意见，其他参团人员由其所在单位的财务部门出具经费审核意见。

第九条 财务部门应进一步严格对因公出国（境）团组的经费核销管理。对因公出国（境）团组提供的出国（境）任务批件、护照（包括签证和出入境记录）复印件及有效费用明细票据进行认真审核，严格按照批准的出国（境）团组人数、天数、出国路线、经费计划以及有关的经费开支标准等进行核销，不得核销与公务活动无关的开支和计划外发生的费用，不得核销虚假费用单据。

除中央有关文件规定的特殊情况外，各级财务部门一律不得报销党政干部持因私出国（境）证件的出国（境）费用。

第十条 各级党政机关应建立健全对因公出国（境）团组的内部监督检查机制。财务部门应定期或不定期对因公出国（境）团组及经费使用情况进行检查，并于每年第一季度向同级财政部门报送上年度因公出国（境）经费和外汇使用情况。

第十一条 各级纪检监察机关应加强对因公出国（境）经费使用情况的有效监管。应将监管因公出国（境）经费使用情况作为坚决制止公费出国（境）旅游的重要内容，加大监督检查力度。

第十二条 各级审计机关应加强对因公出国（境）经费使用情况的审计监督。应将因公出国（境）经费的管理和使用情况的审计监督作为审计工作的重点，对各单位因公出国（境）经费管理和使用情况进行专项审计。

第十三条 各级纪检监察、审计机关对因公出国（境）经费使用管理中出现的违反财经纪律的行为，应按有关规定严肃处理。对弄虚作假，挪用其他资金、摊派转嫁出国（境）费用的，各级纪检监察机关要追究组团单位和团组相关人员的责任；对不认真履行经费审核、核销责任的，要追究财政、财务部门相关人员的责任；对未经经费审核部门认可而批准出国（境）的，要追究外事审批部门相关人员的责任。对涉嫌犯罪的要移送司法机关依法追究刑事责任。

第十四条 各地区各部门根据本办法并结合实际情况制定加强因公出国（境）经费管理的具体办法及出国任务与经费审批联动的具体实施方案。

第十五条 事业单位因公出国（境）经费的管理可参照本办法执行。

第十六条 本办法由财政部负责解释。

第十七条 本办法自发布之日起实施。

因公临时出国经费管理办法

（2013 年 12 月 20 日 财行〔2013〕516 号）

第一章 总 则

第一条 为了进一步规范因公临时出国经费管理，加强预算监督，提高资金使用效益，保证外事工作的顺利开展，根据《中华人民共和国预算法》、《党政机关厉行节约反对浪费条例》等法律法规，制定本办法。

第二条 本办法适用于各级党政军机关、人大政协机关、审判机关、检察机关、民主党派、人民团体和事业单位因公组派临时代表团组的省部级以下（含省部级）出国人员（以下简称出国人员）。

第三条 各地区各部门各单位因公组派临时出国团组应当坚持强化预算约束、优化经费结构、厉行勤俭节约、讲求务实高效的原则，严格控制因公临时出国规模，规范因公临时出国经费管理。

第二章 预算管理和计划管理

第四条 因公临时出国经费应当全部纳入预算管理，并按照下列规定执行：

（一）各级财政部门应当加强因公临时出国经费的预算管理，严格控制因公临时出国经费总额，科学合理地安排因公临时出国经费预算。

（二）各地区各部门各单位应当加强预算硬约束，认真贯彻落实厉行节约的要求，在核定的年度因公临时出国经费预算内，务实高效、精简节约地安排因公临时出国活动，不得超预算或无预算安排出访团组。确有特殊需要的，按规定程序报批。

第五条 出访团组实行计划审批管理，并按照下列规定执行：

（一）各地区各部门各单位应当认真贯彻中央有关外事管理规定，科学制订年度因公临时出国计划，认真履行因公临时出国计划报批制度，严格控制因公临时出国团组人数、国家数和在外停留天数，正确执行限量管理规定。组团单位和派出单位要明确责任，谁派出、谁负责。

（二）因公临时出国应当坚持因事定人的原则，不得因人找事，不得安排照顾性和无实质内容的一般性出访，不得安排考察性出访。

（三）各级外事部门应当加强因公临时出国计划的审核审批管理，严格把关，对违反规定、不适合成行的团组予以调整或者取消。驻外使馆答复国内因公临时出国征求意见时，应当严格履行把关职责。

第六条 各地区各部门各单位出国经费的支付，应当严格按照国库集中支付制度和公务卡管理制度的有关规定执行。

各地区各部门各单位应当严格执行各项经费开支标准，不得擅自突破，严禁接受或变相接受企事业单位资助，严禁向同级机关、下级机关、下属单位、企业、驻外机构等摊派或转嫁出访费用。

第七条 各地区各部门各单位应当建立因公临时出国计划与财务管理

的内部控制制度。出访团组应当事先填报《因公临时出国任务和预算审批意见表》(见附1),由单位外事和财务部门分别出具审签意见,明确审核责任。出国任务、出国经费预算未通过审核的,不得安排出访团组。

第三章 经费管理

第八条 因公临时出国经费包括:国际旅费、国外城市间交通费、住宿费、伙食费、公杂费和其他费用。

国际旅费,是指出境口岸至入境口岸旅费。

国外城市间交通费,是指为完成工作任务所必须发生的,在出访国家的城市与城市之间的交通费用。

住宿费是指出国人员在国外发生的住宿费用。

伙食费是指出国人员在国外期间的日常伙食费用。

公杂费是指出国人员在国外期间的市内交通、邮电、办公用品、必要的小费等费用。

其他费用主要是指出国签证费用、必需的保险费用、防疫费用、国际会议注册费用等。

第九条 国际旅费按照下列规定执行:

(一)选择经济合理的路线。出国人员应当优先选择由我国航空公司运营的国际航线,由于航班衔接等原因确需选择外国航空公司航线的,应当事先报经单位外事和财务部门审批同意。不得以任何理由绕道旅行,或以过境名义变相增加出访国家和时间。

(二)按照经济适用的原则,通过政府采购等方式,选择优惠票价,并尽可能购买往返机票。

(三)因公临时出国购买机票,须经本单位外事和财务部门审批同意。机票款由本单位通过公务卡、银行转账方式支付,不得以现金支付。单位财务部门应当根据《航空运输电子客票行程单》等有效票据注明的金额予以报销。

(四)出国人员应当严格按照规定安排交通工具,不得乘坐民航包机或私人、企业和外国航空公司包机。

(五)省部级人员可以乘坐飞机头等舱、轮船一等舱、火车高级软卧或全列软席列车的商务座;司局级人员可以乘坐飞机公务舱、轮船二等舱、火车软卧或全列软席列车的一等座;其他人员均乘坐飞机经济舱、轮船三等舱、火车硬卧或全列软席列车的二等座。所乘交通工具舱位等级划分与以上不一致的，可乘坐同等水平的舱位。所乘交通工具未设置上述规定中本级别人员可乘坐舱位等级的，应乘坐低一等级舱位。上述人员发生的国际旅费据实报销。

（六）出国人员乘坐国际列车，国内段按国内差旅费的有关规定执行；国外段超过6小时以上的按自然（日历）天数计算，每人每天补助12美元。

第十条 出国人员根据出访任务需要在一个国家城市间往来，应当事先在出国计划中列明，并报本单位外事和财务部门批准。未列入出国计划、未经本单位外事和财务部门批准的，不得在国外城市间往来。出国人员的旅程必须按照批准的计划执行，其城市间交通费凭有效原始票据据实报销。

第十一条 住宿费按照下列规定执行：

（一）出国人员应当严格按照规定安排住宿，省部级人员可安排普通套房，住宿费据实报销；厅局级及以下人员安排标准间，在规定的住宿费标准之内予以报销。

（二）参加国际会议等的出国人员，原则上应当按照住宿费标准执行。如对方组织单位指定或推荐酒店，应当严格把关，通过询价方式从紧安排，超出费用标准的，须事先报经本单位外事和财务部门批准。经批准，住宿费可据实报销。

第十二条 伙食费和公杂费按照下列规定执行：

（一）出国人员伙食费、公杂费可以按规定的标准发给个人包干使用。包干天数按离、抵我国国境之日计算。

（二）根据工作需要和特点，不宜个人包干的出访团组，其伙食费和公杂费由出访团组统一掌握，包干使用。

（三）外方以现金或实物形式提供伙食费和公杂费接待我代表团组的，出国人员不再领取伙食费和公杂费。

（四）出访用餐应当勤俭节约，不上高档菜肴和酒水，自助餐也要注意节俭。

第十三条 出访团组对外原则上不搞宴请，确需宴请的，应当连同出国计划一并报批，宴请标准按照所在国家一人一天的伙食费标准掌握。

出访团组与我国驻外使领馆等外交机构和其他中资机构、企业之间一律不得用公款相互宴请。

第十四条 出访团组在国外期间，收授礼品应当严格按有关规定执行。原则上不对外赠送礼品，确有必要赠送的，应当事先报经本单位外事和财务部门审批同意，按照厉行节俭的原则，选择具有民族特色的纪念品、传统手工艺品和实用物品，朴素大方，不求奢华。

出访团组与我国驻外使领馆等外交机构和其他中资机构、企业之间一律不得以任何名义、任何方式互赠礼品或纪念品。

第十五条 出国签证费用、防疫费用、国际会议注册费用等凭有效原始票据据实报销。根据到访国要求，出国人员必须购买保险的，应当事先报经本单位外事和财务部门批准后，按照到访国驻华使领馆要求购买，凭有效原始票据据实报销。

第十六条 出国人员回国报销费用时，须凭有效票据填报有团组负责人审核签字的国外费用报销单（具体表格由各单位制定）。各种报销凭证须用中文注明开支内容、日期、数量、金额等，并由经办人签字。

各单位财务部门应当根据本办法制定本单位财务报销审批的具体规定，加强对因公临时出国团组的经费核销管理。各单位财务部门应当对因公临时出国团组提交的出国任务批件、护照（包括签证和出入境记录）复印件及有效费用明细票据进行认真审核，严格按照批准的出国团组人员、天数、路线、经费预算及开支标准核销经费，不得核销与出访任务无关的开支。

第十七条 中央各部门根据出国经费预算，结合实际购汇需求，自主核定本部门及其所属单位购汇数额，通过财政部批准的人民币资金账户，向外汇指定银行购买外汇。

省级财政部门根据本级各部门和下级财政部门的申请，自主核定本地区购汇数额，并确定一家外汇指定银行具体办理购汇手续。

第四章 监督检查

第十八条 除涉密内容和事项外，因公临时出国经费的预决算应当按照预决算信息公开的有关规定，及时公开，主动接受社会监督。

第十九条 各级外事、财政、审计等部门对因公临时出国情况进行定期或不定期联合检查。各级财政部门应当定期或不定期对各部门各单位因公临时出国经费管理使用情况进行监督检查。审计部门应当对各部门各单位因公临时出国经费管理使用情况进行审计。

财务部门应当建立健全因公临时出国团组内部监督检查机制，每半年向同级外事、财政部门报送本部门本单位因公临时出国经费使用情况。严格按照预算绩效管理的有关规定，加强因公临时出国经费预算绩效评价，切实提高预算资金的使用效益。

第二十条 组团单位应当采取集中形式，对团组全体人员进行行前财经纪律教育。对出国人员违反本办法规定，有下列行为之一的，除相关开支一律不予报销外，按照《财政违法行为处罚处分条例》等有关规定严肃处理，并追究有关人员责任：

（一）违规扩大出国经费开支范围的；

（二）擅自提高经费开支标准的；

（三）虚报团组级别、人数、国家数、天数等，套取出国经费的；

（四）使用虚假发票报销出国费用的；

（五）其他违反本办法的行为。

第五章 附 则

第二十一条 各地区各部门各单位因公临时赴香港、澳门、台湾地区的，适用本办法。

第二十二条 各地区各部门各单位可以根据本办法，结合实际制定具体规定，报财政部备案。边境地区有频繁出国任务的，其因公临时出国经费开支标准和管理办法由所在省、自治区财政厅根据实际情况制定，并报财政部备案。

第二十三条 对与我新建交或未建交国家，相关经费开支标准暂按照经济水平相近的邻国标准执行。

第二十四条 财政部、外交部根据出访国家或地区经济发展、物价等变动情况，对相关经费开支标准适时调整。

第二十五条 国有企业和其他因公临时出国人员参照本办法执行。

第二十六条 本办法由财政部、外交部负责解释。

第二十七条 本办法自发布之日起30日后施行。财政部、外交部《关于印发〈临时出国人员费用开支标准和管理办法〉的通知》（财行〔2001〕73号）和财政部、中国民用航空总局《关于加强因公出国机票管理的通知》（财外字〔1998〕283号）同时废止。

附件

因公临时出国任务和预算审批意见表

<table>
<tr><td colspan="7">团组名称</td></tr>
<tr><td>组团单位</td><td></td><td colspan="2">团长（级别）</td><td>团员人数</td><td colspan="2"></td></tr>
<tr><td colspan="3">出访国别（含经停）</td><td colspan="4">出访时间（天数）</td></tr>
<tr><th colspan="7">出国任务审核意见</th></tr>
<tr><td>审核单位</td><td colspan="2"></td><td colspan="2">审核日期</td><td colspan="2"></td></tr>
<tr><td>审核依据</td><td colspan="6"></td></tr>
<tr><td rowspan="6">审核内容</td><td colspan="6">是否列入出国计划：</td></tr>
<tr><td colspan="6">出访目标和必要性：</td></tr>
<tr><td colspan="6">时间和国别是否符合规定：</td></tr>
<tr><td colspan="6">路线是否符合规定：</td></tr>
<tr><td colspan="6">团组人数是否符合规定：</td></tr>
<tr><td colspan="6">其他事项：</td></tr>
<tr><td>审核意见</td><td colspan="6"></td></tr>
<tr><th colspan="7">预算财务审核意见</th></tr>
<tr><td>审核单位</td><td colspan="2"></td><td colspan="2">审核日期</td><td colspan="2"></td></tr>
<tr><td>审核依据</td><td colspan="6"></td></tr>
<tr><td rowspan="5">审核内容</td><td colspan="6">是否列入年度预算：</td></tr>
<tr><td>合计</td><td>国际旅费</td><td>住宿费</td><td>伙食费</td><td>公杂费</td><td>其他费用</td></tr>
<tr><td></td><td></td><td></td><td></td><td></td><td></td></tr>
<tr><td colspan="6">须事先报批的支出事项：</td></tr>
<tr><td colspan="6">其他事项：</td></tr>
<tr><td></td><td colspan="6"></td></tr>
</table>

备注：出访团组和单位财务部门应对各项支出的测算和审核做详细说明。

中央和国家机关差旅费管理办法

（2013 年 12 月 31 日　财行〔2013〕531 号）

第一章　总　则

第一条　为加强和规范中央和国家机关国内差旅费管理，推进厉行节约反对浪费，根据《党政机关厉行节约反对浪费条例》，制定本办法。

第二条　本办法适用于中央和国家机关，以及参照公务员法管理的事业单位（以下简称中央单位）。

本办法所称中央和国家机关，是指党中央各部门，国务院各部委、各直属机构，全国人大常委会办公厅，全国政协办公厅，最高人民法院，最高人民检察院，各人民团体、各民主党派中央和全国工商联。

第三条　差旅费是指工作人员临时到常驻地以外地区公务出差所发生的城市间交通费、住宿费、伙食补助费和市内交通费。

第四条　中央单位应当建立健全公务出差审批制度。出差必须按规定报经单位有关领导批准，从严控制出差人数和天数；严格差旅费预算管理，控制差旅费支出规模；严禁无实质内容、无明确公务目的的差旅活动，严禁以任何名义和方式变相旅游，严禁异地部门间无实质内容的学习交流和考察调研。

第五条　财政部按照分地区、分级别、分项目的原则制定差旅费标准，并根据经济社会发展水平、市场价格及消费水平变动情况适时调整。

第二章　城市间交通费

第六条　城市间交通费是指工作人员因公到常驻地以外地区出差乘坐火车、轮船、飞机等交通工具所发生的费用。

第七条　出差人员应当按规定等级乘坐交通工具。乘坐交通工具的等级见下表：

交通工具级别	火车（含高铁、动车、全列软席列车）	轮船（不包括旅游船）	飞机	其他交通工具（不包括出租小汽车）
部级及相当职务人员	火车软席（软座、软卧），高铁/动车商务座，全列软席列车一等软座	一等舱	头等舱	凭据报销
司局级及相当职务人员	火车软席（软座、软卧），高铁/动车一等座，全列软席列车一等软座	二等舱	经济舱	凭据报销
其余人员	火车硬席（硬座、硬卧），高铁/动车二等座、全列软席列车二等软座	三等舱	经济舱	凭据报销

部级及相当职务人员出差，因工作需要，随行一人可乘坐同等级交通工具。

未按规定等级乘坐交通工具的，超支部分由个人自理。

第八条 到出差目的地有多种交通工具可选择时，出差人员在不影响公务、确保安全的前提下，应当选乘经济便捷的交通工具。

第九条 乘坐飞机的，民航发展基金、燃油附加费可以凭据报销。

第十条 乘坐飞机、火车、轮船等交通工具的，每人次可以购买交通意外保险一份。所在单位统一购买交通意外保险的，不再重复购买。

第三章 住宿费

第十一条 住宿费是指工作人员因公出差期间入住宾馆（包括饭店、招待所，下同）发生的房租费用。

第十二条 财政部分地区制定住宿费限额标准。各省、自治区、直辖市和计划单列市财政厅（局）根据当地经济社会发展水平、市场价格、消费水平等因素，提出所在市（省会城市、直辖市、计划单列市，下同）的住宿费限额标准报财政部，经财政部统筹研究提出意见反馈地方审核确认后，由财政部统一发布作为中央单位工作人员到相关地区出差的住宿费限额标准。

对于住宿价格季节性变化明显的城市，住宿费限额标准在旺季可适当上浮一定比例，具体规定由财政部另行发布。

第十三条 部级及相当职务人员住普通套间，司局级及以下人员住单间或标准间。

第十四条 出差人员应当在职务级别对应的住宿费标准限额内，选择安全、经济、便捷的宾馆住宿。

第四章 伙食补助费

第十五条 伙食补助费是指对工作人员在因公出差期间给予的伙食补助费用。

第十六条 伙食补助费按出差自然（日历）天数计算，按规定标准包干使用。

第十七条 财政部分地区制定伙食补助费标准。各省、自治区、直辖市和计划单列市财政厅（局）负责根据当地经济社会发展水平、市场价格、消费水平等因素，参照所在市公务接待工作餐、会议用餐等标准提出伙食补助费标准报财政部，经财政部统筹研究提出意见反馈地方审核确认后，由财政部统一发布作为中央单位工作人员到相关地区出差的伙食补助费标准。

第十八条 出差人员应当自行用餐。凡由接待单位统一安排用餐的，应当向接待单位交纳伙食费。

第五章 市内交通费

第十九条 市内交通费是指工作人员因公出差期间发生的市内交通费用。

第二十条 市内交通费按出差自然（日历）天数计算，每人每天80元包干使用。

第二十一条 出差人员由接待单位或其他单位提供交通工具的，应向接待单位或其他单位交纳相关费用。

第六章 报销管理

第二十二条 出差人员应当严格按规定开支差旅费，费用由所在单位承担，不得向下级单位、企业或其他单位转嫁。

第二十三条 城市间交通费按乘坐交通工具的等级凭据报销，订票费、经批准发生的签转或退票费、交通意外保险费凭据报销。

住宿费在标准限额之内凭发票据实报销。

伙食补助费按出差目的地的标准报销，在途期间的伙食补助费按当天最后到达目的地的标准报销。

市内交通费按规定标准报销。

未按规定开支差旅费的，超支部分由个人自理。

第二十四条 工作人员出差结束后应当及时办理报销手续。差旅费报销时应当提供出差审批单、机票、车票、住宿费发票等凭证。

住宿费、机票支出等按规定用公务卡结算。

第二十五条 财务部门应当严格按规定审核差旅费开支，对未经批准出差以及超范围、超标准开支的费用不予报销。

实际发生住宿而无住宿费发票的，不得报销住宿费以及城市间交通费、伙食补助费和市内交通费。

第七章 监督问责

第二十六条 各单位应当加强对本单位工作人员出差活动和经费报销的内控管理，对本单位出差审批制度、差旅费预算及规模控制负责，相关领导、财务人员等对差旅费报销进行审核把关，确保票据来源合法，内容真实完整、合规。对未经批准擅自出差、不按规定开支和报销差旅费的人员进行严肃处理。

一级预算单位应当强化对所属预算单位的监督检查，发现问题及时处理，重大问题向财政部报告。

各单位应当自觉接受审计部门对出差活动及相关经费支出的审计监督。

第二十七条 财政部会同有关部门对中央单位差旅费管理和使用情况进行监督检查。主要内容包括：

（一）单位差旅审批制度是否健全，出差活动是否按规定履行审批手续；

（二）差旅费开支范围和标准是否符合规定；

（三）差旅费报销是否符合规定；

（四）是否向下级单位、企业或其他单位转嫁差旅费；

（五）差旅费管理和使用的其他情况。

第二十八条 出差人员不得向接待单位提出正常公务活动以外的要求，

不得在出差期间接受违反规定用公款支付的宴请、游览和非工作需要的参观，不得接受礼品、礼金和土特产品等。

第二十九条 违反本办法规定，有下列行为之一的，依法依规追究相关单位和人员的责任：

（一）单位无出差审批制度或出差审批控制不严的；

（二）虚报冒领差旅费的；

（三）擅自扩大差旅费开支范围和提高开支标准的；

（四）不按规定报销差旅费的；

（五）转嫁差旅费的；

（六）其他违反本办法行为的。

有前款所列行为之一的，由财政部会同有关部门责令改正，违规资金应予追回，并视情况予以通报。对直接责任人和相关负责人，报请其所在单位按规定给予行政处分。涉嫌违法的，移送司法机关处理。

第八章 附 则

第三十条 工作人员外出参加会议、培训，举办单位统一安排食宿的，会议、培训期间的食宿费和市内交通费由会议、培训举办单位按规定统一开支；往返会议、培训地点的差旅费由所在单位按照规定报销。

第三十一条 不参照公务员法管理的事业单位参照本办法执行。

各单位应当根据本办法，结合本单位实际情况制定具体操作规定。

中国人民解放军和中国人民武装警察部队的差旅费管理办法参照本办法另行规定。

第三十二条 本办法由财政部负责解释。

第三十三条 本办法自2014年1月1日起施行。2006年11月13日发布的《财政部关于印发〈中央国家机关和事业单位差旅费管理办法〉的通知》（财行〔2006〕313号）同时废止，其他有关中央国家机关和事业单位差旅费管理规定与本办法不一致的，按照本办法执行。

财政部关于调整中央和国家机关差旅住宿费标准等有关问题的通知

（2015年9月30日　财行〔2015〕497号）

党中央有关部门，国务院各部委、各直属机构，全国人大常委会办公厅，全国政协办公厅，高法院，高检院，各人民团体，各民主党派中央，新疆生产建设兵团：

为贯彻落实《党政机关厉行节约反对浪费条例》和差旅费制度关于标准应适时调整的规定，进一步规范和加强中央和国家机关差旅费管理，提高差旅住宿费标准的科学性、有效性，综合考虑近两年全国各地区宾馆（饭店）住宿费价格变动、实际工作需要、淡旺季等因素，经研究决定，自2016年1月1日起调整《中央和国家机关差旅费管理办法》（财行〔2013〕531号）规定的差旅住宿费标准。现就有关事项通知如下：

一、调整北京、上海等11个城市部级干部住宿费标准、7个城市司局级干部住宿费标准和33个城市处级及以下干部住宿费标准，具体标准见附表。

二、拉萨、西宁、哈尔滨、海口、大连、青岛等6个受地理、气候等自然条件限制和季节性热点影响较大的城市试行差旅住宿费淡旺季标准。旺季期间及上浮后标准见附表。

三、调整后的差旅住宿费标准是中央和国家机关工作人员到各省会城市、直辖市、计划单列市出差的住宿费上限标准，各类人员应当坚持勤俭节约原则，根据职级对应的住宿费标准自行选择宾馆住宿（不分房型），在限额标准内据实报销。

中央和国家机关工作人员到各省、自治区、直辖市、计划单列市所辖地、州、市（县）出差执行当地财政部门制定的差旅住宿费标准。各地、州、市（县）差旅住宿费标准未制定公布前，可暂按其省会城市住宿费标准执行。

四、各单位应当严格按照差旅费制度和厉行节约反对浪费的有关规定，加强出差审批管理，从严控制出差人数和天数，严格差旅费预算管理和报销审核，控制差旅费支出规模。对违反差旅费管理规定的行为，有关部门应依法依规追究相关单位和人员的责任。

附件：

中央和国家机关国内差旅住宿费标准调整表

单位：元/人．天

序号	地区（城市）	住宿费标准			淡旺季浮动标准建议				
					旺季期间	旺季上浮价			上浮比例
		部级	司局级	其他人员		部级	司局级	其他人员	
1	北京市	1100	650	500					
2	天津市	800	480	380					
3	河北省（石家庄）	800	450	350					
4	山西省（太原）	800	480	350					
5	内蒙古（呼和浩特）	800	460	350					
6	辽宁省（沈阳）	800	480	350					
7	大连市	800	490	350	7-9月	960	590	420	20%
8	吉林省（长春）	800	450	350					
9	黑龙江省（哈尔滨）	800	450	350	7-9月	960	540	420	20%
10	上海市	1100	600	500					
11	江苏省（南京）	900	490	380					
12	浙江省（杭州）	900	500	400					
13	宁波市	800	450	350					
14	安徽省（合肥）	800	460	350					
15	福建省（福州）	900	480	380					
16	厦门市	900	500	400					
17	江西省（南昌）	800	470	350					
18	山东省（济南）	800	480	380					
19	青岛市	800	490	380	7-9月	960	590	450	20%
20	河南省（郑州）	900	480	380					
21	湖北省（武汉）	800	480	350					
22	湖南省（长沙）	800	450	350					
23	广东省（广州）	900	550	450					

续表

序号	地区（城市）	住宿费标准			淡旺季浮动标准建议				
					旺季期间	旺季上浮价			上浮比例
		部级	司局级	其他人员		部级	司局级	其他人员	
24	深圳市	900	550	450					
25	广西（南宁）	800	470	350					
26	海南省（海口）	800	500	350	11-2月	1040	650	450	30%
27	重庆市	800	480	370					
28	四川省（成都）	900	470	370					
29	贵州省（贵阳）	800	470	370					
30	云南省（昆明）	900	480	380					
31	西藏（拉萨）	800	500	350	6-9月	1200	750	530	50%
32	陕西省（西安）	800	460	350					
33	甘肃省（兰州）	800	470	350					
34	青海省（西宁）	800	500	350	6-9月	1200	750	530	50%
35	宁夏（银川）	800	470	350					
36	新疆（乌鲁木齐）	800	480	350					

中央和国家机关会议费管理办法①

（2016年6月29日　财行〔2016〕214号）

第一章　总　　则

第一条　为进一步加强和规范中央和国家机关会议费管理，精简会议，改进会风，提高会议效率和质量，节约会议经费开支，制定本办法。

第二条　中央和国家机关会议的分类、审批和会议费管理等，适用本办法。

① 根据2019年3月8日《财政部、国家机关事务管理局、中共中央直属机关事务管理局关于停止执行会议年度计划执行情况报告制度的通知》：一、停止执行《中央和国家机关会议费管理办法》（财行〔2016〕214号）第二十条、第二十一条、第二十二条第四款和第二十五条第四款中“按规定报送会议年度报告”的有关规定。二、各部门应当继续严格按照《党政机关厉行节约反对浪费条例》和会议费制度有关规定，完善会议计划编报和审批制度，严格计划执行，加强监督检查，有效控制会议数量和规模，持续规范会议费管理。

本办法所称中央和国家机关，是指党中央各部门，国务院各部委、各直属机构，全国人大常委会办公厅，全国政协办公厅，最高人民法院，最高人民检察院，各人民团体、各民主党派中央和全国工商联（以下简称各单位）。

第三条 各单位召开会议应当坚持厉行节约、反对浪费、规范简朴、务实高效的原则，严格控制会议数量和规模，规范会议费管理。

第四条 各单位召开的会议实行分类管理、分级审批。

第五条 各单位应当严格会议费预算管理，控制会议费预算规模。会议费预算应当细化到具体会议项目，执行中不得突破。会议费应当纳入部门预算，并单独列示。

第二章 会议分类和审批

第六条 中央和国家机关会议分类如下：

一类会议。是以党中央和国务院名义召开的，要求省、自治区、直辖市、计划单列市或中央部门负责同志参加的会议。

二类会议。是党中央和国务院各部委、各直属机构，最高人民法院，最高人民检察院，各人民团体召开的，要求省、自治区、直辖市、计划单列市有关厅（局）或本系统、直属机构负责同志参加的会议。

三类会议。是党中央和国务院各部委、各直属机构，最高人民法院，最高人民检察院，各人民团体及其所属内设机构召开的，要求省、自治区、直辖市、计划单列市有关厅（局）或本系统机构有关人员参加的会议。

四类会议。是指除上述一、二、三类会议以外的其他业务性会议，包括小型研讨会、座谈会、评审会等。

第七条 中央和国家机关会议按以下程序和要求进行审批：

一类会议。应当由主办单位报经党中央和国务院批准。会议总务、经费预算及费用结算等工作分别由中共中央直属机关事务管理局（以下简称中直管理局）和国家机关事务管理局（以下简称国管局）负责。

二类会议。党中央和国务院各部委、各直属机构，各人民团体应当于每年12月底前，将下一年度会议计划（包括会议名称、召开的理由、主要内容、时间地点、代表人数、工作人员数、所需经费及列支渠道等）送财政部审核会签，按程序经中央办公厅、国务院办公厅审核后报批。各单位召开二类会议原则上每年不超过1次。

三类会议。各单位应当建立会议计划编报和审批制度，年度会议计划（包括会议数量、会议名称、召开的理由、主要内容、时间地点、代表人数、工作人员数、所需经费及列支渠道等）经单位领导办公会或党组（党委）会审批后执行。

四类会议。由单位分管领导审核后列入单位年度会议计划。

年度会议计划一经批准，原则上不得调整。对党中央、国务院交办等确需临时增加的会议，按规定程序报批。

第八条 一类会议会期按照批准文件，根据工作需要从严控制；二、三、四类会议会期均不得超过2天；传达、布置类会议会期不得超过1天。

会议报到和离开时间，一、二、三类会议合计不得超过2天，四类会议合计不得超过1天。

第九条 各单位应当严格控制会议规模。

一类会议参会人员按照批准文件，根据会议性质和主要内容确定，严格限定会议代表和工作人员数量。

二类会议参会人员不得超过300人，其中，工作人员控制在会议代表人数的15%以内；不请省、自治区、直辖市和中央部门主要负责同志、分管负责同志出席。

三类会议参会人员不得超过150人，其中，工作人员控制在会议代表人数的10%以内。

四类会议参会人员视内容而定，一般不得超过50人。

第十条 全国人大常委会办公厅、全国政协办公厅、各民主党派中央和全国工商联的会议分类、审批事项、会期及参会人员等，由上述部门依据法律法规、章程规定，参照第六条至第九条作出规定，并报财政部备案。

第十一条 各单位召开会议应当改进会议形式，充分运用电视电话、网络视频等现代信息技术手段，降低会议成本，提高会议效率。

传达、布置类会议优先采取电视电话、网络视频会议方式召开。电视电话、网络视频会议的主会场和分会场应当控制规模，节约费用支出。

第十二条 不能够采用电视电话、网络视频召开的会议实行定点管理。各单位会议应当到定点会议场所召开，按照协议价格结算费用。未纳入定点范围，价格低于会议综合定额标准的单位内部会议室、礼堂、宾馆、招待所、培训中心，可优先作为本单位或本系统会议场所。

无外地代表且会议规模能够在单位内部会议室安排的会议，原则上在单位内部会议室召开，不安排住宿。

第十三条 参会人员以在京单位为主的会议不得到京外召开。各单位不得到党中央、国务院明令禁止的风景名胜区召开会议。

第三章 会议费开支范围、标准和报销支付

第十四条 会议费开支范围包括会议住宿费、伙食费、会议场地租金、交通费、文件印刷费、医药费等。

前款所称交通费是指用于会议代表接送站，以及会议统一组织的代表考察、调研等发生的交通支出。

会议代表参加会议发生的城市间交通费，按照差旅费管理办法的规定回单位报销。

第十五条 会议费开支实行综合定额控制，各项费用之间可以调剂使用。

会议费综合定额标准如下：

单位：元/人天

会议类别	住宿费	伙食费	其他费用	合计
一类会议	500	150	110	760
二类会议	400	150	100	650
三、四类会议	340	130	80	550

综合定额标准是会议费开支的上限。各单位应在综合定额标准以内结算报销。

第十六条 一类会议费在部门预算专项经费中列支，二、三、四类会议费原则上在部门预算公用经费中列支。

会议费由会议召开单位承担，不得向参会人员收取，不得以任何方式向下属机构、企事业单位、地方转嫁或摊派。

第十七条 各单位在会议结束后应当及时办理报销手续。会议费报销时应当提供会议审批文件、会议通知及实际参会人员签到表、定点会议场

所等会议服务单位提供的费用原始明细单据、电子结算单等凭证。财务部门要严格按规定审核会议费开支，对未列入年度会议计划，以及超范围、超标准开支的经费不予报销。

第十八条 各单位会议费支付，应当严格按照国库集中支付制度和公务卡管理制度的有关规定执行，以银行转账或公务卡方式结算，禁止以现金方式结算。

具备条件的，会议费应当由单位财务部门直接结算。

第四章 会议费公示和年度报告制度

第十九条 各单位应当将非涉密会议的名称、主要内容、参会人数、经费开支等情况在单位内部公示或提供查询，具备条件的应当向社会公开。

第二十条 一级预算单位应当于每年3月底前，将本级和下属预算单位上年度会议计划和执行情况（包括会议名称、主要内容、时间地点、代表人数、工作人员数、经费开支及列支渠道等）汇总后报财政部。党中央各部门同时抄送中直管理局，国务院各部门同时抄送国管局。

第二十一条 财政部对各单位报送的会议年度报告进行汇总分析，针对执行中存在的问题，及时完善相关制度。

第五章 管理职责

第二十二条 财政部的主要职责是：

（一）会同国管局、中直管理局等部门制定或修订中央本级会议费管理办法，并对执行情况进行监督检查；

（二）按规定对各单位报送的二类会议计划进行审核会签；

（三）对会议费支付结算实施动态监控；

（四）对各单位报送的会议年度报告进行汇总分析，提出加强管理的措施。

第二十三条 国管局的主要职责是：

（一）配合财政部制定或修订中央和国家机关会议费管理办法；

（二）负责国务院召开的一类会议的总务工作；

（三）配合财政部对国务院各部委、各直属机构会议费执行情况进行监督检查。

第二十四条 中直管理局的主要职责是：

（一）配合财政部制定或修订中央和国家机关会议费管理办法；

（二）负责党中央召开的一类会议的总务工作；

（三）配合财政部对中央各部门会议费执行情况进行监督检查。

第二十五条 各单位的主要职责是：

（一）负责制定本单位会议费管理的实施细则；

（二）负责单位年度会议计划编制和三类、四类会议的审批管理；

（三）负责安排会议预算并按规定管理、使用会议费，做好相应的财务管理和会计核算工作，对内部会议费报销进行审核把关，确保票据来源合法，内容真实、完整、合规；

（四）按规定报送会议年度报告，加强对本单位会议费使用的内控管理。

第六章 监督检查和责任追究

第二十六条 财政部、国管局、中直管理局会同有关部门对各单位会议费管理和使用情况进行监督检查。主要内容包括：

（一）会议计划的编报、审批是否符合规定；

（二）会议费开支范围和开支标准是否符合规定；

（三）会议费报销和支付是否符合规定；

（四）会议会期、规模是否符合规定，会议是否在规定的地点和场所召开；

（五）是否向下属机构、企事业单位或地方转嫁、摊派会议费；

（六）会议费管理和使用的其他情况。

第二十七条 严禁各单位借会议名义组织会餐或安排宴请；严禁套取会议费设立“小金库”；严禁在会议费中列支公务接待费。

各单位应严格执行会议用房标准，不得安排高档套房；会议用餐严格控制菜品种类、数量和份量，安排自助餐，严禁提供高档菜肴，不安排宴请，不上烟酒；会议会场一律不摆花草，不制作背景板，不提供水果。

不得使用会议费购置电脑、复印机、打印机、传真机等固定资产以及开支与本次会议无关的其他费用；不得组织会议代表旅游和与会议无关的参观；严禁组织高消费娱乐、健身活动；严禁以任何名义发放纪念品；不得额外配发洗漱用品。

第二十八条 违反本办法规定，有下列行为之一的，依法依规追究会议举办单位和相关人员的责任：

（一）计划外召开会议的；

（二）以虚报、冒领手段骗取会议费的；

（三）虚报会议人数、天数等进行报销的；

（四）违规扩大会议费开支范围，擅自提高会议费开支标准的；

（五）违规报销与会议无关费用的；

（六）其他违反本办法行为的。

有前款所列行为之一的，由财政部会同有关部门责令改正，追回资金，并经报批后予以通报。对直接负责的主管人员和相关负责人，报请其所在单位按规定给予行政处分。如行为涉嫌违法的，移交司法机关处理。

定点会议场所或单位内部宾馆、招待所、培训中心有关工作人员违反规定的，按照财政部定点会议场所管理的有关规定处理。

第七章 附 则

第二十九条 各单位应当按照本办法规定，结合本单位业务特点和工作需要，制定会议费管理具体规定。

第三十条 党中央、国务院直属事业单位的会议费管理参照本办法执行。中央和国家机关各部门所属事业单位的会议费管理由各部门依据从严从紧原则参照本办法作出具体规定。

第三十一条 本办法由财政部负责解释，自 2016 年 7 月 1 日起施行。《中央和国家机关会议费管理办法》（财行〔2013〕286 号）同时废止。

财政部、国管局、中直管理局关于《中央和国家机关会议费管理办法》的补充通知

（2023 年 5 月 30 日 财行〔2023〕86 号）

党中央有关部门，国务院各部委、各直属机构，全国人大常委会办公厅，全国政协办公厅，最高人民法院，最高人民检察院，各民主党派中央，有

关人民团体：

为贯彻落实中央八项规定精神，进一步规范中央和国家机关会议费管理，现就有关事项补充通知如下：

一、本通知适用于中央和国家机关按照《中央和国家机关会议费管理办法》（财行〔2016〕214号，以下简称《办法》）规定召开的一类、二类、三类、四类会议，包括线下会议和线上会议。

线上会议是指采取电视电话、网络视频等方式召开的会议，含线上与线下相结合的会议。

二、会议会期，二、三、四类会议原则上不超过1天半，传达、布置类会议不得超过1天。

会议报到和离开时间，一、二、三类会议合计不得超过1天半，四类会议合计不得超过1天。

三、各单位召开会议，在符合保密和网络信息安全要求的前提下，提倡采用线上会议形式。线上会议的主会场和分会场参会人数合计不得超过《办法》规定的相应会议类别参会人数上限，不请外地同志到主会场参会。

线上会议优先选择单位内部电视电话、电子政务内网视频会商等现有应用系统。单位现有应用系统无法保障的，应当结合工作性质、保密要求等，选择专用系统、运营商服务系统、第三方软件服务系统等。

四、会议费开支范围包括：

（一）线下费用：《办法》规定的住宿费、伙食费、会议场地租金、交通费、文件印刷费、医药费等；

（二）线上费用：能够明确对应具体会议的设备租赁费、线路费、电视电话会议通话费、技术服务费、软件应用费、音视频制作费等。

五、会议费应当按照以下方式进行核算列支：

（一）线下费用按照《办法》有关规定以实际发生的费用项目分项定额标准总额为上限，结合线下实际参会人数、会议时间进行核算。各项费用之间可以调剂使用，未实际发生的费用项目不得参与调剂。

（二）线上费用不纳入《办法》规定的综合定额标准内核算，凭合法票据原则上在单位年度会议费预算内据实列支。

各单位应当按照厉行节约、提高效率的原则，通过市场调研、充分议价，合理选择线上会议应用系统，细化完善本单位线上会议支出标准。

六、各单位在会议结束后应当及时办理会议费报销手续。线下费用按照《办法》有关规定进行报销。线上费用应当提供费用清单和使用相关应用系统所开具的合法票据，签署服务合同的，需一并提供相关合同。

七、各单位应当加强涉密会议安全和保密管理，落实网络安全工作责任制，强化网络安全技术防护措施，选择安全可靠的应用系统，督促系统服务供应商严格落实安全保密责任，加强对运维人员、技术服务人员日常保密教育和监督，定期开展终端设备和涉密场所保密检查，妥善保管会议音视频等材料，切实做好安全保障工作。

八、各单位应当加强对会议内容相近、参会人员范围相同会议的统筹，严格控制各类会议规模，简化办会形式，合理确定参会人员范围，减少参会人员数量，减少陪会。

九、各单位应在《办法》及本通知规定的开支范围和开支标准内从严从紧核定会议费预算，节约会议经费开支。

十、本通知自2023年8月1日起施行。《办法》有关规定与本通知不符的，以本通知为准。

关于规范差旅伙食费和市内交通费收交管理有关事项的通知

（2019年7月3日　财办行〔2019〕104号）

各省、自治区、直辖市、计划单列市财政厅（局）、机关事务主管部门，新疆生产建设兵团财政局、机关事务管理局，党中央有关部门办公厅（室），国务院各部委、各直属机构办公厅（室），全国人大常委会办公厅秘书局，全国政协办公厅秘书局，高法院办公厅，高检院办公厅，各民主党派中央办公厅，有关人民团体办公厅（室）：

为进一步贯彻落实中央八项规定精神，严肃财经纪律，根据《党政机关厉行节约反对浪费条例》《党政机关国内公务接待管理规定》《中央和国家机关差旅费管理办法》等规章制度，现就规范差旅伙食费和市内交通费收交管理有关事项通知如下：

一、中央单位出差人员（以下称出差人员）出差期间按规定领取伙食补助费。除确因工作需要由接待单位按规定安排的一次工作餐外，用餐费用自行解决。出差人员需接待单位协助安排用餐的，应当提前告知控制标准，并向伙食提供方交纳伙食费。

在单位内部食堂用餐，有对外收费标准的，出差人员按标准交纳；没有对外收费标准的，早餐按照日伙食补助费标准的20%交纳，午餐、晚餐按照日伙食补助费标准的40%交纳。在宾馆、饭店等餐饮服务单位用餐的，按照餐饮服务单位收费标准交纳相关费用。

二、出差人员出差期间按规定领取市内交通费。接待单位协助提供交通工具并有收费标准的，出差人员按标准交纳，最高不超过日市内交通费标准；没有收费标准的，每人每半天按照日市内交通费标准的50%交纳。

三、接待单位协助安排用餐、提供交通工具的，出差人员应当索取相应的行政事业单位资金往来结算票据或税务发票等凭证，个人保存备查，不作为报销依据。

四、接待单位应当按规定收取出差人员相关费用，及时出具行政事业单位资金往来结算票据或税务发票；确实无法出具上述凭证的，可出具其他收款凭证。加强收取费用的管理，做好业务台账登记，纳入统一核算，所收费用可作为代收款项用于相关支出或作收入处理。

五、各地区各部门要督促接待单位按照中央八项规定精神和党政机关公务接待管理有关规定，进一步完善内部管理制度，合理制定收费标准，协助安排用餐应当根据出差人员告知的控制标准合理安排。

六、各地要结合本地区实际，制定本地区出差人员差旅伙食费和市内交通费收交管理规定。中央单位可根据本通知要求，制定本单位差旅伙食费和市内交通费交纳、报销具体操作规定。

七、本通知自2019年8月1日起施行。

设立“小金库”和使用“小金库”款项违法违纪行为政纪处分暂行规定

（2010年1月5日监察部、人力资源和社会保障部、财政部、审计署令第19号公布　自2010年2月15日起施行）

第一条　为规范财政秩序，严肃财经纪律，惩处设立“小金库”和使用“小金库”款项违法违纪行为，确保“小金库”治理工作取得实效，根据《中华人民共和国行政监察法》、《中华人民共和国公务员法》、《行政机关公务员处分条例》、《财政违法行为处罚处分条例》及其他有关法律、行政法规，制定本规定。

第二条　本规定所称“小金库”，是指违反法律法规及其他有关规定，应列入而未列入符合规定的单位账簿的各项资金（含有价证券）及其形成的资产。

第三条　国家行政机关及其内设机构有设立“小金库”或者使用“小金库”款项行为的，对负有责任的领导人员和其他直接责任人员（以下统称有关责任人员），由任免机关或者监察机关按照管理权限，依法给予处分。

国有及国有控股企业、事业单位有设立“小金库”或者使用“小金库”款项行为的，对负有责任的领导人员和其他直接责任人员中由国家行政机关任命的人员（以下统称有关责任人员），由任免机关或者监察机关按照管理权限，依法给予处分。

第四条　有设立“小金库”行为的，对有关责任人员，给予记过或者记大过处分；情节严重的，给予降级或者撤职处分。

第五条　使用“小金库”款项吃喝、旅游、送礼、进行娱乐活动或者有其他类似行为的，对有关责任人员，给予警告处分；情节较重的，给予记过或者记大过处分；情节严重的，给予降级或者撤职处分。

第六条　使用“小金库”款项新建、改建、扩建、装修办公楼或者培训中心等的，对有关责任人员，给予警告处分；情节较重的，给予记过或者记大过处分；情节严重的，给予降级或者撤职处分。

第七条 使用“小金库”款项提高福利补贴标准或者扩大福利补贴范围、滥发奖金实物或者有类似支出行为的，对有关责任人员，给予警告处分；情节较重的，给予记过或者记大过处分；情节严重的，给予降级或者撤职处分。

第八条 使用“小金库”款项报销应由个人负担的费用的，对有关责任人员，给予记过或者记大过处分；情节较重的，给予降级或者撤职处分；情节严重的，给予开除处分。

第九条 以单位名义将“小金库”财物集体私分给单位职工的，对有关责任人员，给予记过或者记大过处分；情节较重的，给予降级或者撤职处分；情节严重的，给予开除处分。

第十条 有设立“小金库”或者使用“小金库”款项行为，并且有本规定之外的其他违法违纪行为需要合并处理的，对有关责任人员，依照《行政机关公务员处分条例》第十条的规定追究责任。

第十一条 对在治理“小金库”工作中有弄虚作假、对抗检查、拒不纠正、销毁证据、突击花钱、压案不查、打击报复举报人等行为的，依法从重处理。

第十二条 中共中央办公厅、国务院办公厅《关于深入开展“小金库”治理工作的意见》（中办发〔2009〕18号）印发前，有设立“小金库”或者使用“小金库”款项行为，情节较轻，且能够按照有关规定认真自查自纠的，可以免予处分；情节较重，但能够按照有关规定自查自纠的，可以减轻或者从轻处分；情况严重，但能够按照有关规定自查自纠的，可以从轻处分。

第十三条 中共中央办公厅、国务院办公厅《关于深入开展“小金库”治理工作的意见》（中办发〔2009〕18号）印发后再设立或者继续设立“小金库”的，对有关责任人员，按照组织程序先予免职，再依据本规定追究责任。

第十四条 本规定由监察部、人力资源社会保障部、财政部、审计署负责解释。

第十五条 本规定自2010年2月15日起施行。

公安机关人民警察纪律条令

（2010年4月21日监察部、人力资源和社会保障部、公安部令第20号公布　自2010年6月1日起施行）

第一章　总　则

第一条　为了严明公安机关纪律，规范公安机关人民警察的行为，保证公安机关及其人民警察依法履行职责，根据《中华人民共和国人民警察法》、《中华人民共和国行政监察法》、《中华人民共和国公务员法》、《行政机关公务员处分条例》、《公安机关组织管理条例》等有关法律、行政法规，制定本条令。

第二条　公安机关人民警察应当严格遵守《中华人民共和国人民警察法》、《中华人民共和国公务员法》等法律法规关于公安机关人民警察纪律的规定。公安机关人民警察违法违纪，应当承担纪律责任的，依照本条令给予处分。

法律、行政法规、国务院决定对公安机关人民警察处分另有规定的，从其规定。

第三条　公安机关人民警察违法违纪，应当承担纪律责任的，由任免机关或者监察机关按照管理权限依法给予处分。

公安机关有违法违纪行为，应当追究纪律责任的，对负有责任的领导人员和直接责任人员给予处分。

第四条　对受到处分的公安机关人民警察，应当依照有关规定延期晋升、降低或者取消警衔。

第五条　公安机关人民警察违法违纪涉嫌犯罪的，应当依法追究刑事责任。

第六条　监察机关派驻同级公安机关监察机构可以调查下一级监察机关派驻同级公安机关监察机构管辖范围内的违法违纪案件，必要时也可以调查所辖各级监察机关派驻同级公安机关监察机构管辖范围内的违法违纪案件。

监察机关派驻同级公安机关监察机构经派出它的监察机关批准，可以调查下一级公安机关领导人员的违法违纪案件。

调查结束后，按照人事管理权限，监察机关派驻同级公安机关监察机构应当向处分决定机关提出处分建议，由处分决定机关依法作出处分决定。

第二章　违法违纪行为及其适用的处分

第七条　有下列行为之一的，给予开除处分：

（一）逃往境外或者非法出境、违反规定滞留境外不归的；

（二）参与、包庇或者纵容危害国家安全违法犯罪活动的；

（三）参与、包庇或者纵容黑社会性质组织犯罪活动的；

（四）向犯罪嫌疑人通风报信的；

（五）私放他人出入境的。

第八条　散布有损国家声誉的言论的，给予记大过处分；情节较重的，给予降级或者撤职处分；情节严重的，给予开除处分。

第九条　有下列行为之一的，给予记过或者记大过处分；情节较重的，给予降级或者撤职处分；情节严重的，给予开除处分：

（一）故意违反规定立案、撤销案件、提请逮捕、移送起诉的；

（二）违反规定采取、变更、撤销刑事拘留、取保候审、监视居住等刑事强制措施或者行政拘留的；

（三）非法剥夺、限制他人人身自由的；

（四）非法搜查他人身体、物品、住所或者场所的；

（五）违反规定延长羁押期限或者变相拘禁他人的；

（六）违反规定采取通缉等措施或者擅自使用侦察手段侵犯公民合法权益的。

第十条　有下列行为之一的，给予记过或者记大过处分；情节较重的，给予降级或者撤职处分；情节严重的，给予开除处分：

（一）违反规定为在押人员办理保外就医、所外执行的；

（二）擅自安排在押人员与其亲友会见，私自为在押人员或者其亲友传递物品、信件，造成不良后果的；

（三）指派在押人员看管在押人员的；

（四）私带在押人员离开羁押场所的。

有前款规定行为并从中谋利的，从重处分。

第十一条 体罚、虐待违法犯罪嫌疑人、被监管人员或者其他工作对象的，给予记过或者记大过处分；情节较重的，给予降级或者撤职处分；情节严重的，给予开除处分。

实施或者授意、唆使、强迫他人实施刑讯逼供的，给予撤职处分；造成严重后果的，给予开除处分。

第十二条 有下列行为之一的，给予记过或者记大过处分；情节较重的，给予降级或者撤职处分；情节严重的，给予开除处分：

（一）对依法应当办理的受理案件、立案、撤销案件、提请逮捕、移送起诉等事项，无正当理由不予办理的；

（二）对管辖范围内发生的应当上报的重大治安案件、刑事案件、特大道路交通事故和群体性或者突发性事件等隐瞒不报或者谎报的；

（三）在勘验、检查、鉴定等取证工作中严重失职，造成无辜人员被处理或者违法犯罪人员逃避法律追究的；

（四）因工作失职造成被羁押、监管等人员脱逃、致残、致死或者其他不良后果的；

（五）在值班、备勤、执勤时擅离岗位，造成不良后果的；

（六）不履行办案协作职责造成不良后果的；

（七）在执行任务时临危退缩、临阵脱逃的。

第十三条 有下列行为之一的，给予记过或者记大过处分；情节较重的，给予降级或者撤职处分；情节严重的，给予开除处分：

（一）利用职权干扰执法办案或者强令违法办案的；

（二）利用职权干预经济纠纷或者为他人追债讨债的。

第十四条 有下列行为之一的，给予记过或者记大过处分；情节较重的，给予降级或者撤职处分；情节严重的，给予开除处分：

（一）隐瞒或者伪造案情的；

（二）伪造、变造、隐匿、销毁检举控告材料或者证据材料的；

（三）出具虚假审查或者证明材料、结论的。

第十五条 有下列行为之一的，给予警告或者记过处分；情节较重的，给予记大过或者降级处分；情节严重的，给予撤职处分：

（一）违反规定吊销、暂扣证照或者责令停业整顿的；

（二）违反规定查封、扣押、冻结、没收财物的。

第十六条 有下列行为之一的，给予警告或者记过处分；情节较重的，给予记大过或者降级处分；情节严重的，给予撤职处分：

（一）擅自设定收费项目、提高收费标准的；

（二）违反规定设定罚款项目或者实施罚款的；

（三）违反规定办理户口、身份证、驾驶证、特种行业许可证、护照、机动车行驶证和号牌等证件、牌照以及其他行政许可事项的。

以实施行政事业性收费、罚没的名义收取钱物，不出具任何票据的，给予开除处分。

第十七条 有下列行为之一的，给予记过或者记大过处分；情节较重的，给予降级或者撤职处分；情节严重的，给予开除处分：

（一）投资入股或者变相投资入股矿产、娱乐场所等企业，或者从事其他营利性经营活动的；

（二）受雇于任何组织、个人的；

（三）利用职权推销、指定消防、安保、交通、保险等产品的；

（四）公安机关人民警察的近亲属在该人民警察分管的业务范围内从事可能影响公正执行公务的经营活动，经劝阻其近亲属拒不退出或者本人不服从工作调整的；

（五）违反规定利用或者插手工程招投标、政府采购和人事安排，为本人或者特定关系人谋取不正当利益的；

（六）相互请托为对方的特定关系人在投资入股、经商办企业等方面提供便利，谋取不正当利益的；

（七）出差、开展公务活动由企事业单位、个人接待，或者接受下级公安机关、企事业单位、个人安排出入营业性娱乐场所，参加娱乐活动的；

（八）违反规定收受现金、有价证券、支付凭证、干股的。

第十八条 私分、挪用、非法占有赃款赃物、扣押财物、保证金、无主财物、罚没款物的，给予记过或者记大过处分；情节较重的，给予降级或者撤职处分；情节严重的，给予开除处分。

第十九条 有下列行为之一的，给予警告、记过或者记大过处分；情节较重的，给予降级或者撤职处分；情节严重的，给予开除处分：

（一）拒绝执行上级依法作出的决定、命令，或者在执行任务时不服从指挥的；

（二）违反规定进行人民警察录用、考核、任免、奖惩、调任、转任的。

第二十条 有下列行为之一，造成不良影响的，给予警告处分；情节较重的，给予记过处分；情节严重的，给予记大过处分：

（一）在工作中对群众态度蛮横、行为粗暴、故意刁难或者吃拿卡要的；

（二）不按规定着装，严重损害人民警察形象的；

（三）非因公务着警服进入营业性娱乐场所的。

第二十一条 违反公务用枪管理使用规定的，依照《公安民警违反公务用枪管理使用规定行政处分若干规定》给予处分。

第二十二条 有下列行为之一的，给予警告或者记过处分；情节较重的，给予记大过或者降级处分；情节严重的，给予撤职或者开除处分：

（一）违反警车管理使用规定或者违反规定使用警灯、警报器的；

（二）违反规定转借、赠送、出租、抵押、转卖警用车辆、警车号牌、警械、警服、警用标志和证件的；

（三）违反规定使用警械的。

第二十三条 工作时间饮酒或者在公共场所酗酒滋事的，给予警告、记过或者记大过处分；造成后果的，给予降级或者撤职处分；造成严重后果的，给予开除处分。

携带枪支饮酒、酒后驾驶机动车，造成严重后果的，给予开除处分。

第二十四条 参与、包庇或者纵容违法犯罪活动的，给予警告、记过或者记大过处分；情节较重的，给予降级或者撤职处分；情节严重的，给予开除处分。

吸食、注射毒品或者参与、组织、支持、容留卖淫、嫖娼、色情淫乱活动的，给予开除处分。

参与赌博的，依照《行政机关公务员处分条例》第三十二条规定从重处分。

第二十五条 违反规定使用公安信息网的，给予警告处分；情节较重的，给予记过或者记大过处分；情节严重的，给予降级或者撤职处分。

第三章 附 则

第二十六条 有本条令规定的违法违纪行为，已不符合人民警察条件、不适合继续在公安机关工作的，可以依照有关规定予以辞退或者限期调离。

第二十七条 处分的程序和不服处分的申诉，依照《中华人民共和国行政监察法》、《中华人民共和国公务员法》、《行政机关公务员处分条例》等有关法律法规的规定办理。

第二十八条 本条令所称公安机关人民警察是指属于公安机关及其直属单位的在编在职的人民警察。

公安机关包括县级以上人民政府公安机关和设在铁道、交通运输、民航、林业、海关部门的公安机构。

第二十九条 公安边防、消防、警卫部队官兵有违法违纪行为，应当给予处分的，依照《中国人民解放军纪律条令》执行；《中国人民解放军纪律条令》没有规定的，参照本条令执行。

第三十条 本条令由监察部、人力资源社会保障部、公安部负责解释。

第三十一条 本条令自2010年6月1日起施行。

人民法院监察工作条例

（2013年1月31日 法发〔2013〕3号）

第一章 总 则

第一条 为了加强人民法院监察工作，严肃人民法院纪律，促进廉政建设，维护司法公正，根据《中华人民共和国公务员法》、《中华人民共和国法官法》等法律，参照《中华人民共和国行政监察法》，制订本条例。

第二条 人民法院监察部门，是人民法院行使监察职能的专门机构，依照法律和本条例对人民法院及其法官和其他工作人员实施监察。

第三条 人民法院监察部门依照法律和本条例行使职权，不受行政机关、社会团体、个人及人民法院内设其他部门的干涉。

第四条 人民法院监察工作必须坚持实事求是，重证据，重调查研究，在适用法律和纪律上人人平等。

第五条 人民法院监察工作应当实行教育与惩处相结合，严格执行纪律与维护法官和其他工作人员合法权益相结合，监督检查与完善制度、改进工作相结合。

第六条 人民法院监察工作应当坚持依靠群众，监察部门建立举报制度，公民、法人和其他组织对于人民法院及其法官和其他工作人员的违纪违法行为，有权向监察部门提出控告或者检举。

第二章 监察部门和监察人员

第七条 最高人民法院、高级人民法院应当设立监察局。中级人民法院应当设立监察处。

60人以上的基层人民法院应当设立监察科，30人以上不足60人的基层人民法院应当设专职监察员，不足30人的基层人民法院应当设兼职监察员。

第八条 最高人民法院监察局在最高人民法院院长的领导下主管全国法院的监察工作。

地方各级人民法院监察部门、基层人民法院专职或者兼职监察员在本院院长和上级法院监察部门的领导下开展工作，监察业务以上级法院监察部门领导为主。

第九条 最高人民法院、高级人民法院监察局设局长一名，设副局长一至三名；中级、基层人民法院监察处（科）设处（科）长一名，副处（科）长一至二名。

各级人民法院监察部门负责人一般应当从法官或者具有法官任职资格的人员中选任。

地方各级人民法院监察部门负责人、基层人民法院专职或者兼职监察员的任免，在提请决定前，需经上一级人民法院监察部门同意。

第十条 最高人民法院和高级人民法院监察局根据工作需要设立内设机构，负责信访举报、案件查处、监督检查、审务督察、综合调研等工作。中级人民法院可以根据工作需要参照设立。

第十一条 最高人民法院监察局可以设局级监察专员，高级人民法院监察局以及直辖市、副省级城市中级人民法院监察处可以设处级监察专员，其他中级人民法院监察处可以设科级监察专员。

基层人民法院专职监察员应当按照本院中层正职配备，兼职监察员应当由院级副职领导兼任。

各级人民法院应当尽可能选派法官或者具有法官任职资格的人员担任监察专员、专职监察员。

各级人民法院应当在本院审判执行等部门选任专职或者兼职廉政监察员。专职廉政监察员应当由具有部门同级正职或者副职非领导职务的资深法官和其他熟悉部门业务的人员担任，兼职廉政监察员应当由部门副职领导兼任。

专职或者兼职廉政监察员在所在部门主要负责人和本院监察部门的领导下开展工作。

第十二条 监察人员必须忠于职守，秉公执纪，遵纪守法，保守秘密。

第十三条 监察人员滥用职权、徇私舞弊、玩忽职守、泄露秘密的，应当给予纪律处分；构成犯罪的，移送有关机关依法处理。

第三章 监察部门的职责

第十四条 人民法院监察部门的主要职责是：

（一）检查人民法院及其法官和其他工作人员遵守和执行国家法律、法规的情况；

（二）制定和完善人民法院廉政制度，检查人民法院及其法官和其他工作人员执行廉政制度的情况；

（三）受理对人民法院及其法官和其他工作人员违纪违法行为的控告、检举；

（四）调查处理人民法院及其法官和其他工作人员违反审判纪律、执行纪律及其他纪律的行为；

（五）受理法官和其他工作人员不服纪律处分的复议和申诉；

（六）组织协调、检查指导、督察纠正人民法院及其法官和其他工作人员损害群众利益和损害司法公信的不正之风；

（七）组织协调、检查指导预防腐败工作，开展对法官和其他工作人员司法廉洁和遵纪守法的教育。

第十五条 最高人民法院监察局对下列单位、部门和人员实施监察：

（一）本院各部门及其法官和其他工作人员；

（二）高级人民法院及其院长、副院长、副院级领导干部、监察局局长。

第十六条 高级人民法院监察局和中级人民法院监察处对下列单位、部门和人员实施监察：

（一）本院各部门及其法官和其他工作人员；

（二）下一级人民法院及其院长、副院长、副院级领导干部、监察部门主要负责人或者专职监察员。

第十七条 基层人民法院监察科或者专职、兼职监察员对本院各部门及其法官和其他工作人员实施监察。

第十八条 上级人民法院监察部门可以办理下一级人民法院监察部门管辖范围内的监察事项；必要时可以办理所辖各级人民法院监察部门管辖范围内的监察事项。

第四章 监察部门的权限

第十九条 监察部门履行职责，有权要求被监察的单位、部门和人员提供与监察事项有关的文件、资料、案卷材料、财务账目及其他有关材料，进行查阅或者复制；有权要求被监察的单位、部门和人员就监察事项涉及的问题作出解释或者说明；有权责令被监察的单位、部门和人员停止违反法律、法规和纪律的行为。

第二十条 监察部门在调查违反法律、法规和纪律的行为时，可以根据实际情况采取下列措施：

（一）暂予扣留、封存案件涉嫌的有关单位、部门和人员可以证明违反法律、法规和纪律行为的文件、资料、财务账目、案件材料及其他有关材料；

（二）责令案件涉嫌的有关单位、部门和人员在调查期间不得变卖、转移、毁损与案件有关的财物；

（三）经上一级人民法院监察部门批准，可以责令有违反纪律嫌疑的人员在指定的时间、地点就调查事项涉及的问题作出解释和说明，但是不得对其实行拘禁或者变相拘禁；

（四）建议暂停有严重违纪嫌疑的人员执行公务；

（五）经批准，查询案件涉嫌单位和涉嫌人员在银行或者其他金融机构的存款，必要时可以依法采取保全措施，冻结涉嫌人员在银行或者其他金融机构的存款；

（六）向监察事项涉及的单位、部门和人员进行查询；

（七）列席被监察单位、部门与监察事项有关的会议。

采取前款（一）、（二）、（三）、（四）、（五）项措施时，应当制作监察通知书送达有关单位、部门和人员，并对有关财物开列清单。

第二十一条 监察部门根据检查、调查结果，遇有下列情形之一的，可以提出监察建议：

（一）拒不执行法律、法规或者违反法律、法规以及人民法院纪律，应当予以纠正的；

（二）违反人民法院纪律，应当给予警告、记过、记大过、降级、撤职、开除处分的；

（三）录用、任免、奖惩决定明显不适当，应当予以纠正的；

（四）需要完善制度、堵塞漏洞的；

（五）其他需要提出监察建议的。

第二十二条 监察建议应当以人民法院名义下达，并书面送达有关单位、部门和人员。

重要的监察建议应当报上一级人民法院监察部门备案。

有关单位、部门和人员对监察建议应当采纳；对监察建议有异议的，应当自收到监察建议之日起三十日内书面向作出监察建议的人民法院提出。监察部门应当自收到异议之日起三十日内回复。

第二十三条 根据检查、调查结果，对于违反人民法院纪律，应当给予违纪人员纪律处分的，监察部门应当依照纪律处分程序提出纪律处分意见或者提出监察建议。

第五章 监察程序

第二十四条 监察部门按照下列程序进行检查：

（一）根据本院院长或者上级人民法院监察部门的指示或者要求，确定检查事项；

（二）制定检查方案并组织实施，必要时，可组织本院有关部门或者下级人民法院参加检查；

（三）向本院院长或者上级人民法院监察部门报告检查情况；

（四）根据检查结果，提出纪律处分意见或者监察建议。

第二十五条 监察部门按照管辖范围，根据检查发现的问题，或者控告检举的违纪线索，或者有关机关、部门移送的违纪线索，经初步核实，认为有关人员构成违纪应当给予纪律处分的，应当报本院院长批准后立案并组织调查。

重要案件的立案，应当报上一级人民法院监察部门备案。

第二十六条 人民法院监察部门在查办违纪案件时，应当组成案件调查组和审理组，分别进行案件调查和案件审理。参加案件调查的人员，不得参加案件审理。

监察部门人员不足以组成案件调查组和审理组的，可以由监察部门报经本院分管院领导同意后从本院其他部门或者下级人民法院监察部门抽调人员参加案件调查和案件审理。

第二十七条 监察部门对违纪案件调查时，应当全面收集证据，听取被调查人的陈述和辩解。

第二十八条 监察人员与所办理的监察事项有利害关系，或者有其他关系可能影响公正处理案件的，该监察人员应当回避。

第二十九条 监察部门立案调查的案件，应当自立案之日起六个月内结案，因特殊原因需要延长期限的，可以适当延长，但应当报上一级人民法院监察部门备案，说明情况和原因。

第三十条 对于立案调查的案件，经调查认定违纪事实不存在，或者情节轻微、不需要给予纪律处分的，应当按照批准立案的程序予以销案，并告知被调查人。

第三十一条 对于可能给予纪律处分的案件，调查组结束调查后应当交由审理组审理。

第三十二条 审理案件采取听证或者书面审理的方式进行。书面审理案件，应当询问被调查人、听取其陈述和辩解，必要时，也可以与证人核对证言。

第三十三条 对违纪人员的纪律处分按照下列规定进行：

（一）对本院审判委员会委员、庭长、副庭长、审判员、助理审判员和其他工作人员，下一级人民法院院长、副院长、副院级领导干部、监察部门主要负责人、专职监察员，拟给予警告、记过、记大过处分的，由监察部门提出处分意见，报本院院长批准后下达纪律处分决定；拟给予降级、撤职、开除处分的，由监察部门提出处分意见，经本院院长办公会议批准后下达纪律处分决定。纪律处分决定以人民法院名义下达，加盖人民法院印章。

（二）给予违纪人员撤职、开除处分，需要先由本院或者下一级人民法院提请同级人民代表大会罢免职务，或者提请同级人民代表大会常务委员会免去职务或者撤销职务的，应由人民代表大会或者其常委会罢免、免职或者撤销职务后，再执行处分决定。

第三十四条 对违反纪律的人员作出纪律处分后，有关法院人事部门应当办理处分手续，纪律处分决定等有关材料应当归入受处分人员的档案。

第三十五条 对纪律处分决定不服的，受处分人员自收到纪律处分决定之日起三十日内可以向作出纪律处分决定的人民法院申请复议，复议的人民法院应当在三十日内作出复议决定；对复议决定仍不服的，可以在接到复议决定三十日内向作出复议决定的上一级人民法院申诉，上一级人民法院应当在六十日内作出处理决定。

复议和申诉期间，不停止原决定的执行。

第三十六条 上一级人民法院对不服纪律处分决定的申诉，经复查认为原决定不当的，或者上级人民法院认为下级人民法院所作纪律处分决定不当的，可以建议作出原纪律处分决定的人民法院予以变更或者撤销；也可以按照纪律处分程序直接作出变更或者撤销的决定。

上级人民法院的处理决定为最终决定。

第三十七条 对法官纪律处分的权限和程序另有规定的，按照有关规定办理。

第三十八条 对于举报人故意捏造事实，诬告陷害法院工作人员的，建议有关单位给予处理；构成犯罪的，依法移送有关机关追究刑事责任。

第三十九条 被监察的单位、部门和人员违反本条例，有下列行为之一的，由监察部门责令改正，拒不改正的，对责任人依纪给予纪律处分：

（一）隐瞒事实真相，出具伪证或者隐匿、转移、篡改、毁灭证据的；

（二）故意拖延或者拒绝提供与监察事项有关的文件、资料、财务账目及其他有关材料和其他必要情况的；

（三）在调查期间变卖、转移涉嫌财物的；

（四）拒绝就监察部门所提问题作出解释或者说明的；

（五）拒不执行纪律处分决定或者无正当理由拒不采纳监察建议的；

（六）有其他违反本条例规定的行为，情节严重的。

第六章 附 则

第四十条 本条例由最高人民法院负责解释。

第四十一条 本条例自印发之日起施行。

领导干部干预司法活动、插手具体案件处理的记录、通报和责任追究规定

（2015年3月18日）

第一条 为贯彻落实《中共中央关于全面推进依法治国若干重大问题的决定》有关要求，防止领导干部干预司法活动、插手具体案件处理，确保司法机关依法独立公正行使职权，根据宪法法律规定，结合司法工作实际，制定本规定。

第二条 各级领导干部应当带头遵守宪法法律，维护司法权威，支持司法机关依法独立公正行使职权。任何领导干部都不得要求司法机关违反法定职责或法定程序处理案件，都不得要求司法机关做有碍司法公正的事情。

第三条 对司法工作负有领导职责的机关，因履行职责需要，可以依照工作程序了解案件情况，组织研究司法政策，统筹协调依法处理工作，督促司法机关依法履行职责，为司法机关创造公正司法的环境，但不得对案件的证据采信、事实认定、司法裁判等作出具体决定。

第四条 司法机关依法独立公正行使职权，不得执行任何领导干部违反法定职责或法定程序、有碍司法公正的要求。

第五条 对领导干部干预司法活动、插手具体案件处理的情况，司法人员应当全面、如实记录，做到全程留痕，有据可查。

以组织名义向司法机关发文发函对案件处理提出要求的，或者领导干部身边工作人员、亲属干预司法活动、插手具体案件处理的，司法人员均应当如实记录并留存相关材料。

第六条 司法人员如实记录领导干部干预司法活动、插手具体案件处理情况的行为，受法律和组织保护。领导干部不得对司法人员打击报复。非因法定事由，非经法定程序，不得将司法人员免职、调离、辞退或者作出降级、撤职、开除等处分。

第七条 司法机关应当每季度对领导干部干预司法活动、插手具体案件处理情况进行汇总分析，报送同级党委政法委和上级司法机关。必要时，可以立即报告。

党委政法委应当及时研究领导干部干预司法活动、插手具体案件处理的情况，报告同级党委，同时抄送纪检监察机关、党委组织部门。干预司法活动、插手具体案件处理的领导干部属于上级党委或者其他党组织管理的，应当向上级党委报告或者向其他党组织通报情况。

第八条 领导干部有下列行为之一的，属于违法干预司法活动，党委政法委按程序报经批准后予以通报，必要时可以向社会公开：

（一）在线索核查、立案、侦查、审查起诉、审判、执行等环节为案件当事人请托说情的；

（二）要求办案人员或办案单位负责人私下会见案件当事人或其辩护人、诉讼代理人、近亲属以及其他与案件有利害关系的人的；

（三）授意、纵容身边工作人员或者亲属为案件当事人请托说情的；

（四）为了地方利益或者部门利益，以听取汇报、开协调会、发文件等形式，超越职权对案件处理提出倾向性意见或者具体要求的；

（五）其他违法干预司法活动、妨碍司法公正的行为。

第九条 领导干部有本规定第八条所列行为之一，造成后果或者恶劣影响的，依照《中国共产党纪律处分条例》、《行政机关公务员处分条例》、《检察人员纪律处分条例（试行）》、《人民法院工作人员处分条例》、《中国人民解放军纪律条令》等规定给予纪律处分；造成冤假错案或者其他严重后果，构成犯罪的，依法追究刑事责任。

领导干部对司法人员进行打击报复的，依照《中国共产党纪律处分条例》、《行政机关公务员处分条例》、《检察人员纪律处分条例（试行）》、《人民法院工作人员处分条例》、《中国人民解放军纪律条令》等规定给予纪律处分；构成犯罪的，依法追究刑事责任。

第十条 司法人员不记录或者不如实记录领导干部干预司法活动、插手具体案件处理情况的，予以警告、通报批评；有两次以上不记录或者不如实记录情形的，依照《中国共产党纪律处分条例》、《行政机关公务员处分条例》、《检察人员纪律处分条例（试行）》、《人民法院工作人员处分条例》、《中国人民解放军纪律条令》等规定给予纪律处分。主管领导授意不记录或者不如实记录的，依纪依法追究主管领导责任。

第十一条 领导干部干预司法活动、插手具体案件处理的情况，应当纳入党风廉政建设责任制和政绩考核体系，作为考核干部是否遵守法律、依法办事、廉洁自律的重要依据。

第十二条 本规定所称领导干部，是指在各级党的机关、人大机关、行政机关、政协机关、审判机关、检察机关、军事机关以及公司、企业、事业单位、社会团体中具有国家工作人员身份的领导干部。

第十三条 本规定自2015年3月18日起施行。

司法机关内部人员过问案件的记录和责任追究规定

（2015年3月29日）

第一条 为贯彻落实《中共中央关于全面推进依法治国若干重大问题的决定》有关要求，防止司法机关内部人员干预办案，确保公正廉洁司法，根据宪法法律规定，结合司法工作实际，制定本规定。

第二条 司法机关内部人员应当依法履行职责，严格遵守纪律，不得违反规定过问和干预其他人员正在办理的案件，不得违反规定为案件当事人转递涉案材料或者打探案情，不得以任何方式为案件当事人说情打招呼。

第三条 司法机关办案人员应当恪守法律，公正司法，不徇私情。对于司法机关内部人员的干预、说情或者打探案情，应当予以拒绝；对于不依正当程序转递涉案材料或者提出其他要求的，应当告知其依照程序办理。

第四条 司法机关领导干部和上级司法机关工作人员因履行领导、监督职责，需要对正在办理的案件提出指导性意见的，应当依照程序以书面形式提出，口头提出的，由办案人员记录在案。

第五条 其他司法机关的工作人员因履行法定职责需要，向办案人员了解正在办理的案件有关情况的，应当依照法律程序或者工作程序进行。

第六条 对司法机关内部人员过问案件的情况，办案人员应当全面、如实记录，做到全程留痕，有据可查。

第七条 办案人员如实记录司法机关内部人员过问案件的情况，受法律和组织保护。

司法机关内部人员不得对办案人员打击报复。办案人员非因法定事由，非经法定程序，不得被免职、调离、辞退或者给予降级、撤职、开除等处分。

第八条 司法机关纪检监察部门应当及时汇总分析司法机关内部人员过问案件的情况，并依照以下方式对司法机关内部人员违反规定干预办案的线索进行处置：

（一）机关内部人员违反规定干预办案的，由本机关纪检监察部门调查处理；

（二）本机关领导干部违反规定干预办案的，向负有干部管理权限的机关纪检监察部门报告情况；

（三）上级司法人员违反规定干预下级司法机关办案的，向干预人员所在司法机关纪检监察部门报告情况；

（四）其他没有隶属关系的司法机关人员违反规定干预办案的，向干预人员所在司法机关纪检监察部门通报情况。

干预人员所在司法机关纪检监察部门接到报告或者通报后，应当及时调查处理，并将结果通报办案单位所属司法机关纪检监察部门。

第九条 司法机关内部人员有下列行为之一的，属于违反规定干预办案，负有干部管理权限的司法机关按程序报经批准后予以通报，必要时可以向社会公开：

（一）在线索核查、立案、侦查、审查起诉、审判、执行等环节为案件当事人请托说情的；

（二）邀请办案人员私下会见案件当事人或其辩护人、诉讼代理人、近亲属以及其他与案件有利害关系的人的；

（三）违反规定为案件当事人或其辩护人、诉讼代理人、亲属转递涉案材料的；

（四）违反规定为案件当事人或其辩护人、诉讼代理人、亲属打探案情、通风报信的；

（五）其他影响司法人员依法公正处理案件的行为。

第十条 司法机关内部人员有本规定第九条所列行为之一，构成违纪的，依照《中国共产党纪律处分条例》、《行政机关公务员处分条例》、《人民法院工作人员处分条例》、《检察人员纪律处分条例（试行）》、《公安机关人民警察纪律条令》等规定给予纪律处分；构成犯罪的，依法追究刑事责任。

司法机关内部人员对如实记录过问案件情况的办案人员进行打击报复的，依照《中国共产党纪律处分条例》、《行政机关公务员处分条例》、《人民法院工作人员处分条例》、《检察人员纪律处分条例（试行）》、《公安机关人民警察纪律条令》等规定给予纪律处分；构成犯罪的，依法追究刑事责任。

第十一条 办案人员不记录或者不如实记录司法机关内部人员过问案件情况的，予以警告、通报批评；两次以上不记录或者不如实记录的，依照《中国共产党纪律处分条例》、《行政机关公务员处分条例》、《人民法院工作人员处分条例》、《检察人员纪律处分条例（试行）》、《公安机关人民警察纪律条令》等规定给予纪律处分。主管领导授意不记录或者不如实记录的，依法依纪追究主管领导责任。

第十二条 司法机关内部人员违反规定过问和干预办案的情况和办案人员记录司法机关内部人员过问案件的情况，应当纳入党风廉政建设责任制和政绩考核体系，作为考核干部是否遵守法律、依法办事、廉洁自律的重要依据。

第十三条 本规定所称司法机关内部人员，是指在法院、检察院、公安机关、国家安全机关、司法行政机关工作的人员。

司法机关离退休人员违反规定干预办案的，适用本规定。

第十四条 最高人民法院、最高人民检察院、公安部、国家安全部、司法部应当结合工作实际，制定本规定的实施办法，确保有关规定落到实处。

第十五条 本规定自下发之日起施行。

中国共产党问责条例

（2019年7月30日中共中央政治局会议审议批准　2019年8月25日中共中央发布）

第一条　为了坚持党的领导，加强党的建设，全面从严治党，保证党的路线方针政策和党中央重大决策部署贯彻落实，规范和强化党的问责工作，根据《中国共产党章程》，制定本条例。

第二条　党的问责工作坚持以马克思列宁主义、毛泽东思想、邓小平理论、“三个代表”重要思想、科学发展观、习近平新时代中国特色社会主义思想为指导，增强“四个意识”，坚定“四个自信”，坚决维护习近平总书记党中央的核心、全党的核心地位，坚决维护党中央权威和集中统一领导，围绕统筹推进“五位一体”总体布局和协调推进“四个全面”战略布局，落实管党治党政治责任，督促各级党组织、党的领导干部负责守责尽责，践行忠诚干净担当。

第三条　党的问责工作应当坚持以下原则：

（一）依规依纪、实事求是；

（二）失责必问、问责必严；

（三）权责一致、错责相当；

（四）严管和厚爱结合、激励和约束并重；

（五）惩前毖后、治病救人；

（六）集体决定、分清责任。

第四条　党委（党组）应当履行全面从严治党主体责任，加强对本地区本部门本单位问责工作的领导，追究在党的建设、党的事业中失职失责党组织和党的领导干部的主体责任、监督责任、领导责任。

纪委应当履行监督专责，协助同级党委开展问责工作。纪委派驻（派出）机构按照职责权限开展问责工作。

党的工作机关应当依据职能履行监督职责，实施本机关本系统本领域的问责工作。

第五条 问责对象是党组织、党的领导干部，重点是党委（党组）、党的工作机关及其领导成员，纪委、纪委派驻（派出）机构及其领导成员。

第六条 问责应当分清责任。党组织领导班子在职责范围内负有全面领导责任，领导班子主要负责人和直接主管的班子成员在职责范围内承担主要领导责任，参与决策和工作的班子成员在职责范围内承担重要领导责任。

对党组织问责的，应当同时对该党组织中负有责任的领导班子成员进行问责。

党组织和党的领导干部应当坚持把自己摆进去、把职责摆进去、把工作摆进去，注重从自身找问题、查原因，勇于担当、敢于负责，不得向下级党组织和干部推卸责任。

第七条 党组织、党的领导干部违反党章和其他党内法规，不履行或者不正确履行职责，有下列情形之一，应当予以问责：

（一）党的领导弱化，“四个意识”不强，“两个维护”不力，党的基本理论、基本路线、基本方略没有得到有效贯彻执行，在贯彻新发展理念，推进经济建设、政治建设、文化建设、社会建设、生态文明建设中，出现重大偏差和失误，给党的事业和人民利益造成严重损失，产生恶劣影响的；

（二）党的政治建设抓得不实，在重大原则问题上未能同党中央保持一致，贯彻落实党的路线方针政策和执行党中央重大决策部署不力，不遵守重大事项请示报告制度，有令不行、有禁不止，阳奉阴违、欺上瞒下，团团伙伙、拉帮结派问题突出，党内政治生活不严肃不健康，党的政治建设工作责任制落实不到位，造成严重后果或者恶劣影响的；

（三）党的思想建设缺失，党性教育特别是理想信念宗旨教育流于形式，意识形态工作责任制落实不到位，造成严重后果或者恶劣影响的；

（四）党的组织建设薄弱，党建工作责任制不落实，严重违反民主集中制原则，不执行领导班子议事决策规则，民主生活会、“三会一课”等党的组织生活制度不执行，领导干部报告个人有关事项制度执行不力，党组织软弱涣散，违规选拔任用干部等问题突出，造成恶劣影响的；

（五）党的作风建设松懈，落实中央八项规定及其实施细则精神不力，“四风”问题得不到有效整治，形式主义、官僚主义问题突出，执行党中央决策部署表态多调门高、行动少落实差，脱离实际、脱离群众，拖沓敷衍、推诿扯皮，造成严重后果的；

（六）党的纪律建设抓得不严，维护党的政治纪律、组织纪律、廉洁纪律、群众纪律、工作纪律、生活纪律不力，导致违规违纪行为多发，造成恶劣影响的；

（七）推进党风廉政建设和反腐败斗争不坚决、不扎实，削减存量、遏制增量不力，特别是对不收敛、不收手，问题线索反映集中、群众反映强烈，政治问题和经济问题交织的腐败案件放任不管，造成恶劣影响的；

（八）全面从严治党主体责任、监督责任落实不到位，对公权力的监督制约不力，好人主义盛行，不负责不担当，党内监督乏力，该发现的问题没有发现，发现问题不报告不处置，领导巡视巡察工作不力，落实巡视巡察整改要求走过场、不到位，该问责不问责，造成严重后果的；

（九）履行管理、监督职责不力，职责范围内发生重特大生产安全事故、群体性事件、公共安全事件，或者发生其他严重事故、事件，造成重大损失或者恶劣影响的；

（十）在教育医疗、生态环境保护、食品药品安全、扶贫脱贫、社会保障等涉及人民群众最关心最直接最现实的利益问题上不作为、乱作为、慢作为、假作为，损害和侵占群众利益问题得不到整治，以言代法、以权压法、徇私枉法问题突出，群众身边腐败和作风问题严重，造成恶劣影响的；

（十一）其他应当问责的失职失责情形。

第八条 对党组织的问责，根据危害程度以及具体情况，可以采取以下方式：

（一）检查。责令作出书面检查并切实整改。

（二）通报。责令整改，并在一定范围内通报。

（三）改组。对失职失责，严重违犯党的纪律、本身又不能纠正的，应当予以改组。

对党的领导干部的问责，根据危害程度以及具体情况，可以采取以下方式：

（一）通报。进行严肃批评，责令作出书面检查、切实整改，并在一定范围内通报。

（二）诫勉。以谈话或者书面方式进行诫勉。

（三）组织调整或者组织处理。对失职失责、危害较重，不适宜担任现职的，应当根据情况采取停职检查、调整职务、责令辞职、免职、降职等措施。

（四）纪律处分。对失职失责、危害严重，应当给予纪律处分的，依照《中国共产党纪律处分条例》追究纪律责任。

上述问责方式，可以单独使用，也可以依据规定合并使用。问责方式有影响期的，按照有关规定执行。

第九条 发现有本条例第七条所列问责情形，需要进行问责调查的，有管理权限的党委（党组）、纪委、党的工作机关应当经主要负责人审批，及时启动问责调查程序。其中，纪委、党的工作机关对同级党委直接领导的党组织及其主要负责人启动问责调查，应当报同级党委主要负责人批准。

应当启动问责调查未及时启动的，上级党组织应当责令有管理权限的党组织启动。根据问题性质或者工作需要，上级党组织可以直接启动问责调查，也可以指定其他党组织启动。

对被立案审查的党组织、党的领导干部问责的，不再另行启动问责调查程序。

第十条 启动问责调查后，应当组成调查组，依规依纪依法开展调查，查明党组织、党的领导干部失职失责问题，综合考虑主客观因素，正确区分贯彻执行党中央或者上级决策部署过程中出现的执行不当、执行不力、不执行等不同情况，精准提出处理意见，做到事实清楚、证据确凿、依据充分、责任分明、程序合规、处理恰当，防止问责不力或者问责泛化、简单化。

第十一条 查明调查对象失职失责问题后，调查组应当撰写事实材料，与调查对象见面，听取其陈述和申辩，并记录在案；对合理意见，应当予以采纳。调查对象应当在事实材料上签署意见，对签署不同意见或者拒不签署意见的，调查组应当作出说明或者注明情况。

调查工作结束后，调查组应当集体讨论，形成调查报告，列明调查对象基本情况、调查依据、调查过程，问责事实，调查对象的态度、认识及其申辩，处理意见以及依据，由调查组组长以及有关人员签名后，履行审批手续。

第十二条 问责决定应当由有管理权限的党组织作出。

对同级党委直接领导的党组织，纪委和党的工作机关报经同级党委或者其主要负责人批准，可以采取检查、通报方式进行问责。采取改组方式问责的，按照党章和有关党内法规规定的权限、程序执行。

对同级党委管理的领导干部，纪委和党的工作机关报经同级党委或者其主要负责人批准，可以采取通报、诫勉方式进行问责；提出组织调整或者组织处理的建议。采取纪律处分方式问责的，按照党章和有关党内法规规定的权限、程序执行。

第十三条 问责决定作出后，应当及时向被问责党组织、被问责领导干部及其所在党组织宣布并督促执行。有关问责情况应当向纪委和组织部门通报，纪委应当将问责决定材料归入被问责领导干部廉政档案，组织部门应当将问责决定材料归入被问责领导干部的人事档案，并报上一级组织部门备案；涉及组织调整或者组织处理的，相应手续应当在1个月内办理完毕。

被问责领导干部应当向作出问责决定的党组织写出书面检讨，并在民主生活会、组织生活会或者党的其他会议上作出深刻检查。建立健全问责典型问题通报曝光制度，采取组织调整或者组织处理、纪律处分方式问责的，应当以适当方式公开。

第十四条 被问责党组织、被问责领导干部及其所在党组织应当深刻汲取教训，明确整改措施。作出问责决定的党组织应当加强督促检查，推动以案促改。

第十五条 需要对问责对象作出政务处分或者其他处理的，作出问责决定的党组织应当通报相关单位，相关单位应当及时处理并将结果通报或者报告作出问责决定的党组织。

第十六条 实行终身问责，对失职失责性质恶劣、后果严重的，不论其责任人是否调离转岗、提拔或者退休等，都应当严肃问责。

第十七条 有下列情形之一的，可以不予问责或者免予问责：

（一）在推进改革中因缺乏经验、先行先试出现的失误，尚无明确限制的探索性试验中的失误，为推动发展的无意过失；

（二）在集体决策中对错误决策提出明确反对意见或者保留意见的；

（三）在决策实施中已经履职尽责，但因不可抗力、难以预见等因素造成损失的。

对上级错误决定提出改正或者撤销意见未被采纳，而出现本条例第七条所列问责情形的，依照前款规定处理。上级错误决定明显违法违规的，应当承担相应的责任。

第十八条 有下列情形之一，可以从轻或者减轻问责：

（一）及时采取补救措施，有效挽回损失或者消除不良影响的；

（二）积极配合问责调查工作，主动承担责任的；

（三）党内法规规定的其他从轻、减轻情形。

第十九条 有下列情形之一，应当从重或者加重问责：

（一）对党中央、上级党组织三令五申的指示要求，不执行或者执行不力的；

（二）在接受问责调查和处理中，不如实报告情况，敷衍塞责、推卸责任，或者唆使、默许有关部门和人员弄虚作假，阻扰问责工作的；

（三）党内法规规定的其他从重、加重情形。

第二十条 问责对象对问责决定不服的，可以自收到问责决定之日起1个月内，向作出问责决定的党组织提出书面申诉。作出问责决定的党组织接到书面申诉后，应当在1个月内作出申诉处理决定，并以书面形式告知提出申诉的党组织、领导干部及其所在党组织。

申诉期间，不停止问责决定的执行。

第二十一条 问责决定作出后，发现问责事实认定不清楚、证据不确凿、依据不充分、责任不清晰、程序不合规、处理不恰当，或者存在其他不应当问责、不精准问责情况的，应当及时予以纠正。必要时，上级党组织可以直接纠正或者责令作出问责决定的党组织予以纠正。

党组织、党的领导干部滥用问责，或者在问责工作中严重不负责任，造成不良影响的，应当严肃追究责任。

第二十二条 正确对待被问责干部，对影响期满、表现好的干部，符合条件的，按照干部选拔任用有关规定正常使用。

第二十三条 本条例所涉及的审批权限均指最低审批权限，工作中根据需要可以按照更高层级的审批权限报批。

第二十四条 纪委派驻（派出）机构除执行本条例外，还应当执行党中央以及中央纪委相关规定。

第二十五条 中央军事委员会可以根据本条例制定相关规定。

第二十六条 本条例由中央纪律检查委员会负责解释。

第二十七条 本条例自2019年9月1日起施行。2016年7月8日中共中央印发的《中国共产党问责条例》同时废止。此前发布的有关问责的规定，凡与本条例不一致的，按照本条例执行。

程序规定

中国共产党纪律处分条例

（2003 年 12 月 23 日中共中央政治局会议审议批准　2003 年 12 月 31 日中共中央发布　2023 年 12 月 8 日中共中央政治局会议第三次修订　2023 年 12 月 19 日中共中央发布）

第一编　总　　则

第一章　总体要求和适用范围

第一条　为了维护党章和其他党内法规，严肃党的纪律，纯洁党的组织，保障党员民主权利，教育党员遵纪守法，维护党的团结统一，保证党的理论、路线、方针、政策、决议和国家法律法规的贯彻执行，根据《中国共产党章程》，制定本条例。

第二条　党的纪律建设必须坚持以马克思列宁主义、毛泽东思想、邓小平理论、“三个代表”重要思想、科学发展观、习近平新时代中国特色社会主义思想为指导，坚持和加强党的全面领导，坚决维护习近平总书记党中央的核心、全党的核心地位，坚决维护以习近平同志为核心的党中央权威和集中统一领导，弘扬伟大建党精神，坚持自我革命，贯彻全面从严治党战略方针，落实新时代党的建设总要求，推动解决大党独有难题、健全全面从严治党体系，全面加强党的纪律建设，为以中国式现代化全面推进强国建设、民族复兴伟业提供坚强纪律保障。

第三条　党章是最根本的党内法规，是管党治党的总规矩。党的纪律是党的各级组织和全体党员必须遵守的行为规则。党组织和党员必须坚守初心使命，牢固树立政治意识、大局意识、核心意识、看齐意识，始终坚定道路自信、理论自信、制度自信、文化自信，切实践行正确的权力观、政绩观、事业观，自觉遵守和维护党章，严格执行和维护党的纪律，自觉接受党的纪律约束，模范遵守国家法律法规。

第四条 党的纪律处分工作遵循下列原则：

（一）坚持党要管党、全面从严治党。把严的基调、严的措施、严的氛围长期坚持下去，加强对党的各级组织和全体党员的教育、管理和监督，把纪律挺在前面，抓早抓小、防微杜渐。

（二）党纪面前一律平等。对违犯党纪的党组织和党员必须严肃、公正执行纪律，党内不允许有任何不受纪律约束的党组织和党员。

（三）实事求是。对党组织和党员违犯党纪的行为，应当以事实为依据，以党章、其他党内法规和国家法律法规为准绳，执纪执法贯通，准确认定行为性质，区别不同情况，恰当予以处理。

（四）民主集中制。实施党纪处分，应当按照规定程序经党组织集体讨论决定，不允许任何个人或者少数人擅自决定和批准。上级党组织对违犯党纪的党组织和党员作出的处理决定，下级党组织必须执行。

（五）惩前毖后、治病救人。处理违犯党纪的党组织和党员，应当实行惩戒与教育相结合，做到宽严相济。

第五条 深化运用监督执纪"四种形态"，经常开展批评和自我批评，及时进行谈话提醒、批评教育、责令检查、诫勉，让"红红脸、出出汗"成为常态；党纪轻处分、组织调整成为违纪处理的大多数；党纪重处分、重大职务调整的成为少数；严重违纪涉嫌犯罪追究刑事责任的成为极少数。

第六条 本条例适用于违犯党纪应当受到党纪责任追究的党组织和党员。

第二章 违纪与纪律处分

第七条 党组织和党员违反党章和其他党内法规，违反国家法律法规，违反党和国家政策，违反社会主义道德，危害党、国家和人民利益的行为，依照规定应当给予纪律处理或者处分的，都必须受到追究。

重点查处党的十八大以来不收敛、不收手，问题线索反映集中、群众反映强烈，政治问题和经济问题交织的腐败案件，违反中央八项规定精神的问题。

第八条 对党员的纪律处分种类：

（一）警告；

（二）严重警告；

（三）撤销党内职务；

（四）留党察看；

（五）开除党籍。

第九条 对于违犯党纪的党组织，上级党组织应当责令其作出书面检查或者给予通报批评。对于严重违犯党纪、本身又不能纠正的党组织，上一级党的委员会在查明核实后，根据情节严重的程度，可以予以：

（一）改组；

（二）解散。

第十条 党员受到警告处分一年内、受到严重警告处分一年半内，不得在党内提拔职务或者进一步使用，也不得向党外组织推荐担任高于其原任职务的党外职务或者进一步使用。

第十一条 撤销党内职务处分，是指撤销受处分党员由党内选举或者组织任命的党内职务。对于在党内担任两个以上职务的，党组织在作处分决定时，应当明确是撤销其一切职务还是一个或者几个职务。如果决定撤销其一个职务，必须撤销其担任的最高职务。如果决定撤销其两个以上职务，则必须从其担任的最高职务开始依次撤销。对于在党外组织担任职务的，应当建议党外组织撤销其党外职务。

对于在立案审查中因涉嫌违犯党纪被免职的党员，审查后依照本条例规定应当给予撤销党内职务处分的，应当按照其原任职务给予撤销党内职务处分。对于应当受到撤销党内职务处分，但是本人没有担任党内职务的，应当给予其严重警告处分。同时，在党外组织担任职务的，应当建议党外组织撤销其党外职务。

党员受到撤销党内职务处分，或者依照前款规定受到严重警告处分的，二年内不得在党内担任和向党外组织推荐担任与其原任职务相当或者高于其原任职务的职务。

第十二条 留党察看处分，分为留党察看一年、留党察看二年。对于受到留党察看处分一年的党员，期满后仍不符合恢复党员权利条件的，应当延长一年留党察看期限。留党察看期限最长不得超过二年。

党员受留党察看处分期间，没有表决权、选举权和被选举权。留党察看期间，确有悔改表现的，期满后恢复其党员权利；坚持不改或者又发现其他应当受到党纪处分的违纪行为的，应当开除党籍。

党员受到留党察看处分，其党内职务自然撤销。对于担任党外职务的，应当建议党外组织撤销其党外职务。受到留党察看处分的党员，恢复党员权利后二年内，不得在党内担任和向党外组织推荐担任与其原任职务相当或者高于其原任职务的职务。

第十三条 党员受到开除党籍处分，五年内不得重新入党，也不得推荐担任与其原任职务相当或者高于其原任职务的党外职务。另有规定不准重新入党的，依照规定。

第十四条 党员干部受到党纪处分，需要同时进行组织处理的，党组织应当按照规定给予组织处理。

党的各级代表大会的代表受到留党察看以上处分的，党组织应当终止其代表资格。

第十五条 对于受到改组处理的党组织领导机构成员，除应当受到撤销党内职务以上处分的外，均自然免职。

第十六条 对于受到解散处理的党组织中的党员，应当逐个审查。其中，符合党员条件的，应当重新登记，并参加新的组织过党的生活；不符合党员条件的，应当对其进行教育、限期改正，经教育仍无转变的，予以劝退或者除名；有违纪行为的，依照规定予以追究。

第三章 纪律处分运用规则

第十七条 有下列情形之一的，可以从轻或者减轻处分：

（一）主动交代本人应当受到党纪处分的问题；

（二）在组织谈话函询、初步核实、立案审查过程中，能够配合核实审查工作，如实说明本人违纪违法事实；

（三）检举同案人或者其他人应当受到党纪处分或者法律追究的问题，经查证属实，或者有其他立功表现；

（四）主动挽回损失、消除不良影响或者有效阻止危害结果发生；

（五）主动上交或者退赔违纪所得；

（六）党内法规规定的其他从轻或者减轻处分情形。

第十八条 根据案件的特殊情况，由中央纪委决定或者经省（部）级纪委（不含副省级市纪委）决定并呈报中央纪委批准，对违纪党员也可以在本条例规定的处分幅度以外减轻处分。

第十九条 对于党员违犯党纪应当给予警告或者严重警告处分，但是具有本条例第十七条规定的情形之一或者本条例分则中另有规定的，可以给予批评教育、责令检查、诫勉或者组织处理，免予党纪处分。对违纪党员免予处分，应当作出书面结论。

党员有作风纪律方面的苗头性、倾向性问题或者违犯党纪情节轻微的，可以给予谈话提醒、批评教育、责令检查等，或者予以诫勉，不予党纪处分。

党员行为虽然造成损失或者后果，但不是出于故意或者过失，而是由于不可抗力等原因所引起的，不追究党纪责任。

第二十条 有下列情形之一的，应当从重或者加重处分：

（一）强迫、唆使他人违纪；

（二）拒不上交或者退赔违纪所得；

（三）违纪受处分后又因故意违纪应当受到党纪处分；

（四）违纪受处分后，又被发现其受处分前没有交代的其他应当受到党纪处分的问题；

（五）党内法规规定的其他从重或者加重处分情形。

第二十一条 党员在党纪处分影响期内又受到党纪处分的，其影响期为原处分尚未执行的影响期与新处分影响期之和。

第二十二条 从轻处分，是指在本条例规定的违纪行为应当受到的处分幅度以内，给予较轻的处分。

从重处分，是指在本条例规定的违纪行为应当受到的处分幅度以内，给予较重的处分。

第二十三条 减轻处分，是指在本条例规定的违纪行为应当受到的处分幅度以外，减轻一档给予处分。

加重处分，是指在本条例规定的违纪行为应当受到的处分幅度以外，加重一档给予处分。

本条例规定的只有开除党籍处分一个档次的违纪行为，不适用第一款减轻处分的规定。

第二十四条 一人有本条例规定的两种以上应当受到党纪处分的违纪行为，应当合并处理，按其数种违纪行为中应当受到的最高处分加重一档给予处分；其中一种违纪行为应当受到开除党籍处分的，应当给予开除党籍处分。

第二十五条 一个违纪行为同时触犯本条例两个以上条款的，依照处分较重的条款定性处理。

一个条款规定的违纪构成要件全部包含在另一个条款规定的违纪构成要件中，特别规定与一般规定不一致的，适用特别规定。

第二十六条 二人以上共同故意违纪的，对为首者，从重处分，本条例另有规定的除外；对其他成员，按照其在共同违纪中所起的作用和应负的责任，分别给予处分。

对于经济方面共同违纪的，按照个人参与数额及其所起作用，分别给予处分。对共同违纪的为首者，情节严重的，按照共同违纪的总数额处分。

教唆他人违纪的，应当按照其在共同违纪中所起的作用追究党纪责任。

第二十七条 党组织领导机构集体作出违犯党纪的决定或者实施其他违犯党纪的行为，对具有共同故意的成员，按共同违纪处理；对过失违纪的成员，按照各自在集体违纪中所起的作用和应负的责任分别给予处分。

第四章 对违法犯罪党员的纪律处分

第二十八条 对违法犯罪的党员，应当按照规定给予党纪处分，做到适用纪律和适用法律有机融合，党纪政务等处分相匹配。

第二十九条 党组织在纪律审查中发现党员有贪污贿赂、滥用职权、玩忽职守、权力寻租、利益输送、徇私舞弊、浪费国家资财等违反法律涉嫌犯罪行为的，应当给予撤销党内职务、留党察看或者开除党籍处分。

第三十条 党组织在纪律审查中发现党员有刑法规定的行为，虽不构成犯罪但须追究党纪责任的，或者有其他破坏社会主义市场经济秩序、违反治安管理等违法行为，损害党、国家和人民利益的，应当视具体情节给予警告直至开除党籍处分。

违反国家财经纪律，在公共资金收支、税务管理、国有资产管理、政府采购管理、金融管理、财务会计管理等财经活动中有违法行为的，依照前款规定处理。

党员有嫖娼或者吸食、注射毒品等丧失党员条件，严重败坏党的形象行为的，应当给予开除党籍处分。

第三十一条 党组织在纪律审查中发现党员严重违纪涉嫌违法犯罪的，原则上先作出党纪处分决定，并按照规定由监察机关给予政务处分或者由任免机关（单位）给予处分后，再移送有关国家机关依法处理。

第三十二条 党员被依法留置、逮捕的，党组织应当按照管理权限中止其表决权、选举权和被选举权等党员权利。根据监察机关、司法机关处理结果，可以恢复其党员权利的，应当及时予以恢复。

第三十三条 党员犯罪情节轻微，人民检察院依法作出不起诉决定的，或者人民法院依法作出有罪判决并免予刑事处罚的，应当给予撤销党内职务、留党察看或者开除党籍处分。

党员犯罪，被单处罚金的，依照前款规定处理。

第三十四条 党员犯罪，有下列情形之一的，应当给予开除党籍处分：

（一）因故意犯罪被依法判处刑法规定的主刑（含宣告缓刑）；

（二）被单处或者附加剥夺政治权利；

（三）因过失犯罪，被依法判处三年以上（不含三年）有期徒刑。

因过失犯罪被判处三年以下有期徒刑或者被判处管制、拘役的，一般应当开除党籍。对于个别可以不开除党籍的，应当对照处分违纪党员批准权限的规定，报请再上一级党组织批准。

第三十五条 党员依法受到刑事责任追究的，党组织应当根据司法机关的生效判决、裁定、决定及其认定的事实、性质和情节，依照本条例规定给予党纪处分，是公职人员的由监察机关给予相应政务处分或者由任免机关（单位）给予相应处分。

党员依法受到政务处分、任免机关（单位）给予的处分、行政处罚，应当追究党纪责任的，党组织可以根据生效的处分、行政处罚决定认定的事实、性质和情节，经核实后依照规定给予相应党纪处分或者组织处理。其中，党员依法受到撤职以上处分的，应当依照本条例规定给予撤销党内职务以上处分。

党员违反国家法律法规、企事业单位或者其他社会组织的规章制度受到其他处分，应当追究党纪责任的，党组织在对有关方面认定的事实、性质和情节进行核实后，依照规定给予相应党纪处分或者组织处理。

党组织作出党纪处分或者组织处理决定后，监察机关、司法机关、行政机关等依法改变原生效判决、裁定、决定等，对原党纪处分或者组织处理决定产生影响的，党组织应当根据改变后的生效判决、裁定、决定等重新作出相应处理。

第五章 其他规定

第三十六条 预备党员违犯党纪，情节较轻，可以保留预备党员资格的，党组织应当对其批评教育或者延长预备期；情节较重的，应当取消其预备党员资格。

第三十七条 对违纪后下落不明的党员，应当区别情况作出处理：

（一）对有严重违纪行为，应当给予开除党籍处分的，党组织应当作出决定，开除其党籍；

（二）除前项规定的情况外，下落不明时间超过六个月的，党组织应当按照党章规定对其予以除名。

第三十八条 违纪党员在党组织作出处分决定前死亡，或者在死亡之后发现其曾有严重违纪行为，对于应当给予开除党籍处分的，开除其党籍；对于应当给予留党察看以下处分的，作出违犯党纪的书面结论和相应处理。

第三十九条 违纪行为有关责任人员的区分：

（一）直接责任者，是指在其职责范围内，不履行或者不正确履行自己的职责，对造成的损失或者后果起决定性作用的党员或者党员领导干部；

（二）主要领导责任者，是指在其职责范围内，对主管的工作不履行或者不正确履行职责，对造成的损失或者后果负直接领导责任的党员领导干部；

（三）重要领导责任者，是指在其职责范围内，对应管的工作或者参与决定的工作不履行或者不正确履行职责，对造成的损失或者后果负次要领导责任的党员领导干部。

本条例所称领导责任者，包括主要领导责任者和重要领导责任者。

第四十条 本条例所称主动交代，是指涉嫌违纪的党员在组织谈话函询、初步核实前向有关组织交代自己的问题，或者在谈话函询、初步核实和立案审查期间交代组织未掌握的问题。

第四十一条 担任职级、单独职务序列等级的党员干部违犯党纪受到处分，需要对其职级、单独职务序列等级进行调整的，参照本条例关于党外职务的规定执行。

第四十二条 计算经济损失应当计算立案时已经实际造成的全部财产损失，包括为挽回违纪行为所造成损失而支付的各种开支、费用。立案后至处理前持续发生的经济损失，应当一并计算在内。

第四十三条 对于违纪行为所获得的经济利益，应当收缴或者责令退赔。对于主动上交的违纪所得和经济损失赔偿，应当予以接收，并按照规定收缴或者返还有关单位、个人。

对于违纪行为所获得的职务、职级、职称、学历、学位、奖励、资格等其他利益，应当由承办案件的纪检机关或者由其上级纪检机关建议有关组织、部门、单位按照规定予以纠正。

对于依照本条例第三十七条、第三十八条规定处理的党员，经调查确属其实施违纪行为获得的利益，依照本条规定处理。

第四十四条 党纪处分决定作出后，应当在一个月内向受处分党员所在党的基层组织中的全体党员及其本人宣布，是领导班子成员的还应当向所在党组织领导班子宣布，并按照干部管理权限和组织关系将处分决定材料归入受处分者档案；对于受到撤销党内职务以上处分的，还应当在一个月内办理职务、工资、工作及其他有关待遇等相应变更手续；涉及撤销或者调整其党外职务的，应当建议党外组织及时撤销或者调整其党外职务。特殊情况下，经作出或者批准作出处分决定的组织批准，可以适当延长办理期限。办理期限最长不得超过六个月。

第四十五条 执行党纪处分决定的机关或者受处分党员所在单位，应当在六个月内将处分决定的执行情况向作出或者批准处分决定的机关报告。

党员对所受党纪处分不服的，可以依照党章及有关规定提出申诉。

第四十六条 党员因违犯党纪受到处分，影响期满后，党组织无需取消对其的处分。

第四十七条 本条例所称以上、以下，除有特别标明外均含本级、本数。

第四十八条 本条例总则适用于有党纪处分规定的其他党内法规，但是中共中央发布或者批准发布的其他党内法规有特别规定的除外。

第二编　分　则

第六章　对违反政治纪律行为的处分

第四十九条　在重大原则问题上不同党中央保持一致且有实际言论、行为或者造成不良后果的，给予警告或者严重警告处分；情节较重的，给予撤销党内职务或者留党察看处分；情节严重的，给予开除党籍处分。

第五十条　通过网络、广播、电视、报刊、传单、书籍等，或者利用讲座、论坛、报告会、座谈会等方式，公开发表坚持资产阶级自由化立场、反对四项基本原则，反对党的改革开放决策的文章、演说、宣言、声明等的，给予开除党籍处分。

发布、播出、刊登、出版前款所列文章、演说、宣言、声明等或者为上述行为提供方便条件的，对直接责任者和领导责任者，给予严重警告或者撤销党内职务处分；情节严重的，给予留党察看或者开除党籍处分。

第五十一条　通过网络、广播、电视、报刊、传单、书籍等，或者利用讲座、论坛、报告会、座谈会等方式，有下列行为之一，情节较轻的，给予警告或者严重警告处分；情节较重的，给予撤销党内职务或者留党察看处分；情节严重的，给予开除党籍处分：

（一）公开发表违背四项基本原则，违背、歪曲党的改革开放决策，或者其他有严重政治问题的文章、演说、宣言、声明等；

（二）妄议党中央大政方针，破坏党的集中统一；

（三）丑化党和国家形象，或者诋毁、诬蔑党和国家领导人、英雄模范，或者歪曲党的历史、中华人民共和国历史、人民军队历史。

发布、播出、刊登、出版前款所列内容或者为上述行为提供方便条件的，对直接责任者和领导责任者，给予严重警告或者撤销党内职务处分；情节严重的，给予留党察看或者开除党籍处分。

第五十二条　制作、贩卖、传播第五十条、第五十一条所列内容之一的报刊、书籍、音像制品、电子读物，以及网络文本、图片、音频、视频资料等，情节较轻的，给予警告或者严重警告处分；情节较重的，给予撤销党内职务或者留党察看处分；情节严重的，给予开除党籍处分。

私自携带、寄递第五十条、第五十一条所列内容之一的报刊、书籍、音像制品、电子读物等入出境，情节较重的，给予警告或者严重警告处分；情节严重的，给予撤销党内职务、留党察看或者开除党籍处分。

私自阅看、浏览、收听第五十条、第五十一条所列内容之一的报刊、书籍、音像制品、电子读物，以及网络文本、图片、音频、视频资料等，情节严重的，给予警告、严重警告或者撤销党内职务处分。

第五十三条 在党内组织秘密集团或者组织其他分裂党的活动的，给予开除党籍处分。

参加秘密集团或者参加其他分裂党的活动的，给予留党察看或者开除党籍处分。

第五十四条 在党内搞团团伙伙、结党营私、拉帮结派、政治攀附、培植个人势力等非组织活动，或者通过搞利益交换、为自己营造声势等活动捞取政治资本的，给予严重警告或者撤销党内职务处分；导致本地区、本部门、本单位政治生态恶化的，给予留党察看或者开除党籍处分。

第五十五条 搞投机钻营，结交政治骗子或者被政治骗子利用的，给予严重警告或者撤销党内职务处分；情节严重的，给予留党察看或者开除党籍处分。

充当政治骗子的，给予撤销党内职务、留党察看或者开除党籍处分。

第五十六条 党员领导干部在本人主政的地方或者分管的部门自行其是，搞山头主义，拒不执行党中央确定的大政方针，甚至背着党中央另搞一套的，给予撤销党内职务、留党察看或者开除党籍处分。

贯彻党中央决策部署只表态不落实，或者落实党中央决策部署不坚决，打折扣、搞变通，在政治上造成不良影响或者严重后果的，给予警告或者严重警告处分；情节严重的，给予撤销党内职务、留党察看或者开除党籍处分。

不顾党和国家大局，搞部门或者地方保护主义的，依照前款规定处理。

第五十七条 党员领导干部政绩观错位，违背新发展理念、背离高质量发展要求，给党、国家和人民利益造成较大损失的，给予警告或者严重警告处分；情节较重的，给予撤销党内职务或者留党察看处分；情节严重的，给予开除党籍处分。

搞劳民伤财的“形象工程”、“政绩工程”的，从重或者加重处分。

第五十八条 对党不忠诚不老实，表里不一，阳奉阴违，欺上瞒下，搞两面派，做两面人，在政治上造成不良影响的，给予警告或者严重警告处分；情节较重的，给予撤销党内职务或者留党察看处分；情节严重的，给予开除党籍处分。

第五十九条 制造、散布、传播政治谣言，破坏党的团结统一的，给予警告或者严重警告处分；情节较重的，给予撤销党内职务或者留党察看处分；情节严重的，给予开除党籍处分。

政治品行恶劣，匿名诬告，有意陷害或者制造其他谣言，造成损害或者不良影响的，依照前款规定处理。

第六十条 擅自对应当由党中央决定的重大政策问题作出决定、对外发表主张的，对直接责任者和领导责任者，给予严重警告或者撤销党内职务处分；情节严重的，给予留党察看或者开除党籍处分。

第六十一条 不按照有关规定向组织请示、报告重大事项，对直接责任者和领导责任者，情节较重的，给予警告或者严重警告处分；情节严重的，给予撤销党内职务或者留党察看处分。

第六十二条 干扰巡视巡察工作或者不落实巡视巡察整改要求，对直接责任者和领导责任者，情节较轻的，给予警告或者严重警告处分；情节较重的，给予撤销党内职务或者留党察看处分；情节严重的，给予开除党籍处分。

第六十三条 对抗组织审查，有下列行为之一的，给予警告或者严重警告处分；情节较重的，给予撤销党内职务或者留党察看处分；情节严重的，给予开除党籍处分：

（一）串供或者伪造、销毁、转移、隐匿证据；

（二）阻止他人揭发检举、提供证据材料；

（三）包庇同案人员；

（四）向组织提供虚假情况，掩盖事实；

（五）其他对抗组织审查行为。

第六十四条 组织、参加反对党的基本理论、基本路线、基本方略或者重大方针政策的集会、游行、示威等活动的，或者以组织讲座、论坛、报告会、座谈会等方式，反对党的基本理论、基本路线、基本方略或者重大方针政策，造成严重不良影响的，对策划者、组织者和骨干分子，给予开除党籍处分。

对其他参加人员或者以提供信息、资料、财物、场地等方式支持上述活动者，情节较轻的，给予警告或者严重警告处分；情节较重的，给予撤销党内职务或者留党察看处分；情节严重的，给予开除党籍处分。

对不明真相被裹挟参加，经批评教育后确有悔改表现的，可以免予处分或者不予处分。

未经组织批准参加其他集会、游行、示威等活动，情节较轻的，给予警告或者严重警告处分；情节较重的，给予撤销党内职务或者留党察看处分；情节严重的，给予开除党籍处分。

第六十五条 组织、参加旨在反对党的领导、反对社会主义制度或者敌视政府等组织的，对策划者、组织者和骨干分子，给予开除党籍处分。

对其他参加人员，情节较轻的，给予警告或者严重警告处分；情节较重的，给予撤销党内职务或者留党察看处分；情节严重的，给予开除党籍处分。

第六十六条 组织、参加会道门或者邪教组织的，对策划者、组织者和骨干分子，给予开除党籍处分。

对其他参加人员，情节较轻的，给予警告或者严重警告处分；情节较重的，给予撤销党内职务或者留党察看处分；情节严重的，给予开除党籍处分。

对不明真相的参加人员，经批评教育后确有悔改表现的，可以免予处分或者不予处分。

第六十七条 从事、参与挑拨破坏民族关系制造事端或者参加民族分裂活动的，对策划者、组织者和骨干分子，给予开除党籍处分。

对其他参加人员，情节较轻的，给予警告或者严重警告处分；情节较重的，给予撤销党内职务或者留党察看处分；情节严重的，给予开除党籍处分。

对不明真相被裹挟参加，经批评教育后确有悔改表现的，可以免予处分或者不予处分。

有其他违反党和国家民族政策的行为，情节较轻的，给予警告或者严重警告处分；情节较重的，给予撤销党内职务或者留党察看处分；情节严重的，给予开除党籍处分。

第六十八条 组织、利用宗教活动反对党的理论、路线、方针、政策和决议，破坏民族团结的，对策划者、组织者和骨干分子，给予开除党籍处分。

对其他参加人员，给予撤销党内职务或者留党察看处分；情节严重的，给予开除党籍处分。

对不明真相被裹挟参加，经批评教育后确有悔改表现的，可以免予处分或者不予处分。

有其他违反党和国家宗教政策的行为，情节较轻的，给予警告或者严重警告处分；情节较重的，给予撤销党内职务或者留党察看处分；情节严重的，给予开除党籍处分。

第六十九条 对信仰宗教的党员，应当加强思想教育，要求其限期改正；经党组织帮助教育仍没有转变的，应当劝其退党；劝而不退的，予以除名；参与利用宗教搞煽动活动的，给予开除党籍处分。

第七十条 组织迷信活动的，给予撤销党内职务或者留党察看处分；情节严重的，给予开除党籍处分。

参加迷信活动或者个人搞迷信活动，造成不良影响的，给予警告或者严重警告处分；情节较重的，给予撤销党内职务或者留党察看处分；情节严重的，给予开除党籍处分。

对不明真相的参加人员，经批评教育后确有悔改表现的，可以免予处分或者不予处分。

第七十一条 组织、利用宗族势力对抗党和政府，妨碍党和国家的方针政策以及决策部署的实施，或者破坏党的基层组织建设的，对策划者、组织者和骨干分子，给予开除党籍处分。

对其他参加人员，给予撤销党内职务或者留党察看处分；情节严重的，给予开除党籍处分。

对不明真相被裹挟参加，经批评教育后确有悔改表现的，可以免予处分或者不予处分。

第七十二条 在国（境）外、外国驻华使（领）馆申请政治避难，或者违纪后逃往国（境）外、外国驻华使（领）馆的，给予开除党籍处分。

在国（境）外公开发表反对党和政府的文章、演说、宣言、声明等的，依照前款规定处理。

故意为上述行为提供方便条件的，给予留党察看或者开除党籍处分。

第七十三条 在涉外活动中，其言行在政治上造成恶劣影响，损害党和国家尊严、利益的，给予撤销党内职务或者留党察看处分；情节严重的，给予开除党籍处分。

第七十四条 不履行全面从严治党主体责任、监督责任或者履行全面从严治党主体责任、监督责任不力，给党组织造成严重损害或者严重不良影响的，对直接责任者和领导责任者，给予警告或者严重警告处分；情节严重的，给予撤销党内职务或者留党察看处分。

第七十五条 党员领导干部对违反政治纪律和政治规矩等错误思想和行为不报告、不抵制、不斗争，放任不管，搞无原则一团和气，造成不良影响的，给予警告或者严重警告处分；情节严重的，给予撤销党内职务或者留党察看处分。

第七十六条 违反党的优良传统和工作惯例等党的规矩，在政治上造成不良影响或者严重后果的，给予警告或者严重警告处分；情节较重的，给予撤销党内职务或者留党察看处分；情节严重的，给予开除党籍处分。

第七章 对违反组织纪律行为的处分

第七十七条 违反民主集中制原则，有下列行为之一的，给予警告或者严重警告处分；情节严重的，给予撤销党内职务或者留党察看处分：

（一）拒不执行或者擅自改变党组织作出的重大决定；

（二）违反议事规则，个人或者少数人决定重大问题；

（三）故意规避集体决策，决定重大事项、重要干部任免、重要项目安排和大额资金使用；

（四）借集体决策名义集体违规。

第七十八条 下级党组织拒不执行或者擅自改变上级党组织决定的，对直接责任者和领导责任者，给予警告或者严重警告处分；情节严重的，给予撤销党内职务或者留党察看处分。

第七十九条 拒不执行党组织的分配、调动、交流等决定的，给予警告、严重警告或者撤销党内职务处分。

在特殊时期或者紧急状况下，拒不执行党组织上述决定的，给予留党察看或者开除党籍处分。

第八十条 在党组织纪律审查中，依法依规负有作证义务的党员拒绝作证或者故意提供虚假情况，情节较重的，给予警告或者严重警告处分；情节严重的，给予撤销党内职务、留党察看或者开除党籍处分。

第八十一条 有下列行为之一，情节较重的，给予警告或者严重警告处分：

（一）违反个人有关事项报告规定，隐瞒不报；

（二）在组织进行谈话函询时，不如实向组织说明问题；

（三）不按要求报告或者不如实报告个人去向；

（四）不如实填报个人档案资料。

有前款第二项规定的行为，同时向组织提供虚假情况、掩盖事实的，依照本条例第六十三条规定处理。

篡改、伪造个人档案资料的，给予严重警告处分；情节严重的，给予撤销党内职务或者留党察看处分。

隐瞒入党前严重错误的，一般应当予以除名；对入党多年且一贯表现好，或者在工作中作出突出贡献的，给予严重警告、撤销党内职务或者留党察看处分。

第八十二条 党员领导干部违反有关规定组织、参加自发成立的老乡会、校友会、战友会等，情节严重的，给予警告、严重警告或者撤销党内职务处分。

第八十三条 有下列行为之一的，给予警告或者严重警告处分；情节较重的，给予撤销党内职务或者留党察看处分；情节严重的，给予开除党籍处分：

（一）在民主推荐、民主测评、组织考察和党内选举中搞拉票、助选等非组织活动；

（二）在法律规定的投票、选举活动中违背组织原则搞非组织活动，组织、怂恿、诱使他人投票、表决；

（三）在选举中进行其他违反党章、其他党内法规和有关章程活动。

搞有组织的拉票贿选，或者用公款拉票贿选的，从重或者加重处分。

第八十四条 在干部选拔任用工作中，有任人唯亲、排斥异己、封官许愿、说情干预、跑官要官、突击提拔或者调整干部等违反干部选拔任用规定行为，对直接责任者和领导责任者，情节较轻的，给予警告或者严重警告处分；情节较重的，给予撤销党内职务或者留党察看处分；情节严重的，给予开除党籍处分。

用人失察失误造成严重后果的，对直接责任者和领导责任者，依照前款规定处理。

第八十五条 在推进领导干部能上能下工作中，搞好人主义，有下列行为之一，对直接责任者和领导责任者，情节较重的，给予警告或者严重警告处分；情节严重的，给予撤销党内职务或者留党察看处分：

（一）以党纪政务等处分规避组织调整；

（二）以组织调整代替党纪政务等处分；

（三）其他避重就轻作出处理行为。

第八十六条 在干部、职工的录用、考核、职务职级晋升、职称评聘、荣誉表彰，授予学术称号和征兵、安置退役军人等工作中，隐瞒、歪曲事实真相，或者利用职权或者职务上的影响违反有关规定为本人或者其他人谋取利益的，给予警告或者严重警告处分；情节较重的，给予撤销党内职务或者留党察看处分；情节严重的，给予开除党籍处分。

弄虚作假，骗取职务、职级、职称、待遇、资格、学历、学位、荣誉、称号或者其他利益的，依照前款规定处理。

第八十七条 侵犯党员的表决权、选举权和被选举权，情节较重的，给予警告或者严重警告处分；情节严重的，给予撤销党内职务处分。

以强迫、威胁、欺骗、拉拢等手段，妨害党员自主行使表决权、选举权和被选举权的，给予撤销党内职务、留党察看或者开除党籍处分。

第八十八条 有下列行为之一的，对直接责任者和领导责任者，给予警告或者严重警告处分；情节较重的，给予撤销党内职务或者留党察看处分；情节严重的，给予开除党籍处分：

（一）对批评、检举、控告进行阻挠、压制，或者将批评、检举、控告材料私自扣压、销毁，或者故意将其泄露给他人；

（二）对党员的申辩、辩护、作证等进行压制，造成不良后果；

（三）压制党员申诉，造成不良后果，或者不按照有关规定处理党员申诉；

（四）其他侵犯党员权利行为，造成不良后果。

对批评人、检举人、控告人、证人及其他人员打击报复的，从重或者加重处分。

第八十九条 违反党章和其他党内法规的规定，采取弄虚作假或者其他手段把不符合党员条件的人发展为党员，或者为非党员出具党员身份证明的，对直接责任者和领导责任者，给予警告或者严重警告处分；情节严重的，给予撤销党内职务处分。

违反有关规定程序发展党员的，对直接责任者和领导责任者，依照前款规定处理。

第九十条 违反有关规定取得外国国籍或者获取国（境）外永久居留资格、长期居留许可的，给予撤销党内职务、留党察看或者开除党籍处分。

第九十一条 违反有关规定办理因私出国（境）证件、前往港澳通行证，或者未经批准出入国（边）境，情节较轻的，给予警告或者严重警告处分；情节较重的，给予撤销党内职务或者留党察看处分；情节严重的，给予开除党籍处分。

虽经批准因私出国（境）但存在擅自变更路线、无正当理由超期未归等超出批准范围出国（境）行为，情节较重的，给予警告或者严重警告处分；情节严重的，给予撤销党内职务处分。

第九十二条 驻外机构或者临时出国（境）团（组）中的党员擅自脱离组织，或者从事外事、机要、军事等工作的党员违反有关规定同国（境）外机构、人员联系和交往的，给予警告、严重警告或者撤销党内职务处分。

第九十三条 驻外机构或者临时出国（境）团（组）中的党员，脱离组织出走时间不满六个月又自动回归的，给予撤销党内职务或者留党察看处分；脱离组织出走时间超过六个月的，按照自行脱党处理，党内予以除名。

故意为他人脱离组织出走提供方便条件的，给予警告、严重警告或者撤销党内职务处分。

第八章 对违反廉洁纪律行为的处分

第九十四条 党员干部必须正确行使人民赋予的权力，清正廉洁，反对特权思想和特权现象，反对任何滥用职权、谋求私利的行为。

利用职权或者职务上的影响为他人谋取利益，本人的配偶、子女及其配偶等亲属和其他特定关系人收受对方财物，情节较重的，给予警告或者严重警告处分；情节严重的，给予撤销党内职务、留党察看或者开除党籍处分。

第九十五条 相互利用职权或者职务上的影响为对方及其配偶、子女及其配偶等亲属、身边工作人员和其他特定关系人谋取利益搞权权交易的，给予警告或者严重警告处分；情节较重的，给予撤销党内职务或者留党察看处分；情节严重的，给予开除党籍处分。

第九十六条 纵容、默许配偶、子女及其配偶等亲属、身边工作人员和其他特定关系人利用党员干部本人职权或者职务上的影响谋取私利，情节较轻的，给予警告或者严重警告处分；情节较重的，给予撤销党内职务或者留党察看处分；情节严重的，给予开除党籍处分。

党员干部的配偶、子女及其配偶等亲属和其他特定关系人不实际工作而获取薪酬或者虽实际工作但领取明显超出同职级标准薪酬，党员干部知情未予纠正的，依照前款规定处理。

第九十七条 收受可能影响公正执行公务的礼品、礼金、消费卡（券）和有价证券、股权、其他金融产品等财物，情节较轻的，给予警告或者严重警告处分；情节较重的，给予撤销党内职务或者留党察看处分；情节严重的，给予开除党籍处分。

收受其他明显超出正常礼尚往来的财物的，依照前款规定处理。

第九十八条 向从事公务的人员及其配偶、子女及其配偶等亲属和其他特定关系人赠送明显超出正常礼尚往来的礼品、礼金、消费卡（券）和有价证券、股权、其他金融产品等财物，情节较重的，给予警告或者严重警告处分；情节严重的，给予撤销党内职务或者留党察看处分。

以讲课费、课题费、咨询费等名义变相送礼的，依照前款规定处理。

第九十九条 借用管理和服务对象的钱款、住房、车辆等，可能影响公正执行公务，情节较重的，给予警告或者严重警告处分；情节严重的，给予撤销党内职务、留党察看或者开除党籍处分。

通过民间借贷等金融活动获取大额回报，可能影响公正执行公务的，依照前款规定处理。

第一百条 利用职权或者职务上的影响操办婚丧喜庆事宜，造成不良影响的，给予警告或者严重警告处分；情节严重的，给予撤销党内职务处分；借机敛财或者有其他侵犯国家、集体和人民利益行为的，从重或者加重处分，直至开除党籍。

第一百零一条 接受、提供可能影响公正执行公务的宴请或者旅游、健身、娱乐等活动安排，情节较重的，给予警告或者严重警告处分；情节严重的，给予撤销党内职务或者留党察看处分。

第一百零二条 违反有关规定取得、持有、实际使用运动健身卡、会所和俱乐部会员卡、高尔夫球卡等各种消费卡（券），或者违反有关规定出入私人会所，情节较重的，给予警告或者严重警告处分；情节严重的，给予撤销党内职务或者留党察看处分。

第一百零三条 违反有关规定从事营利活动，有下列行为之一，情节较轻的，给予警告或者严重警告处分；情节较重的，给予撤销党内职务或者留党察看处分；情节严重的，给予开除党籍处分：

（一）经商办企业；

（二）拥有非上市公司（企业）的股份或者证券；

（三）买卖股票或者进行其他证券投资；

（四）从事有偿中介活动；

（五）在国（境）外注册公司或者投资入股；

（六）其他违反有关规定从事营利活动的行为。

利用参与企业重组改制、定向增发、兼并投资、土地使用权出让等工作中掌握的信息买卖股票，利用职权或者职务上的影响通过购买信托产品、基金等方式非正常获利的，依照前款规定处理。

违反有关规定在经济组织、社会组织等单位中兼职，或者经批准兼职但获取薪酬、奖金、津贴等额外利益的，依照第一款规定处理。

第一百零四条 利用职权或者职务上的影响，为配偶、子女及其配偶等亲属和其他特定关系人在审批监管、资源开发、金融信贷、大宗采购、土地使用权出让、房地产开发、工程招投标以及公共财政收支等方面谋取利益，情节较轻的，给予警告或者严重警告处分；情节较重的，给予撤销党内职务或者留党察看处分；情节严重的，给予开除党籍处分。

利用职权或者职务上的影响，为配偶、子女及其配偶等亲属和其他特定关系人吸收存款、推销金融产品、经营名贵特产类特殊资源等提供帮助谋取利益的，依照前款规定处理。

第一百零五条 离职或者退（离）休后违反有关规定接受原任职务管

辖的地区和业务范围内或者与原工作业务直接相关的企业和中介机构等单位的聘用，或者个人从事与原任职务管辖业务或者与原工作业务直接相关的营利活动，情节较轻的，给予警告或者严重警告处分；情节较重的，给予撤销党内职务处分；情节严重的，给予留党察看处分。

党员领导干部离职或者退（离）休后违反有关规定担任上市公司、基金管理公司独立董事、独立监事等职务，情节较轻的，给予警告或者严重警告处分；情节较重的，给予撤销党内职务处分；情节严重的，给予留党察看处分。

第一百零六条 离职或者退（离）休后利用原职权或者职务上的影响，为配偶、子女及其配偶等亲属和其他特定关系人从事经营活动谋取利益，情节较轻的，给予警告或者严重警告处分；情节较重的，给予撤销党内职务或者留党察看处分；情节严重的，给予开除党籍处分。

离职或者退（离）休后利用原职权或者职务上的影响为他人谋取利益，本人的配偶、子女及其配偶等亲属和其他特定关系人收受对方财物，情节较重的，给予警告或者严重警告处分；情节严重的，给予撤销党内职务、留党察看或者开除党籍处分。

第一百零七条 党员领导干部的配偶、子女及其配偶，违反有关规定在该党员领导干部管辖的地区和业务范围内从事可能影响其公正执行公务的经营活动，或者有其他违反经商办企业禁业规定行为的，该党员领导干部应当按照规定予以纠正；拒不纠正的，其本人应当辞去现任职务或者由组织予以调整职务；不辞去现任职务或者不服从组织调整职务的，给予撤销党内职务处分。

第一百零八条 党和国家机关违反有关规定经商办企业的，对直接责任者和领导责任者，给予警告或者严重警告处分；情节严重的，给予撤销党内职务处分。

第一百零九条 党员领导干部违反工作、生活保障制度，在交通、医疗、警卫等方面为本人、配偶、子女及其配偶等亲属、身边工作人员和其他特定关系人谋求特殊待遇，情节较重的，给予警告或者严重警告处分；情节严重的，给予撤销党内职务或者留党察看处分。

第一百一十条 在分配、购买住房中侵犯国家、集体利益，情节较轻的，给予警告或者严重警告处分；情节较重的，给予撤销党内职务或者留党察看处分；情节严重的，给予开除党籍处分。

第一百一十一条 利用职权或者职务上的影响，侵占非本人经管的公私财物，或者以象征性地支付钱款等方式侵占公私财物，或者无偿、象征性地支付报酬接受服务、使用劳务，情节较轻的，给予警告或者严重警告处分；情节较重的，给予撤销党内职务或者留党察看处分；情节严重的，给予开除党籍处分。

利用职权或者职务上的影响，将应当由本人、配偶、子女及其配偶等亲属、身边工作人员和其他特定关系人个人支付的费用，由下属单位、其他单位或者他人支付、报销的，依照前款规定处理。

第一百一十二条 利用职权或者职务上的影响，违反有关规定占用公物归个人使用，时间超过六个月，情节较重的，给予警告或者严重警告处分；情节严重的，给予撤销党内职务处分。

占用公物进行营利活动的，给予警告或者严重警告处分；情节较重的，给予撤销党内职务或者留党察看处分；情节严重的，给予开除党籍处分。

将公物借给他人进行营利活动的，依照前款规定处理。

第一百一十三条 违反有关规定组织、参加用公款支付的宴请、娱乐、健身活动，或者用公款购买赠送或者发放礼品、消费卡（券）等，对直接责任者和领导责任者，情节较轻的，给予警告或者严重警告处分；情节较重的，给予撤销党内职务或者留党察看处分；情节严重的，给予开除党籍处分。

第一百一十四条 违反有关规定自定薪酬或者滥发津贴、补贴、奖金、福利等，对直接责任者和领导责任者，情节较轻的，给予警告或者严重警告处分；情节较重的，给予撤销党内职务或者留党察看处分；情节严重的，给予开除党籍处分。

第一百一十五条 有下列行为之一，对直接责任者和领导责任者，情节较轻的，给予警告或者严重警告处分；情节较重的，给予撤销党内职务或者留党察看处分；情节严重的，给予开除党籍处分：

（一）公款旅游或者以学习培训、考察调研、职工疗养等为名变相公款旅游；

（二）改变公务行程，借机旅游；

（三）参加所管理企业、下属单位组织的考察活动，借机旅游。

以考察、学习、培训、研讨、招商、参展等名义变相用公款出国（境）旅游的，对直接责任者和领导责任者，依照前款规定处理。

第一百一十六条 违反接待管理规定，超标准、超范围接待或者借机大吃大喝，对直接责任者和领导责任者，情节较重的，给予警告或者严重警告处分；情节严重的，给予撤销党内职务处分。

第一百一十七条 违反有关规定配备、购买、更换、装饰、使用公务交通工具或者有其他违反公务交通工具管理规定的行为，对直接责任者和领导责任者，情节较重的，给予警告或者严重警告处分；情节严重的，给予撤销党内职务或者留党察看处分。

第一百一十八条 违反会议活动管理规定，有下列行为之一，对直接责任者和领导责任者，情节较重的，给予警告或者严重警告处分；情节严重的，给予撤销党内职务处分：

（一）到禁止召开会议的风景名胜区开会；

（二）决定或者批准举办各类节会、庆典活动；

（三）其他违反会议活动管理规定行为。

擅自举办评比达标表彰、创建示范活动或者借评比达标表彰、创建示范活动收取费用的，对直接责任者和领导责任者，依照前款规定处理。

第一百一十九条 违反办公用房管理等规定，有下列行为之一，对直接责任者和领导责任者，情节较重的，给予警告或者严重警告处分；情节严重的，给予撤销党内职务处分：

（一）决定或者批准兴建、装修办公楼、培训中心等楼堂馆所；

（二）超标准配备、使用办公用房；

（三）未经批准租用、借用办公用房；

（四）用公款包租、占用客房或者其他场所供个人使用；

（五）其他违反办公用房管理等规定行为。

第一百二十条 搞权色交易或者给予财物搞钱色交易的，给予警告或者严重警告处分；情节较重的，给予撤销党内职务或者留党察看处分；情节严重的，给予开除党籍处分。

第一百二十一条 有其他违反廉洁纪律规定行为的，应当视具体情节给予警告直至开除党籍处分。

第九章　对违反群众纪律行为的处分

第一百二十二条　有下列行为之一，对直接责任者和领导责任者，情节较轻的，给予警告或者严重警告处分；情节较重的，给予撤销党内职务或者留党察看处分；情节严重的，给予开除党籍处分：

（一）超标准、超范围向群众筹资筹劳、摊派费用，加重群众负担；

（二）违反有关规定扣留、收缴群众款物或者处罚群众；

（三）克扣群众财物，或者违反有关规定拖欠群众钱款；

（四）在管理、服务活动中违反有关规定收取费用；

（五）在办理涉及群众事务时刁难群众、吃拿卡要；

（六）其他侵害群众利益行为。

在乡村振兴领域有上述行为的，从重或者加重处分。

第一百二十三条　干涉生产经营自主权，致使群众财产遭受较大损失的，对直接责任者和领导责任者，给予警告或者严重警告处分；情节严重的，给予撤销党内职务或者留党察看处分。

第一百二十四条　在社会保障、社会救助、政策扶持、救灾救济款物分配等事项中优亲厚友、明显有失公平的，给予警告或者严重警告处分；情节较重的，给予撤销党内职务或者留党察看处分；情节严重的，给予开除党籍处分。

第一百二十五条　利用宗族或者黑恶势力等欺压群众，或者纵容涉黑涉恶活动、为黑恶势力充当“保护伞”的，给予撤销党内职务或者留党察看处分；情节严重的，给予开除党籍处分。

第一百二十六条　有下列行为之一，对直接责任者和领导责任者，情节较重的，给予警告或者严重警告处分；情节严重的，给予撤销党内职务或者留党察看处分：

（一）对涉及群众生产、生活等切身利益的问题依照政策或者有关规定能解决而不及时解决，庸懒无为、效率低下，造成不良影响；

（二）对符合政策的群众诉求消极应付、推诿扯皮，损害党群、干群关系；

（三）对待群众态度恶劣、简单粗暴，造成不良影响；

（四）弄虚作假，欺上瞒下，损害群众利益；

（五）其他不作为、乱作为、慢作为、假作为等损害群众利益行为。

第一百二十七条 遇到国家财产和群众生命财产受到严重威胁时，能救而不救，情节较重的，给予警告、严重警告或者撤销党内职务处分；情节严重的，给予留党察看或者开除党籍处分。

第一百二十八条 不按照规定公开党务、政务、厂务、村（居）务等，侵犯群众知情权，对直接责任者和领导责任者，情节较重的，给予警告或者严重警告处分；情节严重的，给予撤销党内职务或者留党察看处分。

第一百二十九条 有其他违反群众纪律规定行为的，应当视具体情节给予警告直至开除党籍处分。

第十章 对违反工作纪律行为的处分

第一百三十条 工作中不负责任或者疏于管理，贯彻执行、检查督促落实上级决策部署不力，给党、国家和人民利益以及公共财产造成较大损失的，对直接责任者和领导责任者，给予警告或者严重警告处分；造成重大损失的，给予撤销党内职务、留党察看或者开除党籍处分。

党员领导干部对于到任前已经存在且属于其职责范围内的问题，消极回避、推卸责任，造成严重损害或者严重不良影响的，依照前款规定处理。

第一百三十一条 工作中不敢斗争、不愿担当，面对重大矛盾冲突、危机困难临阵退缩，造成不良影响或者严重后果的，给予警告或者严重警告处分；情节严重的，给予撤销党内职务、留党察看或者开除党籍处分。

第一百三十二条 有下列行为之一，造成严重损害或者严重不良影响的，对直接责任者和领导责任者，给予警告或者严重警告处分；情节较重的，给予撤销党内职务或者留党察看处分；情节严重的，给予开除党籍处分：

（一）热衷于搞舆论造势、浮在表面；

（二）单纯以会议贯彻会议、以文件落实文件，在实际工作中不见诸行动；

（三）脱离实际，不作深入调查研究，搞随意决策、机械执行；

（四）违反精文减会有关规定搞文山会海；

（五）在督查检查考核等工作中搞层层加码、过度留痕，增加基层工作负担；

（六）工作中其他形式主义、官僚主义行为。

第一百三十三条 在公务活动用餐、单位食堂用餐管理工作中不履行或者不正确履行宣传教育、监督管理职责，导致餐饮浪费，造成严重不良影响的，对直接责任者和领导责任者，给予警告或者严重警告处分；情节严重的，给予撤销党内职务处分。

第一百三十四条 在机构编制工作中，有下列行为之一，造成不良影响或者严重后果的，对直接责任者和领导责任者，给予警告或者严重警告处分；情节较重的，给予撤销党内职务或者留党察看处分；情节严重的，给予开除党籍处分：

（一）擅自超出“三定”规定范围调整职责、设置机构、核定领导职数和配备人员；

（二）违规干预地方机构设置；

（三）其他违反机构编制管理规定行为。

第一百三十五条 在信访工作中，有下列行为之一，造成不良影响或者严重后果的，对直接责任者和领导责任者，给予警告或者严重警告处分；情节较重的，给予撤销党内职务或者留党察看处分；情节严重的，给予开除党籍处分：

（一）不按照规定受理、办理信访事项；

（二）对规模性集体访等处置不力，导致事态扩大；

（三）对党委和政府信访部门提出的改进工作、完善政策等建议重视不够、落实不力，导致问题长期得不到解决；

（四）其他不履行或者不正确履行信访工作职责行为。

不履行或者不正确履行职责，导致信访事项发生，造成不良影响或者严重后果的，对直接责任者和领导责任者，依照前款规定处理。

第一百三十六条 党组织有下列行为之一，对直接责任者和领导责任者，情节较重的，给予警告或者严重警告处分；情节严重的，给予撤销党内职务或者留党察看处分：

（一）党员被立案审查期间，擅自批准其出差、出国（境）、辞职，或者对其交流、提拔职务、晋升职级、进一步使用、奖励，或者办理退休手续；

（二）党员被依法追究刑事责任后，不按照规定给予党纪处分，或者对党员违反国家法律法规的行为，应当给予党纪处分而不处分；

（三）党纪处分决定或者申诉复查决定作出后，不按照规定落实决定中关于被处分人党籍、职务、职级、待遇等事项；

（四）党员受到党纪处分后，不按照干部管理权限和组织关系对受处分党员开展日常教育、管理和监督工作。

第一百三十七条 滥用问责，或者在问责工作中严重不负责任，造成不良影响的，对直接责任者和领导责任者，给予警告或者严重警告处分；情节严重的，给予撤销党内职务处分。

第一百三十八条 因工作不负责任致使所管理的人员叛逃的，对直接责任者和领导责任者，给予警告或者严重警告处分；情节严重的，给予撤销党内职务处分。

因工作不负责任致使所管理的人员出逃、出走，对直接责任者和领导责任者，情节较重的，给予警告或者严重警告处分；情节严重的，给予撤销党内职务处分。

第一百三十九条 进行统计造假，对直接责任者和领导责任者，情节较轻的，给予警告或者严重警告处分；情节较重的，给予撤销党内职务或者留党察看处分；情节严重的，给予开除党籍处分。

对统计造假失察，造成严重后果的，对直接责任者和领导责任者，给予警告或者严重警告处分；情节严重的，给予撤销党内职务、留党察看或者开除党籍处分。

第一百四十条 在上级检查、视察工作或者向上级汇报、报告工作时对应当报告的事项不报告或者不如实报告，造成严重损害或者严重不良影响的，对直接责任者和领导责任者，给予警告或者严重警告处分；情节严重的，给予撤销党内职务或者留党察看处分。

在上级检查、视察工作或者向上级汇报、报告工作时纵容、唆使、暗示、强迫下级说假话、报假情的，从重或者加重处分。

第一百四十一条 违反有关规定干预和插手市场经济活动，有下列行为之一，情节较轻的，给予警告或者严重警告处分；情节较重的，给予撤销党内职务或者留党察看处分；情节严重的，给予开除党籍处分：

（一）干预和插手建设工程项目承发包、土地使用权出让、政府采购、房地产开发与经营、矿产资源开发利用、中介机构服务等活动；

（二）干预和插手国有企业重组改制、兼并、破产、产权交易、清产核资、资产评估、资产转让、重大项目投资以及其他重大经营活动等事项；

（三）干预和插手批办各类行政许可和资金借贷等事项；

（四）干预和插手经济纠纷；

（五）干预和插手集体资金、资产和资源的使用、分配、承包、租赁等事项。

第一百四十二条 违反有关规定干预和插手司法活动、执纪执法活动，向有关地方或者部门打听案情、打招呼、说情，或者以其他方式对司法活动、执纪执法活动施加影响，情节较轻的，给予严重警告处分；情节较重的，给予撤销党内职务或者留党察看处分；情节严重的，给予开除党籍处分。

违反有关规定干预和插手公共财政资金分配、项目立项评审、功勋荣誉表彰奖励等活动，造成重大损失或者不良影响的，依照前款规定处理。

第一百四十三条 按照有关规定对干预和插手行为负有报告和登记义务的受请托人，不按照规定报告或者登记，情节较重的，给予警告或者严重警告处分；情节严重的，给予撤销党内职务处分。

第一百四十四条 泄露、扩散或者打探、窃取党组织关于干部选拔任用、纪律审查、巡视巡察等尚未公开事项或者其他应当保密的内容的，给予警告或者严重警告处分；情节较重的，给予撤销党内职务或者留党察看处分；情节严重的，给予开除党籍处分。

私自留存涉及党组织关于干部选拔任用、纪律审查、巡视巡察等方面资料，情节较重的，给予警告或者严重警告处分；情节严重的，给予撤销党内职务处分。

第一百四十五条 在考试、录取工作中，有泄露试题、考场舞弊、涂改考卷、违规录取等违反有关规定行为的，给予警告或者严重警告处分；情节较重的，给予撤销党内职务或者留党察看处分；情节严重的，给予开除党籍处分。

第一百四十六条 以不正当方式谋求本人或者其他人用公款出国（境），情节较轻的，给予警告处分；情节较重的，给予严重警告处分；情节严重的，给予撤销党内职务处分。

第一百四十七条 临时出国（境）团（组）或者人员中的党员，擅自延长在国（境）外期限，或者擅自变更路线的，对直接责任者和领导责任者，给予警告或者严重警告处分；情节严重的，给予撤销党内职务处分。

第一百四十八条 驻外机构或者临时出国（境）团（组）中的党员，触犯驻在国家、地区的法律、法令或者不尊重驻在国家、地区的宗教习俗，情节较重的，给予警告或者严重警告处分；情节严重的，给予撤销党内职务、留党察看或者开除党籍处分。

第一百四十九条 在党的纪律检查、组织、宣传、统一战线工作以及机关工作等其他工作中，不履行或者不正确履行职责，造成损失或者不良影响的，应当视具体情节给予警告直至开除党籍处分。

第十一章　对违反生活纪律行为的处分

第一百五十条 生活奢靡、铺张浪费、贪图享乐、追求低级趣味，造成不良影响的，给予警告或者严重警告处分；情节严重的，给予撤销党内职务处分。

第一百五十一条 与他人发生不正当性关系，造成不良影响的，给予警告或者严重警告处分；情节较重的，给予撤销党内职务或者留党察看处分；情节严重的，给予开除党籍处分。

利用职权、教养关系、从属关系或者其他相类似关系与他人发生性关系的，从重处分。

第一百五十二条 党员领导干部不重视家风建设，对配偶、子女及其配偶失管失教，造成不良影响或者严重后果的，给予警告或者严重警告处分；情节严重的，给予撤销党内职务处分。

第一百五十三条 违背社会公序良俗，在公共场所、网络空间有不当言行，造成不良影响的，给予警告或者严重警告处分；情节较重的，给予撤销党内职务或者留党察看处分；情节严重的，给予开除党籍处分。

第一百五十四条 有其他严重违反社会公德、家庭美德行为的，应当视具体情节给予警告直至开除党籍处分。

第三编　附　　则

第一百五十五条 各省、自治区、直辖市党委可以根据本条例，结合各自工作的实际情况，制定单项实施规定。

第一百五十六条 中央军事委员会可以根据本条例，结合中国人民解放军和中国人民武装警察部队的实际情况，制定补充规定或者单项规定。

第一百五十七条 本条例由中央纪委负责解释。

第一百五十八条 本条例自2024年1月1日起施行。

本条例施行前，已结案的案件如需进行复查复议，适用当时的规定或者政策。尚未结案的案件，如果行为发生时的规定或者政策不认为是违纪，而本条例认为是违纪的，依照当时的规定或者政策处理；如果行为发生时的规定或者政策认为是违纪的，依照当时的规定或者政策处理，但是如果本条例不认为是违纪或者处理较轻的，依照本条例规定处理。

中华人民共和国公职人员政务处分法

（2020年6月20日第十三届全国人民代表大会常务委员会第十九次会议通过　2020年6月20日中华人民共和国主席令第46号公布　自2020年7月1日起施行）

第一章　总　　则

第一条 为了规范政务处分，加强对所有行使公权力的公职人员的监督，促进公职人员依法履职、秉公用权、廉洁从政从业、坚持道德操守，根据《中华人民共和国监察法》，制定本法。

第二条 本法适用于监察机关对违法的公职人员给予政务处分的活动。

本法第二章、第三章适用于公职人员任免机关、单位对违法的公职人员给予处分。处分的程序、申诉等适用其他法律、行政法规、国务院部门规章和国家有关规定。

本法所称公职人员，是指《中华人民共和国监察法》第十五条规定的人员。

第三条 监察机关应当按照管理权限，加强对公职人员的监督，依法给予违法的公职人员政务处分。

公职人员任免机关、单位应当按照管理权限，加强对公职人员的教育、管理、监督，依法给予违法的公职人员处分。

监察机关发现公职人员任免机关、单位应当给予处分而未给予，或者给予的处分违法、不当的，应当及时提出监察建议。

第四条 给予公职人员政务处分，坚持党管干部原则，集体讨论决定；坚持法律面前一律平等，以事实为根据，以法律为准绳，给予的政务处分与违法行为的性质、情节、危害程度相当；坚持惩戒与教育相结合，宽严相济。

第五条 给予公职人员政务处分，应当事实清楚、证据确凿、定性准确、处理恰当、程序合法、手续完备。

第六条 公职人员依法履行职责受法律保护，非因法定事由、非经法定程序，不受政务处分。

第二章 政务处分的种类和适用

第七条 政务处分的种类为：

（一）警告；

（二）记过；

（三）记大过；

（四）降级；

（五）撤职；

（六）开除。

第八条 政务处分的期间为：

（一）警告，六个月；

（二）记过，十二个月；

（三）记大过，十八个月；

（四）降级、撤职，二十四个月。

政务处分决定自作出之日起生效，政务处分期自政务处分决定生效之日起计算。

第九条 公职人员二人以上共同违法，根据各自在违法行为中所起的作用和应当承担的法律责任，分别给予政务处分。

第十条 有关机关、单位、组织集体作出的决定违法或者实施违法行为的，对负有责任的领导人员和直接责任人员中的公职人员依法给予政务处分。

第十一条 公职人员有下列情形之一的，可以从轻或者减轻给予政务处分：

（一）主动交代本人应当受到政务处分的违法行为的；

（二）配合调查，如实说明本人违法事实的；

（三）检举他人违纪违法行为，经查证属实的；

（四）主动采取措施，有效避免、挽回损失或者消除不良影响的；

（五）在共同违法行为中起次要或者辅助作用的；

（六）主动上交或者退赔违法所得的；

（七）法律、法规规定的其他从轻或者减轻情节。

第十二条 公职人员违法行为情节轻微，且具有本法第十一条规定的情形之一的，可以对其进行谈话提醒、批评教育、责令检查或者予以诫勉，免予或者不予政务处分。

公职人员因不明真相被裹挟或者被胁迫参与违法活动，经批评教育后确有悔改表现的，可以减轻、免予或者不予政务处分。

第十三条 公职人员有下列情形之一的，应当从重给予政务处分：

（一）在政务处分期内再次故意违法，应当受到政务处分的；

（二）阻止他人检举、提供证据的；

（三）串供或者伪造、隐匿、毁灭证据的；

（四）包庇同案人员的；

（五）胁迫、唆使他人实施违法行为的；

（六）拒不上交或者退赔违法所得的；

（七）法律、法规规定的其他从重情节。

第十四条 公职人员犯罪，有下列情形之一的，予以开除：

（一）因故意犯罪被判处管制、拘役或者有期徒刑以上刑罚（含宣告缓刑）的；

（二）因过失犯罪被判处有期徒刑，刑期超过三年的；

（三）因犯罪被单处或者并处剥夺政治权利的。

因过失犯罪被判处管制、拘役或者三年以下有期徒刑的，一般应当予以开除；案件情况特殊，予以撤职更为适当的，可以不予开除，但是应当报请上一级机关批准。

公职人员因犯罪被单处罚金，或者犯罪情节轻微，人民检察院依法作出不起诉决定或者人民法院依法免予刑事处罚的，予以撤职；造成不良影响的，予以开除。

第十五条 公职人员有两个以上违法行为的，应当分别确定政务处分。应当给予两种以上政务处分的，执行其中最重的政务处分；应当给予撤职以下多个相同政务处分的，可以在一个政务处分期以上、多个政务处分期之和以下确定政务处分期，但是最长不得超过四十八个月。

第十六条 对公职人员的同一违法行为，监察机关和公职人员任免机关、单位不得重复给予政务处分和处分。

第十七条 公职人员有违法行为，有关机关依照规定给予组织处理的，监察机关可以同时给予政务处分。

第十八条 担任领导职务的公职人员有违法行为，被罢免、撤销、免去或者辞去领导职务的，监察机关可以同时给予政务处分。

第十九条 公务员以及参照《中华人民共和国公务员法》管理的人员在政务处分期内，不得晋升职务、职级、衔级和级别；其中，被记过、记大过、降级、撤职的，不得晋升工资档次。被撤职的，按照规定降低职务、职级、衔级和级别，同时降低工资和待遇。

第二十条 法律、法规授权或者受国家机关依法委托管理公共事务的组织中从事公务的人员，以及公办的教育、科研、文化、医疗卫生、体育等单位中从事管理的人员，在政务处分期内，不得晋升职务、岗位和职员等级、职称；其中，被记过、记大过、降级、撤职的，不得晋升薪酬待遇等级。被撤职的，降低职务、岗位或者职员等级，同时降低薪酬待遇。

第二十一条 国有企业管理人员在政务处分期内，不得晋升职务、岗位等级和职称；其中，被记过、记大过、降级、撤职的，不得晋升薪酬待遇等级。被撤职的，降低职务或者岗位等级，同时降低薪酬待遇。

第二十二条 基层群众性自治组织中从事管理的人员有违法行为的，监察机关可以予以警告、记过、记大过。

基层群众性自治组织中从事管理的人员受到政务处分的，应当由县级或者乡镇人民政府根据具体情况减发或者扣发补贴、奖金。

第二十三条 《中华人民共和国监察法》第十五条第六项规定的人员有违法行为的，监察机关可以予以警告、记过、记大过。情节严重的，由所在单位直接给予或者监察机关建议有关机关、单位给予降低薪酬待遇、调离岗位、解除人事关系或者劳动关系等处理。

《中华人民共和国监察法》第十五条第二项规定的人员，未担任公务员、参照《中华人民共和国公务员法》管理的人员、事业单位工作人员或者国有企业人员职务的，对其违法行为依照前款规定处理。

第二十四条　公职人员被开除，或者依照本法第二十三条规定，受到解除人事关系或者劳动关系处理的，不得录用为公务员以及参照《中华人民共和国公务员法》管理的人员。

第二十五条　公职人员违法取得的财物和用于违法行为的本人财物，除依法应当由其他机关没收、追缴或者责令退赔的，由监察机关没收、追缴或者责令退赔；应当退还原所有人或者原持有人的，依法予以退还；属于国家财产或者不应当退还以及无法退还的，上缴国库。

公职人员因违法行为获得的职务、职级、衔级、级别、岗位和职员等级、职称、待遇、资格、学历、学位、荣誉、奖励等其他利益，监察机关应当建议有关机关、单位、组织按规定予以纠正。

第二十六条　公职人员被开除的，自政务处分决定生效之日起，应当解除其与所在机关、单位的人事关系或者劳动关系。

公职人员受到开除以外的政务处分，在政务处分期内有悔改表现，并且没有再发生应当给予政务处分的违法行为的，政务处分期满后自动解除，晋升职务、职级、衔级、级别、岗位和职员等级、职称、薪酬待遇不再受原政务处分影响。但是，解除降级、撤职的，不恢复原职务、职级、衔级、级别、岗位和职员等级、职称、薪酬待遇。

第二十七条　已经退休的公职人员退休前或者退休后有违法行为的，不再给予政务处分，但是可以对其立案调查；依法应当予以降级、撤职、开除的，应当按照规定相应调整其享受的待遇，对其违法取得的财物和用于违法行为的本人财物依照本法第二十五条的规定处理。

已经离职或者死亡的公职人员在履职期间有违法行为的，依照前款规定处理。

第三章　违法行为及其适用的政务处分

第二十八条　有下列行为之一的，予以记过或者记大过；情节较重的，予以降级或者撤职；情节严重的，予以开除：

（一）散布有损宪法权威、中国共产党领导和国家声誉的言论的；

（二）参加旨在反对宪法、中国共产党领导和国家的集会、游行、示威等活动的；

（三）拒不执行或者变相不执行中国共产党和国家的路线方针政策、重大决策部署的；

（四）参加非法组织、非法活动的；

（五）挑拨、破坏民族关系，或者参加民族分裂活动的；

（六）利用宗教活动破坏民族团结和社会稳定的；

（七）在对外交往中损害国家荣誉和利益的。

有前款第二项、第四项、第五项和第六项行为之一的，对策划者、组织者和骨干分子，予以开除。

公开发表反对宪法确立的国家指导思想，反对中国共产党领导，反对社会主义制度，反对改革开放的文章、演说、宣言、声明等的，予以开除。

第二十九条 不按照规定请示、报告重大事项，情节较重的，予以警告、记过或者记大过；情节严重的，予以降级或者撤职。

违反个人有关事项报告规定，隐瞒不报，情节较重的，予以警告、记过或者记大过。

篡改、伪造本人档案资料的，予以记过或者记大过；情节严重的，予以降级或者撤职。

第三十条 有下列行为之一的，予以警告、记过或者记大过；情节严重的，予以降级或者撤职：

（一）违反民主集中制原则，个人或者少数人决定重大事项，或者拒不执行、擅自改变集体作出的重大决定的；

（二）拒不执行或者变相不执行、拖延执行上级依法作出的决定、命令的。

第三十一条 违反规定出境或者办理因私出境证件的，予以记过或者记大过；情节严重的，予以降级或者撤职。

违反规定取得外国国籍或者获取境外永久居留资格、长期居留许可的，予以撤职或者开除。

第三十二条 有下列行为之一的，予以警告、记过或者记大过；情节较重的，予以降级或者撤职；情节严重的，予以开除：

（一）在选拔任用、录用、聘用、考核、晋升、评选等干部人事工作中违反有关规定的；

（二）弄虚作假，骗取职务、职级、衔级、级别、岗位和职员等级、职称、待遇、资格、学历、学位、荣誉、奖励或者其他利益的；

（三）对依法行使批评、申诉、控告、检举等权利的行为进行压制或者打击报复的；

（四）诬告陷害，意图使他人受到名誉损害或者责任追究等不良影响的；

（五）以暴力、威胁、贿赂、欺骗等手段破坏选举的。

第三十三条 有下列行为之一的，予以警告、记过或者记大过；情节较重的，予以降级或者撤职；情节严重的，予以开除：

（一）贪污贿赂的；

（二）利用职权或者职务上的影响为本人或者他人谋取私利的；

（三）纵容、默许特定关系人利用本人职权或者职务上的影响谋取私利的。

拒不按照规定纠正特定关系人违规任职、兼职或者从事经营活动，且不服从职务调整的，予以撤职。

第三十四条 收受可能影响公正行使公权力的礼品、礼金、有价证券等财物的，予以警告、记过或者记大过；情节较重的，予以降级或者撤职；情节严重的，予以开除。

向公职人员及其特定关系人赠送可能影响公正行使公权力的礼品、礼金、有价证券等财物，或者接受、提供可能影响公正行使公权力的宴请、旅游、健身、娱乐等活动安排，情节较重的，予以警告、记过或者记大过；情节严重的，予以降级或者撤职。

第三十五条 有下列行为之一，情节较重的，予以警告、记过或者记大过；情节严重的，予以降级或者撤职：

（一）违反规定设定、发放薪酬或者津贴、补贴、奖金的；

（二）违反规定，在公务接待、公务交通、会议活动、办公用房以及其他工作生活保障等方面超标准、超范围的；

（三）违反规定公款消费的。

第三十六条 违反规定从事或者参与营利性活动，或者违反规定兼任职务、领取报酬的，予以警告、记过或者记大过；情节较重的，予以降级或者撤职；情节严重的，予以开除。

第三十七条 利用宗族或者黑恶势力等欺压群众，或者纵容、包庇黑恶势力活动的，予以撤职；情节严重的，予以开除。

第三十八条 有下列行为之一，情节较重的，予以警告、记过或者记大过；情节严重的，予以降级或者撤职：

（一）违反规定向管理服务对象收取、摊派财物的；

（二）在管理服务活动中故意刁难、吃拿卡要的；

（三）在管理服务活动中态度恶劣粗暴，造成不良后果或者影响的；

（四）不按照规定公开工作信息，侵犯管理服务对象知情权，造成不良后果或者影响的；

（五）其他侵犯管理服务对象利益的行为，造成不良后果或者影响的。

有前款第一项、第二项和第五项行为，情节特别严重的，予以开除。

第三十九条 有下列行为之一，造成不良后果或者影响的，予以警告、记过或者记大过；情节较重的，予以降级或者撤职；情节严重的，予以开除：

（一）滥用职权，危害国家利益、社会公共利益或者侵害公民、法人、其他组织合法权益的；

（二）不履行或者不正确履行职责，玩忽职守，贻误工作的；

（三）工作中有形式主义、官僚主义行为的；

（四）工作中有弄虚作假，误导、欺骗行为的；

（五）泄露国家秘密、工作秘密，或者泄露因履行职责掌握的商业秘密、个人隐私的。

第四十条 有下列行为之一的，予以警告、记过或者记大过；情节较重的，予以降级或者撤职；情节严重的，予以开除：

（一）违背社会公序良俗，在公共场所有不当行为，造成不良影响的；

（二）参与或者支持迷信活动，造成不良影响的；

（三）参与赌博的；

（四）拒不承担赡养、抚养、扶养义务的；

（五）实施家庭暴力，虐待、遗弃家庭成员的；

（六）其他严重违反家庭美德、社会公德的行为。

吸食、注射毒品，组织赌博，组织、支持、参与卖淫、嫖娼、色情淫乱活动的，予以撤职或者开除。

第四十一条 公职人员有其他违法行为，影响公职人员形象，损害国家和人民利益的，可以根据情节轻重给予相应政务处分。

第四章 政务处分的程序

第四十二条 监察机关对涉嫌违法的公职人员进行调查，应当由二名以上工作人员进行。监察机关进行调查时，有权依法向有关单位和个人了解情况，收集、调取证据。有关单位和个人应当如实提供情况。

严禁以威胁、引诱、欺骗及其他非法方式收集证据。以非法方式收集的证据不得作为给予政务处分的依据。

第四十三条 作出政务处分决定前，监察机关应当将调查认定的违法事实及拟给予政务处分的依据告知被调查人，听取被调查人的陈述和申辩，并对其陈述的事实、理由和证据进行核实，记录在案。被调查人提出的事实、理由和证据成立的，应予采纳。不得因被调查人的申辩而加重政务处分。

第四十四条 调查终结后，监察机关应当根据下列不同情况，分别作出处理：

（一）确有应受政务处分的违法行为的，根据情节轻重，按照政务处分决定权限，履行规定的审批手续后，作出政务处分决定；

（二）违法事实不能成立的，撤销案件；

（三）符合免予、不予政务处分条件的，作出免予、不予政务处分决定；

（四）被调查人涉嫌其他违法或者犯罪行为的，依法移送主管机关处理。

第四十五条 决定给予政务处分的，应当制作政务处分决定书。

政务处分决定书应当载明下列事项：

（一）被处分人的姓名、工作单位和职务；

（二）违法事实和证据；

（三）政务处分的种类和依据；

（四）不服政务处分决定，申请复审、复核的途径和期限；

（五）作出政务处分决定的机关名称和日期。

政务处分决定书应当盖有作出决定的监察机关的印章。

第四十六条 政务处分决定书应当及时送达被处分人和被处分人所在机关、单位，并在一定范围内宣布。

作出政务处分决定后，监察机关应当根据被处分人的具体身份书面告知相关的机关、单位。

第四十七条 参与公职人员违法案件调查、处理的人员有下列情形之一的，应当自行回避，被调查人、检举人及其他有关人员也有权要求其回避：

（一）是被调查人或者检举人的近亲属的；

（二）担任过本案的证人的；

（三）本人或者其近亲属与调查的案件有利害关系的；

（四）可能影响案件公正调查、处理的其他情形。

第四十八条 监察机关负责人的回避，由上级监察机关决定；其他参与违法案件调查、处理人员的回避，由监察机关负责人决定。

监察机关或者上级监察机关发现参与违法案件调查、处理人员有应当回避情形的，可以直接决定该人员回避。

第四十九条 公职人员依法受到刑事责任追究的，监察机关应当根据司法机关的生效判决、裁定、决定及其认定的事实和情节，依照本法规定给予政务处分。

公职人员依法受到行政处罚，应当给予政务处分的，监察机关可以根据行政处罚决定认定的事实和情节，经立案调查核实后，依照本法给予政务处分。

监察机关根据本条第一款、第二款的规定作出政务处分后，司法机关、行政机关依法改变原生效判决、裁定、决定等，对原政务处分决定产生影响的，监察机关应当根据改变后的判决、裁定、决定等重新作出相应处理。

第五十条 监察机关对经各级人民代表大会、县级以上各级人民代表大会常务委员会选举或者决定任命的公职人员予以撤职、开除的，应当先依法罢免、撤销或者免去其职务，再依法作出政务处分决定。

监察机关对经中国人民政治协商会议各级委员会全体会议或者其常务委员会选举或者决定任命的公职人员予以撤职、开除的，应当先依章程免去其职务，再依法作出政务处分决定。

监察机关对各级人民代表大会代表、中国人民政治协商会议各级委员会委员给予政务处分的，应当向有关的人民代表大会常务委员会，乡、民族乡、镇的人民代表大会主席团或者中国人民政治协商会议委员会常务委员会通报。

第五十一条 下级监察机关根据上级监察机关的指定管辖决定进行调查的案件，调查终结后，对不属于本监察机关管辖范围内的监察对象，应当交有管理权限的监察机关依法作出政务处分决定。

第五十二条 公职人员涉嫌违法，已经被立案调查，不宜继续履行职责的，公职人员任免机关、单位可以决定暂停其履行职务。

公职人员在被立案调查期间，未经监察机关同意，不得出境、辞去公职；被调查公职人员所在机关、单位及上级机关、单位不得对其交流、晋升、奖励、处分或者办理退休手续。

第五十三条 监察机关在调查中发现公职人员受到不实检举、控告或者诬告陷害，造成不良影响的，应当按照规定及时澄清事实，恢复名誉，消除不良影响。

第五十四条 公职人员受到政务处分的，应当将政务处分决定书存入其本人档案。对于受到降级以上政务处分的，应当由人事部门按照管理权限在作出政务处分决定后一个月内办理职务、工资及其他有关待遇等的变更手续；特殊情况下，经批准可以适当延长办理期限，但是最长不得超过六个月。

第五章 复审、复核

第五十五条 公职人员对监察机关作出的涉及本人的政务处分决定不服的，可以依法向作出决定的监察机关申请复审；公职人员对复审决定仍不服的，可以向上一级监察机关申请复核。

监察机关发现本机关或者下级监察机关作出的政务处分决定确有错误的，应当及时予以纠正或者责令下级监察机关及时予以纠正。

第五十六条 复审、复核期间，不停止原政务处分决定的执行。

公职人员不因提出复审、复核而被加重政务处分。

第五十七条 有下列情形之一的，复审、复核机关应当撤销原政务处分决定，重新作出决定或者责令原作出决定的监察机关重新作出决定：

（一）政务处分所依据的违法事实不清或者证据不足的；

（二）违反法定程序，影响案件公正处理的；

（三）超越职权或者滥用职权作出政务处分决定的。

第五十八条 有下列情形之一的，复审、复核机关应当变更原政务处分决定，或者责令原作出决定的监察机关予以变更：

（一）适用法律、法规确有错误的；

（二）对违法行为的情节认定确有错误的；

（三）政务处分不当的。

第五十九条 复审、复核机关认为政务处分决定认定事实清楚，适用法律正确的，应当予以维持。

第六十条 公职人员的政务处分决定被变更，需要调整该公职人员的职务、职级、衔级、级别、岗位和职员等级或者薪酬待遇等的，应当按照规定予以调整。政务处分决定被撤销的，应当恢复该公职人员的级别、薪酬待遇，按照原职务、职级、衔级、岗位和职员等级安排相应的职务、职级、衔级、岗位和职员等级，并在原政务处分决定公布范围内为其恢复名誉。没收、追缴财物错误的，应当依法予以返还、赔偿。

公职人员因有本法第五十七条、第五十八条规定的情形被撤销政务处分或者减轻政务处分的，应当对其薪酬待遇受到的损失予以补偿。

第六章 法律责任

第六十一条 有关机关、单位无正当理由拒不采纳监察建议的，由其上级机关、主管部门责令改正，对该机关、单位给予通报批评，对负有责任的领导人员和直接责任人员依法给予处理。

第六十二条 有关机关、单位、组织或者人员有下列情形之一的，由其上级机关，主管部门，任免机关、单位或者监察机关责令改正，依法给予处理：

（一）拒不执行政务处分决定的；

（二）拒不配合或者阻碍调查的；

（三）对检举人、证人或者调查人员进行打击报复的；

（四）诬告陷害公职人员的；

（五）其他违反本法规定的情形。

第六十三条 监察机关及其工作人员有下列情形之一的，对负有责任的领导人员和直接责任人员依法给予处理：

（一）违反规定处置问题线索的；

（二）窃取、泄露调查工作信息，或者泄露检举事项、检举受理情况以及检举人信息的；

（三）对被调查人或者涉案人员逼供、诱供，或者侮辱、打骂、虐待、体罚或者变相体罚的；

（四）收受被调查人或者涉案人员的财物以及其他利益的；

（五）违反规定处置涉案财物的；

（六）违反规定采取调查措施的；

（七）利用职权或者职务上的影响干预调查工作、以案谋私的；

（八）违反规定发生办案安全事故，或者发生安全事故后隐瞒不报、报告失实、处置不当的；

（九）违反回避等程序规定，造成不良影响的；

（十）不依法受理和处理公职人员复审、复核的；

（十一）其他滥用职权、玩忽职守、徇私舞弊的行为。

第六十四条 违反本法规定，构成犯罪的，依法追究刑事责任。

第七章 附 则

第六十五条 国务院及其相关主管部门根据本法的原则和精神，结合事业单位、国有企业等的实际情况，对事业单位、国有企业等的违法的公职人员处分事宜作出具体规定。

第六十六条 中央军事委员会可以根据本法制定相关具体规定。

第六十七条 本法施行前，已结案的案件如果需要复审、复核，适用当时的规定。尚未结案的案件，如果行为发生时的规定不认为是违法的，适用当时的规定；如果行为发生时的规定认为是违法的，依照当时的规定处理，但是如果本法不认为是违法或者根据本法处理较轻的，适用本法。

第六十八条 本法自2020年7月1日起施行。

国有企业管理人员处分条例

（2024年4月26日国务院第31次常务会议通过　2024年5月21日中华人民共和国国务院令第781号公布　自2024年9月1日起施行）

第一章　总　　则

第一条　为了规范对国有企业管理人员的处分，加强对国有企业管理人员的监督，根据《中华人民共和国公职人员政务处分法》（以下简称公职人员政务处分法）等法律，制定本条例。

第二条　本条例所称国有企业管理人员，是指国家出资企业中的下列公职人员：

（一）在国有独资、全资公司、企业中履行组织、领导、管理、监督等职责的人员；

（二）经党组织或者国家机关，国有独资、全资公司、企业，事业单位提名、推荐、任命、批准等，在国有控股、参股公司及其分支机构中履行组织、领导、管理、监督等职责的人员；

（三）经国家出资企业中负有管理、监督国有资产职责的组织批准或者研究决定，代表其在国有控股、参股公司及其分支机构中从事组织、领导、管理、监督等工作的人员。

国有企业管理人员任免机关、单位（以下简称任免机关、单位）对违法的国有企业管理人员给予处分，适用公职人员政务处分法第二章、第三章和本条例的规定。

第三条　国有企业管理人员处分工作坚持中国共产党的领导，坚持党管干部原则，加强国有企业管理人员队伍建设，推动国有企业高质量发展。

第四条　任免机关、单位加强对国有企业管理人员的教育、管理、监督。给予国有企业管理人员处分，应当坚持公正公平，集体讨论决定；坚持宽严相济，惩戒与教育相结合；坚持法治原则，以事实为根据，以法律为准绳，依法保障国有企业管理人员以及相关人员的合法权益。

第五条 履行出资人职责的机构或者有干部管理权限的部门依照法律、法规和国家有关规定，指导国有企业整合优化监督资源，推动出资人监督与纪检监察监督、巡视监督、审计监督、财会监督、社会监督等相衔接，健全协同高效的监督机制，建立互相配合、互相制约的内部监督管理制度，增强对国有企业及其管理人员监督的系统性、针对性、有效性。

第六条 给予国有企业管理人员处分，应当事实清楚、证据确凿、定性准确、处理恰当、程序合法、手续完备，与其违法行为的性质、情节、危害程度相适应。

第二章　处分的种类和适用

第七条 处分的种类为：

（一）警告；

（二）记过；

（三）记大过；

（四）降级；

（五）撤职；

（六）开除。

第八条 处分的期间为：

（一）警告，6 个月；

（二）记过，12 个月；

（三）记大过，18 个月；

（四）降级、撤职，24 个月。

处分决定自作出之日起生效，处分期自处分决定生效之日起计算。

第九条 国有企业管理人员同时有两个以上需要给予处分的违法行为的，应当分别确定其处分。应当给予的处分种类不同的，执行其中最重的处分；应当给予撤职以下多个相同种类处分的，可以在一个处分期以上、多个处分期之和以下确定处分期，但是最长不得超过 48 个月。

第十条 国有企业实施违法行为或者国有企业管理人员集体作出的决定违法，应当追究法律责任的，对负有责任的领导人员和直接责任人员中的国有企业管理人员给予处分。

国有企业管理人员 2 人以上共同违法，需要给予处分的，按照各自应当承担的责任，分别给予相应的处分。

第十一条 国有企业管理人员有下列情形之一的，可以从轻或者减轻给予处分：

（一）主动交代本人应当受到处分的违法行为；

（二）配合调查，如实说明本人违法事实；

（三）检举他人违法行为，经查证属实；

（四）主动采取措施，有效避免、挽回损失或者消除不良影响；

（五）在共同违法行为中起次要或者辅助作用；

（六）主动上交或者退赔违法所得；

（七）属于推进国有企业改革中因缺乏经验、先行先试出现的失误错误；

（八）法律、法规规定的其他从轻或者减轻情节。

从轻给予处分，是指在本条例规定的违法行为应当受到的处分幅度以内，给予较轻的处分。

减轻给予处分，是指在本条例规定的违法行为应当受到的处分幅度以外，减轻一档给予处分。

第十二条 国有企业管理人员违法行为情节轻微，且具有本条例第十一条第一款规定情形之一的，可以对其进行谈话提醒、批评教育、责令检查或者予以诫勉，免予或者不予处分。

国有企业管理人员因不明真相被裹挟或者被胁迫参与违法活动，经批评教育后确有悔改表现的，可以减轻、免予或者不予处分。

第十三条 国有企业管理人员有下列情形之一的，应当从重给予处分：

（一）在处分期内再次故意违法，应当受到处分；

（二）阻止他人检举、提供证据；

（三）串供或者伪造、隐匿、毁灭证据；

（四）包庇同案人员；

（五）胁迫、唆使他人实施违法行为；

（六）拒不上交或者退赔违法所得；

（七）法律、法规规定的其他从重情节。

从重给予处分，是指在本条例规定的违法行为应当受到的处分幅度以内，给予较重的处分。

第十四条 国有企业管理人员在处分期内，不得晋升职务、岗位等级和职称；其中，被记过、记大过、降级、撤职的，不得晋升薪酬待遇等级。被撤职的，降低职务或者岗位等级，同时降低薪酬待遇。被开除的，用人单位依法解除劳动合同。

第十五条 国有企业管理人员违法取得的财物和用于违法行为的本人财物，除依法应当由有关机关没收、追缴或者责令退赔的外，应当退还原所有人或者原持有人。

国有企业管理人员因违法行为获得的职务、职级、级别、岗位和职员等级、职称、待遇、资格、学历、学位、荣誉、奖励等其他利益，任免机关、单位应当予以纠正或者建议有关机关、单位、组织按规定予以纠正。

第十六条 已经退休的国有企业管理人员退休前或者退休后有违法行为应当受到处分的，不再作出处分决定，但是可以对其立案调查；依法应当给予降级、撤职、开除处分的，应当按照规定相应调整其享受的待遇，对其违法取得的财物和用于违法行为的本人财物依照本条例第十五条的规定处理。

第三章 违法行为及其适用的处分

第十七条 国有企业管理人员有下列行为之一的，依据公职人员政务处分法第二十八条的规定，予以记过或者记大过；情节较重的，予以降级或者撤职；情节严重的，予以开除：

（一）散布有损坚持和完善社会主义基本经济制度的言论；

（二）拒不执行或者变相不执行国有企业改革发展和党的建设有关决策部署；

（三）在对外经济合作、对外援助、对外交流等工作中损害国家安全和国家利益。

公开发表反对宪法确立的国家指导思想，反对中国共产党领导，反对社会主义制度，反对改革开放的文章、演说、宣言、声明等的，予以开除。

第十八条 国有企业管理人员有下列行为之一的，依据公职人员政务处分法第三十条的规定，予以警告、记过或者记大过；情节严重的，予以降级或者撤职：

（一）违反规定的决策程序、职责权限决定国有企业重大决策事项、重要人事任免事项、重大项目安排事项、大额度资金运作事项；

（二）故意规避、干涉、破坏集体决策，个人或者少数人决定国有企业重大决策事项、重要人事任免事项、重大项目安排事项、大额度资金运作事项；

（三）拒不执行或者擅自改变国有企业党委（组）会、股东（大）会、董事会、职工代表大会等集体依法作出的重大决定；

（四）拒不执行或者变相不执行、拖延执行履行出资人职责的机构、行业管理部门等有关部门依法作出的决定。

第十九条 国有企业管理人员有下列行为之一的，依据公职人员政务处分法第三十三条的规定，予以警告、记过或者记大过；情节较重的，予以降级或者撤职；情节严重的，予以开除：

（一）利用职务上的便利，侵吞、窃取、骗取或者以其他手段非法占有、挪用本企业以及关联企业的财物、客户资产等；

（二）利用职务上的便利，索取他人财物或者非法收受他人财物，为他人谋取利益；

（三）为谋取不正当利益，向国家机关、国家出资企业、事业单位、人民团体，或者向国家工作人员、企业或者其他单位的工作人员，外国公职人员、国际公共组织官员行贿；

（四）利用职权或者职务上的影响，违反规定在企业关系国有资产出资人权益的重大事项以及工程建设、资产处置、出版发行、招标投标等活动中为本人或者他人谋取私利；

（五）纵容、默许特定关系人利用本人职权或者职务上的影响，在企业关系国有资产出资人权益的重大事项以及企业经营管理活动中谋取私利；

（六）违反规定，以单位名义将国有资产集体私分给个人。

拒不纠正特定关系人违反规定任职、兼职或者从事经营活动，且不服从职务调整的，予以撤职。

第二十条 国有企业管理人员有下列行为之一，依据公职人员政务处分法第三十五条的规定，情节较重的，予以警告、记过或者记大过；情节严重的，予以降级或者撤职：

（一）超提工资总额或者超发工资，或者在工资总额之外以津贴、补贴、奖金等其他形式设定和发放工资性收入；

（二）未实行工资总额预算管理，或者未按规定履行工资总额备案或者核准程序；

（三）违反规定，自定薪酬、奖励、津贴、补贴和其他福利性货币收入；

（四）在培训活动、办公用房、公务用车、业务招待、差旅费用等方面超过规定的标准、范围；

（五）公款旅游或者以学习培训、考察调研、职工疗养等名义变相公款旅游。

第二十一条 国有企业管理人员有下列行为之一的，依据公职人员政务处分法第三十六条的规定，予以警告、记过或者记大过；情节较重的，予以降级或者撤职；情节严重的，予以开除：

（一）违反规定，个人经商办企业、拥有非上市公司（企业）股份或者证券、从事有偿中介活动、在国（境）外注册公司或者进行投资入股等营利性活动；

（二）利用职务上的便利，为他人经营与所任职企业同类经营的企业；

（三）违反规定，未经批准在本企业所出资企业或者其他企业、事业单位、社会组织、中介机构、国际组织等兼任职务；

（四）经批准兼职，但是违反规定领取薪酬或者获取其他收入；

（五）利用企业内幕信息或者其他未公开的信息、商业秘密、无形资产等谋取私利。

第二十二条 国有企业管理人员在履行提供社会公共服务职责过程中，侵犯服务对象合法权益或者社会公共利益，被监管机构查实并提出处分建议的，依据公职人员政务处分法第三十八条的规定，情节较重的，予以警告、记过或者记大过；情节严重的，予以降级或者撤职；情节特别严重的，予以开除。

第二十三条 国有企业管理人员有下列行为之一，造成国有资产损失或者其他严重不良后果的，依据公职人员政务处分法第三十九条的规定，予以警告、记过或者记大过；情节较重的，予以降级或者撤职；情节严重的，予以开除：

（一）截留、占用、挪用或者拖欠应当上缴国库的预算收入；

（二）违反规定，不履行或者不正确履行经营投资职责；

（三）违反规定，进行关联交易，开展融资性贸易、虚假交易、虚假合资、挂靠经营等活动；

（四）在国家规定期限内不办理或者不如实办理企业国有资产产权登记，或者伪造、涂改、出租、出借、出售国有资产产权登记证（表）；

（五）拒不提供有关信息资料或者编制虚假数据信息，致使国有企业绩效评价结果失真；

（六）掩饰企业真实状况，不如实向会计师事务所、律师事务所、资产评估机构等中介服务机构提供有关情况和资料，或者与会计师事务所、律师事务所、资产评估机构等中介服务机构串通作假。

第二十四条 国有企业管理人员有下列行为之一的，依据公职人员政务处分法第三十九条的规定，予以警告、记过或者记大过；情节较重的，予以降级或者撤职；情节严重的，予以开除：

（一）洗钱或者参与洗钱；

（二）吸收客户资金不入账，非法吸收公众存款或者变相吸收公众存款，违反规定参与或者变相参与民间借贷；

（三）违反规定发放贷款或者对贷款本金减免、停息、减息、缓息、免息、展期等，进行呆账核销，处置不良资产；

（四）违反规定出具金融票证、提供担保，对违法票据予以承兑、付款或者保证；

（五）违背受托义务，擅自运用客户资金或者其他委托、信托的资产；

（六）伪造、变造货币、贵金属、金融票证或者国家发行的有价证券；

（七）伪造、变造、转让、出租、出借金融机构经营许可证或者批准文件，未经批准擅自设立金融机构、发行股票或者债券；

（八）编造并且传播影响证券、期货交易的虚假信息，操纵证券、期货市场，提供虚假信息或者伪造、变造、销毁交易记录，诱骗投资者买卖证券、期货合约；

（九）进行虚假理赔或者参与保险诈骗活动；

（十）窃取、收买或者非法提供他人信用卡信息及其他公民个人信息资料。

第二十五条 国有企业管理人员有下列行为之一，造成不良后果或者影响的，依据公职人员政务处分法第三十九条的规定，予以警告、记过或者记大过；情节较重的，予以降级或者撤职；情节严重的，予以开除：

（一）泄露企业内幕信息或者商业秘密；

（二）伪造、变造、转让、出租、出借行政许可证件、资质证明文件，或者出租、出借国有企业名称或者企业名称中的字号；

（三）违反规定，举借或者变相举借地方政府债务；

（四）在中华人民共和国境外违反规定造成重大工程质量问题、引起重大劳务纠纷或者其他严重后果；

（五）不履行或者不依法履行安全生产管理职责，导致发生生产安全事故；

（六）在工作中有敷衍应付、推诿扯皮，或者片面理解、机械执行党和国家路线方针政策、重大决策部署等形式主义、官僚主义行为；

（七）拒绝、阻挠、拖延依法开展的出资人监督、审计监督、财会监督工作，或者对出资人监督、审计监督、财会监督发现的问题拒不整改、推诿敷衍、虚假整改；

（八）不依法提供有关信息、报送有关报告或者履行信息披露义务，或者配合其他主体从事违法违规行为；

（九）不履行法定职责或者违法行使职权，侵犯劳动者合法权益；

（十）违反规定，拒绝或者延迟支付中小企业款项、农民工工资等；

（十一）授意、指使、强令、纵容、包庇下属人员违反法律法规规定。

第四章　处分的程序

第二十六条　任免机关、单位按照干部管理权限对有公职人员政务处分法和本条例规定违法行为的国有企业管理人员依法给予处分，保障国有企业管理人员以及相关人员的合法权益。

任免机关、单位应当结合国有企业的组织形式、组织机构等实际情况，明确承担国有企业管理人员处分工作的内设部门或者机构（以下称承办部门）及其职责权限、运行机制等。

第二十七条　对涉嫌违法的国有企业管理人员进行调查、处理，应当由 2 名以上工作人员进行，按照下列程序办理：

（一）经任免机关、单位负责人同意，由承办部门对需要调查处理的问题线索进行初步核实；

（二）经初步核实，承办部门认为该国有企业管理人员涉嫌违反公职人员政务处分法和本条例规定，需要进一步查证的，经任免机关、单位主要负责人批准同意后立案，书面告知被调查的国有企业管理人员本人（以下称被调查人）及其所在单位，并向有管理权限的监察机关通报；

（三）承办部门负责对被调查人的违法行为作进一步调查，收集、查证有关证据材料，向有关单位和人员了解情况，并形成书面调查报告，向任免机关、单位负责人报告，有关单位和个人应当如实提供情况；

（四）承办部门将调查认定的事实以及拟给予处分的依据告知被调查人，听取其陈述和申辩，并对其提出的事实、理由和证据进行核实，记录在案，被调查人提出的事实、理由和证据成立的，应予采纳；

（五）承办部门经审查提出处理建议，按程序报任免机关、单位领导成员集体讨论，作出对被调查人给予处分、免予处分、不予处分或者撤销案件的决定，并向有管理权限的监察机关通报；

（六）任免机关、单位应当自本条第一款第五项决定作出之日起1个月以内，将处分、免予处分、不予处分或者撤销案件的决定以书面形式通知被调查人及其所在单位，并在一定范围内宣布，涉及国家秘密、商业秘密或者个人隐私的，按照国家有关规定办理；

（七）承办部门应当将处分有关决定及执行材料归入被调查人本人档案，同时汇集有关材料形成该处分案件的工作档案。

严禁以威胁、引诱、欺骗等非法方式收集证据。以非法方式收集的证据不得作为给予处分的依据。不得因被调查人的申辩而加重处分。

第二十八条 重大违法案件调查过程中，确有需要的，可以商请有管理权限的监察机关提供必要支持。

违法情形复杂、涉及面广或者造成重大影响，由任免机关、单位调查核实存在困难的，经任免机关、单位负责人同意，可以商请有管理权限的监察机关处理。

第二十九条 给予国有企业管理人员处分，应当自立案之日起6个月内作出决定；案情复杂或者遇有其他特殊情形的，经任免机关、单位主要负责人批准可以适当延长，但是延长期限不得超过6个月。

第三十条 决定给予处分的，应当制作处分决定书。

处分决定书应当载明下列事项：

（一）受到处分的国有企业管理人员（以下称被处分人）的姓名、工作单位和职务；

（二）违法事实和证据；

（三）处分的种类和依据；

（四）不服处分决定，申请复核、申诉的途径和期限；

（五）作出处分决定的机关、单位名称和日期。

处分决定书应当盖有作出决定的机关、单位印章。

第三十一条 参与国有企业管理人员违法案件调查、处理的人员有下列情形之一的，应当自行回避，被调查人、检举人以及其他有关人员可以要求其回避：

（一）是被调查人或者检举人的近亲属；

（二）担任过本案的证人；

（三）本人或者其近亲属与调查的案件有利害关系；

（四）可能影响案件公正调查、处理的其他情形。

任免机关、单位主要负责人的回避，由上一级机关、单位负责人决定；其他参与违法案件调查、处理人员的回避，由任免机关、单位负责人决定。

任免机关、单位发现参与处分工作的人员有应当回避情形的，可以直接决定该人员回避。

第三十二条 国有企业管理人员被依法追究刑事责任的，任免机关、单位应当根据司法机关的生效判决、裁定、决定及其认定的事实和情节，依法给予处分。

国有企业管理人员依法受到行政处罚，应当给予处分的，任免机关、单位可以根据生效的行政处罚决定认定的事实和情节，经核实后依法给予处分。

任免机关、单位根据本条第一款、第二款规定作出处分决定后，司法机关、行政机关依法改变原生效判决、裁定、决定等，对原处分决定产生影响的，任免机关、单位应当根据改变后的判决、裁定、决定等重新作出相应处理。

第三十三条 任免机关、单位对担任各级人民代表大会代表或者中国人民政治协商会议各级委员会委员的国有企业管理人员给予处分的，应当向有关的人民代表大会常务委员会，乡、民族乡、镇的人民代表大会主席团或者中国人民政治协商会议委员会常务委员会通报。

第三十四条 国有企业管理人员涉嫌违法，已经被立案调查，不宜继续履行职责的，任免机关、单位可以决定暂停其履行职务。国有企业管理人员在被立案调查期间，未经决定立案的任免机关、单位同意，不得出境、辞去公职；其任免机关、单位以及上级机关、单位不得对其交流、晋升、奖励或者办理退休手续。

第三十五条 调查中发现国有企业管理人员因依法履行职责遭受不实举报、诬告陷害、侮辱诽谤，造成不良影响的，任免机关、单位应当按照规定及时澄清事实，恢复名誉，消除不良影响。

第三十六条 国有企业管理人员受到降级、撤职、开除处分的，应当在处分决定作出后1个月内，由相应人事部门等按照管理权限办理岗位、职务、工资和其他有关待遇等变更手续，并依法变更或者解除劳动合同；特殊情况下，经任免机关、单位主要负责人批准可以适当延长办理期限，但是最长不得超过6个月。

第三十七条 国有企业管理人员受到开除以外的处分，在受处分期间有悔改表现，并且没有再出现应当给予处分的违法情形的，处分期满后自动解除处分。

处分解除后，考核以及晋升职务、职级、级别、岗位和职员等级、职称、薪酬待遇等级等不再受原处分影响。但是，受到降级、撤职处分的，不恢复受处分前的职务、职级、级别、岗位和职员等级、职称、薪酬待遇等级等。

任免机关、单位应当按照国家有关规定正确对待、合理使用受处分的国有企业管理人员，坚持尊重激励与监督约束并重，营造干事创业的良好环境。

第五章 复核、申诉

第三十八条 被处分人对处分决定不服的，可以自收到处分决定书之日起1个月内，向作出处分决定的任免机关、单位（以下称原处分决定单位）申请复核。原处分决定单位应当自接到复核申请后1个月以内作出复核决定。

被处分人因不可抗拒的事由或者其他正当理由耽误复核申请期限的，

在障碍消除后的10个工作日内，可以申请顺延期限；是否准许，由原处分决定单位决定。

第三十九条 被处分人对复核决定仍不服的，可以自收到复核决定之日起1个月内按照管理权限向上一级机关、单位申诉。受理申诉的机关、单位（以下称申诉机关）应当自受理之日起2个月以内作出处理决定；案情复杂的，可以适当延长，但是延长期限最多不超过1个月。

被处分人因不可抗拒的事由或者其他正当理由耽误申诉申请期限的，在障碍消除后的10个工作日内，可以申请顺延期限；是否准许，由申诉机关决定。

第四十条 原处分决定单位接到复核申请、申诉机关受理申诉后，相关承办部门应当成立工作组，调阅原案材料，必要时可以进行调查，收集、查证有关证据材料，向有关单位和人员了解情况。工作组应当集体研究，提出办理意见，按程序报原处分决定单位、申诉机关领导成员集体讨论作出复核、申诉决定，并向有管理权限的监察机关通报。复核、申诉决定应当自作出之日起1个月以内以书面形式通知被处分人及其所在单位，并在一定范围内宣布；涉及国家秘密、商业秘密或者个人隐私的，按照国家有关规定办理。

复核、申诉期间，不停止原处分决定的执行。

国有企业管理人员不因提出复核、申诉而被加重处分。

坚持复核、申诉与原案调查相分离，原案调查、承办人员不得参与复核、申诉。

第四十一条 任免机关、单位发现本机关、本单位或者下级机关、单位作出的处分决定确有错误的，应当及时予以纠正或者责令下级机关、单位及时予以纠正。

监察机关发现任免机关、单位应当给予处分而未给予，或者给予的处分违法、不当，依法提出监察建议的，任免机关、单位应当采纳并将执行情况函告监察机关，不采纳的应当说明理由。

第四十二条 有下列情形之一的，原处分决定单位、申诉机关应当撤销原处分决定，重新作出决定或者由申诉机关责令原处分决定单位重新作出决定：

（一）处分所依据的违法事实不清或者证据不足；

（二）违反本条例规定的程序，影响案件公正处理；

（三）超越职权或者滥用职权作出处分决定。

第四十三条 有下列情形之一的，原处分决定单位、申诉机关应当变更原处分决定，或者由申诉机关责令原处分决定单位予以变更：

（一）适用法律、法规确有错误；

（二）对违法行为的情节认定确有错误；

（三）处分不当。

第四十四条 原处分决定单位、申诉机关认为处分决定认定事实清楚，适用法律正确的，应当予以维持。

第四十五条 国有企业管理人员的处分决定被变更，需要调整该国有企业管理人员的职务、岗位等级、薪酬待遇等级等的，应当按照规定予以调整。国有企业管理人员的处分决定被撤销，需要恢复该国有企业管理人员的职务、岗位等级、薪酬待遇等级等的，应当按照原职务和岗位等级安排相应的职务和岗位，并在原处分决定公布范围内为其恢复名誉。

国有企业管理人员因有本条例第四十二条、第四十三条规定情形被撤销处分或者减轻处分的，应当结合其实际履职、业绩贡献等情况对其薪酬待遇受到的损失予以适当补偿。

维持、变更、撤销处分的决定应当在作出后1个月内按照本条例第二十七条第一款第六项规定予以送达、宣布，并存入被处分人本人档案。

第六章 法律责任

第四十六条 任免机关、单位及其工作人员在国有企业管理人员处分工作中有公职人员政务处分法第六十一条、第六十三条规定情形的，依据公职人员政务处分法的规定对负有责任的领导人员和直接责任人员给予处理。

第四十七条 有关机关、单位、组织或者人员拒不执行处分决定或者有公职人员政务处分法第六十二条规定情形的，由其上级机关、主管部门、履行出资人职责的机构或者任免机关、单位依据公职人员政务处分法的规定给予处理。

第四十八条 相关单位或者个人利用举报等方式歪曲捏造事实，诬告陷害国有企业管理人员的，应当依法承担法律责任。

第四十九条 违反本条例规定，构成犯罪的，依法追究刑事责任。

第七章　附　　则

第五十条　国家对违法的金融、文化国有企业管理人员追究责任另有规定的，同时适用。

第五十一条　本条例施行前，已经结案的案件如果需要复核、申诉，适用当时的规定。尚未结案的案件，如果行为发生时的规定不认为是违法的，适用当时的规定；如果行为发生时的规定认为是违法的，依照当时的规定处理，但是如果本条例不认为是违法或者根据本条例处理较轻的，适用本条例。

第五十二条　本条例自 2024 年 9 月 1 日起施行。

事业单位工作人员处分规定

（2023 年 11 月 6 日　人社部发〔2023〕58 号）

第一章　总　　则

第一条　为严明事业单位纪律规矩，规范事业单位工作人员行为，保证事业单位及其工作人员依法履职，根据《中华人民共和国公职人员政务处分法》和《事业单位人事管理条例》，制定本规定。

第二条　事业单位工作人员违规违纪违法，应当承担纪律责任的，依照本规定给予处分。

任免机关、事业单位对事业单位中从事管理的人员给予处分，适用《中华人民共和国公职人员政务处分法》第二章、第三章规定。处分的程序、申诉等适用本规定。

第三条　给予事业单位工作人员处分，应当坚持党管干部、党管人才原则；坚持公正、公平；坚持惩治与教育相结合。

给予事业单位工作人员处分，应当与其违规违纪违法行为的性质、情节、危害程度相适应。

给予事业单位工作人员处分，应当事实清楚、证据确凿、定性准确、处理恰当、程序合法、手续完备。

第二章　处分的种类和适用

第四条　事业单位工作人员处分的种类为：

（一）警告；

（二）记过；

（三）降低岗位等级；

（四）开除。

第五条　事业单位工作人员受处分的期间为：

（一）警告，六个月；

（二）记过，十二个月；

（三）降低岗位等级，二十四个月。

处分决定自作出之日起生效，处分期自处分决定生效之日起计算。

第六条　事业单位工作人员受到警告处分的，在作出处分决定的当年，参加年度考核，不能确定为优秀档次；受到记过处分的当年，受到降低岗位等级处分的当年及第二年，参加年度考核，只写评语，不确定档次。

事业单位工作人员受到降低岗位等级处分的，自处分决定生效之日起降低一个以上岗位和职员等级聘用，按照事业单位收入分配有关规定确定其工资待遇；对同时在管理和专业技术两类岗位任职的事业单位工作人员发生违规违纪违法行为的，给予降低岗位等级处分时，应当同时降低两类岗位的等级，并根据违规违纪违法的情形与岗位性质的关联度确定降低岗位类别的主次。

事业单位工作人员在受处分期间，不得聘用到高于现聘岗位和职员等级。受到开除处分的，自处分决定生效之日起，终止其与事业单位的人事关系。

第七条　事业单位工作人员受到记过以上处分的，在受处分期间不得参加专业技术职称评审或者工勤技能人员职业技能等级认定。

第八条　事业单位工作人员同时有两种以上需要给予处分的行为的，应当分别确定其处分。应当给予的处分种类不同的，执行其中最重的处分；应当给予开除以外多个相同种类处分的，执行该处分，处分期应当按照一个处分期以上、多个处分期之和以下确定，但是最长不得超过四十八个月。

事业单位工作人员在受处分期间受到新的处分的，其处分期为原处分期尚未执行的期限与新处分期限之和，但是最长不得超过四十八个月。

第九条 事业单位工作人员二人以上共同违规违纪违法，需要给予处分的，按照各自应当承担的责任，分别给予相应的处分。

第十条 有下列情形之一的，应当从重处分：

（一）在处分期内再次故意违规违纪违法，应当受到处分的；

（二）在二人以上的共同违规违纪违法行为中起主要作用的；

（三）隐匿、伪造、销毁证据的；

（四）串供或者阻止他人揭发检举、提供证据材料的；

（五）包庇同案人员的；

（六）胁迫、唆使他人实施违规违纪违法行为的；

（七）拒不上交或者退赔违规违纪违法所得的；

（八）法律、法规、规章规定的其他从重情节。

第十一条 有下列情形之一的，可以从轻或者减轻给予处分：

（一）主动交代本人应当受到处分的违规违纪违法行为的；

（二）配合调查，如实说明本人违规违纪违法事实的；

（三）主动采取措施，有效避免、挽回损失或者消除不良影响的；

（四）检举他人违规违纪违法行为，情况属实的；

（五）在共同违规违纪违法行为中起次要或者辅助作用的；

（六）主动上交或者退赔违规违纪违法所得的；

（七）其他从轻或者减轻情节。

第十二条 违规违纪违法行为情节轻微，且具有本规定第十一条的情形之一的，可以对其进行谈话提醒、批评教育、责令检查或者予以诫勉，免予或者不予处分。

事业单位工作人员因不明真相被裹挟或者被胁迫参与违规违纪违法活动，经批评教育后确有悔改表现的，可以减轻、免予或者不予处分。

第十三条 事业单位工作人员违规违纪违法取得的财物和用于违规违纪违法的财物，除依法应当由其他机关没收、追缴或者责令退赔的，由处分决定单位没收、追缴或者责令退赔；应当退还原所有人或者原持有人的，依法予以退还；属于国家财产或者不应当退还以及无法退还的，上缴国库。

第十四条 已经退休的事业单位工作人员退休前或者退休后有违规违纪违法行为应当受到处分的，不再作出处分决定，但是可以对其立案调查；

依规依纪依法应当给予降低岗位等级以上处分的，应当按照规定相应调整其享受的待遇。

第十五条 事业单位有违规违纪违法行为，应当追究纪律责任的，依规依纪依法对负有责任的领导人员和直接责任人员给予处分。

第三章 违规违纪违法行为及其适用的处分

第十六条 有下列行为之一的，给予记过处分；情节较重的，给予降低岗位等级处分；情节严重的，给予开除处分：

（一）散布有损宪法权威、中国共产党领导和国家声誉的言论的；

（二）参加旨在反对宪法、中国共产党领导和国家的集会、游行、示威等活动的；

（三）拒不执行或者变相不执行中国共产党和国家的路线方针政策、重大决策部署的；

（四）参加非法组织、非法活动的；

（五）利用宗教活动破坏民族团结和社会稳定的；挑拨、破坏民族关系，或者参加民族分裂活动的；

（六）在对外交往中损害国家荣誉和利益的；

（七）携带含有依法禁止内容的书刊、音像制品、电子出版物进入境内的；

（八）其他违反政治纪律的行为。

有前款第二项、第四项、第五项行为之一的，对策划者、组织者和骨干分子，给予开除处分。

公开发表反对宪法确立的国家指导思想，反对中国共产党领导，反对社会主义制度，反对改革开放的文章、演说、宣言、声明等的，给予开除处分。

第十七条 有下列行为之一的，给予警告或者记过处分；情节较重的，给予降低岗位等级处分；情节严重的，给予开除处分：

（一）采取不正当手段为本人或者他人谋取岗位；

（二）在事业单位选拔任用、公开招聘、考核、培训、回避、奖励、申诉、职称评审等人事管理工作中有违反组织人事纪律行为的；

（三）其他违反组织人事纪律的行为。

篡改、伪造本人档案资料的，给予记过处分；情节严重的，给予降低岗位等级处分。

违反规定出境或者办理因私出境证件的，给予记过处分；情节严重的，给予降低岗位等级处分。

违反规定取得外国国籍或者获取境外永久居留资格、长期居留许可的，给予降低岗位等级以上处分。

第十八条 有下列行为之一的，给予警告或者记过处分；情节较重的，给予降低岗位等级处分；情节严重的，给予开除处分：

（一）在执行国家重要任务、应对公共突发事件中，不服从指挥、调遣或者消极对抗的；

（二）破坏正常工作秩序，给国家或者公共利益造成损失的；

（三）违章指挥、违规操作，致使人民生命财产遭受损失的；

（四）发生重大事故、灾害、事件，擅离职守或者不按规定报告、不采取措施处置或者处置不力的；

（五）在项目评估评审、产品认证、设备检测检验等工作中徇私舞弊，或者违反规定造成不良影响的；

（六）泄露国家秘密，或者泄露因工作掌握的内幕信息、个人隐私，造成不良后果的；

（七）其他违反工作纪律失职渎职的行为。

第十九条 有下列行为之一的，给予警告或者记过处分；情节较重的，给予降低岗位等级处分；情节严重的，给予开除处分：

（一）贪污、索贿、受贿、行贿、介绍贿赂、挪用公款的；

（二）利用工作之便为本人或者他人谋取不正当利益的；

（三）在公务活动或者工作中接受礼品、礼金、各种有价证券、支付凭证的；

（四）利用知悉或者掌握的内幕信息谋取利益的；

（五）用公款旅游或者变相用公款旅游的；

（六）违反国家规定，从事、参与营利性活动或者兼任职务领取报酬的；

（七）其他违反廉洁从业纪律的行为。

第二十条 有下列行为之一的，给予警告或者记过处分；情节较重的，给予降低岗位等级处分；情节严重的，给予开除处分：

（一）违反国家财政收入上缴有关规定的；

（二）违反规定使用、骗取财政资金或者违反规定使用、骗取、隐匿、转移、侵占、挪用社会保险基金的；

（三）擅自设定收费项目或者擅自改变收费项目的范围、标准和对象的；

（四）挥霍、浪费国家资财或者造成国有资产流失的；

（五）违反国有资产管理规定，擅自占有、使用、处置国有资产的；

（六）在招标投标和物资采购工作中违反有关规定，造成不良影响或者损失的；

（七）其他违反财经纪律的行为。

第二十一条 有下列行为之一的，给予警告或者记过处分；情节较重的，给予降低岗位等级处分；情节严重的，给予开除处分：

（一）利用专业技术或者技能实施违规违纪违法行为的；

（二）有抄袭、剽窃、侵吞他人学术成果，伪造、篡改数据文献，或者捏造事实等学术不端行为的；

（三）利用职业身份进行利诱、威胁或者误导，损害他人合法权益的；

（四）利用权威、地位或者掌控的资源，压制不同观点，限制学术自由，造成重大损失或者不良影响的；

（五）在申报岗位、项目、荣誉等过程中弄虚作假的；

（六）工作态度恶劣，造成不良社会影响的；

（七）其他严重违反职业道德的行为。

有前款第一项规定行为的，给予记过以上处分。

第二十二条 有下列行为之一的，给予警告或者记过处分；情节较重的，给予降低岗位等级处分；情节严重的，给予开除处分：

（一）违背社会公序良俗，在公共场所有不当行为，造成不良影响的；

（二）制造、传播违法违禁物品及信息的；

（三）参与赌博活动的；

（四）有实施家庭暴力，虐待、遗弃家庭成员，或者拒不承担赡养、抚养、扶养义务等的；

（五）其他严重违反公共秩序、社会公德的行为。

吸食、注射毒品，组织赌博，组织、支持、参与卖淫、嫖娼、色情淫乱活动的，给予降低岗位等级以上处分。

第二十三条 事业单位工作人员犯罪，有下列情形之一的，给予开除处分：

（一）因故意犯罪被判处管制、拘役或者有期徒刑以上刑罚（含宣告缓刑）的；

（二）因过失犯罪被判处有期徒刑，刑期超过三年的；

（三）因犯罪被单处或者并处剥夺政治权利的。

因过失犯罪被判处管制、拘役或者三年以下有期徒刑的，一般应当给予开除处分；案件情况特殊，给予降低岗位等级处分更为适当的，可以不予开除，但是应当报请事业单位主管部门批准，并报同级事业单位人事综合管理部门备案。

事业单位工作人员因犯罪被单处罚金，或者犯罪情节轻微，人民检察院依法作出不起诉决定或者人民法院依法免予刑事处罚的，给予降低岗位等级处分；造成不良影响的，给予开除处分。

第四章 处分的权限和程序

第二十四条 对事业单位工作人员的处分，按照干部人事管理权限，由事业单位或者事业单位主管部门决定。

开除处分由事业单位主管部门决定，并报同级事业单位人事综合管理部门备案。

对中央和地方直属事业单位工作人员的处分，按照干部人事管理权限，由本单位或者有关部门决定；其中，由本单位作出开除处分决定的，报同级事业单位人事综合管理部门备案。

第二十五条 对事业单位工作人员的处分，按照以下程序办理：

（一）对事业单位工作人员违规违纪违法行为初步调查后，需要进一步查证的，应当按照干部人事管理权限，经事业单位负责人批准或者有关部门同意后立案；

（二）对被调查的事业单位工作人员的违规违纪违法行为作进一步调查，收集、查证有关证据材料，并形成书面调查报告；

（三）将调查认定的事实及拟给予处分的依据告知被调查的事业单位

工作人员，听取其陈述和申辩，并对其所提出的事实、理由和证据进行复核，记录在案。被调查的事业单位工作人员提出的事实、理由和证据成立的，应予采信；

（四）按照处分决定权限，作出对该事业单位工作人员给予处分、免予不予处分或者撤销案件的决定；

（五）处分决定单位印发处分决定；

（六）将处分决定以书面形式通知受处分事业单位工作人员本人和有关单位，并在一定范围内宣布；

（七）将处分决定存入受处分事业单位工作人员的档案。

第二十六条 事业单位工作人员已经被立案调查，不宜继续履职的，可以按照干部人事管理权限，由事业单位或者有关部门暂停其职责。

被调查的事业单位工作人员在案件立案调查期间，不得解除聘用合同、出境，所在单位不得对其交流、晋升、奖励或者办理退休手续。

第二十七条 对事业单位工作人员案件进行调查，应当由二名以上办案人员进行；接受调查的单位和个人应当如实提供情况。

以暴力、威胁、引诱、欺骗等非法方式收集的证据不得作为定案的根据。

在调查中发现事业单位工作人员受到不实检举、控告或者诬告陷害，造成不良影响的，应当按照规定及时澄清事实，恢复名誉，消除不良影响。

第二十八条 参与事业单位工作人员案件调查、处理的人员应当回避的，执行《事业单位人事管理回避规定》等有关规定。

第二十九条 给予事业单位工作人员处分，应当自批准立案之日起六个月内作出决定；案情复杂或者遇有其他特殊情形的可以延长，但是办案期限最长不得超过十二个月。

第三十条 处分决定应当包括下列内容：

（一）受处分事业单位工作人员的姓名、工作单位、原所聘岗位（所任职务）名称及等级、职员等级等基本情况；

（二）经查证的违规违纪违法事实；

（三）处分的种类、受处分的期间和依据；

（四）不服处分决定的申诉途径和期限；

（五）处分决定单位的名称、印章和作出决定的日期。

第三十一条 事业单位工作人员受到处分，应当办理岗位、职员等级、工资及其他有关待遇等的变更手续的，由人事部门按照管理权限在作出处分决定后一个月内办理；特殊情况下，经批准可以适当延长办理期限，但是最长不得超过六个月。

第三十二条 事业单位工作人员受开除以外的处分，在受处分期间有悔改表现，并且没有再出现违规违纪违法情形的，处分期满后自动解除处分。

处分解除后，考核及晋升岗位和职员等级、职称、工资待遇按照国家有关规定执行，不再受原处分的影响。但是，受到降低岗位等级处分的，不恢复受处分前的岗位、职员等级、工资待遇；无岗位、职员等级可降而降低薪级工资的，处分解除后，不恢复受处分前的薪级工资。

第三十三条 事业单位工作人员受到开除处分后，事业单位应当及时办理档案和社会保险关系转移手续，具体办法按照有关规定执行。

第五章　复核和申诉

第三十四条 受到处分的事业单位工作人员对处分决定不服的，可以自知道或者应当知道该处分决定之日起三十日内向原处分决定单位申请复核。对复核结果不服的，可以自接到复核决定之日起三十日内，按照《事业单位工作人员申诉规定》等有关规定向原处分决定单位的主管部门或者同级事业单位人事综合管理部门提出申诉。

受到处分的中央和地方直属事业单位工作人员的申诉，按照干部人事管理权限，由同级事业单位人事综合管理部门受理。

第三十五条 原处分决定单位应当自接到复核申请后的三十日内作出复核决定。受理申诉的单位应当自受理之日起六十日内作出处理决定；案情复杂的，可以适当延长，但是延长期限最多不超过三十日。

复核、申诉期间不停止处分的执行。

事业单位工作人员不因提出复核、申诉而被加重处分。

第三十六条 有下列情形之一的，受理处分复核、申诉的单位应当撤销处分决定，重新作出决定或者责令原处分决定单位重新作出决定：

（一）处分所依据的事实不清、证据不足的；

（二）违反规定程序，影响案件公正处理的；

（三）超越职权或者滥用职权作出处分决定的。

第三十七条 有下列情形之一的，受理复核、申诉的单位应当变更处分决定或者责令原处分决定单位变更处分决定：

（一）适用法律、法规、规章错误的；

（二）对违规违纪违法行为的情节认定有误的；

（三）处分不当的。

第三十八条 事业单位工作人员的处分决定被变更，需要调整该工作人员的岗位、职员等级或者工资待遇的，应当按照规定予以调整；事业单位工作人员的处分决定被撤销的，需要恢复该工作人员的岗位、职员等级、工资待遇的，按照原岗位、职员等级安排相应的岗位、职员等级，恢复相应的工资待遇，并在原处分决定公布范围内为其恢复名誉。

被撤销处分或者被减轻处分的事业单位工作人员工资待遇受到损失的，应当予以补偿。没收、追缴财物错误的，应当依规依纪依法予以返还、赔偿。

第六章 附 则

第三十九条 对事业单位工作人员处分工作中有滥用职权、玩忽职守、徇私舞弊、收受贿赂等违规违纪违法行为的工作人员，按照有关规定给予处分；涉嫌犯罪的，依法追究刑事责任。

第四十条 对机关工勤人员给予处分，参照本规定执行。

第四十一条 教育、科研、文化、医疗卫生、体育等部门，可以依据本规定，结合自身工作的实际情况，与中央事业单位人事综合管理部门联合制定具体办法。

第四十二条 本规定实施前，已经结案的案件如果需要复核、申诉，适用当时的规定。尚未结案的案件，如果行为发生时的规定不认为是违规违纪违法的，适用当时的规定；如果行为发生时的规定认定是违规违纪违法的，依照当时的规定处理，但是如果本规定不认为是违规违纪违法的或者根据本规定处理较轻的，适用本规定。

第四十三条 本规定所称以上、以下，包括本数。

第四十四条 本规定由中共中央组织部、人力资源社会保障部负责解释。

第四十五条 本规定自发布之日起施行。

中国共产党纪律检查机关监督执纪工作规则

（2018 年 11 月 26 日中共中央政治局会议审议批准　2018 年 12 月 28 日中共中央办公厅发布）

第一章　总　则

第一条　为了加强党对纪律检查和国家监察工作的统一领导，加强党的纪律建设，推进全面从严治党，规范纪检监察机关监督执纪工作，根据《中国共产党章程》和有关法律，结合纪检监察体制改革和监督执纪工作实践，制定本规则。

第二条　坚持以马克思列宁主义、毛泽东思想、邓小平理论、“三个代表”重要思想、科学发展观、习近平新时代中国特色社会主义思想为指导，全面贯彻纪律检查委员会和监察委员会合署办公要求，依规依纪依法严格监督执纪，坚持打铁必须自身硬，把权力关进制度笼子，建设忠诚干净担当的纪检监察干部队伍。

第三条　监督执纪工作应当遵循以下原则：

（一）坚持和加强党的全面领导，牢固树立政治意识、大局意识、核心意识、看齐意识，坚定中国特色社会主义道路自信、理论自信、制度自信、文化自信，坚决维护习近平总书记党中央的核心、全党的核心地位，坚决维护党中央权威和集中统一领导，严守政治纪律和政治规矩，体现监督执纪工作的政治性，构建党统一指挥、全面覆盖、权威高效的监督体系；

（二）坚持纪律检查工作双重领导体制，监督执纪工作以上级纪委领导为主，线索处置、立案审查等在向同级党委报告的同时应当向上级纪委报告；

（三）坚持实事求是，以事实为依据，以党章党规党纪和国家法律法规为准绳，强化监督、严格执纪，把握政策、宽严相济，对主动投案、主动交代问题的宽大处理，对拒不交代、欺瞒组织的从严处理；

（四）坚持信任不能代替监督，执纪者必先守纪，以更高的标准、更严的要求约束自己，严格工作程序，有效管控风险，强化对监督执纪各环节的监督制约，确保监督执纪工作经得起历史和人民的检验。

第四条 坚持惩前毖后、治病救人，把纪律挺在前面，精准有效运用监督执纪“四种形态”，把思想政治工作贯穿监督执纪全过程，严管和厚爱结合，激励和约束并重，注重教育转化，促使党员自觉防止和纠正违纪行为，惩治极少数，教育大多数，实现政治效果、纪法效果和社会效果相统一。

第二章 领导体制

第五条 中央纪律检查委员会在党中央领导下进行工作。地方各级纪律检查委员会和基层纪律检查委员会在同级党的委员会和上级纪律检查委员会双重领导下进行工作。

党委应当定期听取、审议同级纪律检查委员会和监察委员会的工作报告，加强对纪委监委工作的领导、管理和监督。

第六条 党的纪律检查机关和国家监察机关是党和国家自我监督的专责机关，中央纪委和地方各级纪委贯彻党中央关于国家监察工作的决策部署，审议决定监委依法履职中的重要事项，把执纪和执法贯通起来，实现党内监督和国家监察的有机统一。

第七条 监督执纪工作实行分级负责制：

（一）中央纪委国家监委负责监督检查和审查调查中央委员、候补中央委员，中央纪委委员，中央管理的领导干部，党中央工作部门、党中央批准设立的党组（党委），各省、自治区、直辖市党委、纪委等党组织的涉嫌违纪或者职务违法、职务犯罪问题。

（二）地方各级纪委监委负责监督检查和审查调查同级党委委员、候补委员，同级纪委委员，同级党委管理的党员、干部以及监察对象，同级党委工作部门、党委批准设立的党组（党委），下一级党委、纪委等党组织的涉嫌违纪或者职务违法、职务犯罪问题。

（三）基层纪委负责监督检查和审查同级党委管理的党员，同级党委下属的各级党组织的涉嫌违纪问题；未设立纪律检查委员会的党的基层委员会，由该委员会负责监督执纪工作。

地方各级纪委监委依照规定加强对同级党委履行职责、行使权力情况的监督。

第八条 对党的组织关系在地方、干部管理权限在主管部门的党员、干部以及监察对象涉嫌违纪违法问题，应当按照谁主管谁负责的原则进行监督执纪，由设在主管部门、有管辖权的纪检监察机关进行审查调查，主管部门认为有必要的，可以与地方纪检监察机关联合审查调查。地方纪检监察机关接到问题线索反映的，经与主管部门协调，可以对其进行审查调查，也可以与主管部门组成联合审查调查组，审查调查情况及时向对方通报。

第九条 上级纪检监察机关有权指定下级纪检监察机关对其他下级纪检监察机关管辖的党组织和党员、干部以及监察对象涉嫌违纪或者职务违法、职务犯罪问题进行审查调查，必要时也可以直接进行审查调查。上级纪检监察机关可以将其直接管辖的事项指定下级纪检监察机关进行审查调查。

纪检监察机关之间对管辖事项有争议的，由其共同的上级纪检监察机关确定；认为所管辖的事项重大、复杂，需要由上级纪检监察机关管辖的，可以报请上级纪检监察机关管辖。

第十条 纪检监察机关应当严格执行请示报告制度。中央纪委定期向党中央报告工作，研究涉及全局的重大事项、遇有重要问题以及作出立案审查调查决定、给予党纪政务处分等事项应当及时向党中央请示报告，既要报告结果也要报告过程。执行党中央重要决定的情况应当专题报告。

地方各级纪检监察机关对作出立案审查调查决定、给予党纪政务处分等重要事项，应当向同级党委请示汇报并向上级纪委监委报告，形成明确意见后再正式行文请示。遇有重要事项应当及时报告。

纪检监察机关应当坚持民主集中制，对于线索处置、谈话函询、初步核实、立案审查调查、案件审理、处置执行中的重要问题，经集体研究后，报纪检监察机关相关负责人、主要负责人审批。

第十一条 纪检监察机关应当建立监督检查、审查调查、案件监督管理、案件审理相互协调、相互制约的工作机制。市地级以上纪委监委实行监督检查和审查调查部门分设，监督检查部门主要负责联系地区和部门、单位的日常监督检查和对涉嫌一般违纪问题线索处置，审查调查部门主要负责对涉嫌严重违纪或者职务违法、职务犯罪问题线索进行初步核实和立案审查调查；案件监督管理部门负责对监督检查、审查调查工作全过程进行监督管理，案件审理部门负责对需要给予党纪政务处分的案件审核把关。

纪检监察机关在工作中需要协助的，有关组织和机关、单位、个人应当依规依纪依法予以协助。

第十二条 纪检监察机关案件监督管理部门负责对监督执纪工作全过程进行监督管理，做好线索管理、组织协调、监督检查、督促办理、统计分析等工作。党风政风监督部门应当加强对党风政风建设的综合协调，做好督促检查、通报曝光和综合分析等工作。

第三章 监督检查

第十三条 党委（党组）在党内监督中履行主体责任，纪检监察机关履行监督责任，应当将纪律监督、监察监督、巡视监督、派驻监督结合起来，重点检查遵守、执行党章党规党纪和宪法法律法规，坚定理想信念，增强“四个意识”，坚定“四个自信”，维护习近平总书记核心地位，维护党中央权威和集中统一领导，贯彻执行党和国家的路线方针政策以及重大决策部署，坚持主动作为、真抓实干，落实全面从严治党责任、民主集中制原则、选人用人规定以及中央八项规定精神，巡视巡察整改，依法履职、秉公用权、廉洁从政从业以及恪守社会道德规范等情况，对发现的问题分类处置、督促整改。

第十四条 纪委监委（纪检监察组、纪检监察工委）报请或者会同党委（党组）定期召开专题会议，听取加强党内监督情况专题报告，综合分析所联系的地区、部门、单位政治生态状况，提出加强和改进的意见及工作措施，抓好组织实施和督促检查。

第十五条 纪检监察机关应当结合被监督对象的职责，加强对行使权力情况的日常监督，通过多种方式了解被监督对象的思想、工作、作风、生活情况，发现苗头性、倾向性问题或者轻微违纪问题，应当及时约谈提醒、批评教育、责令检查、诫勉谈话，提高监督的针对性和实效性。

第十六条 纪检监察机关应当畅通来信、来访、来电和网络等举报渠道，建设覆盖纪检监察系统的检举举报平台，及时受理检举控告，发挥党员和群众的监督作用。

第十七条 纪检监察机关应当建立健全党员领导干部廉政档案，主要内容包括：

（一）任免情况、人事档案情况、因不如实报告个人有关事项受到处理的情况等；

（二）巡视巡察、信访、案件监督管理以及其他方面移交的问题线索和处置情况；

（三）开展谈话函询、初步核实、审查调查以及其他工作形成的有关材料；

（四）党风廉政意见回复材料；

（五）其他反映廉政情况的材料。

廉政档案应当动态更新。

第十八条 纪检监察机关应当做好干部选拔任用党风廉政意见回复工作，对反映问题线索认真核查，综合用好巡视巡察等其他监督成果，严把政治关、品行关、作风关、廉洁关。

第十九条 纪检监察机关对监督中发现的突出问题，应当向有关党组织或者单位提出纪律检查建议或者监察建议，通过督促召开专题民主生活会、组织开展专项检查等方式，督查督办，推动整改。

第四章 线索处置

第二十条 纪检监察机关应当加强对问题线索的集中管理、分类处置、定期清理。信访举报部门归口受理同级党委管理的党组织和党员、干部以及监察对象涉嫌违纪或者职务违法、职务犯罪问题的信访举报，统一接收有关纪检监察机关、派驻或者派出机构以及其他单位移交的相关信访举报，移送本机关有关部门，深入分析信访形势，及时反映损害群众最关心、最直接、最现实的利益问题。

巡视巡察工作机构和审计机关、行政执法机关、司法机关等单位发现涉嫌违纪或者职务违法、职务犯罪问题线索，应当及时移交纪检监察机关案件监督管理部门统一办理。

监督检查部门、审查调查部门、干部监督部门发现的相关问题线索，属于本部门受理范围的，应当送案件监督管理部门备案；不属于本部门受理范围的，经审批后移送案件监督管理部门，由其按程序转交相关监督执纪部门办理。

第二十一条 纪检监察机关应当结合问题线索所涉及地区、部门、单位总体情况，综合分析，按照谈话函询、初步核实、暂存待查、予以了结4类方式进行处置。

线索处置不得拖延和积压，处置意见应当在收到问题线索之日起1个月内提出，并制定处置方案，履行审批手续。

第二十二条 纪检监察机关对反映同级党委委员、候补委员，纪委常委、监委委员，以及所辖地区、部门、单位主要负责人的问题线索和线索处置情况，应当及时向上级纪检监察机关报告。

第二十三条 案件监督管理部门对问题线索实行集中管理、动态更新、定期汇总核对，提出分办意见，报纪检监察机关主要负责人批准，按程序移送承办部门。承办部门应当指定专人负责管理问题线索，逐件编号登记、建立管理台账。线索管理处置各环节应当由经手人员签名，全程登记备查。

第二十四条 纪检监察机关应当根据工作需要，定期召开专题会议，听取问题线索综合情况汇报，进行分析研判，对重要检举事项和反映问题集中的领域深入研究，提出处置要求，做到件件有着落。

第二十五条 承办部门应当做好线索处置归档工作，归档材料齐全完整，载明领导批示和处置过程。案件监督管理部门定期汇总、核对问题线索及处置情况，向纪检监察机关主要负责人报告，并向相关部门通报。

第五章 谈话函询

第二十六条 各级党委（党组）和纪检监察机关应当推动加强和规范党内政治生活，经常拿起批评和自我批评的武器，及时开展谈话提醒、约谈函询，促使党员、干部以及监察对象增强党的观念和纪律意识。

第二十七条 纪检监察机关采取谈话函询方式处置问题线索，应当起草谈话函询报批请示，拟订谈话方案和相关工作预案，按程序报批。需要谈话函询下一级党委（党组）主要负责人的，应当报纪检监察机关主要负责人批准，必要时向同级党委主要负责人报告。

第二十八条 谈话应当由纪检监察机关相关负责人或者承办部门负责人进行，可以由被谈话人所在党委（党组）、纪委监委（纪检监察组、纪检监察工委）有关负责人陪同；经批准也可以委托被谈话人所在党委（党组）主要负责人进行。

谈话应当在具备安全保障条件的场所进行。由纪检监察机关谈话的，应当制作谈话笔录，谈话后可以视情况由被谈话人写出书面说明。

第二十九条 纪检监察机关进行函询应当以办公厅（室）名义发函给被反映人，并抄送其所在党委（党组）和派驻纪检监察组主要负责人。被函询人应当在收到函件后15个工作日内写出说明材料，由其所在党委（党组）主要负责人签署意见后发函回复。

被函询人为党委（党组）主要负责人的，或者被函询人所作说明涉及党委（党组）主要负责人的，应当直接发函回复纪检监察机关。

第三十条 承办部门应当在谈话结束或者收到函询回复后1个月内写出情况报告和处置意见，按程序报批。根据不同情形作出相应处理：

（一）反映不实，或者没有证据证明存在问题的，予以采信了结，并向被函询人发函反馈。

（二）问题轻微，不需要追究纪律责任的，采取谈话提醒、批评教育、责令检查、诫勉谈话等方式处理。

（三）反映问题比较具体，但被反映人予以否认且否认理由不充分具体的，或者说明存在明显问题的，一般应当再次谈话或者函询；发现被反映人涉嫌违纪或者职务违法、职务犯罪问题需要追究纪律和法律责任的，应当提出初步核实的建议。

（四）对诬告陷害者，依规依纪依法予以查处。

必要时可以对被反映人谈话函询的说明情况进行抽查核实。

谈话函询材料应当存入廉政档案。

第三十一条 被谈话函询的党员干部应当在民主生活会、组织生活会上就本年度或者上年度谈话函询问题进行说明，讲清组织予以采信了结的情况；存在违纪问题的，应当进行自我批评，作出检讨。

第六章 初步核实

第三十二条 党委（党组）、纪委监委（纪检监察组）应当对具有可查性的涉嫌违纪或者职务违法、职务犯罪问题线索，扎实开展初步核实工作，收集客观性证据，确保真实性和准确性。

第三十三条 纪检监察机关采取初步核实方式处置问题线索，应当制定工作方案，成立核查组，履行审批程序。被核查人为下一级党委（党组）主要负责人的，纪检监察机关应当报同级党委主要负责人批准。

第三十四条 核查组经批准可以采取必要措施收集证据，与相关人员谈话了解情况，要求相关组织作出说明，调取个人有关事项报告，查阅复制文件、账目、档案等资料，查核资产情况和有关信息，进行鉴定勘验。对被核查人及相关人员主动上交的财物，核查组应当予以暂扣。

需要采取技术调查或者限制出境等措施的，纪检监察机关应当严格履行审批手续，交有关机关执行。

第三十五条 初步核实工作结束后，核查组应当撰写初步核实情况报告，列明被核查人基本情况、反映的主要问题、办理依据以及初步核实结果、存在疑点、处理建议，由核查组全体人员签名备查。

承办部门应当综合分析初步核实情况，按照拟立案审查调查、予以了结、谈话提醒、暂存待查，或者移送有关党组织处理等方式提出处置建议。

初步核实情况报告应当报纪检监察机关主要负责人审批，必要时向同级党委主要负责人报告。

第七章 审查调查

第三十六条 党委（党组）应当按照管理权限，加强对党员、干部以及监察对象涉嫌严重违纪或者职务违法、职务犯罪问题审查调查处置工作，定期听取重大案件情况报告，加强反腐败协调机构的机制建设，坚定不移、精准有序惩治腐败。

第三十七条 纪检监察机关经过初步核实，对党员、干部以及监察对象涉嫌违纪或者职务违法、职务犯罪，需要追究纪律或者法律责任的，应当立案审查调查。

凡报请批准立案的，应当已经掌握部分违纪或者职务违法、职务犯罪事实和证据，具备进行审查调查的条件。

第三十八条 对符合立案条件的，承办部门应当起草立案审查调查呈批报告，经纪检监察机关主要负责人审批，报同级党委主要负责人批准，予以立案审查调查。

立案审查调查决定应当向被审查调查人宣布，并向被审查调查人所在党委（党组）主要负责人通报。

第三十九条 对涉嫌严重违纪或者职务违法、职务犯罪人员立案审查调查，纪检监察机关主要负责人应当主持召开由纪检监察机关相关负责人参加的专题会议，研究批准审查调查方案。

纪检监察机关相关负责人批准成立审查调查组，确定审查调查谈话方案、外查方案，审批重要信息查询、涉案财物查扣等事项。

监督检查、审查调查部门主要负责人组织研究提出审查调查谈话方案、外查方案和处置意见建议，审批一般信息查询，对调查取证审核把关。

审查调查组组长应当严格执行审查调查方案，不得擅自更改；以书面形式报告审查调查进展情况，遇有重要事项及时请示。

第四十条 审查调查组可以依照党章党规和监察法，经审批进行谈话、讯问、询问、留置、查询、冻结、搜查、调取、查封、扣押（暂扣、封存）、勘验检查、鉴定，提请有关机关采取技术调查、通缉、限制出境等措施。

承办部门应当建立台账，记录使用措施情况，向案件监督管理部门定期备案。

案件监督管理部门应当核对检查，定期汇总重要措施使用情况并报告纪委监委领导和上一级纪检监察机关，发现违规违纪违法使用措施的，区分不同情况进行处理，防止擅自扩大范围、延长时限。

第四十一条 需要对被审查调查人采取留置措施的，应当依据监察法进行，在24小时内通知其所在单位和家属，并及时向社会公开发布。因可能毁灭、伪造证据，干扰证人作证或者串供等有碍调查情形而不宜通知或者公开的，应当按程序报批并记录在案。有碍调查的情形消失后，应当立即通知被留置人员所在单位和家属。

第四十二条 审查调查工作应当依照规定由两人以上进行，按照规定出示证件，出具书面通知。

第四十三条 立案审查调查方案批准后，应当由纪检监察机关相关负责人或者部门负责人与被审查调查人谈话，宣布立案决定，讲明党的政策和纪律，要求被审查调查人端正态度、配合审查调查。

审查调查应当充分听取被审查调查人陈述，保障其饮食、休息，提供医疗服务，确保安全。严格禁止使用违反党章党规党纪和国家法律的手段，严禁逼供、诱供、侮辱、打骂、虐待、体罚或者变相体罚。

第四十四条 审查调查期间，对被审查调查人以同志相称，安排学习党章党规党纪以及相关法律法规，开展理想信念宗旨教育，通过深入细致的思想政治工作，促使其深刻反省、认识错误、交代问题，写出忏悔反思材料。

第四十五条 外查工作必须严格按照外查方案执行，不得随意扩大审查调查范围、变更审查调查对象和事项，重要事项应当及时请示报告。

外查工作期间，未经批准，监督执纪人员不得单独接触任何涉案人员及其特定关系人，不得擅自采取审查调查措施，不得从事与外查事项无关的活动。

第四十六条 纪检监察机关应当严格依规依纪依法收集、鉴别证据，做到全面、客观，形成相互印证、完整稳定的证据链。

调查取证应当收集原物原件，逐件清点编号，现场登记，由在场人员签字盖章，原物不便搬运、保存或者取得原件确有困难的，可以将原物封存并拍照录像或者调取原件副本、复印件；谈话应当现场制作谈话笔录并由被谈话人阅看后签字。已调取证据必须及时交审查调查组统一保管。

严禁以威胁、引诱、欺骗以及其他违规违纪违法方式收集证据；严禁隐匿、损毁、篡改、伪造证据。

第四十七条 查封、扣押（暂扣、封存）、冻结、移交涉案财物，应当严格履行审批手续。

执行查封、扣押（暂扣、封存）措施，监督执纪人员应当会同原财物持有人或者保管人、见证人，当面逐一拍照、登记、编号，现场填写登记表，由在场人员签名。对价值不明物品应当及时鉴定，专门封存保管。

纪检监察机关应当设立专用账户、专门场所，指定专门人员保管涉案财物，严格履行交接、调取手续，定期对账核实。严禁私自占有、处置涉案财物及其孳息。

第四十八条 对涉嫌严重违纪或者职务违法、职务犯罪问题的审查调查谈话、搜查、查封、扣押（暂扣、封存）涉案财物等重要取证工作应当全过程进行录音录像，并妥善保管，及时归档，案件监督管理部门定期核查。

第四十九条 对涉嫌严重违纪或者职务违法、职务犯罪问题的审查调查，监督执纪人员未经批准并办理相关手续，不得将被审查调查人或者其他重要的谈话、询问对象带离规定的谈话场所，不得在未配置监控设备的场所进行审查调查谈话或者其他重要的谈话、询问，不得在谈话期间关闭录音录像设备。

第五十条 监督检查、审查调查部门主要负责人、分管领导应当定期检查审查调查期间的录音录像、谈话笔录、涉案财物登记资料，发现问题及时纠正并报告。

纪检监察机关相关负责人应当通过调取录音录像等方式，加强对审查调查全过程的监督。

第五十一条 查明涉嫌违纪或者职务违法、职务犯罪问题后，审查调查组应当撰写事实材料，与被审查调查人见面，听取意见。被审查调查人应当在事实材料上签署意见，对签署不同意见或者拒不签署意见的，审查调查组应当作出说明或者注明情况。

审查调查工作结束，审查调查组应当集体讨论，形成审查调查报告，列明被审查调查人基本情况、问题线索来源及审查调查依据、审查调查过程，主要违纪或者职务违法、职务犯罪事实，被审查调查人的态度和认识，处理建议及党纪法律依据，并由审查调查组组长以及有关人员签名。

对审查调查过程中发现的重要问题和意见建议，应当形成专题报告。

第五十二条 审查调查报告以及忏悔反思材料，违纪或者职务违法、职务犯罪事实材料，涉案财物报告等，应当按程序报纪检监察机关主要负责人批准，连同全部证据和程序材料，依照规定移送审理。

审查调查全过程形成的材料应当案结卷成、事毕归档。

第八章 审 理

第五十三条 纪检监察机关应当对涉嫌违纪或者违法、犯罪案件严格依规依纪依法审核把关，提出纪律处理或者处分的意见，做到事实清楚、证据确凿、定性准确、处理恰当、手续完备、程序合规。

纪律处理或者处分必须坚持民主集中制原则，集体讨论决定，不允许任何个人或者少数人决定和批准。

第五十四条 坚持审查调查与审理相分离的原则，审查调查人员不得参与审理。纪检监察机关案件审理部门对涉嫌违纪或者职务违法、职务犯罪问题，依照规定应当给予纪律处理或者处分的案件和复议复查案件进行审核处理。

第五十五条 审理工作按照以下程序进行：

（一）案件审理部门收到审查调查报告后，经审核符合移送条件的予以受理，不符合移送条件的可以暂缓受理或者不予受理。

（二）对于重大、复杂、疑难案件，监督检查、审查调查部门已查清主要违纪或者职务违法、职务犯罪事实并提出倾向性意见的；对涉嫌违纪或者职务违法、职务犯罪行为性质认定分歧较大的，经批准案件审理部门可以提前介入。

（三）案件审理部门受理案件后，应当成立由两人以上组成的审理组，全面审理案卷材料，提出审理意见。

（四）坚持集体审议原则，在民主讨论基础上形成处理意见；对争议较大的应当及时报告，形成一致意见后再作出决定。案件审理部门根据案件审理情况，应当与被审查调查人谈话，核对违纪或者职务违法、职务犯罪事实，听取辩解意见，了解有关情况。

（五）对主要事实不清、证据不足的，经纪检监察机关主要负责人批准，退回监督检查、审查调查部门重新审查调查；需要补充完善证据的，经纪检监察机关相关负责人批准，退回监督检查、审查调查部门补充审查调查。

（六）审理工作结束后应当形成审理报告，内容包括被审查调查人基本情况、审查调查简况、违纪违法或者职务犯罪事实、涉案财物处置、监督检查或者审查调查部门意见、审理意见等。审理报告应当体现党内审查特色，依据《中国共产党纪律处分条例》认定违纪事实性质，分析被审查调查人违反党章、背离党的性质宗旨的错误本质，反映其态度、认识以及思想转变过程。涉嫌职务犯罪需要追究刑事责任的，还应当形成《起诉意见书》，作为审理报告附件。

对给予同级党委委员、候补委员，同级纪委委员、监委委员处分的，在同级党委审议前，应当与上级纪委监委沟通并形成处理意见。

审理工作应当在受理之日起1个月内完成，重大复杂案件经批准可以适当延长。

第五十六条 审理报告报经纪检监察机关主要负责人批准后，提请纪委常委会会议审议。需报同级党委审批的，应当在报批前以纪检监察机关办公厅（室）名义征求同级党委组织部门和被审查调查人所在党委（党组）意见。

处分决定作出后，纪检监察机关应当通知受处分党员所在党委（党组），抄送同级党委组织部门，并依照规定在1个月内向其所在党的基层组织中的全体党员以及本人宣布。处分决定执行情况应当及时报告。

第五十七条 被审查调查人涉嫌职务犯罪的，应当由案件监督管理部门协调办理移送司法机关事宜。对于采取留置措施的案件，在人民检察院对犯罪嫌疑人先行拘留后，留置措施自动解除。

案件移送司法机关后，审查调查部门应当跟踪了解处理情况，发现问题及时报告，不得违规过问、干预处理工作。

审理工作完成后，对涉及的其他问题线索，经批准应当及时移送有关纪检监察机关处置。

第五十八条 对被审查调查人违规违纪违法所得财物，应当依规依纪依法予以收缴、责令退赔或者登记上交。

对涉嫌职务犯罪所得财物，应当随案移送司法机关。

对经认定不属于违规违纪违法所得的，应当在案件审结后依规依纪依法予以返还，并办理签收手续。

第五十九条 对不服处分决定的申诉，由批准或者决定处分的党委（党组）或者纪检监察机关受理；需要复议复查的，由纪检监察机关相关负责人批准后受理。

申诉办理部门成立复查组，调阅原案案卷，必要时可以进行取证，经集体研究后，提出办理意见，报纪检监察机关相关负责人批准或者纪委常委会会议研究决定，作出复议复查决定。决定应当告知申诉人，抄送相关单位，并在一定范围内宣布。

坚持复议复查与审查审理分离，原案审查、审理人员不得参与复议复查。

复议复查工作应当在3个月内办结。

第九章 监督管理

第六十条 纪检监察机关应当严格依照党内法规和国家法律，在行使权力上慎之又慎，在自我约束上严之又严，强化自我监督，健全内控机制，自觉接受党内监督、社会监督、群众监督，确保权力受到严格约束，坚决防止“灯下黑”。

纪检监察机关应当加强对监督执纪工作的领导，切实履行自身建设主体责任，严格教育、管理、监督，使纪检监察干部成为严守纪律、改进作风、拒腐防变的表率。

第六十一条 纪检监察机关应当严格干部准入制度，严把政治安全关，纪检监察干部必须忠诚坚定、担当尽责、遵纪守法、清正廉洁，具备履行职责的基本条件。

第六十二条 纪检监察机关应当加强党的政治建设、思想建设、组织建设，突出政治功能，强化政治引领。审查调查组有正式党员3人以上的，应当设立临时党支部，加强对审查调查组成员的教育、管理、监督，开展政策理论学习，做好思想政治工作，及时发现问题、进行批评纠正，发挥战斗堡垒作用。

第六十三条 纪检监察机关应当加强干部队伍作风建设，树立依规依法、纪律严明、作风深入、工作扎实、谦虚谨慎、秉公执纪的良好形象，力戒形式主义、官僚主义，力戒特权思想，力戒口大气粗、颐指气使，不断提高思想政治水平和把握政策能力，建设让党放心、人民信赖的纪检监察干部队伍。

第六十四条 对纪检监察干部打听案情、过问案件、说情干预的，受请托人应当向审查调查组组长和监督检查、审查调查部门主要负责人报告并登记备案。

发现审查调查组成员未经批准接触被审查调查人、涉案人员及其特定关系人，或者存在交往情形的，应当及时向审查调查组组长和监督检查、审查调查部门主要负责人直至纪检监察机关主要负责人报告并登记备案。

第六十五条 严格执行回避制度。审查调查审理人员是被审查调查人或者检举人近亲属、本案证人、利害关系人，或者存在其他可能影响公正审查调查审理情形的，不得参与相关审查调查审理工作，应当主动申请回避，被审查调查人、检举人以及其他有关人员也有权要求其回避。选用借调人员、看护人员、审查场所，应当严格执行回避制度。

第六十六条 审查调查组需要借调人员的，一般应当从审查调查人才库选用，由纪检监察机关组织部门办理手续，实行一案一借，不得连续多次借调。加强对借调人员的管理监督，借调结束后由审查调查组写出鉴定。借调单位和党员干部不得干预借调人员岗位调整、职务晋升等事项。

第六十七条 监督执纪人员应当严格执行保密制度，控制审查调查工作事项知悉范围和时间，不准私自留存、隐匿、查阅、摘抄、复制、携带问题线索和涉案资料，严禁泄露审查调查工作情况。

审查调查组成员工作期间，应当使用专用手机、电脑、电子设备和存储介质，实行编号管理，审查调查工作结束后收回检查。

汇报案情、传递审查调查材料应当使用加密设施，携带案卷材料应当专人专车、卷不离身。

第六十八条 纪检监察机关相关涉密人员离岗离职后，应当遵守脱密期管理规定，严格履行保密义务，不得泄露相关秘密。

监督执纪人员辞职、退休 3 年内，不得从事与纪检监察和司法工作相关联、可能发生利益冲突的职业。

第六十九条 纪检监察机关开展谈话应当做到全程可控。谈话前做好风险评估、医疗保障、安全防范工作以及应对突发事件的预案；谈话中及时研判谈话内容以及案情变化，发现严重职务违法、职务犯罪，依照监察法需要采取留置措施的，应当及时采取留置措施；谈话结束前做好被谈话人思想工作，谈话后按程序与相关单位或者人员交接，并做好跟踪回访等工作。

第七十条 建立健全安全责任制，监督检查、审查调查部门主要负责人和审查调查组组长是审查调查安全第一责任人，审查调查组应当指定专人担任安全员。被审查调查人发生安全事故的，应当在 24 小时内逐级上报至中央纪委，及时做好舆论引导。

发生严重安全事故的，或者存在严重违规违纪违法行为的，省级纪检监察机关主要负责人应当向中央纪委作出检讨，并予以通报、严肃问责追责。

案件监督管理部门应当组织开展经常性检查和不定期抽查，发现问题及时报告并督促整改。

第七十一条 对纪检监察干部越权接触相关地区、部门、单位党委（党组）负责人，私存线索、跑风漏气、违反安全保密规定，接受请托、干预审查调查、以案谋私、办人情案，侮辱、打骂、虐待、体罚或者变相体罚被审查调查人，以违规违纪违法方式收集证据，截留挪用、侵占私分涉案财物，接受宴请和财物等行为，依规依纪严肃处理；涉嫌职务违法、职务犯罪的，依法追究法律责任。

第七十二条 纪检监察机关在维护监督执纪工作纪律方面失职失责的，予以严肃问责。

第七十三条 对案件处置出现重大失误，纪检监察干部涉嫌严重违纪或者职务违法、职务犯罪的，开展“一案双查”，既追究直接责任，还应当严肃追究有关领导人员责任。

建立办案质量责任制，对滥用职权、失职失责造成严重后果的，实行终身问责。

第十章 附 则

第七十四条 各省（自治区、直辖市）党委、中央和国家机关工委可以根据本规则，结合工作实际，制定实施细则。

中央军事委员会可以根据本规则，制定相关规定。

第七十五条 纪委监委派驻纪检监察组、纪检监察工委除执行本规则外，还应当执行党中央以及中央纪委相关规定。

国有企事业单位纪检监察机构结合实际执行本规则。

第七十六条 本规则由中央纪律检查委员会负责解释。

第七十七条 本规则自2019年1月1日起施行。2017年1月15日中央纪委印发的《中国共产党纪律检查机关监督执纪工作规则（试行）》同时废止。此前发布的其他有关纪检监察机关监督执纪工作的规定，凡与本规则不一致的，按照本规则执行。

纪检监察机关处理检举控告工作规则

（2020年1月2日中共中央政治局常委会会议审议批准 2020年1月21日中共中央办公厅发布）

第一章 总 则

第一条 为了规范纪检监察机关处理检举控告工作，保障党员、群众行使监督权利，维护党员、干部合法权益，根据《中国共产党章程》、《中国共产党党内监督条例》等党内法规和《中华人民共和国宪法》、《中华人民共和国监察法》等法律，制定本规则。

第二条 坚持以马克思列宁主义、毛泽东思想、邓小平理论、“三个代表”重要思想、科学发展观、习近平新时代中国特色社会主义思想为指导，增强“四个意识”、坚定“四个自信”、做到“两个维护”，深入推进全面从严治党，贯彻纪律检查委员会和监察委员会合署办公要求，依规依纪依法处理检举控告，完善党和国家监督体系，强化对权力运行的制约和监督。

第三条 纪检监察机关应当认真处理检举控告，回应群众关切，发挥党和国家监督专责机关作用，保障党的理论和路线方针政策以及重大决策部署贯彻落实，为党风廉政建设、社会和谐稳定服务。

第四条 任何组织和个人对以下行为，有权向纪检监察机关提出检举控告：

（一）党组织、党员违反政治纪律、组织纪律、廉洁纪律、群众纪律、工作纪律、生活纪律等党的纪律行为；

（二）监察对象不依法履职，违反秉公用权、廉洁从政从业以及道德操守等规定，涉嫌贪污贿赂、滥用职权、玩忽职守、权力寻租、利益输送、徇私舞弊以及浪费国家资财等职务违法、职务犯罪行为；

（三）其他依照规定应当由纪检监察机关处理的违纪违法行为。

第五条 纪检监察机关处理检举控告工作应当遵循以下原则：

（一）实事求是。以事实为依据处理检举控告，鼓励支持检举控告人客观真实地反映情况。

（二）依规依纪依法。按照党章党规党纪和宪法法律以及信访工作有关规定处理检举控告，引导检举控告人依规依法、理性有序地反映问题。

（三）保障合法权利。贯彻“三个区分开来”要求，既保障检举控告人的监督权利，又查处诬告陷害行为，保护党员、干部干事创业积极性。

（四）分级负责、分工处理。按照管理权限受理检举控告，建立信访举报、监督检查、审查调查、案件监督管理等部门相互配合、相互制约的工作机制。

第六条 建设覆盖纪检监察系统的检举举报平台，运用互联网技术和信息化手段，畅通检举控告渠道，规范处理检举控告工作，及时发现问题线索，科学研判政治生态，更好服务群众。

第二章　检举控告的接收和受理

第七条　纪检监察机关应当接收检举控告人通过以下方式提出的检举控告：

（一）向纪检监察机关邮寄信件反映的；

（二）到纪检监察机关指定的接待场所当面反映的；

（三）拨打纪检监察机关检举控告电话反映的；

（四）向纪检监察机关的检举控告网站、微信公众平台、手机客户端等网络举报受理平台发送电子材料反映的；

（五）通过纪检监察机关设立的其他渠道反映的。

对其他机关、部门、单位转送的属于纪检监察机关受理范围的检举控告，应当按规定予以接收。

第八条　县级以上纪检监察机关应当明确承担信访举报工作职责的部门和人员，设置接待群众的场所，公开检举控告地址、电话、网站等信息，公布有关规章制度，归口接收检举控告。

巡视巡察工作机构对收到的检举控告，按有关规定处理。

第九条　纪检监察机关应当负责任地接待来访人员，耐心听取其反映的问题，做好解疑释惑和情绪疏导工作，妥善处理问题。

建立纪检监察干部定期接访制度，有关负责人应当接待重要来访、处理重要信访问题。

第十条　纪检监察机关信访举报部门对属于受理范围的检举控告，应当进行编号登记，按规定录入检举举报平台。

对涉及同级党委管理的党员、干部以及监察对象的检举控告，应当定期梳理汇总，并向本机关主要负责人报告。

第十一条　检举控告工作按照管理权限实行分级受理：

（一）中央纪委国家监委受理反映中央委员、候补中央委员，中央纪委委员，中央管理的领导干部，党中央工作机关、党中央批准设立的党组（党委），各省、自治区、直辖市党委、纪委等涉嫌违纪或者职务违法、职务犯罪问题的检举控告。

（二）地方各级纪委监委受理反映同级党委委员、候补委员，同级纪委委员，同级党委管理的党员、干部以及监察对象，同级党委工作机关、党委批准设立的党组（党委），下一级党委、纪委等涉嫌违纪或者职务违法、职务犯罪问题的检举控告。

（三）基层纪委受理反映同级党委管理的党员，同级党委下属的各级党组织涉嫌违纪问题的检举控告；未设立纪律检查委员会的党的基层委员会，由该委员会受理检举控告。

各级纪委监委按照管理权限受理反映本机关干部涉嫌违纪或者职务违法、职务犯罪问题的检举控告。

第十二条 对反映党的组织关系在地方、干部管理权限在主管部门的党员、干部以及监察对象涉嫌违纪或者职务违法、职务犯罪问题的检举控告，由设在主管部门、有管辖权的纪检监察机关受理。地方纪检监察机关接到检举控告的，经与设在主管部门、有管辖权的纪检监察机关协调，可以按规定受理。

第十三条 纪检监察机关对反映的以下事项，不予受理：

（一）已经或者依法应当通过诉讼、仲裁、行政裁决、行政复议等途径解决的；

（二）依照有关规定，属于其他机关或者单位职责范围的；

（三）仅列举出违纪或者职务违法、职务犯罪行为名称但无实质内容的。

对前款第一项、第二项所列事项，通过来信反映的，应当及时转有关机关或者单位处理；通过来访、来电、网络举报受理平台等方式反映的，应当告知检举控告人依规依法向有权处理的机关或者单位反映。

第三章 检举控告的办理

第十四条 纪检监察机关信访举报部门经筛选，对属于本级受理的初次检举控告，应当移送本机关监督检查部门或者相关部门，并按规定将移送情况通报案件监督管理部门；对于重复检举控告，按规定登记后留存备查，并定期向有关部门通报情况。

承办部门应当指定专人负责管理，逐件登记、建立台账。

第十五条 纪检监察机关信访举报部门收到属于上级纪检监察机关受理的检举控告，应当径送本机关主要负责人，并在收到之日起5个工作日内报送上一级纪检监察机关信访举报部门；收到反映本机关主要负责人问题的检举控告，应当径送上一级纪检监察机关信访举报部门。

对属于上级纪检监察机关受理的检举控告，不得瞒报、漏报、迟报，不得扩大知情范围，不得复制、摘抄检举控告内容，不得将有关信息录入检举举报平台。

第十六条 纪检监察机关信访举报部门收到属于下级纪检监察机关受理的检举控告，应当及时予以转送。

下一级纪检监察机关对转送的检举控告，应当进行登记，在收到之日起5个工作日内完成受理或者转办工作。

第十七条 纪检监察机关监督检查部门应当对收到的检举控告进行认真甄别，对没有实质内容的检举控告或者属于其他纪检监察机关受理的检举控告，在沟通研究、经本机关分管领导批准后，按程序退回信访举报部门处理。

监督检查部门对属于本级受理的检举控告，应当结合日常监督掌握的情况，进行综合分析、适当了解，经集体研究并履行报批程序后，以谈话函询、初步核实、暂存待查、予以了结等方式处置，或者按规定移送审查调查部门处置。

第十八条 纪检监察机关监督检查、审查调查部门应当每季度向信访举报部门反馈已办结的检举控告处理结果。

反馈内容应当包括处置方式、属实情况、向检举控告人反馈情况等。

第十九条 纪检监察机关案件监督管理部门应当加强对检举控告办理情况的监督。信访举报、监督检查、审查调查部门应当定期向案件监督管理部门通报有关情况。

第四章 检查督办

第二十条 纪检监察机关信访举报部门对属于下级纪检监察机关受理的检举控告，有以下情形之一，经本机关分管领导批准，可以发函交办：

（一）在落实党中央决策部署中，存在明显违纪违法问题的；

（二）问题典型、群众反映强烈的；

（三）对检举控告问题久拖不办，造成不良影响的；

（四）其他需要交办的情形。

第二十一条 下级纪检监察机关接到交办的检举控告后，一般应当在

3个月内办结，并报送核查处理情况；经本机关主要负责人批准，可以延长3个月，并向上级纪检监察机关报告。特殊情况需要再次延长办理期限的，应当报上级纪检监察机关批准。

第二十二条 对交办的检举控告，有以下情形之一，经交办机关分管领导批准，可以采取发函、听取汇报、审阅案卷、检查督促等方式督办：

（一）超过期限仍未办结的；

（二）组织不力、核查处理不认真，或者推诿敷衍的；

（三）需要补充核查、重新研究处理意见或者补报有关材料的；

（四）其他需要督办的情形。

第二十三条 检举控告承办机关对拟上报的核查处理情况，应当集体审核研究，经本机关主要负责人批准后，报上一级纪检监察机关。

第五章 实名检举控告的处理

第二十四条 检举控告人使用本人真实姓名或者本单位名称，有电话等具体联系方式的，属于实名检举控告。

纪检监察机关信访举报部门可以通过电话、面谈等方式核实是否属于实名检举控告。

第二十五条 纪检监察机关提倡、鼓励实名检举控告，对实名检举控告优先办理、优先处置、给予答复。

第二十六条 纪检监察机关信访举报部门对属于本机关受理的实名检举控告，应当在收到检举控告之日起15个工作日内告知实名检举控告人受理情况。重复检举控告的，不再告知。

第二十七条 承办的监督检查、审查调查部门应当将实名检举控告的处理结果在办结之日起15个工作日内向检举控告人反馈，并记录反馈情况。检举控告人提出异议的，承办部门应当如实记录，并予以说明；提供新的证据材料的，承办部门应当核查处理。

第二十八条 实名检举控告经查证属实，对突破重大案件起到重要作用，或者为国家、集体挽回重大经济损失的，纪检监察机关可以按规定对检举控告人予以奖励。

第二十九条 匿名检举控告，属于受理范围的，纪检监察机关应当按程序受理。

对匿名检举控告材料，不得擅自核查检举控告人的笔迹、网际协议地址（IP 地址）等信息。对检举控告人涉嫌诬告陷害等违纪违法行为，确有需要采取上述方式追查其身份的，应当经设区的市级以上纪委监委批准。

第三十条 虽有署名但不是检举控告人真实姓名（单位名称）或者无法验证的检举控告，按照匿名检举控告处理。

第六章 检举控告情况的综合运用

第三十一条 纪检监察机关应当定期研判所辖地区、部门、单位检举控告情况，对反映的典型性、普遍性、苗头性问题提出有针对性的工作建议，形成综合分析报告，报上一级纪检监察机关，必要时向同级党委报告。

纪检监察机关应当根据全面从严治党、党风廉政建设和反腐败工作重点以及检举控告反映的热点问题，开展专题分析。

对问题集中、反映强烈的地区、部门、单位，可以将相关分析情况向有关党组织通报。

第三十二条 纪检监察机关应当根据巡视巡察工作机构要求，及时提供涉及被巡视巡察地区、部门、单位的检举控告情况。

第三十三条 纪检监察机关在开展日常监督工作中应当对检举控告情况进行收集、研判，综合各方面信息，全面掌握被监督单位政治生态情况和被监督对象的思想、工作、作风、生活情况，提高监督的针对性和实效性。

第三十四条 对检举控告较多的地区、部门、单位，纪检监察机关经了解核实后，发现有关党组织或者单位党风廉政建设和履行职责存在问题的，应当向其提出纪律检查建议或者监察建议，并督促整改落实。

第七章 当事人的权利和义务

第三十五条 检举控告人享有以下权利：

（一）对党组织和党员、干部以及监察对象涉嫌违纪违法的行为提出检举控告；

（二）申请与检举控告事项相关的工作人员回避；

（三）对受理机关以及处理检举控告工作人员的失职渎职等违纪违法行为提出检举控告；

（四）因检举控告致其合法权利受到威胁或者侵害的，可以提出保护申请；

（五）检举控告严重违纪违法问题，经查证属实的，按规定获得表扬或者奖励；

（六）党内法规和法律法规规定的其他权利。

第三十六条 检举控告人应当履行以下义务：

（一）如实提供所掌握的全部情况和证据，对检举控告内容的真实性负责，不得夸大、歪曲事实，不得诬告陷害他人；

（二）自觉维护社会公共秩序和信访秩序，不得损害党、国家和人民的利益以及公民个人的合法权利；

（三）接受党组织、单位的正确处理意见，不得提出党内法规和法律法规规定以外的要求；

（四）对反馈的处理结果等情况予以保密；

（五）党内法规和法律法规规定的其他义务。

第三十七条 被检举控告人应当履行以下义务：

（一）正确对待检举控告，有则改之、无则加勉，习惯在受监督和约束的环境中工作生活；

（二）相信组织、依靠组织，配合做好了解核实工作，实事求是说明问题，不得对抗审查调查；

（三）尊重检举控告人和处理检举控告工作人员，不得进行打击报复；

（四）党内法规和法律法规规定的其他义务。

第三十八条 被检举控告人享有以下权利：

（一）对被检举控告的问题作出说明、辩解；

（二）基层党组织讨论决定对自身处理、处分时，可以参加和进行申辩；

（三）申请反馈核查处理结论；

（四）对所受处理、处分不服的，可以申诉或者申请复审；

（五）对受理机关以及处理检举控告工作人员的失职渎职等违纪违法行为提出检举控告；

（六）党内法规和法律法规规定的其他权利。

第八章　诬告陷害行为的查处

第三十九条　采取捏造事实、伪造材料等方式反映问题，意图使他人受到不良政治影响、名誉损失或者责任追究的，属于诬告陷害。

认定诬告陷害，应当经设区的市级以上党委或者纪检监察机关批准。

第四十条　纪检监察机关应当加强对检举控告的分析甄别，注意发现异常检举控告行为，有重点地进行查证。属于诬告陷害的，依规依纪依法严肃处理，或者移交有关机关依法处理。

第四十一条　诬告陷害具有以下情形之一，应当从重处理：

（一）手段恶劣，造成不良影响的；

（二）严重干扰换届选举或者干部选拔任用工作的；

（三）经调查已有明确结论，仍诬告陷害他人的；

（四）强迫、唆使他人诬告陷害的；

（五）其他造成严重后果的。

第四十二条　纪检监察机关应当将查处的诬告陷害典型案件通报曝光。

第四十三条　纪检监察机关对通过诬告陷害获得的职务、职级、职称、学历、学位、奖励、资格等利益，应当建议有关组织、部门、单位按规定予以纠正。

第四十四条　对被诬告陷害的党员、干部以及监察对象，纪检监察机关、所在单位党组织应当开展思想政治工作，谈心谈话、消除顾虑，保护干事创业积极性，推动履职尽责、担当作为。

第四十五条　纪检监察机关应当区分诬告陷害和错告。属于错告的，可以对检举控告人进行教育。

第九章　工作要求和责任

第四十六条　纪检监察机关及其工作人员在处理检举控告工作中，应当强化宗旨意识，改进工作作风，注意工作方法，对于不予受理事项或者不合理诉求做好解释说明，不得自以为是、盛气凌人，不得漠视群众疾苦、对群众利益麻木不仁。

第四十七条　纪检监察机关应当建立健全检举控告保密制度，严格落实保密要求：

（一）对检举控告人的姓名（单位名称）、工作单位、住址等有关情况以及检举控告内容必须严格保密；

（二）严禁将检举控告材料、检举控告人信息转给或者告知被检举控告的组织、人员；

（三）受理检举控告或者开展核查工作，应当在不暴露检举控告人身份的情况下进行；

（四）宣传报道检举控告有功人员，涉及公开其姓名、单位等个人信息的，应当征得本人同意。

第四十八条 处理检举控告工作人员有以下情形之一，应当主动提出回避，当事人有权要求其回避，回避决定由纪检监察机关作出：

（一）本人是被检举控告人或者其近亲属的；

（二）本人或者近亲属与被检举控告问题有利害关系的；

（三）其他可能影响检举控告问题公正处理的情形。

第四十九条 检举控告人及其近亲属的人身、财产安全因检举控告而受到威胁或者侵害，并提出保护申请的，纪检监察机关应当依法、及时提供保护。必要时，纪检监察机关可以商请有关机关予以协助。

被检举控告人有危害人身安全和损害财产、名誉等打击报复行为的，依规依纪依法严肃处理。

第五十条 纪检监察机关核查认定检举控告失实、有必要予以澄清的，经本机关主要负责人批准后，可以采取以下方式予以澄清：

（一）向被检举控告人所在地区、部门、单位党委（党组）主要负责人以及本人发函说明或者当面说明；

（二）向被检举控告人所在地区、部门、单位党委（党组）通报情况；

（三）在一定范围内通报。

第五十一条 对因检举控告失实而受到错误处理、处分的，纪检监察机关应当在职权范围内予以纠正，或者向有权机关提出纠正建议。

第五十二条 纪检监察机关及其工作人员有以下情形之一，依规依纪严肃处理；涉嫌职务违法、职务犯罪的，依法追究法律责任：

（一）私存、扣压、篡改、伪造、撤换、隐匿、遗失或者私自销毁检举控告材料的；

（二）超越权限，擅自处理检举控告材料的；

（三）泄露检举控告人信息或者检举控告内容等，或者将检举控告材料转给被检举控告的组织、人员的；

（四）隐瞒、谎报、未按规定期限上报重大检举控告信息，造成严重后果的；

（五）其他违规违纪违法的情形。

利用检举控告材料谋取个人利益或者为打击报复检举控告人提供便利的，应当从重处理。

第十章　附　　则

第五十三条　本规则所称监督检查部门、审查调查部门，指的是纪检监察机关中履行监督检查、审查调查职能的部门和跨部门组建的审查调查组。

第五十四条　对纪检监察机关在监督检查、审查调查中发现的问题线索，审计机关、执法部门、司法机关等单位移交的信访举报以外的问题线索的处理，其他党内法规和法律法规另有规定的，从其规定。

第五十五条　纪委监委派驻（派出）机构和国有企业、高校等企事业单位纪检监察机构除执行本规则外，还应当执行党中央以及中央纪委国家监委相关规定。

第五十六条　中央军事委员会可以根据本规则，制定相关规定。

第五十七条　本规则由中央纪委国家监委负责解释。

第五十八条　本规则自发布之日起施行。此前发布的其他有关纪检监察机关处理检举控告工作的规定，凡与本规则不一致的，按照本规则执行。

监察机关审理政纪案件的暂行办法

（1999 年 1 月 15 日监察部令第 8 号发布　自发布之日起施行）

第一条　为保证审理案件工作的质量和效率，正确执行行政纪律，惩处违反行政纪律的行为，根据《中华人民共和国行政监察法》和有关行政法规，结合监察机关案件审理工作的实际制定本办法。

第二条 对调查终结需要给予行政处分或者作出其他处理的案件，都要进行审理。

第三条 各级监察机关要分级负责，严格按照本级监察机关的管辖审理案件。

第四条 审理案件要坚持专人审核、集体审议的原则。

第五条 审理案件要按照事实清楚、证据确凿、定性准确、处理恰当、程序合法的基本要求进行。

第六条 案件审理部门受理下列案件：

（一）本监察机关的案件调查部门移送的调查终结并应由本监察机关决定给予行政处分或作出其他处理的案件；

（二）本监察机关的派出机构呈报的需由本监察机关审批的案件；

（三）本监察机关负责人交办的其他案件。

第七条 本监察机关的案件调查部门移送审理的案件，应具备下列材料：

（一）立案依据；

（二）调查报告；

（三）案件移送单位的意见及其主管领导的指示；

（四）全部证据材料；

（五）被调查人违纪事实见面材料、被调查人对事实见面材料的意见及案件调查部门对其意见的说明；

（六）被调查人所在单位或其主管部门的意见；

（七）其他应当移送审理的材料。

第八条 呈报审批的案件应具备下列材料：

（一）呈报审批的请示；

（二）调查报告；

（三）全部证据材料；

（四）处分决定；

（五）被调查人违纪事实见面材料、被调查人对事实见面材料的意见及案件调查部门对其意见的说明；

（六）其他应当呈报的材料。

第九条 案件审理部门受理案件后，应及时指定承办人办理。一般案件应由两人办理，重要、复杂案件，应由两人以上办理，并确定一人主办。

第十条 承办人在审理中，要审查核实：

（一）被调查人实施的每一违反行政纪律行为的时间、地点、情节、原因及造成的后果；

（二）证据是否确实、充分；

（三）有关人员责任的划分是否准确；

（四）案件调查部门对被调查人违反行政纪律行为性质的认定是否准确，适用法律、法规及提出的处分意见是否恰当；

（五）调查工作是否符合规定的程序和要求；

（六）是否还有其他应认定的违反行政纪律行为。

第十一条 案件审理部门在审理案件过程中，如发现事实不清、证据不足、有关人员责任不明时，应同移送单位交换意见，确需补充调查的，一般应由案件调查部门进行补充调查，必要时案件审理部门也可协同案件调查部门进行补充调查或经分管审理的领导批准后直接补充调查。

第十二条 在审理案件过程中，遇有下列情形之一，可以由案件审理部门负责人提出意见，经分管审理的领导批准后中止审理：

（一）手续不完备，材料不齐全，需由案件移送单位补办手续或补报材料的；

（二）案件的主要事实不清或有关人员责任不明，需由案件移送单位补充调查的；

（三）发现被调查人有新问题或被调查人提出新的辩解，需案件移送单位补报证据或说明的。

第十三条 在审理案件过程中，案件审理部门认为必要时，可以同被调查人核对违反行政纪律事实，听取被调查人的陈述和辩解。

第十四条 审理案件过程中，遇有适用国家法律、法规、政策、地方性法规和规章方面或专业技术方面问题时，应征求有关部门的意见。

第十五条 承办人阅卷后，应将案件审阅情况和初步处理意见提交案件审理部门集体审议并形成审议意见。承办人根据审议意见，草拟审理报告。

第十六条 审理报告经案件审理部门负责人审核后，连同移送或呈报单位报送的有关材料一并呈报本监察机关主管领导。

第十七条 案件经本监察机关作出决定后，案件审理部门负责办理呈报、批复或处分决定等手续。

第十八条 本办法由监察部负责解释。

第十九条 本办法自发布之日起施行。

中国共产党处分违纪党员批准权限和程序规定

（2022年9月1日中共中央政治局常委会会议审议批准 2022年9月22日中共中央发布）

第一章 总 则

第一条 为了规范处分违纪党员批准权限和程序，根据《中国共产党章程》和有关党内法规，制定本规定。

第二条 坚持以习近平新时代中国特色社会主义思想为指导，坚持和加强党的全面领导，坚持党要管党，在党中央集中统一领导下，深入贯彻全面从严治党战略方针，严格按照处分违纪党员批准权限和程序实施党纪处分。

第三条 对违纪党员实施党纪处分实行分级负责制。处分违纪党员批准权限主要依据党员组织隶属关系和干部人事管理权限确定，其中系党员干部的，除本规定和有关党内法规规定的特殊情形外，优先依据干部人事管理权限确定。

第四条 对违纪党员实施党纪处分应当坚持党纪面前一律平等、实事求是、民主集中制和惩前毖后、治病救人原则，做到事实清楚、证据确凿、定性准确、处理恰当、手续完备、程序合规。

对违纪党员实施党纪处分应当按照规定程序，经党组织（含纪律检查机关，下同）集体讨论决定，不允许任何个人或者少数人擅自决定和批准。上级党组织对违纪党员作出的处理决定，下级党组织必须执行。

第五条 党纪处分决定自有处分批准权的党组织集体讨论决定之日起生效。

第二章 处分批准权限和程序一般规定

第六条 除本规定和有关党内法规另有规定外，给予各级党委管理的党员警告、严重警告处分，可以由同级纪委审查批准；给予其撤销党内职务、留党察看或者开除党籍处分，须经同级纪委审查同意后报请这一级党委审议批准。

第七条 给予担任两个以上职务（不含党代会代表）的违纪党员党纪处分，按照其中属于最高一级党组织管理的职务履行处分审批程序。

违纪党员所担任的职务中属于最高一级党组织管理的职务有两个以上的，区别下列情形履行处分审批程序：

（一）有一个职务系党的中央或者地方委员会（以下简称地方党委）委员、候补委员的，应当按照该职务对应的处分批准权限履行处分审批程序；

（二）除前项所列情形外，有一个职务系党的中央或者地方纪律检查委员会（以下简称地方纪委）委员的，应当按照该职务对应的处分批准权限履行处分审批程序；

（三）除前两项所列情形外，应当按照违纪党员所担任的最高一级党组织管理的多个职务分别对应的处分批准权限就高履行处分审批程序。

地方党委委员、候补委员或者地方纪委委员在接受审查期间，其所在的地方党委不得免去其上述职务，也不得接受其辞去上述职务的请求。

第八条 违纪党员系地方党委委员、候补委员或者地方纪委委员，同时担任上级党组织管理的职务的，由该上级党组织的同级纪委依照本规定履行处分审批程序。其中，受到撤销党内职务、留党察看或者开除党籍处分的，地方党委、纪委无需履行本规定第十八条第三款规定的追认程序。

第九条 对党员所作处分，需要变更或者撤销的，由原批准处分决定的党组织或者有处分批准权的党组织审批。原批准处分决定的党组织已撤销的，可以由继续行使其职权的党组织办理。

第十条 上级纪委提级审查的，经审理形成处置意见后，可以交由下级纪委履行处分审批程序；也可以经上级纪委常委会审议同意后，直接作出党纪处分决定，其中上级纪委拟给予提级审查的下级地方党委委员、候补委员撤销党内职务、留党察看或者开除党籍处分的，应当报请同级党委常委会审议批准。

上级纪委指定下级纪委审查的，被指定的下级纪委常委会审议后，按照程序将案件材料和处理意见转有监督执纪权限的纪委经审理后履行处分审批程序。

第十一条 对违纪党员免予党纪处分的，按照给予其警告处分的批准权限履行处分审批程序。

第十二条 对于应当受到撤销党内职务处分，但是本人没有担任党内职务的违纪党员，应当给予其严重警告处分，并按照给予其撤销党内职务处分的批准权限履行处分审批程序。

第十三条 对于各级纪委立案审查的党员，需要给予党纪处分的，除特殊情况外，一般由负责审查的纪委经审理后形成关于违纪事实和处分意见的通报材料，经下一级党组织交由被审查人所在党支部党员大会讨论形成决议，并由该下一级党组织报负责审查的纪委履行处分审批程序。被审查人所在党支部系负责审查的纪委下一级党组织的，由负责审查的纪委将关于违纪事实和处分意见的通报材料交由该党支部党员大会讨论形成决议后履行处分审批程序。

对各级纪委监委派出的纪检监察工作委员会（含纪律检查工作委员会，下同）以及未设立纪委的党的基层委员会审查的党员给予党纪处分的，参照前款规定履行处分审批程序。

被审查人所在党支部党员大会讨论给予其党纪处分时，实际到会有表决权的党员人数必须超过全部应到会有表决权的党员的半数，且表决时必须经过全部应到会有表决权的党员过半数赞成，方可形成决议；被审查人有权参加和进行申辩。被审查人应当在党支部党员大会决议上签写意见；拒不签写意见或者因其他原因不能签写意见的，支部委员会（含未设支部委员会的支部书记）应当在决议上注明。

处分决定所依据的事实材料必须同被审查人本人见面，听取其陈述和申辩，并如实记录、及时核实，合理的予以采纳；不予采纳的，应当说明理由。该事实材料应当由被审查人签写意见，对签写不同意见或者拒不签写意见的，应当作出说明或者注明情况。

第十四条 有下列特殊情况之一，县级以上各级党委和纪委可以直接决定给予违纪党员党纪处分：

（一）案情涉密、敏感的；

（二）违纪案件跨地区跨部门跨单位的；

（三）违纪党员系县级以上各级党委管理的党员干部的；

（四）违纪党员所在的基层党组织无法正常履行职责、不正确履行职责或者其负责人同违纪问题有关联的；

（五）违纪党员所在党支部党员大会经讨论无法及时形成决议，或者因可到会有表决权的党员人数未超过全部应到会有表决权的党员半数，不能及时召开党支部党员大会讨论表决的；

（六）县级以上纪委提级审查下级党委（党组）管理的党员的；

（七）党章和有关党内法规规定的其他情况。

除本规定第二十九条、第三十一条、第三十八条第三款另有规定外，给予违纪党员开除党籍处分，须经县级以上纪委审查批准，或者经县级以上纪委审查同意后报请有处分批准权的党组织依照本规定履行处分审批程序。

第十五条 各级纪委拟在给予同级党委管理的党员干部党纪处分的同时，建议给予其组织处理的，应当依照本规定履行处分审批程序，并将组织处理建议通报同级党委组织部门依照规定办理；必要时也可以在书面征求同级党委组织部门意见后，一并报请同级党委审议批准。

第十六条 县级以上纪委依照本规定第十四条第一款规定直接决定给予其审查的党员党纪处分，须报请同级党委或者上级党组织审批的，应当在报批前以纪委办公厅（室）名义书面征求同级党委组织部门和被审查人所在党委（党组）意见。

被审查人所在党组织系接受归口领导、管理，或者接受归口指导、协调或者监督的单位党组织的，前款规定中的被审查人所在党委（党组）是指归口领导、管理单位，或者负有指导、协调或者监督职责的单位党组织。

党组（党委）、党的工作机关、中央和地方党委直属事业单位、由党的工作机关管理的机关以及所在机关党的基层委员会（以下简称机关党委）、机关党的基层纪律检查委员会（以下简称机关纪委）在作出党纪处分决定前，应当征求派驻纪检监察组意见。

第十七条 给予违纪党员党纪处分，依照本规定应当由党委审批的，须经本级纪委常委会（未设常委会的应当召开纪委全体会议，下同）审议通过后于15日内报请这一级党委审议；依照本规定应当由上级党组织审批的，还须经同级党委审议同意后，按照程序于15日内呈报上一级纪委审查批准；党委应当及时审议处分事项，对处分意见分歧较大且确有必要的，也可以先通过召开书记专题会议等形式进行酝酿。

党员严重违纪涉嫌犯罪的，原则上先作出党纪处分决定，再移送司法机关依法处理。案情疑难、复杂，对事实证据、行为性质的认定把握困难或者有重大争议，可能影响党纪处理结果的，或者因留置期限即将届满等原因急需移送司法机关依法处理的，负责审查的纪委监委经本级纪委常委会审议同意后，可以先行移送司法机关，并及时报上一级纪委监委备案；其中给予其党纪处分须报请同级党委或者上级党组织审批的，应当在移送司法机关之日起 15 日内报请同级党委审议，至迟不晚于司法机关决定提起公诉或者作出不起诉决定前。

给予地方党委委员、候补委员和地方纪委委员、监委委员党纪处分，依照本规定须呈报上级党组织审批的，在报请同级党委审议前，有监督执纪权限的纪委常委会审议通过后，应当于 3 日内形成书面情况报告与上级纪委沟通；上级纪委应当基于该书面情况报告载明的违纪事实和处分意见进行审核，并及时反馈处理意见。上级纪委受理该案件后，应当认真审核，不受此前已反馈处理意见的限制。

第十八条 经中央委员会全体会议应到会委员三分之二以上的多数赞成，可以对中央政治局在中央委员会全体会议闭会期间先行作出的给予中央委员会委员、候补委员撤销党内职务、留党察看或者开除党籍处分的处理决定予以追认。

经中央纪委全体会议应到会委员三分之二以上的多数赞成，可以对中央纪委常委会在中央纪委全体会议闭会期间先行作出的给予中央纪委委员撤销党内职务、留党察看或者开除党籍处分的处理决定予以追认。

地方各级党委、纪委全体会议对本级地方党委、纪委常委会在全体会议闭会期间先行作出的给予本级党委委员、候补委员和纪委委员撤销党内职务、留党察看或者开除党籍处分的处理决定予以追认，分别参照前两款规定的程序执行。

追认须待对前三款所涉人员作出党纪处分决定后，在下一次相应中央委员会、中央纪委全体会议或者地方党委、纪委全体会议上进行。

前三款所涉人员严重触犯刑律的，必须开除党籍。中央政治局、地方党委常委会分别依照本规定第二十四条第二项、第二十七条第一款第二项规定作出的给予严重触犯刑律的中央委员会委员、候补委员和地方党委委员、候补委员开除党籍处分的处理决定，无须履行本条第一款、第三款规定的追认程序。

第十九条 各级纪委依照本规定呈报同级党委或者上级党组织批准后作出党纪处分决定的，处分决定执行完毕后，应当按照程序于每季度首月15日前将上一季度的处分决定执行（含处分宣布）情况汇总呈报同级党委或者上级党组织。

第二十条 党组织批准的下列处分事项，应当在作出党纪处分决定后按照下列要求予以备案：

（一）中央纪委批准本规定第三十四条第一项至第三项所涉处分事项后，由中央纪委报党中央备案；

（二）省、自治区、直辖市党委（以下简称省级党委）批准本规定第二十七条第三款所涉处分事项后，由省、自治区、直辖市纪委（以下简称省级纪委）报中央纪委备案；

（三）地方党委批准本规定第二十七条第一款第一项所涉处分事项后，被处分人系按照规定需要报上一级党委备案的在职正职领导干部的，由地方纪委报上一级纪委备案；

（四）地方纪委批准本规定第三十七条第一款第一项至第七项、第三款所涉处分事项后，由地方纪委报同级党委备案；其中本规定第三十七条第一款第三项所涉处分事项还须同时报上一级纪委备案；

（五）党的基层纪律检查委员会（以下简称基层纪委）、党的街道纪检监察工作委员会等审查批准本规定第三十八条第一款、第二款所涉处分事项后，相应报具有审批预备党员权限的同级党的基层委员会（以下简称基层党委）、党的街道工作委员会等备案；

（六）机关党委、机关纪委分别审议批准本规定第三十条第二款、第三十九条所涉处分事项后，相应报党组（党委）、党的工作机关备案；机关纪委审查批准本规定第三十九条所涉处分事项后，还须报机关党委备案。

前款规定中的备案工作，应当由负责报备的党组织于每季度首月15日前，将上一季度对在职党员干部已作出党纪处分决定的案件汇总报相应党组织。

第二十一条 受到留党察看处分的党员，确有悔改表现的，留党察看期满后，由其所在党支部党员大会讨论形成决议，经基层党委审议后层报原作出党纪处分决定的党组织的下一级党委（党组）审议批准。该党委（党组）同意按期恢复党员权利的，作出恢复党员权利决定并抄告原作出党纪处分决定的党组织。基层党委批准给予党员留党察看处分的，恢复党员权利由该基层党委批准，恢复党员权利决定由基层党委或者基层纪委下达。

受到留党察看处分一年的党员，留党察看期满后，原作出党纪处分决定的党组织的下一级党委（党组）审核认为其仍不符合恢复党员权利条件的，经报原作出党纪处分决定的党组织批准，作出延长一年留党察看期限的决定。

党员在留党察看期间，坚持不改或者又发现其他应当受到党纪处分的违纪行为的，应当开除党籍，并由有监督执纪权限的纪律检查机关履行处分审批程序。

受到留党察看处分的党员在留党察看期间转移党员组织关系的，由接收其党员组织关系的党组织分别参照本条第一款至第三款规定恢复其党员权利、延长一年留党察看期限或者给予其开除党籍处分，并抄告原作出党纪处分决定的党组织。

受到留党察看处分的党员所在党支部有本规定第十四条第一款第五项情形的，可以由基层党委直接审议后，依照本条第一款规定程序办理。

受到留党察看处分的党员组织关系隶属于党的工作委员会的，参照前五款规定执行。

第二十二条　党员经过留党察看，恢复党员权利后，又发现其在留党察看期间实施了新的应当受到党纪处分的违纪行为，或者发现其在受到留党察看处分前没有交代的其他应当受到党纪处分的违纪行为的，应当由作出恢复党员权利决定的党组织撤销原决定，由有监督执纪权限的纪律检查机关按照程序给予其开除党籍处分，并抄告原作出党纪处分决定的党组织。

第三章　党中央以及各级党委（党组）处分批准权限

第二十三条　在中央委员会全体会议期间，经中央委员会全体会议应到会委员三分之二以上的多数决定，可以给予中央委员会委员、候补委员撤销党内职务、留党察看或者开除党籍处分。

第二十四条　中央政治局批准下列处分事项：

（一）在中央委员会全体会议闭会期间，先行给予中央委员会委员、候补委员撤销党内职务、留党察看或者开除党籍处分；

（二）给予严重触犯刑律的中央委员会委员、候补委员开除党籍处分。

第二十五条 中央政治局常务委员会批准对有关党的领导干部的处分事项。

第二十六条 在地方党委全体会议期间，给予本级地方党委委员、候补委员撤销党内职务、留党察看或者开除党籍处分的，经地方党委全体会议应到会委员三分之二以上的多数决定，并按照程序呈报上一级纪委常委会审议同意后，由这一级纪委报同级党委常委会审议批准。

在地方党委全体会议闭会期间，地方党委常委会可以先行作出给予本级党委委员、候补委员撤销党内职务、留党察看或者开除党籍处分的处理决定，并依照前款规定履行处分审批程序。

第二十七条 地方党委常委会批准下列处分事项：

（一）给予本级党委讨论决定任免的党员干部撤销党内职务、留党察看或者开除党籍处分；

（二）给予严重触犯刑律的本级党委委员、候补委员开除党籍处分；

（三）给予严重触犯刑律的本级纪委委员开除党籍处分；

（四）给予下一级地方党委委员、候补委员撤销党内职务、留党察看或者开除党籍处分；

（五）给予下一级地方纪委书记、副书记撤销党内职务、留党察看或者开除党籍处分；

（六）党章和有关党内法规规定的其他处分事项。

党的地区委员会和相当于地区委员会的组织，以及设区的市级（不含直辖市的区，下同）以上地方党委在被赋予社会管理权限的开发区、国家级新区等特定地域派出的代表机关，参照前款规定行使处分违纪党员批准权限。

省级党委常委会批准给予省级纪委委员撤销党内职务、留党察看或者开除党籍处分。

新疆维吾尔自治区党委常委会批准给予新疆生产建设兵团党委委员、候补委员撤销党内职务、留党察看或者开除党籍处分。

第二十八条 经负责审查的基层纪委审议并报请，具有审批预备党员权限的基层党委可以批准给予被审查人留党察看以下处分，但被审查人涉及的问题比较重要或者复杂的除外。

党的街道工作委员会和县级地方党委在开发区等特定地域派出的代表机关，参照前款规定行使处分违纪党员批准权限。

第二十九条 基层党委具备下列条件之一，可以依照本规定第十四条规定直接决定给予违纪党员党纪处分，并可以批准给予违纪党员开除党籍处分：

（一）下级党组织具有审批预备党员权限的；

（二）所在党和国家机关机构规格为副厅局级以上的；

（三）上一级党委系设区的市级以上党委的。

第三十条 党组（党委）、党的工作机关根据干部人事管理权限对属于其管理的人员中的党员给予党纪处分，应当按照规定程序集体讨论决定。其中，党组（党委）会议、党的工作机关部（厅、室）务会或者委员会会议必须有三分之二以上成员到会，经超过应到会成员半数赞成为通过。

对未经党组（党委）会议、党的工作机关部（厅、室）务会或者委员会会议讨论决定任免，但属于党组（党委）、党的工作机关管理的人员中的党员给予党纪处分的，也可以由所在机关纪委报机关党委审议批准；给予开除党籍处分的，还须相应报党组（党委）会议、党的工作机关部（厅、室）务会或者委员会会议审议批准。

中央和地方党委直属事业单位、由党的工作机关管理的机关根据干部人事管理权限对属于其管理的人员中的党员给予党纪处分，参照前两款规定行使处分违纪党员批准权限。

中央和地方党委派出的代表机关中，不属于党的工作机关的，除本规定和有关党内法规另有规定外，可以参照党的工作机关行使处分违纪党员批准权限。

第三十一条 党组（党委）、党的工作机关、中央和地方党委直属事业单位、由党的工作机关管理的机关以及本规定第三十条第四款所涉中央和地方党委派出的代表机关，具备下列条件之一，可以依照本规定第十四条规定直接决定给予违纪党员党纪处分，并可以批准给予违纪党员开除党籍处分：

（一）所在单位基层党委具有审批预备党员权限的；

（二）所在党和国家机关机构规格为正县处级以上的；

（三）本级党委系设区的市级以上党委的。

第三十二条 实行党委领导下的行政领导人负责制的事业单位党委根据干部人事管理权限，可以批准给予其管理的人员中的党员党纪处分。

实行行政领导人负责制的事业单位党组织根据干部人事管理权限和党组织在选人用人中的职责作用，经党政主要领导充分沟通后，相应可以批准给予其管理的人员中的党员党纪处分。

事业单位未被赋予干部人事管理权限，由上级党组织统筹管理的，上级党组织可以批准给予该事业单位工作人员中的党员党纪处分。

本条第二款、第三款规定中的党组织，不含党总支和党支部。

第四章 纪律检查机关处分批准权限

第三十三条 在中央纪委全体会议期间，经中央纪委全体会议应到会委员三分之二以上的多数决定，可以作出给予中央纪委委员撤销党内职务、留党察看或者开除党籍处分的处理决定，并待报请中央政治局常务委员会批准后，由中央纪委作出党纪处分决定。

在中央纪委全体会议闭会期间，中央纪委常委会可以先行作出给予中央纪委委员撤销党内职务、留党察看或者开除党籍处分的处理决定，并待报请中央政治局常务委员会批准后，由中央纪委作出党纪处分决定。

第三十四条 中央纪委常委会批准下列处分事项：

（一）给予省部级以下（不含省部级）中管干部以及未明确行政级别的单位中的中管干部警告、严重警告处分；

（二）给予省级党委委员、候补委员警告、严重警告处分；

（三）给予省级纪委常委（不含书记、副书记，下同）、监委委员党纪处分；

（四）党章和有关党内法规规定的其他处分事项。

第三十五条 中央纪委办公会议批准下列处分事项：

（一）给予不是中管干部的中央纪委国家监委机关、直属单位的党员党纪处分；

（二）给予不是中管干部的中央纪委国家监委派驻、派出机构的党员党纪处分；

（三）给予不是中管干部且已离职的中央纪委国家监委机关、直属单位和派驻、派出机构的党员党纪处分。

前款第三项所涉人员违纪行为主要发生在其离职后，且与其离职前在前款所涉单位担任的职务没有关联的，依照本规定第三条规定履行处分审批程序。

第三十六条 在地方纪委全体会议期间，经地方纪委全体会议应到会委员三分之二以上的多数决定，可以作出给予本级纪委委员撤销党内职务、留党察看或者开除党籍处分的处理决定，并待报请本级地方党委常委会审议批准后，由地方纪委作出党纪处分决定，其中系设区的市级以下纪委委员的还须按照程序呈报上一级纪委常委会审查批准。

在地方纪委全体会议闭会期间，地方纪委常委会可以先行作出给予本级纪委委员撤销党内职务、留党察看或者开除党籍处分的处理决定，并依照前款规定履行处分审批程序后，由地方纪委作出党纪处分决定。

第三十七条 地方纪委常委会批准下列处分事项：

（一）给予本级地方党委讨论决定任免的党员干部警告、严重警告处分；

（二）给予未经本级地方党委讨论决定任免、但属于本级地方党委管理的党员干部党纪处分；

（三）给予本级纪委委员警告、严重警告处分；

（四）给予下一级地方党委委员、候补委员警告、严重警告处分；

（五）给予下一级地方纪委书记、副书记警告、严重警告处分；

（六）给予下一级地方纪委常委、监委委员党纪处分；

（七）给予下一级地方纪委委员撤销党内职务、留党察看或者开除党籍处分；

（八）给予本级纪委管理的纪委监委机关、直属单位和派驻、派出机构的党员党纪处分；

（九）党章和有关党内法规规定的其他处分事项。

地区纪委和相当于地区纪委的其他纪律检查机关，以及设区的市级以上地方纪委监委在被赋予社会管理权限的开发区、国家级新区等特定地域派出的纪检监察工作委员会，参照前款规定行使处分违纪党员批准权限。

新疆维吾尔自治区纪委常委会批准给予新疆生产建设兵团党委委员、候补委员警告、严重警告处分，新疆生产建设兵团纪委委员撤销党内职务、留党察看或者开除党籍处分，新疆生产建设兵团纪委常委、监委委员党纪处分。

第三十八条 基层纪委可以批准给予其审查的案件中的被审查人警告、严重警告处分；如果涉及的问题比较重要或者复杂的，应当经同级党委审议同意后，按照程序报有处分批准权的县级以上纪委审查批准。

党的街道纪检监察工作委员会和县级纪委监委在开发区等特定地域派出的纪检监察工作委员会，参照前款规定行使处分违纪党员批准权限。

符合本规定第二十九条规定的基层党委，其同级纪委可以依照本规定第十四条规定直接决定给予违纪党员党纪处分，并可以批准给予违纪党员开除党籍处分。

第三十九条 对未经党组（党委）会议、党的工作机关部（厅、室）务会或者委员会会议讨论决定任免，但属于党组（党委）、党的工作机关管理的人员中的党员给予警告、严重警告处分的，可以由机关纪委审查批准。

第五章 处分批准权限和程序特殊情形

第四十条 违纪党员系实行垂直管理或者实行双重领导并以上级单位领导为主的单位的干部，同时担任地方党委委员、候补委员或者地方纪委委员职务的，由地方纪委依照本规定履行处分审批程序，并将党纪处分决定抄告主管单位党组（党委）。其中，地方纪委立案审查的，应当通过有监督执纪权限的相应派驻纪检监察组或者主管单位内设纪检组织征求主管单位党组（党委）意见后履行处分审批程序。

第四十一条 给予党员组织关系转入援派或者挂职单位，但不改变与原单位人事关系的违纪党员干部党纪处分的，一般应当按照所任原单位职务、职级等对应的干部人事管理权限确定处分批准权限、履行处分审批程序。违纪问题与援派或者挂职期间挂任职务有密切关联的，必要时也可以按照该职务对应的干部人事管理权限确定处分批准权限、履行处分审批程序，但在作出处分决定前，应当按照所任原单位职务、职级等对应的干部人事管理权限征求原单位意见。

给予上级党委委托下级党委管理的党员干部党纪处分的，下级党委、纪委可以依照本规定履行处分审批程序。

第四十二条 给予组织关系转出但尚未被接收的党员党纪处分，由其原所在党组织依照本规定履行处分审批程序。该党组织已撤销的，由继续行使其职权的党组织或者其上一级党组织办理。

给予没有转移组织关系的流动党员和已停止党籍的党员党纪处分，由其组织关系所在党组织依照本规定履行处分审批程序。

第四十三条 给予辞去公职等原因离开公职岗位或者退休的党员干部党纪处分，一般按照其在职时的干部人事管理权限确定处分批准权限、履行处分审批程序。违纪问题发生在离开公职岗位后，且与所任原单位职务、职级等没有关联的，由其组织关系所在党组织依照本规定履行处分审批程序。离开公职岗位后又重新担任公职的，依照本规定第三条规定履行处分审批程序。党纪处分决定作出后，应当抄告违纪党员所在党组织予以执行。

第四十四条 给予党员组织关系转入相应党的街道工作委员会和所辖社区（村）党组织并实行社会化管理的国有企业退休人员党纪处分，按照党员组织隶属关系，由党的街道纪检监察工作委员会审查批准，其中给予撤销党内职务、留党察看或者开除党籍处分的还须报同级党的街道工作委员会审议批准，给予开除党籍处分的还须依照本规定呈报派出党的街道纪检监察工作委员会的地方纪委常委会审查批准。

前款规定的国有企业退休人员，其违纪行为主要发生在在职期间或者与在职期间的职务有密切关联的，有监督执纪权限的相应纪委监委、派驻纪检监察组或者国有企业内设纪检组织审查后认为应当给予党纪处分的，可以按照其退休前的干部人事管理权限确定处分批准权限、履行处分审批程序。党纪处分决定作出后，应当抄告相应党的街道工作委员会、党的街道纪检监察工作委员会予以执行。对于受到留党察看处分的，由党的街道纪检监察工作委员会依照本规定第二十一条第一款至第三款规定的条件，经其所在党支部党员大会讨论形成决议，报请党的街道工作委员会审议同意后，作出恢复其党员权利、延长一年留党察看期限或者给予其开除党籍处分的决定，并抄告原作出党纪处分决定的党组织；其中给予开除党籍处分的还须依照本规定呈报派出党的街道纪检监察工作委员会的地方纪委常委会审查批准。

给予党员组织关系转入相应乡镇（街道）党委和所辖村（社区）党组

织并实行社会化管理的国有企业退休人员党纪处分，参照前两款规定执行。

第四十五条 给予以退休方式移交人民政府安置的退役军官中的党员党纪处分，一般可以根据其退役前的职级或者军衔等级（适用于实行军衔主导的军官等级制度改革后的退役军官，下同），由相应的地方纪委常委会审查批准，其中给予撤销党内职务、留党察看或者开除党籍处分的还须报同级地方党委常委会审议批准。

退役前系师职军官（大校军官以及相应职级文职干部）、团职军官（上校、中校军官以及相应职级文职干部）的，一般应当分别由省级纪委、设区的市级纪委负责履行处分审批程序；系营职以下军官（少校以下军官以及相应职级文职干部）的，由县级纪委负责履行处分审批程序。

第四十六条 给予以逐月领取退役金或者自主择业方式安置且未被停发退役金的退役军官中的党员党纪处分，由其组织关系所在地的县级纪委常委会审查批准，其中拟给予撤销党内职务、留党察看或者开除党籍处分的还须报同级地方党委常委会审议批准。

给予以复员方式退役的退役军官，以及采取以逐月领取退役金、自主就业、退休或者供养方式安置的退役军士中的党员党纪处分，由其组织关系所在党组织依照本规定履行处分审批程序。

第四十七条 本规定第四十五条、第四十六条规定中的退役军官、军士的违纪行为主要发生在服役期间或者与服役期间的职务有密切关联，由军队纪律检查机关审查的，军队纪律检查机关可以依照其退役前的职务对应的处分批准权限履行处分审批程序并作出党纪处分决定，抄告退役军官、军士组织关系所在地县级党委、纪委予以执行。

前款规定中的违纪行为由地方纪律检查机关立案审查的，地方纪律检查机关可以依照本规定第四十五条、第四十六条规定履行处分审批程序。

第四十八条 有监督执纪权限的纪律检查机关审查认为预备党员违犯党纪，情节较轻，可以保留预备党员资格的，可以直接给予其批评教育或者按照程序延长一次预备期；情节较重的，应当按照程序取消其预备党员资格。

延长预备期、取消预备党员资格，由有监督执纪权限的纪律检查机关向预备党员所在党组织提出书面建议，预备党员所在党组织无正当理由应当采纳并交由预备党员所在党支部党员大会讨论形成决议，呈报有审批预备党员权限的基层党委批准后作出处理决定。

预备党员组织关系隶属于党的工作委员会的，参照前款规定执行。

第六章 附 则

第四十九条 本规定所确定的权限，均系应当遵照的最低权限。

第五十条 本规定所称以上、以下，除有特别标明外均含本级、本数。

第五十一条 本规定所称严重触犯刑律，是指因犯罪被人民法院判处刑罚。

第五十二条 本规定所称履行处分审批程序，是指依照本规定确定的处分批准权限和程序，对处分事宜进行审议、报批并按照程序作出党纪处分决定。

第五十三条 本规定所称有监督执纪权限，是指按照监督执纪工作实行分级负责制的规定，对涉嫌违纪党员有权行使监督执纪职责，有权对其违纪问题予以立案审查，有权对其提出党纪处分建议或者按照程序作出党纪处分决定。

第五十四条 军队处分违纪党员批准权限和程序规定，由中央军委根据本规定制定。

第五十五条 本规定由中央纪委负责解释。

第五十六条 本规定自发布之日起施行。中央纪委 1983 年 7 月 6 日印发的《关于处分违犯党纪的党员批准权限的具体规定》和 1987 年 3 月 28 日印发的《关于修改〈关于处分违犯党纪的党员批准权限的具体规定〉的通知》同时废止。此前有关规定与本规定不一致的，以本规定为准。

中共中央纪委关于规范和明确党员受留党察看处分期满后恢复党员权利等工作程序的通知

（2023 年 6 月 19 日）

各省、自治区、直辖市纪委，中央纪委各派驻机构、派出机构，军委纪委，各中管企业、各中管高校纪检机构：

为规范和明确党员受留党察看处分期满后恢复党员权利等工作程序，根据《中国共产党处分违纪党员批准权限和程序规定》（以下简称《规定》）第二十一条、第二十二条等规定，现就有关问题通知如下。

一、关于留党察看期满后恢复党员权利办理程序。受到留党察看处分的党员留党察看期满后，所在党支部应当及时对其在留党察看期间的现实表现情况进行认真考察，经考察认为其符合恢复党员权利条件的，应当制作《关于拟恢复＊＊＊（受到留党察看处分党员）同志党员权利的公示》，在所在单位、党支部（含受处分时所在单位、党支部）予以公示，公示期一般不少于5日；公示期满后，无异议或者经核实异议不成立的，应当召开党支部党员大会讨论恢复其党员权利事宜，本人无正当理由不得缺席会议，并在会上如实汇报其在留党察看期间的思想认识、工作表现、遵纪守法、廉洁自律以及今后打算等方面情况；在党员大会表决时，本人一般应当回避。党支部党员大会讨论形成决议后，应当将党员大会决议等材料层报所在基层党委；基层党委经审议，同意按期恢复其党员权利的，应当层报原作出党纪处分决定的党组织的下一级党委（党组）审议。原作出党纪处分决定的党组织的下一级党委（党组）经征求有监督执纪权限的纪律检查机关意见并审议通过后，认为其符合恢复党员权利条件的，作出《关于恢复＊＊＊（受到留党察看处分党员）同志党员权利的决定》，并按照干部人事管理权限和组织关系归入本人档案、抄告原作出党纪处分决定的党组织；认为其不符合恢复党员权利条件的，依照《规定》第二十一条第二款、第三款处理；但有监督执纪权限的纪律检查机关在反馈意见时明确告知受到留党察看处分的党员有涉嫌违纪问题线索尚未查明的，该党委（党组）应当暂缓审议，不得先行作出决定，有监督执纪权限的纪律检查机关应当在反馈意见之日起6个月内查明情况并通报该党委（党组）。受到留党察看处分一年的党员留党察看期满后，拟按程序作出延长一年留党察看期限决定的，参照上述程序办理。

二、关于受到留党察看处分的党员提交恢复党员权利书面申请问题。党员受留党察看处分期满后恢复党员权利工作，由所在党支部在留党察看期满后1个月内依职权启动办理程序，经基层党委审议后层报原作出党纪处分决定的党组织的下一级党委（党组）审议批准，其中，受到留党察看处分的党员在留党察看期满后，向所在党支部提交恢复党员权利书面申请的，党支部应当在收到该书面申请后5日内启动办理程序。原作出党纪处分决定的党组织及其以下党组织不得仅以受到留党察看处分的党员本人未提交前述书面申请为由，认定其在留党察看期间没有悔改表现；但受到留党察看处分的党员本人在留党察看期间有主动汇报思想、工作和改正错误情况，主动提交前述书面申请情形的，所在党支部在考察时可以作为其是否符合恢复党员权利条件的重要参考。

三、关于作出留党察看处分决定的党的组织与受到留党察看处分的党员所在党支部没有隶属关系问题。依照《规定》由相应党的组织作出留党察看处分决定的，留党察看期满后，参照《规定》第四十四条第二款，由受处分人组织关系所在基层党委设立的基层纪委依照《规定》第二十一条第一款、第二款所列条件，经所在党支部党员大会讨论形成决议，报请基层党委审议同意后，作出恢复其党员权利或者延长一年留党察看期限的决定，并抄告原作出党纪处分决定的党组织。有监督执纪权限的纪律检查机关经审查，认为应当依照《规定》第二十一条第三款规定给予其开除党籍处分的，还须依照《规定》第十四条第二款规定履行报批程序后，由批准给予开除党籍处分的县级以上纪委等相应党的组织作出开除党籍处分决定，并抄告原作出党纪处分决定的党组织。

各级纪律检查机关要准确掌握和落实本通知要求，并协助同级党委督促所辖范围内的党的各级各类组织严格按照权限、程序和规定的条件，对受到留党察看处分的党员作出恢复党员权利、延长一年留党察看期限或者开除党籍处分的决定。对于贯彻执行中遇到的问题，要逐级及时报告中央纪委（径送案件审理室）。

刑事犯罪

中华人民共和国刑法（节录）

（1979年7月1日第五届全国人民代表大会第二次会议通过 1997年3月14日第八届全国人民代表大会第五次会议修订 根据1998年12月29日第九届全国人民代表大会常务委员会第六次会议通过的《全国人民代表大会常务委员会关于惩治骗购外汇、逃汇和非法买卖外汇犯罪的决定》、1999年12月25日第九届全国人民代表大会常务委员会第十三次会议通过的《中华人民共和国刑法修正案》、2001年8月31日第九届全国人民代表大会常务委员会第二十三次会议通过的《中华人民共和国刑法修正案（二）》、2001年12月29日第九届全国人民代表大会常务委员会第二十五次会议通过的《中华人民共和国刑法修正案（三）》、2002年12月28日第九届全国人民代表大会常务委员会第三十一次会议通过的《中华人民共和国刑法修正案（四）》、2005年2月28日第十届全国人民代表大会常务委员会第十四次会议通过的《中华人民共和国刑法修正案（五）》、2006年6月29日第十届全国人民代表大会常务委员会第二十二次会议通过的《中华人民共和国刑法修正案（六）》、2009年2月28日第十一届全国人民代表大会常务委员会第七次会议通过的《中华人民共和国刑法修正案（七）》、2009年8月27日第十一届全国人民代表大会常务委员会第十次会议通过的《全国人民代表大会常务委员会关于修改部分法律的决定》、2011年2月25日第十一届全国人民代表大会常务委员会第十九次会议通过的《中华人民共和国刑法修正案（八）》、2015年8月29日第十二届全国人民代表大会常务委员会第十六次会议通过的《中华人民共和国刑法修正案（九）》、2017年11月4日第十二届全国人民代表大会常务委员会第三十次会议通过的《中华人民共和国刑法修正案（十）》、2020年12月26日第十三届全国人民代表大会常务委员会第二十四次会议通过的《中华人民共和国刑法修正案（十一）》和2023年12月29日第十四届全国人民代表大会常务委员会第七次会议通过的《中华人民共和国刑法修正案（十二）》修正)①

……

第八章　贪污贿赂罪

第三百八十二条　国家工作人员利用职务上的便利，侵吞、窃取、骗取或者以其他手段非法占有公共财物的，是贪污罪。

受国家机关、国有公司、企业、事业单位、人民团体委托管理、经营国有财产的人员，利用职务上的便利，侵吞、窃取、骗取或者以其他手段非法占有国有财物的，以贪污论。

与前两款所列人员勾结，伙同贪污的，以共犯论处。

第三百八十三条　对犯贪污罪的，根据情节轻重，分别依照下列规定处罚：

（一）贪污数额较大或者有其他较重情节的，处三年以下有期徒刑或者拘役，并处罚金。

（二）贪污数额巨大或者有其他严重情节的，处三年以上十年以下有期徒刑，并处罚金或者没收财产。

（三）贪污数额特别巨大或者有其他特别严重情节的，处十年以上有期徒刑或者无期徒刑，并处罚金或者没收财产；数额特别巨大，并使国家和人民利益遭受特别重大损失的，处无期徒刑或者死刑，并处没收财产。

对多次贪污未经处理的，按照累计贪污数额处罚。

犯第一款罪，在提起公诉前如实供述自己罪行、真诚悔罪、积极退赃，避免、减少损害结果的发生，有第一项规定情形的，可以从轻、减轻或者免除处罚；有第二项、第三项规定情形的，可以从轻处罚。

① 刑法、历次刑法修正案、涉及修改刑法的决定的施行日期，分别依据各法律所规定的施行日期确定。

犯第一款罪，有第三项规定情形被判处死刑缓期执行的，人民法院根据犯罪情节等情况可以同时决定在其死刑缓期执行二年期满依法减为无期徒刑后，终身监禁，不得减刑、假释。

第三百八十四条 国家工作人员利用职务上的便利，挪用公款归个人使用，进行非法活动的，或者挪用公款数额较大、进行营利活动的，或者挪用公款数额较大、超过三个月未还的，是挪用公款罪，处五年以下有期徒刑或者拘役；情节严重的，处五年以上有期徒刑。挪用公款数额巨大不退还的，处十年以上有期徒刑或者无期徒刑。

挪用用于救灾、抢险、防汛、优抚、扶贫、移民、救济款物归个人使用的，从重处罚。

第三百八十五条 国家工作人员利用职务上的便利，索取他人财物的，或者非法收受他人财物，为他人谋取利益的，是受贿罪。

国家工作人员在经济往来中，违反国家规定，收受各种名义的回扣、手续费，归个人所有的，以受贿论处。

第三百八十六条 对犯受贿罪的，根据受贿所得数额及情节，依照本法第三百八十三条的规定处罚。索贿的从重处罚。

第三百八十七条 国家机关、国有公司、企业、事业单位、人民团体，索取、非法收受他人财物，为他人谋取利益，情节严重的，对单位判处罚金，并对其直接负责的主管人员和其他直接责任人员，处三年以下有期徒刑或者拘役；情节特别严重的，处三年以上十年以下有期徒刑。

前款所列单位，在经济往来中，在帐外暗中收受各种名义的回扣、手续费的，以受贿论，依照前款的规定处罚。

第三百八十八条 国家工作人员利用本人职权或者地位形成的便利条件，通过其他国家工作人员职务上的行为，为请托人谋取不正当利益，索取请托人财物或者收受请托人财物的，以受贿论处。

第三百八十八条之一 国家工作人员的近亲属或者其他与该国家工作人员关系密切的人，通过该国家工作人员职务上的行为，或者利用该国家工作人员职权或者地位形成的便利条件，通过其他国家工作人员职务上的行为，为请托人谋取不正当利益，索取请托人财物或者收受请托人财物，数额较大或者有其他较重情节的，处三年以下有期徒刑或者拘役，并处罚金；数额巨大或者有其他严重情节的，处三年以上七年以下有期徒刑，并处罚金；数额特别巨大或者有其他特别严重情节的，处七年以上有期徒刑，并处罚金或者没收财产。

离职的国家工作人员或者其近亲属以及其他与其关系密切的人，利用该离职的国家工作人员原职权或者地位形成的便利条件实施前款行为的，依照前款的规定定罪处罚。

第三百八十九条 为谋取不正当利益，给予国家工作人员以财物的，是行贿罪。

在经济往来中，违反国家规定，给予国家工作人员以财物，数额较大的，或者违反国家规定，给予国家工作人员以各种名义的回扣、手续费的，以行贿论处。

因被勒索给予国家工作人员以财物，没有获得不正当利益的，不是行贿。

第三百九十条 对犯行贿罪的，处三年以下有期徒刑或者拘役，并处罚金；因行贿谋取不正当利益，情节严重的，或者使国家利益遭受重大损失的，处三年以上十年以下有期徒刑，并处罚金；情节特别严重的，或者使国家利益遭受特别重大损失的，处十年以上有期徒刑或者无期徒刑，并处罚金或者没收财产。

有下列情形之一的，从重处罚：

（一）多次行贿或者向多人行贿的；

（二）国家工作人员行贿的；

（三）在国家重点工程、重大项目中行贿的；

（四）为谋取职务、职级晋升、调整行贿的；

（五）对监察、行政执法、司法工作人员行贿的；

（六）在生态环境、财政金融、安全生产、食品药品、防灾救灾、社会保障、教育、医疗等领域行贿，实施违法犯罪活动的；

（七）将违法所得用于行贿的。

行贿人在被追诉前主动交待行贿行为的，可以从轻或者减轻处罚。其中，犯罪较轻的，对调查突破、侦破重大案件起关键作用的，或者有重大立功表现的，可以减轻或者免除处罚。

第三百九十条之一 为谋取不正当利益，向国家工作人员的近亲属或者其他与该国家工作人员关系密切的人，或者向离职的国家工作人员或者其近亲属以及其他与其关系密切的人行贿的，处三年以下有期徒刑或者拘役，并处罚金；情节严重的，或者使国家利益遭受重大损失的，处三年以上七年以下有期徒刑，并处罚金；情节特别严重的，或者使国家利益遭受特别重大损失的，处七年以上十年以下有期徒刑，并处罚金。

单位犯前款罪的，对单位判处罚金，并对其直接负责的主管人员和其他直接责任人员，处三年以下有期徒刑或者拘役，并处罚金。

第三百九十一条 为谋取不正当利益，给予国家机关、国有公司、企业、事业单位、人民团体以财物的，或者在经济往来中，违反国家规定，给予各种名义的回扣、手续费的，处三年以下有期徒刑或者拘役，并处罚金；情节严重的，处三年以上七年以下有期徒刑，并处罚金。

单位犯前款罪的，对单位判处罚金，并对其直接负责的主管人员和其他直接责任人员，依照前款的规定处罚。

第三百九十二条 向国家工作人员介绍贿赂，情节严重的，处三年以下有期徒刑或者拘役，并处罚金。

介绍贿赂人在被追诉前主动交待介绍贿赂行为的，可以减轻处罚或者免除处罚。

第三百九十三条 单位为谋取不正当利益而行贿，或者违反国家规定，给予国家工作人员以回扣、手续费，情节严重的，对单位判处罚金，并对其直接负责的主管人员和其他直接责任人员，处三年以下有期徒刑或者拘役，并处罚金；情节特别严重的，处三年以上十年以下有期徒刑，并处罚金。因行贿取得的违法所得归个人所有的，依照本法第三百八十九条、第三百九十条的规定定罪处罚。

第三百九十四条 国家工作人员在国内公务活动或者对外交往中接受礼物，依照国家规定应当交公而不交公，数额较大的，依照本法第三百八十二条、第三百八十三条的规定定罪处罚。

第三百九十五条 国家工作人员的财产、支出明显超过合法收入，差额巨大的，可以责令该国家工作人员说明来源，不能说明来源的，差额部分以非法所得论，处五年以下有期徒刑或者拘役；差额特别巨大的，处五年以上十年以下有期徒刑。财产的差额部分予以追缴。

国家工作人员在境外的存款，应当依照国家规定申报。数额较大、隐瞒不报的，处二年以下有期徒刑或者拘役；情节较轻的，由其所在单位或者上级主管机关酌情给予行政处分。

第三百九十六条 国家机关、国有公司、企业、事业单位、人民团体，违反国家规定，以单位名义将国有资产集体私分给个人，数额较大的，对其直接负责的主管人员和其他直接责任人员，处三年以下有期徒刑或者拘役，并处或者单处罚金；数额巨大的，处三年以上七年以下有期徒刑，并处罚金。

司法机关、行政执法机关违反国家规定，将应当上缴国家的罚没财物，以单位名义集体私分给个人的，依照前款的规定处罚。

第九章 渎 职 罪

第三百九十七条 国家机关工作人员滥用职权或者玩忽职守，致使公共财产、国家和人民利益遭受重大损失的，处三年以下有期徒刑或者拘役；情节特别严重的，处三年以上七年以下有期徒刑。本法另有规定的，依照规定。

国家机关工作人员徇私舞弊，犯前款罪的，处五年以下有期徒刑或者拘役；情节特别严重的，处五年以上十年以下有期徒刑。本法另有规定的，依照规定。

第三百九十八条 国家机关工作人员违反保守国家秘密法的规定，故意或者过失泄露国家秘密，情节严重的，处三年以下有期徒刑或者拘役；情节特别严重的，处三年以上七年以下有期徒刑。

非国家机关工作人员犯前款罪的，依照前款的规定酌情处罚。

第三百九十九条 司法工作人员徇私枉法、徇情枉法，对明知是无罪的人而使他受追诉、对明知是有罪的人而故意包庇不使他受追诉，或者在刑事审判活动中故意违背事实和法律作枉法裁判的，处五年以下有期徒刑或者拘役；情节严重的，处五年以上十年以下有期徒刑；情节特别严重的，处十年以上有期徒刑。

在民事、行政审判活动中故意违背事实和法律作枉法裁判，情节严重的，处五年以下有期徒刑或者拘役；情节特别严重的，处五年以上十年以下有期徒刑。

在执行判决、裁定活动中，严重不负责任或者滥用职权，不依法采取诉讼保全措施、不履行法定执行职责，或者违法采取诉讼保全措施、强制执行措施，致使当事人或者其他人的利益遭受重大损失的，处五年以下有期徒刑或者拘役；致使当事人或者其他人的利益遭受特别重大损失的，处五年以上十年以下有期徒刑。

司法工作人员收受贿赂，有前三款行为的，同时又构成本法第三百八十五条规定之罪的，依照处罚较重的规定定罪处罚。

第三百九十九条之一 依法承担仲裁职责的人员，在仲裁活动中故意违背事实和法律作枉法裁决，情节严重的，处三年以下有期徒刑或者拘役；情节特别严重的，处三年以上七年以下有期徒刑。

第四百条 司法工作人员私放在押的犯罪嫌疑人、被告人或者罪犯的，处五年以下有期徒刑或者拘役；情节严重的，处五年以上十年以下有期徒刑；情节特别严重的，处十年以上有期徒刑。

司法工作人员由于严重不负责任，致使在押的犯罪嫌疑人、被告人或者罪犯脱逃，造成严重后果的，处三年以下有期徒刑或者拘役；造成特别严重后果的，处三年以上十年以下有期徒刑。

第四百零一条 司法工作人员徇私舞弊，对不符合减刑、假释、暂予监外执行条件的罪犯，予以减刑、假释或者暂予监外执行的，处三年以下有期徒刑或者拘役；情节严重的，处三年以上七年以下有期徒刑。

第四百零二条 行政执法人员徇私舞弊，对依法应当移交司法机关追究刑事责任的不移交，情节严重的，处三年以下有期徒刑或者拘役；造成严重后果的，处三年以上七年以下有期徒刑。

第四百零三条 国家有关主管部门的国家机关工作人员，徇私舞弊，滥用职权，对不符合法律规定条件的公司设立、登记申请或者股票、债券发行、上市申请，予以批准或者登记，致使公共财产、国家和人民利益遭受重大损失的，处五年以下有期徒刑或者拘役。

上级部门强令登记机关及其工作人员实施前款行为的，对其直接负责的主管人员，依照前款的规定处罚。

第四百零四条 税务机关的工作人员徇私舞弊，不征或者少征应征税款，致使国家税收遭受重大损失的，处五年以下有期徒刑或者拘役；造成特别重大损失的，处五年以上有期徒刑。

第四百零五条 税务机关的工作人员违反法律、行政法规的规定，在办理发售发票、抵扣税款、出口退税工作中，徇私舞弊，致使国家利益遭受重大损失的，处五年以下有期徒刑或者拘役；致使国家利益遭受特别重大损失的，处五年以上有期徒刑。

其他国家机关工作人员违反国家规定，在提供出口货物报关单、出口收汇核销单等出口退税凭证的工作中，徇私舞弊，致使国家利益遭受重大损失的，依照前款的规定处罚。

第四百零六条 国家机关工作人员在签订、履行合同过程中，因严重不负责任被诈骗，致使国家利益遭受重大损失的，处三年以下有期徒刑或者拘役；致使国家利益遭受特别重大损失的，处三年以上七年以下有期徒刑。

第四百零七条 林业主管部门的工作人员违反森林法的规定，超过批准的年采伐限额发放林木采伐许可证或者违反规定滥发林木采伐许可证，情节严重，致使森林遭受严重破坏的，处三年以下有期徒刑或者拘役。

第四百零八条 负有环境保护监督管理职责的国家机关工作人员严重不负责任，导致发生重大环境污染事故，致使公私财产遭受重大损失或者造成人身伤亡的严重后果的，处三年以下有期徒刑或者拘役。

第四百零八条之一 负有食品药品安全监督管理职责的国家机关工作人员，滥用职权或者玩忽职守，有下列情形之一，造成严重后果或者有其他严重情节的，处五年以下有期徒刑或者拘役；造成特别严重后果或者有其他特别严重情节的，处五年以上十年以下有期徒刑：

（一）瞒报、谎报食品安全事故、药品安全事件的；

（二）对发现的严重食品药品安全违法行为未按规定查处的；

（三）在药品和特殊食品审批审评过程中，对不符合条件的申请准予许可的；

（四）依法应当移交司法机关追究刑事责任不移交的；

（五）有其他滥用职权或者玩忽职守行为的。

徇私舞弊犯前款罪的，从重处罚。

第四百零九条 从事传染病防治的政府卫生行政部门的工作人员严重不负责任，导致传染病传播或者流行，情节严重的，处三年以下有期徒刑或者拘役。

第四百一十条 国家机关工作人员徇私舞弊，违反土地管理法规，滥用职权，非法批准征收、征用、占用土地，或者非法低价出让国有土地使用权，情节严重的，处三年以下有期徒刑或者拘役；致使国家或者集体利益遭受特别重大损失的，处三年以上七年以下有期徒刑。

第四百一十一条 海关工作人员徇私舞弊，放纵走私，情节严重的，处五年以下有期徒刑或者拘役；情节特别严重的，处五年以上有期徒刑。

第四百一十二条 国家商检部门、商检机构的工作人员徇私舞弊，伪造检验结果的，处五年以下有期徒刑或者拘役；造成严重后果的，处五年以上十年以下有期徒刑。

前款所列人员严重不负责任，对应当检验的物品不检验，或者延误检验出证、错误出证，致使国家利益遭受重大损失的，处三年以下有期徒刑或者拘役。

第四百一十三条 动植物检疫机关的检疫人员徇私舞弊，伪造检疫结果的，处五年以下有期徒刑或者拘役；造成严重后果的，处五年以上十年以下有期徒刑。

前款所列人员严重不负责任，对应当检疫的检疫物不检疫，或者延误检疫出证、错误出证，致使国家利益遭受重大损失的，处三年以下有期徒刑或者拘役。

第四百一十四条 对生产、销售伪劣商品犯罪行为负有追究责任的国家机关工作人员，徇私舞弊，不履行法律规定的追究职责，情节严重的，处五年以下有期徒刑或者拘役。

第四百一十五条 负责办理护照、签证以及其他出入境证件的国家机关工作人员，对明知是企图偷越国（边）境的人员，予以办理出入境证件的，或者边防、海关等国家机关工作人员，对明知是偷越国（边）境的人员，予以放行的，处三年以下有期徒刑或者拘役；情节严重的，处三年以上七年以下有期徒刑。

第四百一十六条 对被拐卖、绑架的妇女、儿童负有解救职责的国家机关工作人员，接到被拐卖、绑架的妇女、儿童及其家属的解救要求或者接到其他人的举报，而对被拐卖、绑架的妇女、儿童不进行解救，造成严重后果的，处五年以下有期徒刑或者拘役。

负有解救职责的国家机关工作人员利用职务阻碍解救的，处二年以上七年以下有期徒刑；情节较轻的，处二年以下有期徒刑或者拘役。

第四百一十七条 有查禁犯罪活动职责的国家机关工作人员，向犯罪分子通风报信、提供便利，帮助犯罪分子逃避处罚的，处三年以下有期徒刑或者拘役；情节严重的，处三年以上十年以下有期徒刑。

第四百一十八条 国家机关工作人员在招收公务员、学生工作中徇私舞弊，情节严重的，处三年以下有期徒刑或者拘役。

第四百一十九条 国家机关工作人员严重不负责任，造成珍贵文物损毁或者流失，后果严重的，处三年以下有期徒刑或者拘役。

……

最高人民法院、最高人民检察院关于办理受贿刑事案件适用法律若干问题的意见

（2007年7月8日 法发〔2007〕22号）

为依法惩治受贿犯罪活动，根据刑法有关规定，现就办理受贿刑事案件具体适用法律若干问题，提出以下意见：

一、关于以交易形式收受贿赂问题

国家工作人员利用职务上的便利为请托人谋取利益，以下列交易形式收受请托人财物的，以受贿论处：

（1）以明显低于市场的价格向请托人购买房屋、汽车等物品的；

（2）以明显高于市场的价格向请托人出售房屋、汽车等物品的；

（3）以其他交易形式非法收受请托人财物的。

受贿数额按照交易时当地市场价格与实际支付价格的差额计算。

前款所列市场价格包括商品经营者事先设定的不针对特定人的最低优惠价格。根据商品经营者事先设定的各种优惠交易条件，以优惠价格购买商品的，不属于受贿。

二、关于收受干股问题

干股是指未出资而获得的股份。国家工作人员利用职务上的便利为请托人谋取利益，收受请托人提供的干股的，以受贿论处。进行了股权转让登记，或者相关证据证明股份发生了实际转让的，受贿数额按转让行为时股份价值计算，所分红利按受贿孳息处理。股份未实际转让，以股份分红

名义获取利益的，实际获利数额应当认定为受贿数额。

三、关于以开办公司等合作投资名义收受贿赂问题

国家工作人员利用职务上的便利为请托人谋取利益，由请托人出资，“合作”开办公司或者进行其他“合作”投资的，以受贿论处。受贿数额为请托人给国家工作人员的出资额。

国家工作人员利用职务上的便利为请托人谋取利益，以合作开办公司或者其他合作投资的名义获取“利润”，没有实际出资和参与管理、经营的，以受贿论处。

四、关于以委托请托人投资证券、期货或者其他委托理财的名义收受贿赂问题

国家工作人员利用职务上的便利为请托人谋取利益，以委托请托人投资证券、期货或者其他委托理财的名义，未实际出资而获取“收益”，或者虽然实际出资，但获取“收益”明显高于出资应得收益的，以受贿论处。受贿数额，前一情形，以“收益”额计算；后一情形，以“收益”额与出资应得收益额的差额计算。

五、关于以赌博形式收受贿赂的认定问题

根据《最高人民法院、最高人民检察院关于办理赌博刑事案件具体应用法律若干问题的解释》第七条规定，国家工作人员利用职务上的便利为请托人谋取利益，通过赌博方式收受请托人财物的，构成受贿。

实践中应注意区分贿赂与赌博活动、娱乐活动的界限。具体认定时，主要应当结合以下因素进行判断：

（1）赌博的背景、场合、时间、次数；

（2）赌资来源；

（3）其他赌博参与者有无事先通谋；

（4）输赢钱物的具体情况和金额大小。

六、关于特定关系人“挂名”领取薪酬问题

国家工作人员利用职务上的便利为请托人谋取利益，要求或者接受请托人以给特定关系人安排工作为名，使特定关系人不实际工作却获取所谓薪酬的，以受贿论处。

七、关于由特定关系人收受贿赂问题

国家工作人员利用职务上的便利为请托人谋取利益，授意请托人以本意见所列形式，将有关财物给予特定关系人的，以受贿论处。

特定关系人与国家工作人员通谋，共同实施前款行为的，对特定关系人以受贿罪的共犯论处。特定关系人以外的其他人与国家工作人员通谋，由国家工作人员利用职务上的便利为请托人谋取利益，收受请托人财物后双方共同占有的，以受贿罪的共犯论处。

八、关于收受贿赂物品未办理权属变更问题

国家工作人员利用职务上的便利为请托人谋取利益，收受请托人房屋、汽车等物品，未变更权属登记或者借用他人名义办理权属变更登记的，不影响受贿的认定。

认定以房屋、汽车等物品为对象的受贿，应注意与借用的区分。具体认定时，除双方交代或者书面协议之外，主要应当结合以下因素进行判断：

（1）有无借用的合理事由；

（2）是否实际使用；

(3) 借用时间的长短；

(4) 有无归还的条件；

(5) 有无归还的意思表示及行为。

九、关于收受财物后退还或者上交问题

国家工作人员收受请托人财物后及时退还或者上交的，不是受贿。

国家工作人员受贿后，因自身或者与其受贿有关联的人、事被查处，为掩饰犯罪而退还或者上交的，不影响认定受贿罪。

十、关于在职时为请托人谋利，离职后收受财物问题

国家工作人员利用职务上的便利为请托人谋取利益之前或者之后，约定在其离职后收受请托人财物，并在离职后收受的，以受贿论处。

国家工作人员利用职务上的便利为请托人谋取利益，离职前后连续收受请托人财物的，离职前后收受部分均应计入受贿数额。

十一、关于“特定关系人”的范围

本意见所称“特定关系人”，是指与国家工作人员有近亲属、情妇（夫）以及其他共同利益关系的人。

十二、关于正确贯彻宽严相济刑事政策的问题

依照本意见办理受贿刑事案件，要根据刑法关于受贿罪的有关规定和受贿罪权钱交易的本质特征，准确区分罪与非罪、此罪与彼罪的界限，惩处少数，教育多数。在从严惩处受贿犯罪的同时，对于具有自首、立功等情节的，依法从轻、减轻或者免除处罚。

最高人民法院、最高人民检察院关于办理职务犯罪案件认定自首、立功等量刑情节若干问题的意见

（2009年3月12日 法发〔2009〕13号）

为依法惩处贪污贿赂、渎职等职务犯罪，根据刑法和相关司法解释的规定，结合办案工作实际，现就办理职务犯罪案件有关自首、立功等量刑情节的认定和处理问题，提出如下意见：

一、关于自首的认定和处理

根据刑法第六十七条第一款的规定，成立自首需同时具备自动投案和如实供述自己的罪行两个要件。犯罪事实或者犯罪分子未被办案机关掌握，或者虽被掌握，但犯罪分子尚未受到调查谈话、讯问，或者未被宣布采取调查措施或者强制措施时，向办案机关投案的，是自动投案。在此期间如实交代自己的主要犯罪事实的，应当认定为自首。

犯罪分子向所在单位等办案机关以外的单位、组织或者有关负责人员投案的，应当视为自动投案。

没有自动投案，在办案机关调查谈话、讯问、采取调查措施或者强制措施期间，犯罪分子如实交代办案机关掌握的线索所针对的事实的，不能认定为自首。

没有自动投案，但具有以下情形之一的，以自首论：（1）犯罪分子如实交代办案机关未掌握的罪行，与办案机关已掌握的罪行属不同种罪行的；（2）办案机关所掌握线索针对的犯罪事实不成立，在此范围外犯罪分子交代同种罪行的。

单位犯罪案件中，单位集体决定或者单位负责人决定而自动投案，如实交代单位犯罪事实的，或者单位直接负责的主管人员自动投案，如实交代单位犯罪事实的，应当认定为单位自首。单位自首的，直接负责的主管人员和直接责任人员未自动投案，但如实交代自己知道的犯罪事实的，可

以视为自首；拒不交代自己知道的犯罪事实或者逃避法律追究的，不应当认定为自首。单位没有自首，直接责任人员自动投案并如实交代自己知道的犯罪事实的，对该直接责任人员应当认定为自首。

对于具有自首情节的犯罪分子，办案机关移送案件时应当予以说明并移交相关证据材料。

对于具有自首情节的犯罪分子，应当根据犯罪的事实、性质、情节和对于社会的危害程度，结合自动投案的动机、阶段、客观环境，交代犯罪事实的完整性、稳定性以及悔罪表现等具体情节，依法决定是否从轻、减轻或者免除处罚以及从轻、减轻处罚的幅度。

二、关于立功的认定和处理

立功必须是犯罪分子本人实施的行为。为使犯罪分子得到从轻处理，犯罪分子的亲友直接向有关机关揭发他人犯罪行为，提供侦破其他案件的重要线索，或者协助司法机关抓捕其他犯罪嫌疑人的，不应当认定为犯罪分子的立功表现。

据以立功的他人罪行材料应当指明具体犯罪事实；据以立功的线索或者协助行为对于侦破案件或者抓捕犯罪嫌疑人要有实际作用。犯罪分子揭发他人犯罪行为时没有指明具体犯罪事实的；揭发的犯罪事实与查实的犯罪事实不具有关联性的；提供的线索或者协助行为对于其他案件的侦破或者其他犯罪嫌疑人的抓捕不具有实际作用的，不能认定为立功表现。

犯罪分子揭发他人犯罪行为，提供侦破其他案件重要线索的，必须经查证属实，才能认定为立功。审查是否构成立功，不仅要审查办案机关的说明材料，还要审查有关事实和证据以及与案件定性处罚相关的法律文书，如立案决定书、逮捕决定书、侦查终结报告、起诉意见书、起诉书或者判决书等。

据以立功的线索、材料来源有下列情形之一的，不能认定为立功：(1) 本人通过非法手段或者非法途径获取的；(2) 本人因原担任的查禁犯罪等职务获取的；(3) 他人违反监管规定向犯罪分子提供的；(4) 负有查禁犯罪活动职责的国家机关工作人员或者其他国家工作人员利用职务便利提供的。

犯罪分子检举、揭发的他人犯罪，提供侦破其他案件的重要线索，阻止他人的犯罪活动，或者协助司法机关抓捕的其他犯罪嫌疑人，犯罪嫌疑人、被告人依法可能被判处无期徒刑以上刑罚的，应当认定为有重大立功表现。其中，可能被判处无期徒刑以上刑罚，是指根据犯罪行为的事实、情节可能判处无期徒刑以上刑罚。案件已经判决的，以实际判处的刑罚为准。但是，根据犯罪行为的事实、情节应当判处无期徒刑以上刑罚，因被判刑人有法定情节经依法从轻、减轻处罚后判处有期徒刑的，应当认定为重大立功。

对于具有立功情节的犯罪分子，应当根据犯罪的事实、性质、情节和对于社会的危害程度，结合立功表现所起作用的大小、所破获案件的罪行轻重、所抓获犯罪嫌疑人可能判处的法定刑以及立功的时机等具体情节，依法决定是否从轻、减轻或者免除处罚以及从轻、减轻处罚的幅度。

三、关于如实交代犯罪事实的认定和处理

犯罪分子依法不成立自首，但如实交代犯罪事实，有下列情形之一的，可以酌情从轻处罚：(1) 办案机关掌握部分犯罪事实，犯罪分子交代了同种其他犯罪事实的；(2) 办案机关掌握的证据不充分，犯罪分子如实交代有助于收集定案证据的。

犯罪分子如实交代犯罪事实，有下列情形之一的，一般应当从轻处罚：(1) 办案机关仅掌握小部分犯罪事实，犯罪分子交代了大部分未被掌握的同种犯罪事实的；(2) 如实交代对于定案证据的收集有重要作用的。

四、关于赃款赃物追缴等情形的处理

贪污案件中赃款赃物全部或者大部分追缴的，一般应当考虑从轻处罚。

受贿案件中赃款赃物全部或者大部分追缴的，视具体情况可以酌定从轻处罚。

犯罪分子及其亲友主动退赃或者在办案机关追缴赃款赃物过程中积极配合的，在量刑时应当与办案机关查办案件过程中依职权追缴赃款赃物的有所区别。

职务犯罪案件立案后，犯罪分子及其亲友自行挽回的经济损失，司法机关或者犯罪分子所在单位及其上级主管部门挽回的经济损失，或者因客观原因减少的经济损失，不予扣减，但可以作为酌情从轻处罚的情节。

最高人民法院、最高人民检察院关于办理职务犯罪案件严格适用缓刑、免予刑事处罚若干问题的意见

（2012年8月8日　法发〔2012〕17号）

为进一步规范贪污贿赂、渎职等职务犯罪案件缓刑、免予刑事处罚的适用，确保办理职务犯罪案件的法律效果和社会效果，根据刑法有关规定并结合司法工作实际，就职务犯罪案件缓刑、免予刑事处罚的具体适用问题，提出以下意见：

一、严格掌握职务犯罪案件缓刑、免予刑事处罚的适用。职务犯罪案件的刑罚适用直接关系反腐败工作的实际效果。人民法院、人民检察院要深刻认识职务犯罪的严重社会危害性，正确贯彻宽严相济刑事政策，充分发挥刑罚的惩治和预防功能。要在全面把握犯罪事实和量刑情节的基础上严格依照刑法规定的条件适用缓刑、免予刑事处罚，既要考虑从宽情节，又要考虑从严情节；既要做到刑罚与犯罪相当，又要做到刑罚执行方式与犯罪相当，切实避免缓刑、免予刑事处罚不当适用造成的消极影响。

二、具有下列情形之一的职务犯罪分子，一般不适用缓刑或者免予刑事处罚：

（一）不如实供述罪行的；

（二）不予退缴赃款赃物或者将赃款赃物用于非法活动的；

（三）属于共同犯罪中情节严重的主犯的；

（四）犯有数个职务犯罪依法实行并罚或者以一罪处理的；

（五）曾因职务违纪违法行为受过行政处分的；

（六）犯罪涉及的财物属于救灾、抢险、防汛、优抚、扶贫、移民、救济、防疫等特定款物的；

（七）受贿犯罪中具有索贿情节的；

（八）渎职犯罪中徇私舞弊情节或者滥用职权情节恶劣的；

（九）其他不应适用缓刑、免予刑事处罚的情形。

三、不具有本意见第二条规定的情形，全部退缴赃款赃物，依法判处

三年有期徒刑以下刑罚，符合刑法规定的缓刑适用条件的贪污、受贿犯罪分子，可以适用缓刑；符合刑法第三百八十三条第一款第（三）项的规定，依法不需要判处刑罚的，可以免予刑事处罚。

不具有本意见第二条所列情形，挪用公款进行营利活动或者超过三个月未还构成犯罪，一审宣判前已将公款归还，依法判处三年有期徒刑以下刑罚，符合刑法规定的缓刑适用条件的，可以适用缓刑；在案发前已归还，情节轻微，不需要判处刑罚的，可以免予刑事处罚。

四、人民法院审理职务犯罪案件时应当注意听取检察机关、被告人、辩护人提出的量刑意见，分析影响性案件案发前后的社会反映，必要时可以征求案件查办等机关的意见。对于情节恶劣、社会反映强烈的职务犯罪案件，不得适用缓刑、免予刑事处罚。

五、对于具有本意见第二条规定的情形之一，但根据全案事实和量刑情节，检察机关认为确有必要适用缓刑或者免予刑事处罚并据此提出量刑建议的，应经检察委员会讨论决定；审理法院认为确有必要适用缓刑或者免予刑事处罚的，应经审判委员会讨论决定。

最高人民法院、最高人民检察院关于办理贪污贿赂刑事案件适用法律若干问题的解释

（2016年3月28日最高人民法院审判委员会第1680次会议、2016年3月25日最高人民检察院第十二届检察委员会第50次会议通过　2016年4月18日最高人民法院、最高人民检察院公告公布　自2016年4月18日起施行　法释〔2016〕9号）

为依法惩治贪污贿赂犯罪活动，根据刑法有关规定，现就办理贪污贿赂刑事案件适用法律的若干问题解释如下：

第一条　贪污或者受贿数额在三万元以上不满二十万元的，应当认定为刑法第三百八十三条第一款规定的“数额较大”，依法判处三年以下有期徒刑或者拘役，并处罚金。

贪污数额在一万元以上不满三万元，具有下列情形之一的，应当认定

为刑法第三百八十三条第一款规定的“其他较重情节”，依法判处三年以下有期徒刑或者拘役，并处罚金：

（一）贪污救灾、抢险、防汛、优抚、扶贫、移民、救济、防疫、社会捐助等特定款物的；

（二）曾因贪污、受贿、挪用公款受过党纪、行政处分的；

（三）曾因故意犯罪受过刑事追究的；

（四）赃款赃物用于非法活动的；

（五）拒不交待赃款赃物去向或者拒不配合追缴工作，致使无法追缴的；

（六）造成恶劣影响或者其他严重后果的。

受贿数额在一万元以上不满三万元，具有前款第二项至第六项规定的情形之一，或者具有下列情形之一的，应当认定为刑法第三百八十三条第一款规定的“其他较重情节”，依法判处三年以下有期徒刑或者拘役，并处罚金：

（一）多次索贿的；

（二）为他人谋取不正当利益，致使公共财产、国家和人民利益遭受损失的；

（三）为他人谋取职务提拔、调整的。

第二条 贪污或者受贿数额在二十万元以上不满三百万元的，应当认定为刑法第三百八十三条第一款规定的“数额巨大”，依法判处三年以上十年以下有期徒刑，并处罚金或者没收财产。

贪污数额在十万元以上不满二十万元，具有本解释第一条第二款规定的情形之一的，应当认定为刑法第三百八十三条第一款规定的“其他严重情节”，依法判处三年以上十年以下有期徒刑，并处罚金或者没收财产。

受贿数额在十万元以上不满二十万元，具有本解释第一条第三款规定的情形之一的，应当认定为刑法第三百八十三条第一款规定的“其他严重情节”，依法判处三年以上十年以下有期徒刑，并处罚金或者没收财产。

第三条 贪污或者受贿数额在三百万元以上的，应当认定为刑法第三百八十三条第一款规定的“数额特别巨大”，依法判处十年以上有期徒刑、无期徒刑或者死刑，并处罚金或者没收财产。

贪污数额在一百五十万元以上不满三百万元，具有本解释第一条第二款规定的情形之一的，应当认定为刑法第三百八十三条第一款规定的“其他特别严重情节”，依法判处十年以上有期徒刑、无期徒刑或者死刑，并处罚金或者没收财产。

受贿数额在一百五十万元以上不满三百万元，具有本解释第一条第三款规定的情形之一的，应当认定为刑法第三百八十三条第一款规定的“其他特别严重情节”，依法判处十年以上有期徒刑、无期徒刑或者死刑，并处罚金或者没收财产。

第四条 贪污、受贿数额特别巨大，犯罪情节特别严重、社会影响特别恶劣、给国家和人民利益造成特别重大损失的，可以判处死刑。

符合前款规定的情形，但具有自首，立功，如实供述自己罪行、真诚悔罪、积极退赃，或者避免、减少损害结果的发生等情节，不是必须立即执行的，可以判处死刑缓期二年执行。

符合第一款规定情形的，根据犯罪情节等情况可以判处死刑缓期二年执行，同时裁判决定在其死刑缓期执行二年期满依法减为无期徒刑后，终身监禁，不得减刑、假释。

第五条 挪用公款归个人使用，进行非法活动，数额在三万元以上的，应当依照刑法第三百八十四条的规定以挪用公款罪追究刑事责任；数额在三百万元以上的，应当认定为刑法第三百八十四条第一款规定的“数额巨大”。具有下列情形之一的，应当认定为刑法第三百八十四条第一款规定的“情节严重”：

（一）挪用公款数额在一百万元以上的；

（二）挪用救灾、抢险、防汛、优抚、扶贫、移民、救济特定款物，数额在五十万元以上不满一百万元的；

（三）挪用公款不退还，数额在五十万元以上不满一百万元的；

（四）其他严重的情节。

第六条 挪用公款归个人使用，进行营利活动或者超过三个月未还，数额在五万元以上的，应当认定为刑法第三百八十四条第一款规定的“数额较大”；数额在五百万元以上的，应当认定为刑法第三百八十四条第一款规定的“数额巨大”。具有下列情形之一的，应当认定为刑法第三百八十四条第一款规定的“情节严重”：

（一）挪用公款数额在二百万元以上的；

（二）挪用救灾、抢险、防汛、优抚、扶贫、移民、救济特定款物，数额在一百万元以上不满二百万元的；

（三）挪用公款不退还，数额在一百万元以上不满二百万元的；

（四）其他严重的情节。

第七条 为谋取不正当利益，向国家工作人员行贿，数额在三万元以上的，应当依照刑法第三百九十条的规定以行贿罪追究刑事责任。

行贿数额在一万元以上不满三万元，具有下列情形之一的，应当依照刑法第三百九十条的规定以行贿罪追究刑事责任：

（一）向三人以上行贿的；

（二）将违法所得用于行贿的；

（三）通过行贿谋取职务提拔、调整的；

（四）向负有食品、药品、安全生产、环境保护等监督管理职责的国家工作人员行贿，实施非法活动的；

（五）向司法工作人员行贿，影响司法公正的；

（六）造成经济损失数额在五十万元以上不满一百万元的。

第八条 犯行贿罪，具有下列情形之一的，应当认定为刑法第三百九十条第一款规定的“情节严重”：

（一）行贿数额在一百万元以上不满五百万元的；

（二）行贿数额在五十万元以上不满一百万元，并具有本解释第七条第二款第一项至第五项规定的情形之一的；

（三）其他严重的情节。

为谋取不正当利益，向国家工作人员行贿，造成经济损失数额在一百万元以上不满五百万元的，应当认定为刑法第三百九十条第一款规定的“使国家利益遭受重大损失”。

第九条 犯行贿罪，具有下列情形之一的，应当认定为刑法第三百九十条第一款规定的“情节特别严重”：

（一）行贿数额在五百万元以上的；

（二）行贿数额在二百五十万元以上不满五百万元，并具有本解释第七条第二款第一项至第五项规定的情形之一的；

（三）其他特别严重的情节。

为谋取不正当利益，向国家工作人员行贿，造成经济损失数额在五百万元以上的，应当认定为刑法第三百九十条第一款规定的“使国家利益遭受特别重大损失”。

第十条 刑法第三百八十八条之一规定的利用影响力受贿罪的定罪量刑适用标准，参照本解释关于受贿罪的规定执行。

刑法第三百九十条之一规定的对有影响力的人行贿罪的定罪量刑适用标准，参照本解释关于行贿罪的规定执行。

单位对有影响力的人行贿数额在二十万元以上的，应当依照刑法第三百九十条之一的规定以对有影响力的人行贿罪追究刑事责任。

第十一条 刑法第一百六十三条规定的非国家工作人员受贿罪、第二百七十一条规定的职务侵占罪中的“数额较大”“数额巨大”的数额起点，按照本解释关于受贿罪、贪污罪相对应的数额标准规定的二倍、五倍执行。

刑法第二百七十二条规定的挪用资金罪中的“数额较大”“数额巨大”以及“进行非法活动”情形的数额起点，按照本解释关于挪用公款罪“数额较大”“情节严重”以及“进行非法活动”的数额标准规定的二倍执行。

刑法第一百六十四条第一款规定的对非国家工作人员行贿罪中的“数额较大”“数额巨大”的数额起点，按照本解释第七条、第八条第一款关于行贿罪的数额标准规定的二倍执行。

第十二条 贿赂犯罪中的“财物”，包括货币、物品和财产性利益。财产性利益包括可以折算为货币的物质利益如房屋装修、债务免除等，以及需要支付货币的其他利益如会员服务、旅游等。后者的犯罪数额，以实际支付或者应当支付的数额计算。

第十三条 具有下列情形之一的，应当认定为“为他人谋取利益”，构成犯罪的，应当依照刑法关于受贿犯罪的规定定罪处罚：

（一）实际或者承诺为他人谋取利益的；

（二）明知他人有具体请托事项的；

（三）履职时未被请托，但事后基于该履职事由收受他人财物的。

国家工作人员索取、收受具有上下级关系的下属或者具有行政管理关系的被管理人员的财物价值三万元以上，可能影响职权行使的，视为承诺为他人谋取利益。

第十四条 根据行贿犯罪的事实、情节，可能被判处三年有期徒刑以下刑罚的，可以认定为刑法第三百九十条第二款规定的“犯罪较轻”。

根据犯罪的事实、情节，已经或者可能被判处十年有期徒刑以上刑罚的，或者案件在本省、自治区、直辖市或者全国范围内有较大影响的，可以认定为刑法第三百九十条第二款规定的“重大案件”。

具有下列情形之一的，可以认定为刑法第三百九十条第二款规定的“对侦破重大案件起关键作用”：

（一）主动交待办案机关未掌握的重大案件线索的；

（二）主动交待的犯罪线索不属于重大案件的线索，但该线索对于重大案件侦破有重要作用的；

（三）主动交待行贿事实，对于重大案件的证据收集有重要作用的；

（四）主动交待行贿事实，对于重大案件的追逃、追赃有重要作用的。

第十五条 对多次受贿未经处理的，累计计算受贿数额。

国家工作人员利用职务上的便利为请托人谋取利益前后多次收受请托人财物，受请托之前收受的财物数额在一万元以上的，应当一并计入受贿数额。

第十六条 国家工作人员出于贪污、受贿的故意，非法占有公共财物、收受他人财物之后，将赃款赃物用于单位公务支出或者社会捐赠的，不影响贪污罪、受贿罪的认定，但量刑时可以酌情考虑。

特定关系人索取、收受他人财物，国家工作人员知道后未退还或者上交的，应当认定国家工作人员具有受贿故意。

第十七条 国家工作人员利用职务上的便利，收受他人财物，为他人谋取利益，同时构成受贿罪和刑法分则第三章第三节、第九章规定的渎职犯罪的，除刑法另有规定外，以受贿罪和渎职犯罪数罪并罚。

第十八条 贪污贿赂犯罪分子违法所得的一切财物，应当依照刑法第六十四条的规定予以追缴或者责令退赔，对被害人的合法财产应当及时返还。对尚未追缴到案或者尚未足额退赔的违法所得，应当继续追缴或者责令退赔。

第十九条 对贪污罪、受贿罪判处三年以下有期徒刑或者拘役的，应当并处十万元以上五十万元以下的罚金；判处三年以上十年以下有期徒刑的，应当并处二十万元以上犯罪数额二倍以下的罚金或者没收财产；判处十年以上有期徒刑或者无期徒刑的，应当并处五十万元以上犯罪数额二倍以下的罚金或者没收财产。

对刑法规定并处罚金的其他贪污贿赂犯罪，应当在十万元以上犯罪数额二倍以下判处罚金。

第二十条 本解释自2016年4月18日起施行。最高人民法院、最高人民检察院此前发布的司法解释与本解释不一致的，以本解释为准。

最高人民检察院关于渎职侵权犯罪案件立案标准的规定

（2005年12月29日最高人民检察院第十届检察委员会第四十九次会议通过 2006年7月26日最高人民检察院公告公布 自公布之日起施行 高检发释字〔2006〕2号）

根据《中华人民共和国刑法》、《中华人民共和国刑事诉讼法》和其他法律的有关规定，对国家机关工作人员渎职和利用职权实施的侵犯公民人身权利、民主权利犯罪案件的立案标准规定如下：

一、渎职犯罪案件

（一）滥用职权案（第三百九十七条）

滥用职权罪是指国家机关工作人员超越职权，违法决定、处理其无权决定、处理的事项，或者违反规定处理公务，致使公共财产、国家和人民利益遭受重大损失的行为。

涉嫌下列情形之一的，应予立案：

1. 造成死亡1人以上，或者重伤2人以上，或者重伤1人、轻伤3人以上，或者轻伤5人以上的；

2. 导致10人以上严重中毒的；

3. 造成个人财产直接经济损失10万元以上，或者直接经济损失不满10万元，但间接经济损失50万元以上的；

4. 造成公共财产或者法人、其他组织财产直接经济损失20万元以上，或者直接经济损失不满20万元，但间接经济损失100万元以上的；

5. 虽未达到3、4两项数额标准，但3、4两项合计直接经济损失20万元以上，或者合计直接经济损失不满 20 万元，但合计间接经济损失 100 万元以上的；

6. 造成公司、企业等单位停业、停产 6 个月以上，或者破产的；

7. 弄虚作假，不报、缓报、谎报或者授意、指使、强令他人不报、缓报、谎报情况，导致重特大事故危害结果继续、扩大，或者致使抢救、调查、处理工作延误的；

8. 严重损害国家声誉，或者造成恶劣社会影响的；

9. 其他致使公共财产、国家和人民利益遭受重大损失的情形。

国家机关工作人员滥用职权，符合刑法第九章所规定的特殊渎职罪构成要件的，按照该特殊规定追究刑事责任；主体不符合刑法第九章所规定的特殊渎职罪的主体要件，但滥用职权涉嫌前款第 1 项至第 9 项规定情形之一的，按照刑法第 397 条的规定以滥用职权罪追究刑事责任。

(二) 玩忽职守案 (第三百九十七条)

玩忽职守罪是指国家机关工作人员严重不负责任，不履行或者不认真履行职责，致使公共财产、国家和人民利益遭受重大损失的行为。

涉嫌下列情形之一的，应予立案：

1. 造成死亡 1 人以上，或者重伤 3 人以上，或者重伤 2 人、轻伤 4 人以上，或者重伤 1 人、轻伤 7 人以上，或者轻伤 10 人以上的；

2. 导致 20 人以上严重中毒的；

3. 造成个人财产直接经济损失 15 万元以上，或者直接经济损失不满 15 万元，但间接经济损失 75 万元以上的；

4. 造成公共财产或者法人、其他组织财产直接经济损失 30 万元以上，或者直接经济损失不满 30 万元，但间接经济损失 150 万元以上的；

5. 虽未达到 3、4 两项数额标准，但 3、4 两项合计直接经济损失 30 万元以上，或者合计直接经济损失不满 30 万元，但合计间接经济损失 150 万元以上的；

6. 造成公司、企业等单位停业、停产 1 年以上，或者破产的；

7. 海关、外汇管理部门的工作人员严重不负责任，造成 100 万美元以上外汇被骗购或者逃汇 1000 万美元以上的；

8. 严重损害国家声誉，或者造成恶劣社会影响的；

9. 其他致使公共财产、国家和人民利益遭受重大损失的情形。

国家机关工作人员玩忽职守，符合刑法第九章所规定的特殊渎职罪构成要件的，按照该特殊规定追究刑事责任；主体不符合刑法第九章所规定的特殊渎职罪的主体要件，但玩忽职守涉嫌前款第1项至第9项规定情形之一的，按照刑法第397条的规定以玩忽职守罪追究刑事责任。

（三）故意泄露国家秘密案（第三百九十八条）

故意泄露国家秘密罪是指国家机关工作人员或者非国家机关工作人员违反保守国家秘密法，故意使国家秘密被不应知悉者知悉，或者故意使国家秘密超出了限定的接触范围，情节严重的行为。

涉嫌下列情形之一的，应予立案：

1. 泄露绝密级国家秘密1项（件）以上的；

2. 泄露机密级国家秘密2项（件）以上的；

3. 泄露秘密级国家秘密3项（件）以上的；

4. 向非境外机构、组织、人员泄露国家秘密，造成或者可能造成危害社会稳定、经济发展、国防安全或者其他严重危害后果的；

5. 通过口头、书面或者网络等方式向公众散布、传播国家秘密的；

6. 利用职权指使或者强迫他人违反国家保守秘密法的规定泄露国家秘密的；

7. 以牟取私利为目的泄露国家秘密的；

8. 其他情节严重的情形。

（四）过失泄露国家秘密案（第三百九十八条）

过失泄露国家秘密罪是指国家机关工作人员或者非国家机关工作人员违反保守国家秘密法，过失泄露国家秘密，或者遗失国家秘密载体，致使国家秘密被不应知悉者知悉或者超出了限定的接触范围，情节严重的行为。

涉嫌下列情形之一的，应予立案：

1. 泄露绝密级国家秘密1项（件）以上的；

2. 泄露机密级国家秘密3项（件）以上的；

3. 泄露秘密级国家秘密4项（件）以上的；

4. 违反保密规定，将涉及国家秘密的计算机或者计算机信息系统与互联网相连接，泄露国家秘密的；

5. 泄露国家秘密或者遗失国家秘密载体，隐瞒不报、不如实提供有关情况或者不采取补救措施的；

6. 其他情节严重的情形。

（五）徇私枉法案（第三百九十九条第一款）

徇私枉法罪是指司法工作人员徇私枉法、徇情枉法，对明知是无罪的人而使他受追诉、对明知是有罪的人而故意包庇不使他受追诉，或者在刑事审判活动中故意违背事实和法律作枉法裁判的行为。

涉嫌下列情形之一的，应予立案：

1. 对明知是没有犯罪事实或者其他依法不应当追究刑事责任的人，采取伪造、隐匿、毁灭证据或者其他隐瞒事实、违反法律的手段，以追究刑事责任为目的立案、侦查、起诉、审判的；

2. 对明知是有犯罪事实需要追究刑事责任的人，采取伪造、隐匿、毁灭证据或者其他隐瞒事实、违反法律的手段，故意包庇使其不受立案、侦查、起诉、审判的；

3. 采取伪造、隐匿、毁灭证据或者其他隐瞒事实、违反法律的手段，故意使罪重的人受较轻的追诉，或者使罪轻的人受较重的追诉的；

4. 在立案后，采取伪造、隐匿、毁灭证据或者其他隐瞒事实、违反法律的手段，应当采取强制措施而不采取强制措施，或者虽然采取强制措施，但中断侦查或者超过法定期限不采取任何措施，实际放任不管，以及违法撤销、变更强制措施，致使犯罪嫌疑人、被告人实际脱离司法机关侦控的；

5. 在刑事审判活动中故意违背事实和法律，作出枉法判决、裁定，即有罪判无罪、无罪判有罪，或者重罪轻判、轻罪重判的；

6. 其他徇私枉法应予追究刑事责任的情形。

（六）民事、行政枉法裁判案（第三百九十九条第二款）

民事、行政枉法裁判罪是指司法工作人员在民事、行政审判活动中，故意违背事实和法律作枉法裁判，情节严重的行为。

涉嫌下列情形之一的，应予立案：

1. 枉法裁判，致使当事人或者其近亲属自杀、自残造成重伤、死亡，或者精神失常的；

2. 枉法裁判，造成个人财产直接经济损失10万元以上，或者直接经济损失不满10万元，但间接经济损失50万元以上的；

3. 枉法裁判，造成法人或者其他组织财产直接经济损失20万元以上，或者直接经济损失不满20万元，但间接经济损失100万元以上的；

4. 伪造、变造有关材料、证据，制造假案枉法裁判的；

5. 串通当事人制造伪证，毁灭证据或者篡改庭审笔录而枉法裁判的；

6. 徇私情、私利，明知是伪造、变造的证据予以采信，或者故意对应当采信的证据不予采信，或者故意违反法定程序，或者故意错误适用法律而枉法裁判的；

7. 其他情节严重的情形。

（七）执行判决、裁定失职案（第三百九十九条第三款）

执行判决、裁定失职罪是指司法工作人员在执行判决、裁定活动中，严重不负责任，不依法采取诉讼保全措施、不履行法定执行职责，或者违法采取保全措施、强制执行措施，致使当事人或者其他人的利益遭受重大损失的行为。

涉嫌下列情形之一的，应予立案：

1. 致使当事人或者其近亲属自杀、自残造成重伤、死亡，或者精神失常的；

2. 造成个人财产直接经济损失 15 万元以上，或者直接经济损失不满 15 万元，但间接经济损失 75 万元以上的；

3. 造成法人或者其他组织财产直接经济损失 30 万元以上，或者直接经济损失不满 30 万元，但间接经济损失 150 万元以上的；

4. 造成公司、企业等单位停业、停产 1 年以上，或者破产的；

5. 其他致使当事人或者其他人的利益遭受重大损失的情形。

（八）执行判决、裁定滥用职权案（第三百九十九条第三款）

执行判决、裁定滥用职权罪是指司法工作人员在执行判决、裁定活动中，滥用职权，不依法采取诉讼保全措施、不履行法定执行职责，或者违法采取保全措施、强制执行措施，致使当事人或者其他人的利益遭受重大损失的行为。

涉嫌下列情形之一的，应予立案：

1. 致使当事人或者其近亲属自杀、自残造成重伤、死亡，或者精神失常的；

2. 造成个人财产直接经济损失 10 万元以上，或者直接经济损失不满 10 万元，但间接经济损失 50 万元以上的；

3. 造成法人或者其他组织财产直接经济损失 20 万元以上，或者直接经济济损失不满 20 万元，但间接经济损失 100 万元以上的；

4. 造成公司、企业等单位停业、停产 6 个月以上，或者破产的；

5. 其他致使当事人或者其他人的利益遭受重大损失的情形。

（九）私放在押人员案（第四百条第一款）

私放在押人员罪是指司法工作人员私放在押（包括在羁押场所和押解途中）的犯罪嫌疑人、被告人或者罪犯的行为。

涉嫌下列情形之一的，应予立案：

1. 私自将在押的犯罪嫌疑人、被告人、罪犯放走，或者授意、指使、强迫他人将在押的犯罪嫌疑人、被告人、罪犯放走的；

2. 伪造、变造有关法律文书、证明材料，以使在押的犯罪嫌疑人、被告人、罪犯逃跑或者被释放的；

3. 为私放在押的犯罪嫌疑人、被告人、罪犯，故意向其通风报信、提供条件，致使该在押的犯罪嫌疑人、被告人、罪犯脱逃的；

4. 其他私放在押的犯罪嫌疑人、被告人、罪犯应予追究刑事责任的情形。

（十）失职致使在押人员脱逃案（第四百条第二款）

失职致使在押人员脱逃罪是指司法工作人员由于严重不负责任，不履行或者不认真履行职责，致使在押（包括在羁押场所和押解途中）的犯罪嫌疑人、被告人、罪犯脱逃，造成严重后果的行为。

涉嫌下列情形之一的，应予立案：

1. 致使依法可能判处或者已经判处 10 年以上有期徒刑、无期徒刑、死刑的犯罪嫌疑人、被告人、罪犯脱逃的；

2. 致使犯罪嫌疑人、被告人、罪犯脱逃 3 人次以上的；

3. 犯罪嫌疑人、被告人、罪犯脱逃以后，打击报复报案人、控告人、举报人、被害人、证人和司法工作人员等，或者继续犯罪的；

4. 其他致使在押的犯罪嫌疑人、被告人、罪犯脱逃，造成严重后果的情形。

（十一）徇私舞弊减刑、假释、暂予监外执行案（第四百零一条）

徇私舞弊减刑、假释、暂予监外执行罪是指司法工作人员徇私舞弊，对不符合减刑、假释、暂予监外执行条件的罪犯予以减刑、假释、暂予监外执行的行为。

涉嫌下列情形之一的，应予立案：

1. 刑罚执行机关的工作人员对不符合减刑、假释、暂予监外执行条件的罪犯，捏造事实，伪造材料，违法报请减刑、假释、暂予监外执行的；

2. 审判人员对不符合减刑、假释、暂予监外执行条件的罪犯，徇私舞弊，违法裁定减刑、假释或者违法决定暂予监外执行的；

3. 监狱管理机关、公安机关的工作人员对不符合暂予监外执行条件的罪犯，徇私舞弊，违法批准暂予监外执行的；

4. 不具有报请、裁定、决定或者批准减刑、假释、暂予监外执行权的司法工作人员利用职务上的便利，伪造有关材料，导致不符合减刑、假释、暂予监外执行条件的罪犯被减刑、假释、暂予监外执行的；

5. 其他徇私舞弊减刑、假释、暂予监外执行应予追究刑事责任的情形。

（十二）徇私舞弊不移交刑事案件案（第四百零二条）

徇私舞弊不移交刑事案件罪是指工商行政管理、税务、监察等行政执法人员，徇私舞弊，对依法应当移交司法机关追究刑事责任的案件不移交，情节严重的行为。

涉嫌下列情形之一的，应予立案：

1. 对依法可能判处3年以上有期徒刑、无期徒刑、死刑的犯罪案件不移交的；

2. 不移交刑事案件涉及3人次以上的；

3. 司法机关提出意见后，无正当理由仍然不予移交的；

4. 以罚代刑，放纵犯罪嫌疑人，致使犯罪嫌疑人继续进行违法犯罪活动的；

5. 行政执法部门主管领导阻止移交的；

6. 隐瞒、毁灭证据，伪造材料，改变刑事案件性质的；

7. 直接负责的主管人员和其他直接责任人员为牟取本单位私利而不移交刑事案件，情节严重的；

8. 其他情节严重的情形。

（十三）滥用管理公司、证券职权案（第四百零三条）

滥用管理公司、证券职权罪是指工商行政管理、证券管理等国家有关主管部门的工作人员徇私舞弊，滥用职权，对不符合法律规定条件的公司设立、登记申请或者股票、债券发行、上市申请予以批准或者登记，致使公共财产、国家和人民利益遭受重大损失的行为，以及上级部门、当地政府强令登记机关及其工作人员实施上述行为的行为。

涉嫌下列情形之一的，应予立案：

1. 造成直接经济损失50万元以上的；

2. 工商行政管理部门的工作人员对不符合法律规定条件的公司设立、登记申请，违法予以批准、登记，严重扰乱市场秩序的；

3. 金融证券管理机构工作人员对不符合法律规定条件的股票、债券发行、上市申请，违法予以批准，严重损害公众利益，或者严重扰乱金融秩序的；

4. 工商行政管理部门、金融证券管理机构的工作人员对不符合法律规定条件的公司设立、登记申请或者股票、债券发行、上市申请违法予以批准或者登记，致使犯罪行为得逞的；

5. 上级部门、当地政府直接负责的主管人员强令登记机关及其工作人员，对不符合法律规定条件的公司设立、登记申请或者股票、债券发行、上市申请予以批准或者登记，致使公共财产、国家或者人民利益遭受重大损失的；

6. 其他致使公共财产、国家和人民利益遭受重大损失的情形。

（十四）徇私舞弊不征、少征税款案（第四百零四条）

徇私舞弊不征、少征税款罪是指税务机关工作人员徇私舞弊，不征、少征应征税款，致使国家税收遭受重大损失的行为。

涉嫌下列情形之一的，应予立案：

1. 徇私舞弊不征、少征应征税款，致使国家税收损失累计达10万元以上的；

2. 上级主管部门工作人员指使税务机关工作人员徇私舞弊不征、少征应征税款，致使国家税收损失累计达10万元以上的；

3. 徇私舞弊不征、少征应征税款不满10万元，但具有索取或者收受贿赂或者其他恶劣情节的；

4. 其他致使国家税收遭受重大损失的情形。

（十五）徇私舞弊发售发票、抵扣税款、出口退税案（第四百零五条第一款）

徇私舞弊发售发票、抵扣税款、出口退税罪是指税务机关工作人员违反法律、行政法规的规定，在办理发售发票、抵扣税款、出口退税工作中徇私舞弊，致使国家利益遭受重大损失的行为。

涉嫌下列情形之一的，应予立案：

1. 徇私舞弊，致使国家税收损失累计达10万元以上的；

2. 徇私舞弊，致使国家税收损失累计不满10万元，但发售增值税专用发票25份以上或者其他发票50份以上或者增值税专用发票与其他发票合计50份以上，或者具有索取、收受贿赂或者其他恶劣情节的；

3. 其他致使国家利益遭受重大损失的情形。

（十六）违法提供出口退税凭证案（第四百零五条第二款）

违法提供出口退税凭证罪是指海关、外汇管理等国家机关工作人员违反国家规定，在提供出口货物报关单、出口收汇核销单等出口退税凭证的工作中徇私舞弊，致使国家利益遭受重大损失的行为。

涉嫌下列情形之一的，应予立案：

1. 徇私舞弊，致使国家税收损失累计达10万元以上的；

2. 徇私舞弊，致使国家税收损失累计不满10万元，但具有索取、收受贿赂或者其他恶劣情节的；

3. 其他致使国家利益遭受重大损失的情形。

（十七）国家机关工作人员签订、履行合同失职被骗案（第四百零六条）

国家机关工作人员签订、履行合同失职被骗罪是指国家机关工作人员在签订、履行合同过程中，因严重不负责任，不履行或者不认真履行职责被诈骗，致使国家利益遭受重大损失的行为。

涉嫌下列情形之一的，应予立案：

1. 造成直接经济损失30万元以上，或者直接经济损失不满30万元，但间接经济损失150万元以上的；

2. 其他致使国家利益遭受重大损失的情形。

（十八）违法发放林木采伐许可证案（第四百零七条）

违法发放林木采伐许可证罪是指林业主管部门的工作人员违反森林法的规定，超过批准的年采伐限额发放林木采伐许可证或者违反规定滥发林木采伐许可证，情节严重，致使森林遭受严重破坏的行为。

涉嫌下列情形之一的，应予立案：

1. 发放林木采伐许可证允许采伐数量累计超过批准的年采伐限额，导致林木被超限额采伐10立方米以上的；

2. 滥发林木采伐许可证，导致林木被滥伐20立方米以上，或者导致幼树被滥伐1000株以上的；

3. 滥发林木采伐许可证，导致防护林、特种用途林被滥伐5立方米以上，或者幼树被滥伐200株以上的；

4. 滥发林木采伐许可证，导致珍贵树木或者国家重点保护的其他树木被滥伐的；

5. 滥发林木采伐许可证，导致国家禁止采伐的林木被采伐的；

6. 其他情节严重，致使森林遭受严重破坏的情形。

林业主管部门工作人员之外的国家机关工作人员，违反森林法的规定，滥用职权或者玩忽职守，致使林木被滥伐40立方米以上或者幼树被滥伐2000株以上，或者致使防护林、特种用途林被滥伐10立方米以上或者幼树被滥伐400株以上，或者致使珍贵树木被采伐、毁坏4立方米或者4株以上，或者致使国家重点保护的其他植物被采伐、毁坏后果严重的，或者致使国家严禁采伐的林木被采伐、毁坏情节恶劣的，按照刑法第397条的规定以滥用职权罪或者玩忽职守罪追究刑事责任。

（十九）环境监管失职案（第四百零八条）

环境监管失职罪是指负有环境保护监督管理职责的国家机关工作人员严重不负责任，不履行或者不认真履行环境保护监管职责导致发生重大环境污染事故，致使公私财产遭受重大损失或者造成人身伤亡的严重后果的行为。

涉嫌下列情形之一的，应予立案：

1. 造成死亡1人以上，或者重伤3人以上，或者重伤2人、轻伤4人以上，或者重伤1人、轻伤7人以上，或者轻伤10人以上的；

2. 导致30人以上严重中毒的；

3. 造成个人财产直接经济损失15万元以上，或者直接经济损失不满15万元，但间接经济损失75万元以上的；

4. 造成公共财产、法人或者其他组织财产直接经济损失30万元以上，或者直接经济损失不满30万元，但间接经济损失150万元以上的；

5. 虽未达到3、4两项数额标准，但3、4两项合计直接经济损失30万元以上，或者合计直接经济损失不满30万元，但合计间接经济损失150万元以上的；

6. 造成基本农田或者防护林地、特种用途林地10亩以上，或者基本农田以外的耕地50亩以上，或者其他土地70亩以上被严重毁坏的；

7. 造成生活饮用水地表水源和地下水源严重污染的；

8. 其他致使公私财产遭受重大损失或者造成人身伤亡严重后果的情形。

（二十）传染病防治失职案（第四百零九条）

传染病防治失职罪是指从事传染病防治的政府卫生行政部门的工作人员严重不负责任，不履行或者不认真履行传染病防治监管职责，导致传染病传播或者流行，情节严重的行为。

涉嫌下列情形之一的，应予立案：

1. 导致甲类传染病传播的；

2. 导致乙类、丙类传染病流行的；

3. 因传染病传播或者流行，造成人员重伤或者死亡的；

4. 因传染病传播或者流行，严重影响正常的生产、生活秩序的；

5. 在国家对突发传染病疫情等灾害采取预防、控制措施后，对发生突发传染病疫情等灾害的地区或者突发传染病病人、病原携带者、疑似突发传染病病人，未按照预防、控制突发传染病疫情等灾害工作规范的要求做好防疫、检疫、隔离、防护、救治等工作，或者采取的预防、控制措施不当，造成传染范围扩大或者疫情、灾情加重的；

6. 在国家对突发传染病疫情等灾害采取预防、控制措施后，隐瞒、缓报、谎报或者授意、指使、强令他人隐瞒、缓报、谎报疫情、灾情，造成传染范围扩大或者疫情、灾情加重的；

7. 在国家对突发传染病疫情等灾害采取预防、控制措施后，拒不执行突发传染病疫情等灾害应急处理指挥机构的决定、命令，造成传染范围扩大或者疫情、灾情加重的；

8. 其他情节严重的情形。

（二十一）非法批准征用、占用土地案（第四百一十条）

非法批准征用、占用土地罪是指国家机关工作人员徇私舞弊，违反土地管理法、森林法、草原法等法律以及有关行政法规中关于土地管理的规定，滥用职权，非法批准征用、占用耕地、林地等农用地以及其他土地，情节严重的行为。

涉嫌下列情形之一的，应予立案：

1. 非法批准征用、占用基本农田10亩以上的；

2. 非法批准征用、占用基本农田以外的耕地30亩以上的；

3. 非法批准征用、占用其他土地50亩以上的；

4. 虽未达到上述数量标准，但造成有关单位、个人直接经济损失30万元以上，或者造成耕地大量毁坏或者植被遭到严重破坏的；

5. 非法批准征用、占用土地，影响群众生产、生活，引起纠纷，造成恶劣影响或者其他严重后果的；

6. 非法批准征用、占用防护林地、特种用途林地分别或者合计10亩以上的；

7. 非法批准征用、占用其他林地20亩以上的；

8. 非法批准征用、占用林地造成直接经济损失30万元以上，或者造成防护林地、特种用途林地分别或者合计5亩以上或者其他林地10亩以上毁坏的；

9. 其他情节严重的情形。

（二十二）非法低价出让国有土地使用权案（第四百一十条）

非法低价出让国有土地使用权罪是指国家机关工作人员徇私舞弊，违反土地管理法、森林法、草原法等法律以及有关行政法规中关于土地管理的规定，滥用职权，非法低价出让国有土地使用权，情节严重的行为。

涉嫌下列情形之一的，应予立案：

1. 非法低价出让国有土地30亩以上，并且出让价额低于国家规定的最低价额标准的百分之六十的；

2. 造成国有土地资产流失价额30万元以上的；

3. 非法低价出让国有土地使用权，影响群众生产、生活，引起纠纷，造成恶劣影响或者其他严重后果的；

4. 非法低价出让林地合计30亩以上，并且出让价额低于国家规定的最低价额标准的百分之六十的；

5. 造成国有资产流失30万元以上的；

6. 其他情节严重的情形。

（二十三）放纵走私案（第四百一十一条）

放纵走私罪是指海关工作人员徇私舞弊，放纵走私，情节严重的行为。

涉嫌下列情形之一的，应予立案：

1. 放纵走私犯罪的；

2. 因放纵走私致使国家应收税额损失累计达10万元以上的；

3. 放纵走私行为3起次以上的；

4. 放纵走私行为，具有索取或者收受贿赂情节的；

5. 其他情节严重的情形。

（二十四）商检徇私舞弊案（第四百一十二条第一款）

商检徇私舞弊罪是指出入境检验检疫机关、检验检疫机构工作人员徇私舞弊，伪造检验结果的行为。

涉嫌下列情形之一的，应予立案：

1. 采取伪造、变造的手段对报检的商品的单证、印章、标志、封识、质量认证标志等作虚假的证明或者出具不真实的证明结论的；

2. 将送检的合格商品检验为不合格，或者将不合格商品检验为合格的；

3. 对明知是不合格的商品，不检验而出具合格检验结果的；

4. 其他伪造检验结果应予追究刑事责任的情形。

（二十五）商检失职案（第四百一十二条第二款）

商检失职罪是指出入境检验检疫机关、检验检疫机构工作人员严重不负责任，对应当检验的物品不检验，或者延误检验出证、错误出证，致使国家利益遭受重大损失的行为。

涉嫌下列情形之一的，应予立案：

1. 致使不合格的食品、药品、医疗器械等商品出入境，严重危害生命健康的；

2. 造成个人财产直接经济损失15万元以上，或者直接经济损失不满15万元，但间接经济损失75万元以上的；

3. 造成公共财产、法人或者其他组织财产直接经济损失30万元以上，或者直接经济损失不满30万元，但间接经济损失150万元以上的；

4. 未经检验，出具合格检验结果，致使国家禁止进口的固体废物、液态废物和气态废物等进入境内的；

5. 不检验或者延误检验出证、错误出证，引起国际经济贸易纠纷，严重影响国家对外经贸关系，或者严重损害国家声誉的；

6. 其他致使国家利益遭受重大损失的情形。

（二十六）动植物检疫徇私舞弊案（第四百一十三条第一款）

动植物检疫徇私舞弊罪是指出入境检验检疫机关、检验检疫机构工作人员徇私舞弊，伪造检疫结果的行为。

涉嫌下列情形之一的，应予立案：

1. 采取伪造、变造的手段对检疫的单证、印章、标志、封识等作虚假的证明或者出具不真实的结论的；

2. 将送检的合格动植物检疫为不合格，或者将不合格动植物检疫为合格的；

3. 对明知是不合格的动植物，不检疫而出具合格检疫结果的；

4. 其他伪造检疫结果应予追究刑事责任的情形。

（二十七）动植物检疫失职案（第四百一十三条第二款）

动植物检疫失职罪是指出入境检验检疫机关、检验检疫机构工作人员严重不负责任，对应当检疫的检疫物不检疫，或者延误检疫出证、错误出证，致使国家利益遭受重大损失的行为。

涉嫌下列情形之一的，应予立案：

1. 导致疫情发生，造成人员重伤或者死亡的；

2. 导致重大疫情发生、传播或者流行的；

3. 造成个人财产直接经济损失 15 万元以上，或者直接经济损失不满 15 万元，但间接经济损失 75 万元以上的；

4. 造成公共财产或者法人、其他组织财产直接经济损失 30 万元以上，或者直接经济损失不满 30 万元，但间接经济损失 150 万元以上的；

5. 不检疫或者延误检疫出证、错误出证，引起国际经济贸易纠纷，严重影响国家对外经贸关系，或者严重损害国家声誉的；

6. 其他致使国家利益遭受重大损失的情形。

（二十八）放纵制售伪劣商品犯罪行为案（第四百一十四条）

放纵制售伪劣商品犯罪行为罪是指对生产、销售伪劣商品犯罪行为负有追究责任的国家机关工作人员徇私舞弊，不履行法律规定的追究职责，情节严重的行为。

涉嫌下列情形之一的，应予立案：

1. 放纵生产、销售假药或者有毒、有害食品犯罪行为的；

2. 放纵生产、销售伪劣农药、兽药、化肥、种子犯罪行为的；

3. 放纵依法可能判处3年有期徒刑以上刑罚的生产、销售伪劣商品犯罪行为的；

4. 对生产、销售伪劣商品犯罪行为不履行追究职责，致使生产、销售伪劣商品犯罪行为得以继续的；

5. 3次以上不履行追究职责，或者对3个以上有生产、销售伪劣商品犯罪行为的单位或者个人不履行追究职责的；

6. 其他情节严重的情形。

（二十九）办理偷越国（边）境人员出入境证件案（第四百一十五条）

办理偷越国（边）境人员出入境证件罪是指负责办理护照、签证以及其他出入境证件的国家机关工作人员，对明知是企图偷越国（边）境的人员，予以办理出入境证件的行为。

负责办理护照、签证以及其他出入境证件的国家机关工作人员涉嫌在办理护照、签证以及其他出入境证件的过程中，对明知是企图偷越国（边）境的人员而予以办理出入境证件的，应予立案。

（三十）放行偷越国（边）境人员案（第四百一十五条）

放行偷越国（边）境人员罪是指边防、海关等国家机关工作人员，对明知是偷越国（边）境的人员予以放行的行为。

边防、海关等国家机关工作人员涉嫌在履行职务过程中，对明知是偷越国（边）境的人员而予以放行的，应予立案。

（三十一）不解救被拐卖、绑架妇女、儿童案（第四百一十六条第一款）

不解救被拐卖、绑架妇女、儿童罪是指对被拐卖、绑架的妇女、儿童负有解救职责的公安、司法等国家机关工作人员接到被拐卖、绑架的妇女、儿童及其家属的解救要求或者接到其他人的举报，而对被拐卖、绑架的妇女、儿童不进行解救，造成严重后果的行为。

涉嫌下列情形之一的，应予立案：

1. 导致被拐卖、绑架的妇女、儿童或者其家属重伤、死亡或者精神失常的；

2. 导致被拐卖、绑架的妇女、儿童被转移、隐匿、转卖，不能及时进行解救的；

3. 对被拐卖、绑架的妇女、儿童不进行解救3人次以上的；

4. 对被拐卖、绑架的妇女、儿童不进行解救，造成恶劣社会影响的；

5. 其他造成严重后果的情形。

（三十二）阻碍解救被拐卖、绑架妇女、儿童案（第四百一十六条第二款）

阻碍解救被拐卖、绑架妇女、儿童罪是指对被拐卖、绑架的妇女、儿童负有解救职责的公安、司法等国家机关工作人员利用职务阻碍解救被拐卖、绑架的妇女、儿童的行为。

涉嫌下列情形之一的，应予立案：

1. 利用职权，禁止、阻止或者妨碍有关部门、人员解救被拐卖、绑架的妇女、儿童的；

2. 利用职务上的便利，向拐卖、绑架者或者收买者通风报信，妨碍解救工作正常进行的；

3. 其他利用职务阻碍解救被拐卖、绑架的妇女、儿童应予追究刑事责任的情形。

（三十三）帮助犯罪分子逃避处罚案（第四百一十七条）

帮助犯罪分子逃避处罚罪是指有查禁犯罪活动职责的司法及公安、国家安全、海关、税务等国家机关工作人员，向犯罪分子通风报信、提供便利，帮助犯罪分子逃避处罚的行为。

涉嫌下列情形之一的，应予立案：

1. 向犯罪分子泄漏有关部门查禁犯罪活动的部署、人员、措施、时间、地点等情况的；

2. 向犯罪分子提供钱物、交通工具、通讯设备、隐藏处所等便利条件的；

3. 向犯罪分子泄漏案情的；

4. 帮助、示意犯罪分子隐匿、毁灭、伪造证据，或者串供、翻供的；

5. 其他帮助犯罪分子逃避处罚应予追究刑事责任的情形。

（三十四）招收公务员、学生徇私舞弊案（第四百一十八条）

招收公务员、学生徇私舞弊罪是指国家机关工作人员在招收公务员、省级以上教育行政部门组织招收的学生工作中徇私舞弊，情节严重的行为。

涉嫌下列情形之一的，应予立案：

1. 徇私舞弊，利用职务便利，伪造、变造人事、户口档案、考试成绩或者其他影响招收工作的有关资料，或者明知是伪造、变造的上述材料而予以认可的；

2. 徇私舞弊，利用职务便利，帮助5名以上考生作弊的；

3. 徇私舞弊招收不合格的公务员、学生3人次以上的；

4. 因徇私舞弊招收不合格的公务员、学生，导致被排挤的合格人员或者其近亲属自杀、自残造成重伤、死亡，或者精神失常的；

5. 因徇私舞弊招收公务员、学生，导致该项招收工作重新进行的；

6. 其他情节严重的情形。

（三十五）失职造成珍贵文物损毁、流失案（第四百一十九条）

失职造成珍贵文物损毁、流失罪是指文物行政部门、公安机关、工商行政管理部门、海关、城乡建设规划部门等国家机关工作人员严重不负责任，造成珍贵文物损毁或者流失，后果严重的行为。

涉嫌下列情形之一的，应予立案：

1. 导致国家一、二、三级珍贵文物损毁或者流失的；

2. 导致全国重点文物保护单位或者省、自治区、直辖市级文物保护单位损毁的；

3. 其他后果严重的情形。

二、国家机关工作人员利用职权实施的侵犯公民人身权利、民主权利犯罪案件

（一）国家机关工作人员利用职权实施的非法拘禁案（第二百三十八条）

非法拘禁罪是指以拘禁或者其他方法非法剥夺他人人身自由的行为。

国家机关工作人员利用职权非法拘禁，涉嫌下列情形之一的，应予立案：

1. 非法剥夺他人人身自由24小时以上的；

2. 非法剥夺他人人身自由，并使用械具或者捆绑等恶劣手段，或者实施殴打、侮辱、虐待行为的；

3. 非法拘禁，造成被拘禁人轻伤、重伤、死亡的；

4. 非法拘禁，情节严重，导致被拘禁人自杀、自残造成重伤、死亡，或者精神失常的；

5. 非法拘禁3人次以上的；

6. 司法工作人员对明知是没有违法犯罪事实的人而非法拘禁的；

7. 其他非法拘禁应予追究刑事责任的情形。

（二）国家机关工作人员利用职权实施的非法搜查案（第二百四十五条）

非法搜查罪是指非法搜查他人身体、住宅的行为。

国家机关工作人员利用职权非法搜查，涉嫌下列情形之一的，应予立案：

1. 非法搜查他人身体、住宅，并实施殴打、侮辱等行为的；

2. 非法搜查，情节严重，导致被搜查人或者其近亲属自杀、自残造成重伤、死亡，或者精神失常的；

3. 非法搜查，造成财物严重损坏的；

4. 非法搜查3人（户）次以上的；

5. 司法工作人员对明知是与涉嫌犯罪无关的人身、住宅非法搜查的；

6. 其他非法搜查应予追究刑事责任的情形。

（三）刑讯逼供案（第二百四十七条）

刑讯逼供罪是指司法工作人员对犯罪嫌疑人、被告人使用肉刑或者变相肉刑逼取口供的行为。

涉嫌下列情形之一的，应予立案：

1. 以殴打、捆绑、违法使用械具等恶劣手段逼取口供的；

2. 以较长时间冻、饿、晒、烤等手段逼取口供，严重损害犯罪嫌疑人、被告人身体健康的；

3. 刑讯逼供造成犯罪嫌疑人、被告人轻伤、重伤、死亡的；

4. 刑讯逼供，情节严重，导致犯罪嫌疑人、被告人自杀、自残造成重伤、死亡，或者精神失常的；

5. 刑讯逼供，造成错案的；

6. 刑讯逼供3人次以上的；

7. 纵容、授意、指使、强迫他人刑讯逼供，具有上述情形之一的；

8. 其他刑讯逼供应予追究刑事责任的情形。

（四）暴力取证案（第二百四十七条）

暴力取证罪是指司法工作人员以暴力逼取证人证言的行为。

涉嫌下列情形之一的，应予立案：

1. 以殴打、捆绑、违法使用械具等恶劣手段逼取证人证言的；

2. 暴力取证造成证人轻伤、重伤、死亡的；

3. 暴力取证，情节严重，导致证人自杀、自残造成重伤、死亡，或者精神失常的；

4. 暴力取证，造成错案的；

5. 暴力取证3人次以上的；

6. 纵容、授意、指使、强迫他人暴力取证，具有上述情形之一的；

7. 其他暴力取证应予追究刑事责任的情形。

（五）虐待被监管人案（第二百四十八条）

虐待被监管人罪是指监狱、拘留所、看守所、拘役所、劳教所等监管机构的监管人员对被监管人进行殴打或者体罚虐待，情节严重的行为。

涉嫌下列情形之一的，应予立案：

1. 以殴打、捆绑、违法使用械具等恶劣手段虐待被监管人的；

2. 以较长时间冻、饿、晒、烤等手段虐待被监管人，严重损害其身体健康的；

3. 虐待造成被监管人轻伤、重伤、死亡的；

4. 虐待被监管人，情节严重，导致被监管人自杀、自残造成重伤、死亡，或者精神失常的；

5. 殴打或者体罚虐待3人次以上的；

6. 指使被监管人殴打、体罚虐待其他被监管人，具有上述情形之一的；

7. 其他情节严重的情形。

（六）报复陷害案（第二百五十四条）

报复陷害罪是指国家机关工作人员滥用职权、假公济私，对控告人、申诉人、批评人、举报人实行报复陷害的行为。

涉嫌下列情形之一的，应予立案：

1. 报复陷害，情节严重，导致控告人、申诉人、批评人、举报人或者其近亲属自杀、自残造成重伤、死亡，或者精神失常的；

2. 致使控告人、申诉人、批评人、举报人或者其近亲属的其他合法权利受到严重损害的；

3. 其他报复陷害应予追究刑事责任的情形。

（七）国家机关工作人员利用职权实施的破坏选举案（第二百五十六条）

破坏选举罪是指在选举各级人民代表大会代表和国家机关领导人员时，

以暴力、威胁、欺骗、贿赂、伪造选举文件、虚报选举票数或者编造选举结果等手段破坏选举或者妨害选民和代表自由行使选举权和被选举权，情节严重的行为。

国家机关工作人员利用职权破坏选举，涉嫌下列情形之一的，应予立案：

1. 以暴力、威胁、欺骗、贿赂等手段，妨害选民、各级人民代表大会代表自由行使选举权和被选举权，致使选举无法正常进行，或者选举无效，或者选举结果不真实的；

2. 以暴力破坏选举场所或者选举设备，致使选举无法正常进行的；

3. 伪造选民证、选票等选举文件，虚报选举票数，产生不真实的选举结果或者强行宣布合法选举无效、非法选举有效的；

4. 聚众冲击选举场所或者故意扰乱选举场所秩序，使选举工作无法进行的；

5. 其他情节严重的情形。

三、附　则

（一）本规定中每个罪案名称后所注明的法律条款系《中华人民共和国刑法》的有关条款。

（二）本规定所称“以上”包括本数；有关犯罪数额“不满”，是指已达到该数额百分之八十以上的。

（三）本规定中的“国家机关工作人员”，是指在国家机关中从事公务的人员，包括在各级国家权力机关、行政机关、司法机关和军事机关中从事公务的人员。在依照法律、法规规定行使国家行政管理职权的组织中从事公务的人员，或者在受国家机关委托代表国家行使职权的组织中从事公务的人员，或者虽未列入国家机关人员编制但在国家机关中从事公务的人员，在代表国家机关行使职权时，视为国家机关工作人员。在乡（镇）以上中国共产党机关、人民政协机关中从事公务的人员，视为国家机关工作人员。

（四）本规定中的“直接经济损失”，是指与行为有直接因果关系而造成的财产损毁、减少的实际价值；“间接经济损失”，是指由直接经济损失引起和牵连的其他损失，包括失去的在正常情况下可以获得的利益和为恢复正常的管理活动或者挽回所造成的损失所支付的各种开支、费用等。

有下列情形之一的，虽然有债权存在，但已无法实现债权的，可以认定为已经造成了经济损失：(1) 债务人已经法定程序被宣告破产，且无法清偿债务；(2) 债务人潜逃，去向不明；(3) 因行为人责任，致使超过诉讼时效；(4) 有证据证明债权无法实现的其他情况。

直接经济损失和间接经济损失，是指立案时确已造成的经济损失。移送审查起诉前，犯罪嫌疑人及其亲友自行挽回的经济损失，以及由司法机关或者犯罪嫌疑人所在单位及其上级主管部门挽回的经济损失，不予扣减，但可作为对犯罪嫌疑人从轻处理的情节考虑。

(五) 本规定中的“徇私舞弊”，是指国家机关工作人员为徇私情、私利，故意违背事实和法律，伪造材料，隐瞒情况，弄虚作假的行为。

(六) 本规定自公布之日起施行。本规定发布前有关人民检察院直接受理立案侦查的国家机关工作人员渎职和利用职权实施的侵犯公民人身权利、民主权利犯罪案件的立案标准，与本规定有重复或者不一致的，适用本规定。

对于本规定施行前发生的国家机关工作人员渎职和利用职权实施的侵犯公民人身权利、民主权利犯罪案件，按照《最高人民法院、最高人民检察院关于适用刑事司法解释时间效力问题的规定》办理。

最高人民法院、最高人民检察院关于办理渎职刑事案件适用法律若干问题的解释（一）

（2012年7月9日最高人民法院审判委员会第1552次会议、2012年9月12日最高人民检察院第十一届检察委员会第79次会议通过　2012年12月7日最高人民法院、最高人民检察院公告公布　自2013年1月9日起施行　法释〔2012〕18号）

为依法惩治渎职犯罪，根据刑法有关规定，现就办理渎职刑事案件适用法律的若干问题解释如下：

第一条　国家机关工作人员滥用职权或者玩忽职守，具有下列情形之一的，应当认定为刑法第三百九十七条规定的“致使公共财产、国家和人民利益遭受重大损失”：

（一）造成死亡1人以上，或者重伤3人以上，或者轻伤9人以上，或者重伤2人、轻伤3人以上，或者重伤1人、轻伤6人以上的；

（二）造成经济损失30万元以上的；

（三）造成恶劣社会影响的；

（四）其他致使公共财产、国家和人民利益遭受重大损失的情形。

具有下列情形之一的，应当认定为刑法第三百九十七条规定的“情节特别严重”：

（一）造成伤亡达到前款第（一）项规定人数3倍以上的；

（二）造成经济损失150万元以上的；

（三）造成前款规定的损失后果，不报、迟报、谎报或者授意、指使、强令他人不报、迟报、谎报事故情况，致使损失后果持续、扩大或者抢救工作延误的；

（四）造成特别恶劣社会影响的；

（五）其他特别严重的情节。

第二条 国家机关工作人员实施滥用职权或者玩忽职守犯罪行为，触犯刑法分则第九章第三百九十八条至第四百一十九条规定的，依照该规定定罪处罚。

国家机关工作人员滥用职权或者玩忽职守，因不具备徇私舞弊等情形，不符合刑法分则第九章第三百九十八条至第四百一十九条的规定，但依法构成第三百九十七条规定的犯罪的，以滥用职权罪或者玩忽职守罪定罪处罚。

第三条 国家机关工作人员实施渎职犯罪并收受贿赂，同时构成受贿罪的，除刑法另有规定外，以渎职犯罪和受贿罪数罪并罚。

第四条 国家机关工作人员实施渎职行为，放纵他人犯罪或者帮助他人逃避刑事处罚，构成犯罪的，依照渎职罪的规定定罪处罚。

国家机关工作人员与他人共谋，利用其职务行为帮助他人实施其他犯罪行为，同时构成渎职犯罪和共谋实施的其他犯罪共犯的，依照处罚较重的规定定罪处罚。

国家机关工作人员与他人共谋，既利用其职务行为帮助他人实施其他犯罪，又以非职务行为与他人共同实施该其他犯罪行为，同时构成渎职犯罪和其他犯罪的共犯的，依照数罪并罚的规定定罪处罚。

第五条 国家机关负责人员违法决定，或者指使、授意、强令其他国家机关工作人员违法履行职务或者不履行职务，构成刑法分则第九章规定的渎职犯罪的，应当依法追究刑事责任。

以"集体研究"形式实施的渎职犯罪，应当依照刑法分则第九章的规定追究国家机关负有责任的人员的刑事责任。对于具体执行人员，应当在综合认定其行为性质、是否提出反对意见、危害结果大小等情节的基础上决定是否追究刑事责任和应当判处的刑罚。

第六条 以危害结果为条件的渎职犯罪的追诉期限，从危害结果发生之日起计算；有数个危害结果的，从最后一个危害结果发生之日起计算。

第七条 依法或者受委托行使国家行政管理职权的公司、企业、事业单位的工作人员，在行使行政管理职权时滥用职权或者玩忽职守，构成犯罪的，应当依照《全国人民代表大会常务委员会关于〈中华人民共和国刑法〉第九章渎职罪主体适用问题的解释》的规定，适用渎职罪的规定追究刑事责任。

第八条 本解释规定的"经济损失"，是指渎职犯罪或者与渎职犯罪相关联的犯罪立案时已经实际造成的财产损失，包括为挽回渎职犯罪所造成损失而支付的各种开支、费用等。立案后至提起公诉前持续发生的经济损失，应一并计入渎职犯罪造成的经济损失。

债务人经法定程序被宣告破产，债务人潜逃、去向不明，或者因行为人的责任超过诉讼时效等，致使债权已经无法实现的，无法实现的债权部分应当认定为渎职犯罪的经济损失。

渎职犯罪或者与渎职犯罪相关联的犯罪立案后，犯罪分子及其亲友自行挽回的经济损失，司法机关或者犯罪分子所在单位及其上级主管部门挽回的经济损失，或者因客观原因减少的经济损失，不予扣减，但可以作为酌定从轻处罚的情节。

第九条 负有监督管理职责的国家机关工作人员滥用职权或者玩忽职守，致使不符合安全标准的食品、有毒有害食品、假药、劣药等流入社会，对人民群众生命、健康造成严重危害后果的，依照渎职罪的规定从严惩处。

第十条 最高人民法院、最高人民检察院此前发布的司法解释与本解释不一致的，以本解释为准。

最高人民法院关于审理为境外窃取、刺探、收买、非法提供国家秘密、情报案件具体应用法律若干问题的解释

（2000年11月20日最高人民法院审判委员会第1142次会议通过　2001年1月17日最高人民法院公告公布　自2001年1月22日起施行　法释〔2001〕4号）

为依法惩治为境外的机构、组织、人员窃取、刺探、收买、非法提供国家秘密、情报犯罪活动，维护国家安全和利益，根据刑法有关规定，现就审理这类案件具体应用法律的若干问题解释如下：

第一条　刑法第一百一十一条规定的“国家秘密”，是指《中华人民共和国保守国家秘密法》第二条、第八条以及《中华人民共和国保守国家秘密法实施办法》[①] 第四条确定的事项。刑法第一百一十一条规定的“情报”，是指关系国家安全和利益、尚未公开或者依照有关规定不应公开的事项。

对为境外机构、组织、人员窃取、刺探、收买、非法提供国家秘密之外的情报的行为，以为境外窃取、刺探、收买、非法提供情报罪定罪处罚。

第二条　为境外窃取、刺探、收买、非法提供国家秘密或者情报，具有下列情形之一的，属于“情节特别严重”，处10年以上有期徒刑、无期徒刑，可以并处没收财产：

（一）为境外窃取、刺探、收买、非法提供绝密级国家秘密的；

（二）为境外窃取、刺探、收买、非法提供三项以上机密级国家秘密的；

（三）为境外窃取、刺探、收买、非法提供国家秘密或者情报，对国家安全和利益造成其他特别严重损害的。

实施前款行为，对国家和人民危害特别严重、情节特别恶劣的，可以判处死刑，并处没收财产。

① 编者注：本办法被《中华人民共和国保守国家秘密法实施条例》废止。

第三条 为境外窃取、刺探、收买、非法提供国家秘密或者情报，具有下列情形之一的，处5年以上10年以下有期徒刑，可以并处没收财产：

（一）为境外窃取、刺探、收买、非法提供机密级国家秘密的；

（二）为境外窃取、刺探、收买、非法提供三项以上秘密级国家秘密的；

（三）为境外窃取、刺探、收买、非法提供国家秘密或者情报，对国家安全和利益造成其他严重损害的。

第四条 为境外窃取、刺探、收买、非法提供秘密级国家秘密或者情报，属于“情节较轻”，处5年以下有期徒刑、拘役、管制或者剥夺政治权利，可以并处没收财产。

第五条 行为人知道或者应当知道没有标明密级的事项关系国家安全和利益，而为境外窃取、刺探、收买、非法提供的，依照刑法第一百一十一条的规定以为境外窃取、刺探、收买、非法提供国家秘密罪定罪处罚。

第六条 通过互联网将国家秘密或者情报非法发送给境外的机构、组织、个人的，依照刑法第一百一十一条的规定定罪处罚；将国家秘密通过互联网予以发布，情节严重的，依照刑法第三百九十八条的规定定罪处罚。

第七条 审理为境外窃取、刺探、收买、非法提供国家秘密案件，需要对有关事项是否属于国家秘密以及属于何种密级进行鉴定的，由国家保密工作部门或者省、自治区、直辖市保密工作部门鉴定。

最高人民法院、最高人民检察院关于办理赌博刑事案件具体应用法律若干问题的解释

（2005年4月26日最高人民法院审判委员会第1349次会议、2005年5月8日最高人民检察院第十届检察委员会第34次会议通过　2005年5月11日最高人民法院、最高人民检察院公告公布　自2005年5月13日起施行　法释〔2005〕3号）

为依法惩治赌博犯罪活动，根据刑法的有关规定，现就办理赌博刑事案件具体应用法律的若干问题解释如下：

第一条 以营利为目的，有下列情形之一的，属于刑法第三百零三条规定的“聚众赌博”：

（一）组织3人以上赌博，抽头渔利数额累计达到5000元以上的；

（二）组织3人以上赌博，赌资数额累计达到5万元以上的；

（三）组织3人以上赌博，参赌人数累计达到20人以上的；

（四）组织中华人民共和国公民10人以上赴境外赌博，从中收取回扣、介绍费的。

第二条 以营利为目的，在计算机网络上建立赌博网站，或者为赌博网站担任代理，接受投注的，属于刑法第三百零三条规定的“开设赌场”。

第三条 中华人民共和国公民在我国领域外周边地区聚众赌博、开设赌场，以吸引中华人民共和国公民为主要客源，构成赌博罪的，可以依照刑法规定追究刑事责任。

第四条 明知他人实施赌博犯罪活动，而为其提供资金、计算机网络、通讯、费用结算等直接帮助的，以赌博罪的共犯论处。

第五条 实施赌博犯罪，有下列情形之一的，依照刑法第三百零三条的规定从重处罚：

（一）具有国家工作人员身份的；

（二）组织国家工作人员赴境外赌博的；

（三）组织未成年人参与赌博，或者开设赌场吸引未成年人参与赌博的。

第六条 未经国家批准擅自发行、销售彩票，构成犯罪的，依照刑法第二百二十五条第（四）项的规定，以非法经营罪定罪处罚。

第七条 通过赌博或者为国家工作人员赌博提供资金的形式实施行贿、受贿行为，构成犯罪的，依照刑法关于贿赂犯罪的规定定罪处罚。

第八条 赌博犯罪中用作赌注的款物、换取筹码的款物和通过赌博赢取的款物属于赌资。通过计算机网络实施赌博犯罪的，赌资数额可以按照在计算机网络上投注或者赢取的点数乘以每一点实际代表的金额认定。

赌资应当依法予以追缴；赌博用具、赌博违法所得以及赌博犯罪分子所有的专门用于赌博的资金、交通工具、通讯工具等，应当依法予以没收。

第九条 不以营利为目的，进行带有少量财物输赢的娱乐活动，以及提供棋牌室等娱乐场所只收取正常的场所和服务费用的经营行为等，不以赌博论处。

最高人民法院、最高人民检察院、公安部关于办理网络赌博犯罪案件适用法律若干问题的意见

（2010年8月31日　公通字〔2010〕40号）

各省、自治区、直辖市高级人民法院、人民检察院、公安厅、局，新疆维吾尔自治区高级人民法院生产建设兵团分院、新疆生产建设兵团人民检察院、公安局：

为依法惩治网络赌博犯罪活动，根据《中华人民共和国刑法》、《中华人民共和国刑事诉讼法》和《最高人民法院、最高人民检察院关于办理赌博刑事案件具体应用法律若干问题的解释》等有关规定，结合司法实践，现就办理网络赌博犯罪案件适用法律的若干问题，提出如下意见：

一、关于网上开设赌场犯罪的定罪量刑标准

利用互联网、移动通讯终端等传输赌博视频、数据，组织赌博活动，具有下列情形之一的，属于刑法第三百零三条第二款规定的“开设赌场”行为：

（一）建立赌博网站并接受投注的；

（二）建立赌博网站并提供给他人组织赌博的；

（三）为赌博网站担任代理并接受投注的；

（四）参与赌博网站利润分成的。

实施前款规定的行为，具有下列情形之一的，应当认定为刑法第三百零三条第二款规定的“情节严重”：

（一）抽头渔利数额累计达到3万元以上的；

（二）赌资数额累计达到30万元以上的；

（三）参赌人数累计达到120人以上的；

（四）建立赌博网站后通过提供给他人组织赌博，违法所得数额在3万元以上的；

（五）参与赌博网站利润分成，违法所得数额在3万元以上的；

（六）为赌博网站招募下级代理，由下级代理接受投注的；

（七）招揽未成年人参与网络赌博的；

（八）其他情节严重的情形。

二、关于网上开设赌场共同犯罪的认定和处罚

明知是赌博网站，而为其提供下列服务或者帮助的，属于开设赌场罪的共同犯罪，依照刑法第三百零三条第二款的规定处罚：

（一）为赌博网站提供互联网接入、服务器托管、网络存储空间、通讯传输通道、投放广告、发展会员、软件开发、技术支持等服务，收取服务费数额在 2 万元以上的；

（二）为赌博网站提供资金支付结算服务，收取服务费数额在 1 万元以上或者帮助收取赌资 20 万元以上的；

（三）为 10 个以上赌博网站投放与网址、赔率等信息有关的广告或者为赌博网站投放广告累计 100 条以上的。

实施前款规定的行为，数量或者数额达到前款规定标准 5 倍以上的，应当认定为刑法第三百零三条第二款规定的“情节严重”。

实施本条第一款规定的行为，具有下列情形之一的，应当认定行为人“明知”，但是有证据证明确实不知道的除外：

（一）收到行政主管机关书面等方式的告知后，仍然实施上述行为的；

（二）为赌博网站提供互联网接入、服务器托管、网络存储空间、通讯传输通道、投放广告、软件开发、技术支持、资金支付结算等服务，收取服务费明显异常的；

（三）在执法人员调查时，通过销毁、修改数据、账本等方式故意规避调查或者向犯罪嫌疑人通风报信的；

（四）其他有证据证明行为人明知的。

如果有开设赌场的犯罪嫌疑人尚未到案，但是不影响对已到案共同犯罪嫌疑人、被告人的犯罪事实认定的，可以依法对已到案者定罪处罚。

三、关于网络赌博犯罪的参赌人数、赌资数额和网站代理的认定

赌博网站的会员账号数可以认定为参赌人数，如果查实一个账号多人使用或者多个账号一人使用的，应当按照实际使用的人数计算参赌人数。

赌资数额可以按照在网络上投注或者赢取的点数乘以每一点实际代表的金额认定。

对于将资金直接或间接兑换为虚拟货币、游戏道具等虚拟物品，并用其作为筹码投注的，赌资数额按照购买该虚拟物品所需资金数额或者实际支付资金数额认定。

对于开设赌场犯罪中用于接收、流转赌资的银行账户内的资金，犯罪嫌疑人、被告人不能说明合法来源的，可以认定为赌资。向该银行账户转入、转出资金的银行账户数量可以认定为参赌人数。如果查实一个账户多人使用或多个账户一人使用的，应当按照实际使用的人数计算参赌人数。

有证据证明犯罪嫌疑人在赌博网站上的账号设置有下级账号的，应当认定其为赌博网站的代理。

四、关于网络赌博犯罪案件的管辖

网络赌博犯罪案件的地域管辖，应当坚持以犯罪地管辖为主、被告人居住地管辖为辅的原则。

“犯罪地”包括赌博网站服务器所在地、网络接入地，赌博网站建立者、管理者所在地，以及赌博网站代理人、参赌人实施网络赌博行为地等。

公安机关对侦办跨区域网络赌博犯罪案件的管辖权有争议的，应本着有利于查清犯罪事实、有利于诉讼的原则，认真协商解决。经协商无法达成一致的，报共同的上级公安机关指定管辖。对即将侦查终结的跨省（自治区、直辖市）重大网络赌博案件，必要时可由公安部商最高人民法院和最高人民检察院指定管辖。

为保证及时结案，避免超期羁押，人民检察院对于公安机关提请审查逮捕、移送审查起诉的案件，人民法院对于已进入审判程序的案件，犯罪嫌疑人、被告人及其辩护人提出管辖异议或者办案单位发现没有管辖权的，受案人民检察院、人民法院经审查可以依法报请上级人民检察院、人民法院指定管辖，不再自行移送有管辖权的人民检察院、人民法院。

五、关于电子证据的收集与保全

侦查机关对于能够证明赌博犯罪案件真实情况的网站页面、上网记录、电子邮件、电子合同、电子交易记录、电子账册等电子数据，应当作为刑事证据予以提取、复制、固定。

侦查人员应当对提取、复制、固定电子数据的过程制作相关文字说明，记录案由、对象、内容以及提取、复制、固定的时间、地点、方法，电子数据的规格、类别、文件格式等，并由提取、复制、固定电子数据的制作人、电子数据的持有人签名或者盖章，附所提取、复制、固定的电子数据一并随案移送。

对于电子数据存储在境外的计算机上的，或者侦查机关从赌博网站提取电子数据时犯罪嫌疑人未到案的，或者电子数据的持有人无法签字或者拒绝签字的，应当由能够证明提取、复制、固定过程的见证人签名或者盖章，记明有关情况。必要时，可对提取、复制、固定有关电子数据的过程拍照或者录像。

最高人民法院、最高人民检察院、公安部关于办理利用赌博机开设赌场案件适用法律若干问题的意见

（2014 年 3 月 26 日）

各省、自治区、直辖市高级人民法院，人民检察院，公安厅、局，解放军军事法院、军事检察院，新疆维吾尔自治区高级人民法院生产建设兵团分院，新疆生产建设兵团人民检察院、公安局：

为依法惩治利用具有赌博功能的电子游戏设施设备开设赌场的犯罪活动，根据《中华人民共和国刑法》、《最高人民法院、最高人民检察院关于办理赌博刑事案件具体应用法律若干问题的解释》等有关规定，结合司法实践，现就办理此类案件适用法律问题提出如下意见：

一、关于利用赌博机组织赌博的性质认定

设置具有退币、退分、退钢珠等赌博功能的电子游戏设施设备，并以现金、有价证券等贵重款物作为奖品，或者以回购奖品方式给予他人现金、有价证券等贵重款物（以下简称设置赌博机）组织赌博活动的，应当认定为刑法第三百零三条第二款规定的“开设赌场”行为。

二、关于利用赌博机开设赌场的定罪处罚标准

设置赌博机组织赌博活动，具有下列情形之一的，应当按照刑法第三百零三条第二款规定的开设赌场罪定罪处罚：

（一）设置赌博机 10 台以上的；

（二）设置赌博机 2 台以上，容留未成年人赌博的；

（三）在中小学校附近设置赌博机 2 台以上的；

（四）违法所得累计达到5000元以上的；

（五）赌资数额累计达到5万元以上的；

（六）参赌人数累计达到20人以上的；

（七）因设置赌博机被行政处罚后，两年内再设置赌博机5台以上的；

（八）因赌博、开设赌场犯罪被刑事处罚后，五年内再设置赌博机5台以上的；

（九）其他应当追究刑事责任的情形。

设置赌博机组织赌博活动，具有下列情形之一的，应当认定为刑法第三百零三条第二款规定的“情节严重”：

（一）数量或者数额达到第二条第一款第一项至第六项规定标准六倍以上的；

（二）因设置赌博机被行政处罚后，两年内再设置赌博机30台以上的；

（三）因赌博、开设赌场犯罪被刑事处罚后，五年内再设置赌博机30台以上的；

（四）其他情节严重的情形。

可同时供多人使用的赌博机，台数按照能够独立供一人进行赌博活动的操作基本单元的数量认定。

在两个以上地点设置赌博机，赌博机的数量、违法所得、赌资数额、参赌人数等均合并计算。

三、关于共犯的认定

明知他人利用赌博机开设赌场，具有下列情形之一的，以开设赌场罪的共犯论处：

（一）提供赌博机、资金、场地、技术支持、资金结算服务的；

（二）受雇参与赌场经营管理并分成的；

（三）为开设赌场者组织客源，收取回扣、手续费的；

（四）参与赌场管理并领取高额固定工资的；

（五）提供其他直接帮助的。

四、关于生产、销售赌博机的定罪量刑标准

以提供给他人开设赌场为目的，违反国家规定，非法生产、销售具有退币、退分、退钢珠等赌博功能的电子游戏设施设备或者其专用软件，情节严重的，依照刑法第二百二十五条的规定，以非法经营罪定罪处罚。

实施前款规定的行为，具有下列情形之一的，属于非法经营行为“情节严重”：

（一）个人非法经营数额在五万元以上，或者违法所得数额在一万元以上的；

（二）单位非法经营数额在五十万元以上，或者违法所得数额在十万元以上的；

（三）虽未达到上述数额标准，但两年内因非法生产、销售赌博机行为受过二次以上行政处罚，又进行同种非法经营行为的；

（四）其他情节严重的情形。

具有下列情形之一的，属于非法经营行为“情节特别严重”：

（一）个人非法经营数额在二十五万元以上，或者违法所得数额在五万元以上的；

（二）单位非法经营数额在二百五十万元以上，或者违法所得数额在五十万元以上的。

五、关于赌资的认定

本意见所称赌资包括：

（一）当场查获的用于赌博的款物；

（二）代币、有价证券、赌博积分等实际代表的金额；

（三）在赌博机上投注或赢取的点数实际代表的金额。

六、关于赌博机的认定

对于涉案的赌博机，公安机关应当采取拍照、摄像等方式及时固定证据，并予以认定。对于是否属于赌博机难以确定的，司法机关可以委托地市级以上公安机关出具检验报告。司法机关根据检验报告，并结合案件具体情况作出认定。必要时，人民法院可以依法通知检验人员出庭作出说明。

七、关于宽严相济刑事政策的把握

办理利用赌博机开设赌场的案件，应当贯彻宽严相济刑事政策，重点打击赌场的出资者、经营者。对受雇佣为赌场从事接送参赌人员、望风看场、发牌坐庄、兑换筹码等活动的人员，除参与赌场利润分成或者领取高额固定工资的以外，一般不追究刑事责任，可由公安机关依法给予治安管理处罚。对设置游戏机，单次换取少量奖品的娱乐活动，不以违法犯罪论处。

八、关于国家机关工作人员渎职犯罪的处理

负有查禁赌博活动职责的国家机关工作人员，徇私枉法，包庇、放纵开设赌场违法犯罪活动，或者为违法犯罪分子通风报信、提供便利、帮助犯罪分子逃避处罚，构成犯罪的，依法追究刑事责任。

国家机关工作人员参与利用赌博机开设赌场犯罪的，从重处罚。

案 例

中央纪委国家监委执纪执法指导性案例（第一批）（节录）

夏某违规操办其子婚庆事宜案

（2021 年指导性案例第 2 号，总第 2 号）

【关键词】

违反中央八项规定精神；违规操办婚丧喜庆事宜；借机敛财；涉案财物处置

【执纪执法要点】

受长期以来形成的历史文化和社会现实等因素影响，在婚丧喜庆之际宴请宾朋，已成为司空见惯的“习惯”和“风气”。实践中，《中国共产党纪律处分条例》和《中华人民共和国公职人员政务处分法》并没有“一刀切”地禁止党员干部操办婚丧喜庆事宜，但一些党员干部却利用职权或者职务上的影响违规操办婚丧喜庆事宜。这类行为容易损害党员干部形象，败坏社会风气，必须保持严的主基调，坚持露头就打，对同时存在借机敛财行为的要从重或者加重处分。在认定和处理此类问题时，既要依据相关规定认定是否存在“利用职权或者职务上的影响”和“在社会上造成不良影响”，并依纪依法对违纪违法所得作出精准处置；又要注意把握执纪执法尺度，明确释放“越往后越严”的强烈信号；还要注意参照当地经济发展水平、民众风俗习惯以及单位同事、周边群众的认知和评价等因素，作出综合分析判断。同时，要重视通过党员干部特别是党员领导干部以身作则、率先垂范，在全面实施乡村振兴战略中，在操办婚丧喜庆事宜上切实推进移风易俗、建设文明乡风，不断改善农民精神风貌，提高乡村社会文明程度。

【基本案情及处理结果】

夏某，中共党员，某乡副乡长。2020年9月，夏某在其子结婚时，邀请该乡政府5名下属参加婚宴，收受该5名下属所送礼金2.5万元。经查，夏某与上述5名下属没有礼尚往来。同时，夏某还邀请25名亲属参加婚宴，收取礼金3万元。夏某受到党内严重警告、政务记大过处分，违规收受的礼金2.5万元被收缴。

【指导意义】

1. 关于夏某操办其子婚庆事宜是否构成“利用职权或者职务上的影响”的认定问题

100 《中国共产党纪律处分条例》第九十一条所规定的“利用职权或者职务上的影响”，既包括利用本人职务上主管、负责、承办某项公共事务的职权，也包括利用职务上有隶属、制约关系的其他人员的职权，以及行为人与被其利用的人员之间在职务上虽然没有隶属、制约关系，但是行为人利用了本人职权或者地位产生的影响和一定的工作联系。判断是否属于“利用职权或者职务上的影响”，一般来说，应审查核实党员干部是否使用本单位或者下属单位、管理服务对象、业务联系单位的财物、场地、交通工具等物资，是否邀请本单位或者下属单位、管理服务对象、业务联系单位的人员参加，等等。在本案中，夏某作为副乡长，邀请与其没有礼尚往来的5名下属参加其子婚宴并收受礼金2.5万元，可以认定为“利用职权或者职务上的影响”操办婚庆事宜。需要指出的是，夏某还邀请了部分亲属参加婚宴，经审查核实，这些人和夏某之间不存在职务上的隶属、制约关系，不是其管理服务对象，所送礼金数额也没有明显超出正常的礼尚往来水平，对于这部分情节不宜认定为违纪违法。

2. 关于涉案财物的处置问题

43 根据《中国共产党纪律处分条例》第四十条第一款、《中华人民共和国公职人员政务处分法》第二十五条第一款的规定，在追究党纪责任时，处置涉案财物的主要方式为“收缴”和“责令退赔”；在追究监察责任时，处置涉案财物的主要方式为“没收”、“追缴”和“责令退赔”。其中，追究党纪责任时对违纪所得予以“收缴”，相当于追究监察责任时对违法所得予以“没收”和“追缴”，通常针对的是实施违纪违法行为所获得的财物及其孳息收益。具体而言，一是“没收”是指将违纪违法所得财物强制收归国有，没收的财物一律上缴国库。二是“追缴”是指将违纪违法所得财物予以追回，追缴的财物退回原所有人或原持有人，依法不应退回的则上缴国库。三是“责令退赔”通常针对的是违反规定挥霍浪费国有资产，如公款吃喝、公款旅游以及违反规定乱罚款、乱收费获得的财物等，责令被审查调查人将违纪违法所得的财物予以归还，财物已经被消耗、毁损的，应当用与之价值相当的财物予以赔偿；责令退赔的财物直接退赔原所有人或原持有人，无法退赔的上缴国库。

本案中，纪检监察机关依纪依法收缴了夏某违规收受5名乡干部所送礼金2.5万元。但在实践中，我们发现仍有一些纪检监察机关在涉案财物处置上存在问题。比如，2021年4月，某省纪委监委公开通报的某副县长借其子结婚之机敛财问题的材料显示，该副县长在为其子举办婚礼时，宴请该县部分单位公职人员并违规收受礼金。纪检监察机关在认定该副县长的行为违纪违法后，并未收缴其违纪违法所得，而是要求其将违规收受的礼金全部予以退还。这反映出在当前的执纪执法工作中，对于涉案财物处置还不够精准，各级纪检监察机关应对此引起重视。

3. 关于执纪尺度的把握问题

违规操办婚丧喜庆事宜是违反中央八项规定精神的突出表现之一，党的十八大以来各级纪检监察机关严肃查处此类违纪行为，取得了显著成效。但由于受传统习俗等各种因素的影响，个别党员干部依然心存侥幸、知错犯错、知纪违纪，导致此类问题仍然较为突出，而且出现了化整为零多次操办、“退居幕后”遥控办或者表面循规蹈矩、私下广发通知，“暗度陈仓”违规办等各种隐形变异现象。实践中，有的地方对于到现在仍不收敛、不收手的，根据具体事实、性质和情节，不再仅仅给予严重警告处分，而是作出了免职处理，有的还直接给予党纪政务重处分。上述处理方式有纪法依据。比如，《中国共产党纪律处分条例》第九十一条明确规定，对于 100
此类违纪行为，情节严重的应给予撤销党内职务处分，有借机敛财或者其他侵犯国家、集体和人民利益行为的，从重或加重处分，直至开除党籍。《中华人民共和国公职人员政务处分法》第三十三条明确规定，对于此类违法行为，情节较重的，予以降级或者撤职；情节严重的，予以开除。据此，各级纪检监察机关要始终坚持严的主基调，对顶风违纪、屡教不改、情节恶劣的依纪依法作为“情节严重”的情形给予党纪政务处分或者从重、加重处理，并可以依照规定同时对其采取调整职务、免职等组织处理措施，点名道姓通报曝光，不断释放出整治违反中央八项规定精神问题“越往后越严”的强烈信号，发挥执纪执法工作的警示震慑作用。

【相关条款】

《中国共产党纪律处分条例》（2018年8月18日）

第四条　党的纪律处分工作应当坚持以下原则：

（一）坚持党要管党、全面从严治党。加强对党的各级组织和全体党员的教育、管理和监督，把纪律挺在前面，注重抓早抓小、防微杜渐。

（二）党纪面前一律平等。对违犯党纪的党组织和党员必须严肃、公正执行纪律，党内不允许有任何不受纪律约束的党组织和党员。

（三）实事求是。对党组织和党员违犯党纪的行为，应当以事实为依据，以党章、其他党内法规和国家法律法规为准绳，准确认定违纪性质，区别不同情况，恰当予以处理。

（四）民主集中制。实施党纪处分，应当按照规定程序经党组织集体讨论决定，不允许任何个人或者少数人擅自决定和批准。上级党组织对违犯党纪的党组织和党员作出的处理决定，下级党组织必须执行。

（五）惩前毖后、治病救人。处理违犯党纪的党组织和党员，应当实行惩戒与教育相结合，做到宽严相济。

第二十条　有下列情形之一的，应当从重或者加重处分：

（一）强迫、唆使他人违纪的；

（二）拒不上交或者退赔违纪所得的；

（三）违纪受处分后又因故意违纪应当受到党纪处分的；

（四）违纪受到党纪处分后，又被发现其受处分前的违纪行为应当受到党纪处分的；

（五）本条例另有规定的。

43 第四十条第一款　对于违纪行为所获得的经济利益，应当收缴或者责令退赔。

100 第九十一条　利用职权或者职务上的影响操办婚丧喜庆事宜，在社会上造成不良影响的，给予警告或者严重警告处分；情节严重的，给予撤销党内职务处分；借机敛财或者有其他侵犯国家、集体和人民利益行为的，从重或者加重处分，直至开除党籍。

《中华人民共和国公职人员政务处分法》（2020年6月20日）

第四条　给予公职人员政务处分，坚持党管干部原则，集体讨论决定；坚持法律面前一律平等，以事实为根据，以法律为准绳，给予的政务处分与违法行为的性质、情节、危害程度相当；坚持惩戒与教育相结合，宽严相济。

第十三条　公职人员有下列情形之一的，应当从重给予政务处分：

（一）在政务处分期内再次故意违法，应当受到政务处分的；

（二）阻止他人检举、提供证据的；

（三）串供或者伪造、隐匿、毁灭证据的；

（四）包庇同案人员的；

（五）胁迫、唆使他人实施违法行为的；

（六）拒不上交或者退赔违法所得的；

（七）法律、法规规定的其他从重情节。

第二十五条第一款　公职人员违法取得的财物和用于违法行为的本人财物，除依法应当由其他机关没收、追缴或者责令退赔的，由监察机关没收、追缴或者责令退赔；应当退还原所有人或者原持有人的，依法予以退还；属于国家财产或者不应当退还以及无法退还的，上缴国库。

第三十三条第一款第（二）项　有下列行为之一的，予以警告、记过或者记大过；情节较重的，予以降级或者撤职；情节严重的，予以开除：

（二）利用职权或者职务上的影响为本人或者他人谋取私利的。

王某组织公款吃喝并违规接受宴请案

（2021年指导性案例第3号，总第3号）

【关键词】

违反中央八项规定精神；公款吃喝；接受可能影响公正执行公务的宴请；涉案财物处置

【执纪执法要点】

公款吃喝、违规接受宴请等行为除浪费国家资财或者可能影响公正执行公务外，还严重破坏党风政风和社会风气，损害党和政府的形象。实践中我们发现，有的党员干部虚列开支公款报销违规吃喝费用，这是典型的违反中央八项规定精神隐形变异问题，性质恶劣，应加大查处力度，予以严肃处理。各级纪检监察机关要提高发现问题的能力，加大惩处力度，将严肃处理违规吃喝问题作为纠“四风”、树新风的重点，扭住不放、露头就打，严防反弹回潮、死灰复燃。在涉案财物处置上，则要注重区分不同情况，作出精准处置。

【基本案情及处理结果】

王某，中共党员，某县住房和城乡建设局局长。2021 年 2 月 19 日晚，王某召集本单位 5 名干部在该县某酒店聚餐，要求按照人均 1000 元的标准安排餐饮，所花费的 6000 元以公车加油费、维护保养费等名目列入该局“三公”经费中予以报销。3 月 21 日晚，王某在该县房地产开发商张某经营的日本料理店接受宴请，享受每人定价 1888 元的套餐。王某受到党内严重警告处分，被责令退赔公款吃喝费用 1000 元，被收缴接受可能影响公正执行公务的宴请费用 1888 元。同时，参加公款吃喝的其他 5 名干部受到了批评教育，并被责令退赔相关费用 5000 元。

【指导意义】

1. 关于王某违规吃喝行为的性质认定和处理

本案中，王某的违规吃喝问题主要表现在两个方面：一是按照《中国
113 共产党纪律处分条例》第一百零三条的规定，王某“违反有关规定组织、
101 参加用公款支付的宴请”；二是按照《中国共产党纪律处分条例》第九十二条的规定，王某“接受可能影响公正执行公务的宴请”。实践中，对于这两个问题都应认定为违反中央八项规定精神。在涉案财物处置上，纪检监察机关根据具体案情，在准确认定王某应负担的公款吃喝费用和接受私营企业主宴请时所对应的餐饮费用的基础上，责令王某退赔公款吃喝的相关费用 1000 元，收缴王某接受私营企业主宴请的费用 1888 元；同时，参加公款吃喝的其他 5 名干部受到了批评教育，并被责令退赔相关费用。上述处理区分了党员领导干部和普通党员干部在违规吃喝问题中的责任大小，对王某作为党员领导干部的处理力度更重，既体现了执纪工作的精准性，又对其他 5 名干部起到了教育警示作用，取得了较好的执纪效果。

2. 关于违规吃喝问题中的涉案财物处置

涉案财物处置事关案件质量和处理效果，必须严格依规依纪依法作出精准处置。实践中，纪检监察机关在处理违规吃喝问题的涉案财物时，经

常会遇到一些更为复杂的情形，应坚持实事求是原则，区分具体情况，作
出精准处置。

一是对于“违反有关规定组织、参加用公款支付的宴请”问题，根据
《中国共产党纪律处分条例》第一百零三条的规定，对于公款吃喝行为， 113
无论组织者还是参加者，都构成违纪。以本案为例，王某和其他5名干部
都被责令退赔了相关费用。实践中，纪检监察机关应根据案件具体情况，
全面审查餐饮清单、报销凭证等书证，并结合相关人员的交代，准确认定
参加宴请者所应负担的费用，并依规依纪责令其退赔相关费用。需要指出
的是，对于《中国共产党纪律处分条例》第一百零三条规定的“用公款购 113
买赠送或者发放礼品、消费卡（券）等”的问题，或者收受公款购买的礼
品、消费卡（券）等的问题，经查证属实后，应按规定责令本单位接受礼
品、消费卡（券）等的党员干部予以清退或者折价退赔，对于本单位之外
的党员干部收受礼品、消费卡（券）等的应按规定予以清退或者收缴。

二是对于“接受可能影响公正执行公务的宴请”问题，如果接受的是
公款支付的宴请，依照《中国共产党纪律处分条例》第二十四条第一款关 25
于“一个违纪行为同时触犯本条例两个以上（含两个）条款的，依照处分
较重的条款定性处理”的规定，适用《中国共产党纪律处分条例》第一百 113
零三条之规定予以定性处理。如果接受的是私营企业主、下属等管理服务
对象个人支付费用的宴请，且能准确认定被审查人所对应的宴请费用，则
应依规依纪予以收缴。同时，对于因时间久远、书证缺失或仅有相关人员
交代等原因无法准确区分餐饮费用、且被审查人自愿主动上交相关餐饮费
用的情形，实践中可按主动登记上交处理。

【相关条款】

《中国共产党纪律处分条例》（2018年8月18日）

第四十条第一款　对于违纪行为所获得的经济利益，应当收缴或者责 43
令退赔。

第九十二条　接受、提供可能影响公正执行公务的宴请或者旅游、健 101
身、娱乐等活动安排，情节较重的，给予警告或者严重警告处分；情节严
重的，给予撤销党内职务或者留党察看处分。

第一百零三条　违反有关规定组织、参加用公款支付的宴请、高消费 113
娱乐、健身活动，或者用公款购买赠送或者发放礼品、消费卡（券）等，

对直接责任者和领导责任者，情节较轻的，给予警告或者严重警告处分；情节较重的，给予撤销党内职务或者留党察看处分；情节严重的，给予开除党籍处分。

《中华人民共和国公职人员政务处分法》（2020年6月20日）

第二十五条第一款　公职人员违法取得的财物和用于违法行为的本人财物，除依法应当由其他机关没收、追缴或者责令退赔的，由监察机关没收、追缴或者责令退赔；应当退还原所有人或者原持有人的，依法予以退还；属于国家财产或者不应当退还以及无法退还的，上缴国库。

第三十四条第二款　向公职人员及其特定关系人赠送可能影响公正行使公权力的礼品、礼金、有价证券等财物，或者接受、提供可能影响公正行使公权力的宴请、旅游、健身、娱乐等活动安排，情节较重的，予以警告、记过或者记大过；情节严重的，予以降级或者撤职。

第三十五条第（三）项　有下列行为之一，情节较重的，予以警告、记过或者记大过；情节严重的，予以降级或者撤职：

（三）违反规定公款消费的。

张某退休后违规接受宴请案

（2021年指导性案例第4号，总第4号）

【关键词】

违反中央八项规定精神；退休后接受宴请；可能影响公正执行公务

【执纪执法要点】

吃喝问题绝非小事小节，而是关系党在人民群众心目中形象的“大政治”，对退休党员干部也不例外。党的十八大以来，各级纪检监察机关重拳出击，“舌尖上的腐败”得到有效遏制。在持续高压态势下，一些党员领导干部在职期间有所收敛，但在退休后又故态复萌，肆无忌惮接受各种宴请，成为“四风”问题隐形变异的新表现。对于此类问题，一些纪检监察机关在定性处理上产生了分歧，有的认为不宜认定为违纪，有的则认为应从严执纪。我们认为，中央八项规定精神是“长期有效的铁规矩”，党员领导干部无论退休与否，都应该严格遵循党规党纪和中央八项规定精神。各级纪检监察机关要从政治上深刻认识违规吃喝问题的危害性，坚持严的主基调，坚决防反弹回潮、防隐形变异、防疲劳厌战，持续释放整治违反中央八项规定精神问题“越往后越严”的强烈信号。

【基本案情及处理结果】

张某，中共党员，某县生态环境局党组成员、副局长，2018 年 10 月退休。2019 年 1 月以来，张某在春节、端午节、中秋节和生日期间，先后 10 余次接受该县私营企业主王某、李某、赵某等人（均系张某任生态环境局党组成员、副局长期间的管理服务对象）安排的宴请，并饮用年份茅台酒等高档酒水，食用高档菜肴。2021 年 3 月，张某受到党内警告处分。

【指导意义】

在本案处理过程中，形成了如下两种不同意见。

第一种意见认为，张某已经退休，不再具有公职人员身份，其接受私营企业主的宴请不属于“接受可能影响公正执行公务的宴请”，不宜认定为违纪。

第二种意见认为，张某虽已退休，但仍具有党员身份，特别是曾经担任过领导职务，在当地仍具有一定的影响力，更应带头严于律己，严格遵守党的纪律和中央八项规定精神。张某的退休时间在党的十九大之后，中央对于严格落实中央八项规定精神、毫不松懈纠治“四风”的要求已经非常明确，但其仍然不知敬畏，多次接受退休前管理服务对象的宴请。为严肃党的纪律，应将张某的上述行为认定为违反中央八项规定精神。同时，鉴于张某已经退休，不再具有公职人员身份，可适用《中国共产党纪律处分条例》第一百一十一条（廉洁纪律兜底条款）之规定予以定性处理。 121

经分析，我们同意第二种意见。我们在工作中发现，有的党员领导干部在退休后放松了纪律约束，认为一旦不再担任公职，就可以不再遵守党规党纪和法律法规，随心所欲地接受宴请，甚至实施违纪违法行为。对此，纪检监察机关要始终坚持严的主基调，对违反中央八项规定精神问题毫不妥协、露头就打，持续释放“越往后越严”的强烈信号。

此外，我们在工作中还发现，一些党员领导干部在退休后不仅违规接受宴请，还收受退休前管理服务对象的礼品礼金，有的甚至借助于“攒饭局”等方式，利用原职权或者地位形成的便利条件，大搞所谓的“居中协调”，通过其他国家工作人员职务上的行为，为请托人谋取不正当利益，索取或者收受请托人数额较大的财物。对于党员领导干部在退休后违规收受礼品

121 礼金的问题，同样应适用《中国共产党纪律处分条例》第一百一十一条（廉洁纪律兜底条款）之规定予以定性处理，并依规依纪收缴其违纪所得；对于涉嫌受贿犯罪或者利用影响力受贿犯罪的，则应适用《中国共产党纪律处分
29 条例》第二十七条这一纪法衔接条款的规定，依纪依法予以严肃处理。

【相关条款】

《中国共产党纪律处分条例》（2018年8月18日）

29 **第二十七条** 党组织在纪律审查中发现党员有贪污贿赂、滥用职权、玩忽职守、权力寻租、利益输送、徇私舞弊、浪费国家资财等违反法律涉嫌犯罪行为的，应当给予撤销党内职务、留党察看或者开除党籍处分。

121 **第一百一十一条** 有其他违反廉洁纪律规定行为的，应当视具体情节给予警告直至开除党籍处分。

中央纪委国家监委执纪执法指导性案例（第二批）

某区纪委监委环保问责简单泛化案

（2021年指导性案例第5号，总第5号）

【关键词】

问责简单泛化；规范问责；精准问责

【执纪执法要点】

以习近平同志为核心的党中央将问责作为全面从严治党利器，推动失责必问、问责必严成为常态。《中国共产党纪律处分条例》《中国共产党问责条例》等党内法规对问责的主体、程序、情形等作出了明确规定，党中央印发《中国共产党问责条例》的通知也强调“针对实践中出现的问责不力、泛化简单化等问题，着力提高党的问责工作的政治性、精准性、实效性”。各级纪检监察机关要深刻认识到，能否做到规范精准问责，考验的是政治站位、工作作风和执纪执法能力，体现的是党组织的权威和公信。在开展问责工作时，一定要做到调查取证细之又细、定性处理慎之又慎、自

我约束严之又严，防止出现问责不力或者问责泛化、简单化等问题，力求取得问责一个、警醒一片、促进一方工作的良好效果。同时，上级纪检监察机关要加强督促指导，及时纠正问责不精准、处理不平衡等问题，确保问责质效。

【基本案情及处理结果】

2021年1月，某省生态环境保护督察组（以下简称督察组）在A市开展环保督察期间，该市B区纪委监委根据督察组移交的问题线索，在未按程序报请区委主要负责人批准的情况下，对A市生态环境局B分局（系B区政府组成部门）党组书记、局长张某等人启动问责调查，共处置问题线索20批90件，问责88人次。其中，B区纪委监委认定，张某对督察组移交、群众反映的2020年5月以来某企业污水扰民、某餐馆油烟污染、某店铺严重噪声污染等问题整治不力，应负领导责任，决定以谈话方式给予其诫勉问责；A市生态环境局B分局时任党组成员、副局长王某分管上述工作，应负领导责任，在1个月内因上述同类事由先后给予其6次问责（通报问责3次、书面诫勉问责1次、党内警告处分1次、免职问责1次）；对于2020年3月以来一直在外脱产学习、未实际协管上述工作的三级主任科员郑某、李某和四级主任科员邓某，仅依据各自岗位职责，决定给予该3人党内严重警告、政务记大过处分。B区纪委监委在给予上述人员处理、处分前，未形成事实材料与其见面核对并听取其陈述和申辩。

此后，省委巡视组在有关专项巡视中发现上述问责存在简单泛化，未履行处理、处分所依据的事实材料应当同本人见面的程序等问题，并移交A市纪委监委处理。A市纪委监委按程序核查后，责令B区纪委监委及时依规依纪依法予以纠正。

【指导意义】

1. 坚决防止和纠正问责不规范、不精准等问题

本案中，B区纪委监委对张某、王某、郑某、李某、邓某等人的问责主要存在以下问题：

一是工作程序不规范。一方面是启动问责调查程序不规范，区纪委监委违反《中国共产党问责条例》第九条第一款之规定，在未报请区委主要负责人批准的情况下，即对A市生态环境局B分局党组书记、局长张某先行启动问责调查。另一方面是处理、处分程序不规范，区纪委监委在给予

相关人员处理、处分前，未履行处理、处分所依据的事实材料同本人见面的程序，违反了《中国共产党章程》第四十三条、《中国共产党问责条例》第十一条第一款、《中国共产党党员权利保障条例》第三十五条第二款、《中国共产党纪律检查机关监督执纪工作规则》第五十一条第一款、《中华人民共和国公职人员政务处分法》第四十三条等规定。

二是责任划分不精准。区纪委监委在认定张某、王某2人责任时，笼统定性为"负有领导责任"，未结合各自的岗位职责，准确区分应负主要领导责任还是重要领导责任。

三是问责简单泛化。区纪委监委在1个月内对王某进行了6次"凑数式"问责，对在污染问题发生前即已在外脱产学习、并未实际协管相关工作的郑某、李某、邓某滥用问责，存在重复问责、简单问责、泛化问责的问题，损害了执纪执法的权威性和严肃性。

2. 进一步推动问责工作规范化、精准化

执纪执法工作中，应当规范精准问责，坚决防止出现以下问责泛化、简单化问题：一是在问责对象上，问下不问上，过多指向基层干部；二是在问责程序上，求快不求准，随意简省调查流程；三是在问责处理上，简单粗暴，搞"一刀切"；四是在问责效果上，只问责不管理，依赖问责推动工作。实践中，有的纪检监察机关机械理解和执行上级督办转办件"快查快处"要求，实施问责时责任不明、轻重不分，没有做到因事、因责而异。各级纪检监察机关要充分认识到，严格依规依纪依法规范精准问责，是推动纪检监察工作高质量发展的应有之义和必然要求。纪检监察机关在开展执纪执法工作时，应当严格执行《中国共产党问责条例》等规定，既要查清具体事实、分清责任、严肃问责；又要区别情况、体现政策，做到规范精准问责。实践中，要把握好以下两个方面的核心要求：

一是要坚持实事求是。必须以事实为依据，以纪法为准绳，不得因上级领导作出指示要求或者上级部门提出处理建议，就不进行审查调查、不尊重客观事实，简单机械地按照上级要求或处理建议进行问责，甚至出现生拉硬拽、刻意拔高等问责不规范、不精准情形。问责决定作出后，发现问责事实认定不清楚、证据不确凿、依据不充分、责任不清晰、程序不合规、处理不恰当，或者存在其他不应当问责、不精准问责情况的，应当及时予以纠正，这也是执纪执法工作坚持实事求是原则的具体体现。本案中，

B区纪委监委在依规依纪依法纠正上述问责简单泛化问题时，对于不应给予党纪、政务处分的人员，按程序作出了撤销处分的决定；对于不应通报问责的，作出了撤销通报问责的决定，并在原来的通报范围内予以纠正和澄清；对于不应予以诫勉问责的，按照原来采取诫勉问责的方式予以纠正（其中，书面诫勉问责的，按程序作出撤销诫勉问责的决定；以谈话方式给予诫勉问责的，也采取了书面方式予以纠正）；对于诫勉问责已通报同级党委组织部门的，在作出撤销诫勉问责决定时及时通报了该组织部门。

二是要准确认定责任。按照"权责一致、错责相当"的原则，依据纪法规定、岗位职责，精准界定哪些人应负责任、应负什么责任，分清主要领导责任和重要领导责任，区分相关责任人任职期间是履职尽责、还是不履职或不正确履职，避免畸轻畸重、尺度不一。对于没有造成恶劣影响或严重后果，未达到问责程度的，可给予提醒、批评教育等处理，不能简单以问责代替管理。

此外，对于受到问责的党员领导干部提出申诉的办理时限问题，我们认为应当从以下两个方面把握：一是对于采取非纪律处分方式实施问责的，作出问责决定的党组织接到书面申诉后，应当在1个月内作出申诉处理决定，并以书面形式告知提出申诉的领导干部及其所在党组织等单位；二是对于采取纪律处分方式实施问责的，按照党章和有关党内法规规定的权限、程序执行，即应当按照《中国共产党纪律检查机关监督执纪工作规则》第五十九条等规定，在受理申诉后3个月内作出复议复查决定，并告知提出申诉的领导干部及其所在党组织等单位。

【相关条款】

《中国共产党章程》（2017年10月24日）

第四十三条　党组织对党员作出处分决定，应当实事求是地查清事实。处分决定所依据的事实材料和处分决定必须同本人见面，听取本人说明情况和申辩。如果本人对处分决定不服，可以提出申诉，有关党组织必须负责处理或者迅速转递，不得扣压。对于确属坚持错误意见和无理要求的人，要给以批评教育。

《中国共产党纪律处分条例》（2018年8月18日）

第三十七条　违纪行为有关责任人员的区分：

（一）直接责任者，是指在其职责范围内，不履行或者不正确履行自

39

己的职责，对造成的损失或者后果起决定性作用的党员或者党员领导干部。

（二）主要领导责任者，是指在其职责范围内，对直接主管的工作不履行或者不正确履行职责，对造成的损失或者后果负直接领导责任的党员领导干部。

（三）重要领导责任者，是指在其职责范围内，对应管的工作或者参与决定的工作不履行或者不正确履行职责，对造成的损失或者后果负次要领导责任的党员领导干部。

本条例所称领导责任者，包括主要领导责任者和重要领导责任者。

《中国共产党问责条例》（2019 年 8 月 25 日）

第三条　党的问责工作应当坚持以下原则：

（一）依规依纪、实事求是；

（二）失责必问、问责必严；

（三）权责一致、错责相当；

（四）严管和厚爱结合、激励和约束并重；

（五）惩前毖后、治病救人；

（六）集体决定、分清责任。

第六条第一款　问责应当分清责任。党组织领导班子在职责范围内负有全面领导责任，领导班子主要负责人和直接主管的班子成员在职责范围内承担主要领导责任，参与决策和工作的班子成员在职责范围内承担重要领导责任。

第九条第一款　发现有本条例第七条所列问责情形，需要进行问责调查的，有管理权限的党委（党组）、纪委、党的工作机关应当经主要负责人审批，及时启动问责调查程序。其中，纪委、党的工作机关对同级党委直接领导的党组织及其主要负责人启动问责调查，应当报同级党委主要负责人批准。

第十一条第一款　查明调查对象失职失责问题后，调查组应当撰写事实材料，与调查对象见面，听取其陈述和申辩，并记录在案；对合理意见，应当予以采纳。调查对象应当在事实材料上签署意见，对签署不同意见或者拒不签署意见的，调查组应当作出说明或者注明情况。

第十二条　问责决定应当由有管理权限的党组织作出。

对同级党委直接领导的党组织，纪委和党的工作机关报经同级党委或者其主要负责人批准，可以采取检查、通报方式进行问责。采取改组方式问责的，按照党章和有关党内法规规定的权限、程序执行。

对同级党委管理的领导干部，纪委和党的工作机关报经同级党委或者其主要负责人批准，可以采取通报、诫勉方式进行问责；提出组织调整或者组织处理的建议。采取纪律处分方式问责的，按照党章和有关党内法规规定的权限、程序执行。

第二十条　问责对象对问责决定不服的，可以自收到问责决定之日起1个月内，向作出问责决定的党组织提出书面申诉。作出问责决定的党组织接到书面申诉后，应当在1个月内作出申诉处理决定，并以书面形式告知提出申诉的党组织、领导干部及其所在党组织。

申诉期间，不停止问责决定的执行。

第二十一条第一款　问责决定作出后，发现问责事实认定不清楚、证据不确凿、依据不充分、责任不清晰、程序不合规、处理不恰当，或者存在其他不应当问责、不精准问责情况的，应当及时予以纠正。必要时，上级党组织可以直接纠正或者责令作出问责决定的党组织予以纠正。

《中国共产党党员权利保障条例》（2020年12月25日）

第三十五条第二款　处理、处分所依据的事实材料应当同本人见面。处理、处分的决定应当向本人宣布，并写明党员的申诉权以及受理申诉的组织等内容。事实材料和决定应当由本人签署意见，对签署不同意见或者拒不签署意见的，应当作出说明或者注明情况。

《中国共产党纪律检查机关监督执纪工作规则》（2018年12月28日）

第五十一条第一款　查明涉嫌违纪或者职务违法、职务犯罪问题后，审查调查组应当撰写事实材料，与被审查调查人见面，听取意见。被审查调查人应当在事实材料上签署意见，对签署不同意见或者拒不签署意见的，审查调查组应当作出说明或者注明情况。

第五十九条　对不服处分决定的申诉，由批准或者决定处分的党委（党组）或者纪检监察机关受理；需要复议复查的，由纪检监察机关相关负责人批准后受理。

申诉办理部门成立复查组，调阅原案案卷，必要时可以进行取证，经集体研究后，提出办理意见，报纪检监察机关相关负责人批准或者纪委常委会会议研究决定，作出复议复查决定。决定应当告知申诉人，抄送相关单位，并在一定范围内宣布。

坚持复议复查与审查审理分离，原案审查、审理人员不得参与复议复查。

复议复查工作应当在3个月内办结。

《中华人民共和国公职人员政务处分法》（2020年6月20日）

第四十三条　作出政务处分决定前，监察机关应当将调查认定的违法事实及拟给予政务处分的依据告知被调查人，听取被调查人的陈述和申辩，并对其陈述的事实、理由和证据进行核实，记录在案。被调查人提出的事实、理由和证据成立的，应予采纳。不得因被调查人的申辩而加重政务处分。

第五十五条第二款　监察机关发现本机关或者下级监察机关作出的政务处分决定确有错误的，应当及时予以纠正或者责令下级监察机关及时予以纠正。

崔某骗领财政惠民惠农补贴资金案

（2021年指导性案例第6号，总第6号）

【关键词】

群众身边腐败；基层群众性自治组织中从事管理的人员；党纪政务处分匹配

【执纪执法要点】

群众身边腐败和不正之风，严重破坏党和政府在群众心目中的形象，蚕食群众获得感幸福感，侵蚀党心民心。习近平总书记在十九届中央纪委五次全会上明确指出，“要持续整治群众身边腐败和作风问题，让群众在反腐‘拍蝇’中增强获得感”、要“紧盯扶贫环保等领域腐败和不正之风，解决好群众的‘急难愁盼’问题，让人民群众感受到公平正义”。执纪执法工作中，对于基层群众性自治组织中从事管理的人员的贪腐问题，纪检监察机关应严格依规依纪依法予以整治处理，坚决纠正漠视和侵害群众利益的问题，注重党纪和政务处分精准匹配，确保执纪执法综合效果。

【基本案情及处理结果】

崔某，中共党员，某乡某村原党支部书记、村民委员会主任。2019年3月至2020年9月，崔某在协助县、乡人民政府发放本村财政惠民惠农补贴资金中的退耕还林还草直补退耕农户资金的过程中，以其女儿的名义，弄虚作假，编造退耕还林还草亩数，骗领财政补贴资金8000元并据为己有。同时，崔某在担任村党支部书记、村民委员会主任期间，借逢年过节之机，收受3名村集体经济合作社成员礼金1.2万元。2021年6月，崔某受到撤销党内职务处分，对其违纪违法所得2万元予以收缴；建议乡人民政府责令其辞去该村村民委员会主任职务，拒不辞职的，依法罢免其村民委员会主任职务，停止发放其补贴、奖金。2021年7月，崔某辞去了该村村民委员会主任职务。

【指导意义】

1. 准确区分个人贪腐与优亲厚友

本案处理过程中，关于崔某收受3名村集体经济合作社成员礼金1.2万元的问题，应当依照《中国共产党纪律处分条例》第八十八条第一款和《中华人民共和国公职人员政务处分法》第三十四条第一款之规定予以定性处理，对此没有争议。但对于崔某骗领8000元财政补贴资金的问题，则形成了如下两种不同意见：

第一种意见认为，崔某利用协助县、乡人民政府从事相关行政管理工作的职务便利，将其女儿虚报为退耕还林还草补贴对象，非法获取了财政惠民惠农补贴资金，应当认定为在发放财政惠民惠农补贴资金工作中优亲厚友，属于违反群众纪律性质。

第二种意见认为，崔某作为基层群众性自治组织中从事管理的人员，利用其协助县、乡人民政府从事相关行政管理工作的职务便利，以其女儿的名义骗领财政惠民惠农补贴资金并占为己有，该行为的最终受益人是崔某自己。因此，崔某的行为构成贪污，属于职务违法，不属于违反群众纪律性质。

经分析，我们同意第二种意见。一是通常来看，“优亲厚友”主要是指一些从事社会保障、政策扶持、扶贫脱贫、救灾救济款物分配等事项的党员在执行公务过程中，不按照民主决策程序办理，不能正确处理亲属、朋友与群众的关系，厚此薄彼，侵害群众利益；不按照规定标准执行，使不该享受的人员享受了相关的待遇，应该享受的人员享受不到或者比规定的标准享受得低，明显不公平、不公正。从本案来看，崔某骗领财政补贴资金行为“优”“厚”的是自己，也未导致本村应该领取财政资金补贴的人员领取不到或者比规定的标准领取得低，不属于违反群众纪律性质。二是根据2000年4月29日第九届全国人大常委会第十五次会议通过的《关于〈中华人民共和国刑法〉第九十三条第二款的解释》规定，村民委员会等村基层组织人员协助人民政府从事相关行政管理工作时，利用职务上的便利，非法占有公共财物，构成犯罪的，适用刑法第三百八十二条和第三百八十三条。崔某的上述行为虽未达到刑事追诉标准，但本质上属于刑法规定的贪污行为，应当追究其纪律责任和监察责任，按照《中国共产党纪律处分条例》第二十八条和《中华人民共和国公职人员政务处分法》第三十三条第一款第（一）项之规定予以严肃处理。

2. 关于党纪政务处分匹配问题

本案处理过程中，关于对崔某的处分问题，形成了如下两种不同意见：

第一种意见认为，崔某具有党员身份，同时又是基层群众性自治组织中从事管理的人员，其骗领财政惠民惠农补贴资金的行为既涉嫌违反党的纪律又涉嫌职务违法，同时还存在违规收受礼金行为，合并处理应当给予其撤销党内职务、政务记大过处分。

第二种意见认为，结合本案具体情况，应当给予崔某撤销党内职务处分。同时，鉴于《中华人民共和国公职人员政务处分法》第二十二条第一款规定，“基层群众性自治组织中从事管理的人员有违法行为的，监察机关可以予以警告、记过、记大过处分”，未规定可给予降级、撤职、开除处分，因此在给予崔某党纪重处分的同时，无法匹配适用撤职等政务重处分。综合上述情形，可考虑给予崔某撤销党内职务处分；同时建议乡人民政府责令其辞去该村村民委员会主任职务，拒不辞职的，依法罢免其该村村民委员会主任职务。

经分析，我们同意第二种意见。十九届中央纪委五次全会工作报告指出，要持续整治群众身边腐败和不正之风，促进社会公平正义、保障群众合法权益，严肃查处贪污侵占等行为。崔某的行为正是发生在群众身边的贪污侵占腐败行为，本应在给予其党纪重处分的同时，依法给予其撤职等政务重处分。但依照《中华人民共和国公职人员政务处分法》第二十二条规定，对于崔某只能给予警告、记过、记大过等政务轻处分。如按照第一种意见，给予崔某撤销党内职务、政务记大过处分，则会出现党纪重处分匹配政务轻处分的情况，既不符合该违法行为应当给予政务重处分的实际，也影响了执纪执法工作效果。因此，应当在给予崔某撤销党内职务处分的同时，依照《中华人民共和国村民委员会组织法》《农村基层干部廉洁履行职责若干规定（试行）》等规定，建议乡人民政府责令其辞去该村村民委员会主任职务，拒不辞职的，依法予以罢免；同时，由乡人民政府明确其不再享受补贴、奖金，以增强惩戒效果。

实践中，对于具有中共党员身份的公职人员既违纪又违法的行为，在匹配适用党纪、政务处分时，通常按照以下情形把握：

一是应当给予重处分的情形。受到撤销党内职务、留党察看、开除党籍等党纪重处分的，如果仍担任公职，应当依法给予其撤职等政务重处分，即党纪重处分和政务重处分相匹配。对于有严重违法行为的公职人员，依法给予开除处分的，在党纪上应当依纪给予其开除党籍处分。对于严重违反党纪、严重触犯刑律的公职人员，依纪依法给予其开除党籍、开除公职处分，将其涉嫌犯罪问题移送司法机关依法处理。对于基层群众性自治组织中从事管理的人员等不适用政务重处分的公职人员，可不再给予其政务处分，而是依照《中华人民共和国公职人员政务处分法》《农村基层干部廉洁履行职责若干规定（试行）》等规定，作出降低薪酬待遇、调离岗位、解除人事关系或者劳动关系、责令辞职、依法罢免等处理。

二是应当给予轻处分的情形。党纪轻处分是指警告、严重警告，政务轻处分是指警告、记过、记大过、降级。实践中，党纪轻处分和政务轻处分在何种情形下同时适用、何种情形下单独适用，需根据具体案情综合把握。一般而言，在已达到惩戒目的和效果的情况下，在给予党纪轻处分时，可不再同时给予政务轻处分；对于在行政管理工作中发生的违法行为，在给予政务轻处分时，也可不再同时给予党纪轻处分。需要注意的是，如果给予党纪轻处分或政务轻处分的后果存在实质性差异，或者有其他影响案件处理效果的情形，为准确区分责任轻重、体现惩戒效果，可考虑同时给予党纪、政务轻处分。同时适用党纪、政务轻处分的，党内警告处分一般匹配政务记过处分，党内严重警告处分一般匹配政务记大过或者降级处分；但对于本应给予撤销党内职务处分，因本人没有担任党内职务而给予党内严重警告处分的，则应匹配给予其撤职等政务重处分。

3. 关于基层群众性自治组织中从事管理的人员受处分的后续处理问题

我们在工作中发现，对基层群众性自治组织中从事管理的人员的处分，尤其是受到党纪、政务轻处分的，对其职务、利益影响较小，导致违纪违法成本较低，有的人员在受处分后甚至继续违纪违法。目前，《中华人民共和国公职人员政务处分法》《农村基层干部廉洁履行职责若干规定（试行）》等规定对受处分村干部的后续处理规定较为原则，为提升纪律惩戒效果，强化纪律约束，县（市、区、旗）党委、政府应当切实履行主体责任，依照《中华人民共和国公职人员政务处分法》《农村基层干部廉洁履行职责若干规定（试行）》等规定，抓紧建立健全村干部受到党纪政务处分和诫勉等处理后的补贴、奖金减发或者扣发办法，切实提升对村干部的纪律惩戒效果。县（市、区、旗）纪委监委应当协助同级党委做好基层群众性自治组织中从事管理的人员受处分后的相关处理工作，以严肃监督执纪问责，推动全面从严治党不断向基层延伸。比如，山东省日照市莒县纪委监委制定了《关于推行农村干部处分与业绩考核奖励报酬挂钩的办法（试行）》，经报县委同意后，以县委办公室名义印发施行；广东省广州市白云区纪委监委联合区委农村工作办公室和区民政局共同起草了《村社干部处分（处理）决定薪酬执行工作指引》并报经区委同意后，以区委农村工作办公室名义印发施行，这些地方的实践探索可供各地参考借鉴。

【相关条款】

《中国共产党纪律处分条例》（2018 年 8 月 18 日）

第十一条第一款　撤销党内职务处分，是指撤销受处分党员由党内选举或者组织任命的党内职务。对于在党内担任两个以上职务的，党组织在作处分决定时，应当明确是撤销其一切职务还是一个或者几个职务。如果决定撤销其一个职务，必须撤销其担任的最高职务。如果决定撤销其两个以上职务，则必须从其担任的最高职务开始依次撤销。对于在党外组织担任职务的，应当建议党外组织依照规定作出相应处理。

30 第二十八条　党组织在纪律审查中发现党员有刑法规定的行为，虽不构成犯罪但须追究党纪责任的，或者有其他违法行为，损害党、国家和人民利益的，应当视具体情节给予警告直至开除党籍处分。

43 第四十条第一款　对于违纪行为所获得的经济利益，应当收缴或者责令退赔。

第八十八条第一款　收受可能影响公正执行公务的礼品、礼金、消费 97
卡和有价证券、股权、其他金融产品等财物，情节较轻的，给予警告或者严重警告处分；情节较重的，给予撤销党内职务或者留党察看处分；情节严重的，给予开除党籍处分。

第一百一十四条　在社会保障、政策扶持、扶贫脱贫、救灾救济款物 124
分配等事项中优亲厚友、明显有失公平的，给予警告或者严重警告处分；情节较重的，给予撤销党内职务或者留党察看处分；情节严重的，给予开除党籍处分。

《中华人民共和国监察法》（2018 年 3 月 20 日）

第十五条第（五）项　监察机关对下列公职人员和有关人员进行监察：

（五）基层群众性自治组织中从事管理的人员。

《中华人民共和国公职人员政务处分法》（2020 年 6 月 20 日）

第二十二条　基层群众性自治组织中从事管理的人员有违法行为的，监察机关可以予以警告、记过、记大过。

基层群众性自治组织中从事管理的人员受到政务处分的，应当由县级或者乡镇人民政府根据具体情况减发或者扣发补贴、奖金。

第二十三条　《中华人民共和国监察法》第十五条第六项规定的人员有违法行为的，监察机关可以予以警告、记过、记大过。情节严重的，由所在单位直接给予或者监察机关建议有关机关、单位给予降低薪酬待遇、调离岗位、解除人事关系或者劳动关系等处理。

《中华人民共和国监察法》第十五条第二项规定的人员，未担任公务员、参照《中华人民共和国公务员法》管理的人员、事业单位工作人员或者国有企业人员职务的，对其违法行为依照前款规定处理。

第二十五条第一款　公职人员违法取得的财物和用于违法行为的本人财物，除依法应当由其他机关没收、追缴或者责令退赔的，由监察机关没收、追缴或者责令退赔；应当退还原所有人或者原持有人的，依法予以退还；属于国家财产或者不应当退还以及无法退还的，上缴国库。

第三十三条第一款第（一）项　有下列行为之一的，予以警告、记过或者记大过；情节较重的，予以降级或者撤职；情节严重的，予以开除：

（一）贪污贿赂的。

第三十四条第一款　收受可能影响公正行使公权力的礼品、礼金、有价证券等财物的，予以警告、记过或者记大过；情节较重的，予以降级或者撤职；情节严重的，予以开除。

《农村基层干部廉洁履行职责若干规定（试行）》（2019年4月4日修订）

第二十一条　村党组织领导班子成员有违反本规定第二章所列行为的，视情节轻重，由有关机关、部门依照职责权限给予警示谈话、责令公开检讨、通报批评、停职检查、责令辞职、免职等处理。

应当追究党纪责任的，依照《中国共产党纪律处分条例》给予相应的党纪处分。

涉嫌犯罪的，移送司法机关依法处理。

第二十二条　村民委员会成员有违反本规定第二章所列行为的，视情节轻重，由有关机关、部门依照职责权限给予警示谈话、责令公开检讨、通报批评、取消当选资格等处理或者责令其辞职，拒不辞职的，依照《中华人民共和国村民委员会组织法》的规定予以罢免。

对其中的党员，应当追究党纪责任的，依照《中国共产党纪律处分条例》给予相应的党纪处分。

涉嫌犯罪的，移送司法机关依法处理。

第二十三条　农村基层干部违反本规定获取的不正当经济利益，应当依法予以没收、追缴或者责令退赔；给国家、集体或者村民造成损失的，应当依照有关规定承担赔偿责任。

第二十四条　村党组织领导班子成员和村民委员会成员受到本规定第二十一条、第二十二条处理的，由县（市、区、旗）或者乡镇党委和政府按照规定减发或者扣发绩效补贴（工资）、奖金。

沈某公车私用、私车公养案

（2021年指导性案例第7号，总第7号）

【关键词】

公车私用；私车公养；贪污侵占

【执纪执法要点】

随着公车改革的深入推进，各地公车管理制度不断规范，“公车私用”问题得到了有力遏制，但“私车公养”问题开始抬头。“私车公养”问题通常涉案金额不大，但本质是化公为私、贪污侵占的腐败问题，与“公车私用”不同，已经由风变腐。执纪执法工作中，纪检监察机关一方面要坚持严的主基调，对此类问题作出准确认定和严肃处理，以杜绝“车轮上的腐败”，另一方面也要坚持实事求是，对实践中的不同情况认真加以区分，作出精准处置。

【基本案情及处理结果】

沈某，中共党员，某市委组织部常务副部长（正县级）。2018 年 12 月至 2020 年 8 月，沈某在已领取公务交通补贴的情况下，先后多次要求司机驾驶公车接送其打网球、接送其在外省上大学的女儿往返学校与家中等。2020 年 1 月至 2021 年 3 月，沈某利用单位公务加油卡未绑定公车的漏洞，借驾驶公车开展公务之机，多次使用公务加油卡为其 2 辆私车加油，累计花费 5500 元。2021 年 8 月，沈某受到党内严重警告和政务降级处分，违纪违法所得 5500 元予以追缴并返还该市委组织部；同时，给予其调整职务处理。

【指导意义】

1. 准确把握“私车公养”问题的性质认定及处理

实践中，“私车公养”问题存在多种表现形式，如“私油公供”“私车公修”“私票公报”等，每种表现形式又分化出多种不同的违纪违法手段。如“私油公供”可表现为利用管理和使用公车的职务便利，使用公务加油卡为本人的私车加油，或者加完油后以公车的名义在本单位报销，也可表现为将本人使用私车所产生的油费交由下属单位支付、报销等。

“公车私用”违反了中央八项规定精神，应当依照《中国共产党纪律处分条例》第一百零七条和《中华人民共和国公职人员政务处分法》第三 117
十五条第（二）项规定予以处理。“私车公养”行为本质上已不属于作风问题，而是将公款据为己有的贪污侵占、化公为私的腐败行为。对于“私车公养”所涉金额尚未达到刑事追诉标准的，应当依照《中国共产党纪律处分条例》第二十八条、《中华人民共和国公职人员政务处分法》第三十 30
三条第一款第（一）项之规定，追究其纪律责任和监察责任；所涉金额已达到刑事追诉标准，涉嫌职务犯罪的，在依照《中国共产党纪律处分条例》第二十七条、《中华人民共和国公职人员政务处分法》第三十三条第一款第（一）项之规定追究其纪律责任和监察责任的同时，还应当移送司法机关追究其刑事责任。

2. 精准甄别“私车公养”问题

“私车公养”行为构成违纪违法甚至涉嫌职务犯罪，但实践中还存在一些看似“私车公养”行为，却不宜按违纪违法行为认定的情形。比如，在一些边远地区或者交通不便地区，所在单位根据公务出行距离等因素核定了公务交通补贴标准，使用私车执行公务的可按标准用公务加油卡加油；又如，县乡基层工作人员虽按规定领取了公务交通补贴，但因下村入户等超出了保障范围，相关单位可以根据规定对公务交通补贴标准进行适度调整，或者按程序制定公务交通补贴标准并按标准予以计发；再如，对一些重大抢险救灾、事故处理或者突发事件处置等不可预测的特殊事项，临时使用私车开展公务活动，在此过程中产生的用车费用、损耗甚至损毁，可根据相关应急预案，给予适当补偿补助等。

此外，各级党组织要切实履行主体责任，按照中共中央办公厅、国务院办公厅《关于全面推进公务用车制度改革的指导意见》（中办发〔2014〕40号）和中央公车改革领导小组办公室《关于完善配套政策持续巩固公车改革成果的通知》（发改电〔2016〕757号）等规定，从实际出发及时解决公车改革中的新情况新问题，有序衔接公务交通补贴等相关政策，主动探索采取多种方式保障公务出行，尤其是县乡基层工作人员的公务出行。比如，支持地方提高公务交通补贴统筹比例，且统筹比例可考虑不设上限，重点保障出行任务重的岗位和人员；在交通不便地区制定相关管理办法，采取按距离远近按次包干发放交通费，等等。同时，各级纪检监察机关应当以强有力的监督措施作为保障，在切实保障公务出行的前提下，避免出现以交通费补助名义变相发放福利等问题。

3. 充分发挥组织处理作用

组织处理是教育干部、管理干部的必备手段，是全面从严治党的重要措施。纪检监察机关在执纪执法工作中，认为被审查调查人不宜担任现职或者有必要先行给予组织处理的，应当按照《中国共产党组织处理规定（试行）》第六条之规定给予其相应组织处理。本案中，沈某作为组工干部，其素质品质直接关系到干部选拔任用工作能否做到公道正派。因此，从加强组工干部建设的角度出发，对沈某同时作出调整职务的组织处理，以充分发挥警示作用，强化组工干部政治纪律和政治规矩教育，确保组工干部在政治上绝对可靠、对党绝对忠诚，进一步涵养政治生态。

【相关条款】

《中国共产党纪律处分条例》（2018 年 8 月 18 日）

第二十七条　党组织在纪律审查中发现党员有贪污贿赂、滥用职权、 29
玩忽职守、权力寻租、利益输送、徇私舞弊、浪费国家资财等违反法律涉嫌犯罪行为的，应当给予撤销党内职务、留党察看或者开除党籍处分。

第二十八条　党组织在纪律审查中发现党员有刑法规定的行为，虽不 30
构成犯罪但须追究党纪责任的，或者有其他违法行为，损害党、国家和人民利益的，应当视具体情节给予警告直至开除党籍处分。

第一百零七条　违反有关规定配备、购买、更换、装饰、使用公务交 117
通工具或者有其他违反公务交通工具管理规定的行为，对直接责任者和领导责任者，情节较重的，给予警告或者严重警告处分；情节严重的，给予撤销党内职务或者留党察看处分。

《中华人民共和国公职人员政务处分法》（2020 年 6 月 20 日）

第三十三条第一款第（一）项　有下列行为之一的，予以警告、记过或者记大过；情节较重的，予以降级或者撤职；情节严重的，予以开除：

（一）贪污贿赂的。

第三十五条第（二）项　有下列行为之一，情节较重的，予以警告、记过或者记大过；情节严重的，予以降级或者撤职：

（二）违反规定，在公务接待、公务交通、会议活动、办公用房以及其他工作生活保障等方面超标准、超范围的。

《中国共产党组织工作条例》（2021 年 5 月 22 日）

第四十一条　组织部门应当强化政治机关意识，带头发扬党的光荣传统和优良作风，带头增强“四个意识”、坚定“四个自信”、做到“两个维护”，坚持以党的政治建设为统领，深入推进从严治部、从严律己、从严带队伍，努力建设讲政治、重公道、业务精、作风好的模范部门，让党中央放心、让党员干部人才信赖、让人民群众满意。

加强组工干部队伍建设，强化政治纪律和政治规矩教育，严守组织人事纪律和保密纪律，坚持清正廉洁，着力提升专业化能力，确保政治上绝对可靠、对党绝对忠诚。

《中国共产党组织处理规定（试行）》（2021 年 3 月 19 日）

第六条　党委（党组）及其组织（人事）部门按照干部管理权限履行组织处理职责。

有关机关、单位在执纪执法、日常管理监督等工作中发现领导干部存在需要进行组织处理的情形，应当向党委（党组）报告，或者向组织（人事）部门提出建议。

第七条第（十五）（十七）项　领导干部在政治表现、履行职责、工作作风、遵守组织制度、道德品行等方面，有苗头性、倾向性或者轻微问题，以批评教育、责令检查、诫勉为主，存在以下情形之一且问题严重的，应当受到组织处理：

（十五）违反中央八项规定精神、廉洁从政有关规定的；

（十七）其他应当受到组织处理的情形。

第八条　组织处理可以单独使用，也可以和党纪政务处分合并使用。

《组工干部“十严禁”纪律要求》（2008 年 8 月 22 日）

八、严禁利用职务之便为本人、亲友或特定关系人谋取特殊照顾或私利。

组工干部有违反上述纪律要求的，情节较轻的进行批评教育或诫勉谈话；情节较重的要调离组织部门并依照有关规定给予党纪政纪处分。

中央纪委国家监委执纪执法指导性案例（第三批）

姚某使用“空白公函”报销案

（2022 年指导性案例第 1 号，总第 8 号）

【关键词】

违反中央八项规定精神；“空白公函”；“吃公函”；由风变腐；贪污侵占

【执纪执法要点】

党的十八大以来，以习近平同志为核心的党中央推进全面从严治党从落实中央八项规定精神破题，党风政风为之焕然一新。纪检监察机关紧盯公款吃喝等突出问题，“舌尖上的腐败”得到有效整肃，但使用“空白公函”“虚假公函”搞违规吃喝，以及“一函多吃”等隐形变异问题开始抬头。使用“空白公函”报销个人费用的行为，本质上是化公为私、贪污侵占的腐败问题，已经由风变腐，必须下大气力予以整治。十九届中央纪委六次全会指出，要持续加固中央八项规定堤坝，严肃整治公务接待中“吃公函”问题。纪检监察机关要自觉做到从政治上看、从政治上抓，深刻认识到不正之风和腐败问题互为表里、同根同源，不正之风滋生掩藏腐败，腐败行为助长加剧不正之风、甚至催生新的作风问题，坚持正风肃纪不可分割，坚持严的主基调不动摇，以反复抓、抓反复的坚韧和执着，切实做到匡正风气、严肃党纪。

【基本案情及处理结果】

姚某，中共党员，A省B市文化市场综合执法支队党总支书记、支队长。2020年12月至2021年3月，姚某等人5次参加该支队组织的超标准公务接待，饮用高档酒水，且每次公务接待均提供高档香烟，共计超标准支出25590元。事后，为处理超标准公务接待费用，经姚某同意，该支队向外单位索要多份“空白公函”，虚构接待事项，将上述费用25590元在本单位报销。2021年7月，姚某使用“空白公函”虚列接待事由和人数，将其私人用餐费用共计4327元在本单位报销。2022年4月，姚某受到党内严重警告、政务记大过处分，违纪违法所得4327元予以责令退赔。同时，责令提供和接受超标准公务接待的姚某等人，按照各自应承担的份额，分别退赔违纪所得共计25590元。

【指导意义】

1. 准确认定使用“空白公函”报销个人费用的问题性质

本案处理过程中，关于姚某多次参加超标准公务接待活动、同意使用“空白公函”报销超标准公务接待费用的问题，应当依照《中国共产党纪律处分条例》第一百零六条规定予以定性处理。但对于姚某使用“空白公函”报销个人费用的问题，则形成了如下两种不同意见：

116

第一种意见认为，姚某用公款支付应由本人承担的费用，应当认定为

121 违反中央八项规定精神，依照《中国共产党纪律处分条例》第一百一十一条规定予以处理。

第二种意见认为，姚某作为本单位主要负责人，利用职务上的便利非法占有公共财物，已经构成贪污，属于职务违法，不应认定为违反中央八项规定精神。

经分析，我们同意第二种意见。姚某作为本单位主要负责人，明知私人用餐费用应由个人承担，仍以非法占有公共财物为目的，利用其担任“一把手”职务上的便利，使用“空白公函”在本单位报销私人用餐费用4327元。姚某的上述行为，不仅侵害了公共财物所有权，也侵害了公职人员的职务廉洁性，其行为本质是化公为私、贪污侵占的腐败问题，已经由风变腐，应予严肃处理。鉴于其贪腐行为尚未达到刑事追诉标准，应当依
30 照《中国共产党纪律处分条例》第二十八条、《中华人民共和国公职人员政务处分法》第三十三条第一款第（一）项规定，追究其纪律责任和监察责任。

2. 精准把握“吃公函”问题的主要表现和定性处理

《党政机关厉行节约反对浪费条例》明确规定，对无公函的公务活动不予接待。《党政机关国内公务接待管理规定》明确要求，确因工作需要，接待单位可以安排工作餐一次，并严格控制陪餐人数；接待费报销凭证应当包括财务票据、派出单位公函和接待清单。根据上述规定，“无函不接待”“无函不报销”成为公务接待中的“硬杠杠”。但与此同时，个别党员干部也动起了利用公函“做文章”、搞违规吃喝的“歪心思”。实践中，对于公务接待中“吃公函”问题的定性处理，通常按照以下情形把握：

一是无公函接待，即接待单位对未出具公函的公务活动来访人员予以接待，并使用公款支付接待费用。此类问题违反了《党政机关厉行节约反对浪费条例》第二十条和《党政机关国内公务接待管理规定》第七条第一款关于“无函不接待”的明确规定，属于违反中央八项规定精神，应当依
116 照《中国共产党纪律处分条例》第一百零六条规定予以定性处理，并对所涉及费用予以责令退赔。

二是“一函多吃”，即同一接待单位对出具一份公函的公务活动来访人员，安排多次工作餐。此类问题钻了公务接待活动的“漏洞”，属于违
116 反中央八项规定精神，应当依照《中国共产党纪律处分条例》第一百零六

条规定予以定性处理。其中，所涉及的费用除正常接待费用外，其余部分均属于违纪所得，应当责令退赔。

三是通过使用“空白公函”等方式，套取资金违规发放津贴补贴，解决违规接待、公款旅游等费用。一方面，套取资金行为本身违反了《中华人民共和国会计法》《财政违法行为处罚处分条例》等法律法规；另一方面，套取资金用于违规发放津贴补贴，解决违规接待、公款旅游等费用的行为也违反了《党政机关厉行节约反对浪费条例》等规定。鉴于上述两类行为之间具有牵连关系，套取资金的目的是为了解决违规发放津贴补贴、违规接待、公款旅游等违纪行为的费用，执纪执法实践中通常“择一重处理”，即按照套取资金后的违纪行为性质，分别适用《中国共产党纪律处 114
分条例》第一百零四条、第一百零五条、第一百零六条等规定予以定性处 115
理。需要指出的是，套取资金后拟用于违规发放津贴补贴、违规接待、公 116
款旅游等违纪行为，但尚未实施即被查处的，因后续的违纪行为并未实际发生，但套取资金行为本身即已违反法律法规规定，按照“择一重处理”原则，可以依照《中国共产党纪律处分条例》第二十八条纪法衔接条款追 30
究纪律责任。对于此类问题中套取的资金，根据是否实际用于违纪行为，相应予以责令退赔或者纠正。

上述3种情形中，需要追究有关人员监察责任的，还应当依照《中华人民共和国公职人员政务处分法》第三十五条规定作出处理。实际套取资金后拟用于违纪违法活动但尚未实施的，可以依照《中华人民共和国公职人员政务处分法》第四十一条规定作出处理。

此外，实践中还发现，有的单位因业务经费紧张等原因，存在利用“空白公函”套取资金用于正常公务支出的情形。我们认为，此类行为看似“情有可原”，但依照《中华人民共和国会计法》第九条等规定，实则是违反了财务管理规定，属于违反国家法律法规，可以依照《中国共产党纪律处分条例》第二十八条纪法衔接条款追究纪律责任。需要追究监察责 30
任的，相应依照《中华人民共和国公职人员政务处分法》第四十一条规定作出处理。

3. 严肃追究“吃公函”问题中其他责任人员的纪律责任和监察责任

在“吃公函”问题中，除了违规提供公务接待的责任人员外，还包括被接待方、违规提供“空白公函”等相关责任人。对于这些责任人员，应当根据其具体行为，准确认定性质和责任，予以恰当处理。

一是对接受无公函接待或者超标准、超范围接待的人员，应当认定为
116 违反中央八项规定精神，依照《中国共产党纪律处分条例》第一百零六条规定予以处理，并责令其按照应当承担的份额退赔违纪款。需要追究监察责任的，相应依照《中华人民共和国公职人员政务处分法》第三十五条第（二）项规定作出处理。

二是对违规向其他单位提供“空白公函”的人员，应当区分直接责任者和领导责任者，视具体情节轻重，认定为违反工作纪律，依照《中国共
149 产党纪律处分条例》第一百三十三条规定追究纪律责任。需要追究监察责任的，相应依照《中华人民共和国公职人员政务处分法》第三十九条第（四）项规定作出处理。

【相关条款】

《财政违法行为处罚处分条例》（2011年1月8日修订）

第六条　国家机关及其工作人员有下列违反规定使用、骗取财政资金的行为之一的，责令改正，调整有关会计账目，追回有关财政资金，限期退还违法所得。对单位给予警告或者通报批评。对直接负责的主管人员和其他直接责任人员给予记大过处分；情节较重的，给予降级或者撤职处分；情节严重的，给予开除处分：

（一）以虚报、冒领等手段骗取财政资金；

（二）截留、挪用财政资金；

（三）滞留应当下拨的财政资金；

（四）违反规定扩大开支范围，提高开支标准；

（五）其他违反规定使用、骗取财政资金的行为。

《党政机关厉行节约反对浪费条例》（2013年11月18日）

第二十条　党政机关应当建立公务接待审批控制制度，对无公函的公务活动不予接待，严禁将非公务活动纳入接待范围。

第五十八条第（四）（五）项　有下列情形之一的，追究相关人员的责任：

（四）违反管理规定超标准或者以虚假事项开支的；

（五）利用职务便利假公济私的；

第六十条　违反本条例规定造成浪费的，根据情节轻重，由有关部门

依照职责权限给予批评教育、责令作出检查、诫勉谈话、通报批评或者调离岗位、责令辞职、免职、降职等处理。

应当追究党纪政纪责任的，依照《中国共产党纪律处分条例》、《行政机关公务员处分条例》等有关规定给予相应的党纪政纪处分。

涉嫌违法犯罪的，依法追究法律责任。

第六十一条　违反本条例规定获得的经济利益，应当予以收缴或者纠正。

违反本条例规定，用公款支付、报销应由个人支付的费用，应当责令退赔。

《党政机关国内公务接待管理规定》（2013 年 12 月 1 日）

第五条第二款　公务外出确需接待的，派出单位应当向接待单位发出公函，告知内容、行程和人员。

第七条第一款　接待单位应当根据规定的接待范围，严格接待审批控制，对能够合并的公务接待统筹安排。无公函的公务活动和来访人员一律不予接待。

第十条第一款　接待对象应当按照规定标准自行用餐。确因工作需要，接待单位可以安排工作餐一次，并严格控制陪餐人数。接待对象在 10 人以内的，陪餐人数不得超过 3 人；超过 10 人的，不得超过接待对象人数的三分之一。

第十四条　接待费报销凭证应当包括财务票据、派出单位公函和接待清单。

接待费资金支付应当严格按照国库集中支付制度和公务卡管理有关规定执行。具备条件的地方应当采用银行转账或者公务卡方式结算，不得以现金方式支付。

《中华人民共和国会计法》（2017 年 11 月 4 日修正）

第九条　各单位必须根据实际发生的经济业务事项进行会计核算，填制会计凭证，登记会计帐簿，编制财务会计报告。

任何单位不得以虚假的经济业务事项或者资料进行会计核算。

《中国共产党纪律处分条例》（2018 年 8 月 18 日）

第二十八条　党组织在纪律审查中发现党员有刑法规定的行为，虽不构成犯罪但须追究党纪责任的，或者有其他违法行为，损害党、国家和人民利益的，应当视具体情节给予警告直至开除党籍处分。

43 第四十条第一款　对于违纪行为所获得的经济利益，应当收缴或者责令退赔。

114 第一百零四条　违反有关规定自定薪酬或者滥发津贴、补贴、奖金等，对直接责任者和领导责任者，情节较轻的，给予警告或者严重警告处分；情节较重的，给予撤销党内职务或者留党察看处分；情节严重的，给予开除党籍处分。

115 第一百零五条　有下列行为之一，对直接责任者和领导责任者，情节较轻的，给予警告或者严重警告处分；情节较重的，给予撤销党内职务或者留党察看处分；情节严重的，给予开除党籍处分：

（一）公款旅游或者以学习培训、考察调研、职工疗养等为名变相公款旅游的；

（二）改变公务行程，借机旅游的；

（三）参加所管理企业、下属单位组织的考察活动，借机旅游的。

以考察、学习、培训、研讨、招商、参展等名义变相用公款出国（境）旅游的，依照前款规定处理。

116 第一百零六条　违反公务接待管理规定，超标准、超范围接待或者借机大吃大喝，对直接责任者和领导责任者，情节较重的，给予警告或者严重警告处分；情节严重的，给予撤销党内职务处分。

121 第一百一十一条　有其他违反廉洁纪律规定行为的，应当视具体情节给予警告直至开除党籍处分。

149 第一百三十三条　在党的纪律检查、组织、宣传、统一战线工作以及机关工作等其他工作中，不履行或者不正确履行职责，造成损失或者不良影响的，应当视具体情节给予警告直至开除党籍处分。

《中华人民共和国公职人员政务处分法》（2020年6月20日）

第二十五条第一款　公职人员违法取得的财物和用于违法行为的本人财物，除依法应当由其他机关没收、追缴或者责令退赔的，由监察机关没收、追缴或者责令退赔；应当退还原所有人或者原持有人的，依法予以退还；属于国家财产或者不应当退还以及无法退还的，上缴国库。

第三十三条第一款第（一）项　有下列行为之一的，予以警告、记过或者记大过；情节较重的，予以降级或者撤职；情节严重的，予以开除：

（一）贪污贿赂的；

第三十五条　有下列行为之一，情节较重的，予以警告、记过或者记大过；情节严重的，予以降级或者撤职：

（一）违反规定设定、发放薪酬或者津贴、补贴、奖金的；

（二）违反规定，在公务接待、公务交通、会议活动、办公用房以及其他工作生活保障等方面超标准、超范围的；

（三）违反规定公款消费的。

第三十九条第（四）项　有下列行为之一，造成不良后果或者影响的，予以警告、记过或者记大过；情节较重的，予以降级或者撤职；情节严重的，予以开除：

（四）工作中有弄虚作假，误导、欺骗行为的；

第四十一条　公职人员有其他违法行为，影响公职人员形象，损害国家和人民利益的，可以根据情节轻重给予相应政务处分。

吴某违规摊派案

（2022 年指导性案例第 2 号，总第 9 号）

【关键词】

群众身边腐败和不正之风；摊派；接受“捐赠”

【执纪执法要点】

基层“微腐败”发生在群众身边，群众所受侵害最直接，反映也最强烈。随着党风廉政建设和反腐败斗争的持续深入推进，群众身边腐败和不正之风得到有效遏制，但滋生“微腐败”的土壤尚未彻底铲除，损害群众利益问题仍时有发生。十九届中央纪委六次全会强调，要把严的主基调长期坚持下去，把解决群众身边腐败和不正之风摆在更加突出位置。纪检监察机关在执纪执法工作中，要顺应群众所思所盼，聚焦群众所急所忧，持续整治乱收费、乱罚款、乱摊派等与民争利、扰民渔利、侵害企业合法权益的突出问题，以实际行动维护群众利益，增强人民群众的获得感、幸福感、安全感，让人民群众感受到正风肃纪反腐就在身边。

【基本案情及处理结果】

吴某，中共党员，某乡党委副书记、乡长。2015 年至 2020 年 8 月，吴某以支持乡政府开展工作为由，多次要求辖区内的多家私营企业、个体工商户出资购买桌椅、打印机等办公用品，“捐赠”给乡政府使用，折合共计22.4万元。2021年8月，吴某受到党内严重警告、政务降级处分。

【指导意义】

1. 准确认定违规摊派行为

本案处理过程中，关于吴某要求私营企业、个体工商户“捐赠”办公用品的问题，形成了如下两种不同意见：

第一种意见认为，吴某为解决乡政府办公经费不足问题，以支持乡政府开展工作为由，收受辖区内管理服务对象的财物，存在影响公正执行公务的可能性，应当认定为违规受礼，属于违反廉洁纪律。

第二种意见认为，吴某作为乡政府主要负责人，要求辖区内私营企业、个体工商户向乡政府“捐赠”办公用品，增加了群众负担，应当认定为违规摊派，属于违反群众纪律，吴某对此负有直接责任。

经分析，我们同意第二种意见。一是通常来看，无论是收受可能影响公正执行公务的礼品、礼金，还是收受其他明显超出正常礼尚往来的财物，违规受礼者一般都实际占有有关财物，具有个人占有的主观故意。但从本案来看，吴某要求有关私营企业、个体工商户帮助解决办公用品，有关物品亦实际用于单位办公，吴某既不具备个人占有的故意，事实上也未将有关财物据为已有，因此不宜认定吴某违规受礼。二是《中共中央、国务院关于坚决制止乱收费、乱罚款和各种摊派的决定》明确规定，“在国家法律、法规和有关规定之外，要求有关单位或个人无偿地、非自愿地提供财力、物力和人力的行为都是摊派，一律予以禁止”，并强调“不得以赞助、捐赠等为名变相向行政事业单位、企业和个人摊派”；《中共中央、国务院关于治理向企业乱收费、乱罚款和各种摊派等问题的决定》再次重申，“严禁向企业摊派、索要赞助和无偿占用企业的人财物”。本案中，吴某作为乡政府主要负责人，以支持乡政府开展工作为由，要求辖区内多家私营企业、个体工商户“捐赠”办公用品，其行为本质上是将服务群众的义务当作管理群众的特权，将本应由单位承担的费用转移到群众身上，增加了群众负担。吴某的违规摊派行为损害了群众利益，败坏了党和政府的形象，侵蚀了党的执政基础，属于违反群众纪律，应当依照《中国共产党纪律处分条例》第一百一十二条第一款第（六）项和《中华人民共和国公职人员政务处分法》第三十八条第一款第（一）项等规定予以严肃处理。同时，对于违规摊派获取的财物，应由乡政府按原价退赔有关私营企业、个体工商户。

2. 关于违规摊派与接受自愿捐赠的区别

对于以所谓“公事”为由，要求有关私营企业、个体工商户“捐赠”财物的问题，应当透过现象看本质，准确区分违规摊派和接受自愿捐赠，作出精准认定和恰当处置。纪检监察机关在执纪执法过程中，应当充分收集证据材料，综合考虑财物提供者的行为是否主动、意愿是否真实，分析研判涉案财物是否系自愿捐赠。一般而言，被摊派者付出财物时是被动的，且往往对此心怀抵触，属于无奈之举；捐赠人则是出于自身的真实意愿，自愿处置财物。

本案中，吴某先行提出了帮助乡政府购置办公用品的要求，有关私营企业和个体工商户只是被动接受要求，不具有捐赠的主动性。同时，鉴于乡政府对辖区内的私营企业、个体工商户具有行政管理职权，有关私营企业、个体工商户出于现实顾虑，难以拒绝吴某提出的摊派要求，所谓“捐赠”并不真实，关于这一点也有有关私营企业负责人、个体工商户的证言予以印证。据此可以认定，乡政府并非接受自愿捐赠，而是违规摊派，应当追究直接责任人吴某的纪律责任和监察责任。

实践中，纪检监察机关要提高精准执纪执法的能力和水平，根据具体案情作出综合研判和恰当处置，依规依纪依法惩治以接受捐赠为名、行违规摊派之实的违纪违法行为，驰而不息纠治群众身边腐败和不正之风。

【相关条款】

《中共中央、国务院关于坚决制止乱收费、乱罚款和各种摊派的决定》（1990年9月16日）

四、坚决禁止各种形式的摊派。国务院一九八八年四月发布的《禁止向企业摊派暂行条例》和一九九〇年二月发出的《关于切实减轻农民负担的通知》，各地区、各部门都要认真执行。党中央、国务院重申：在国家法律、法规和有关规定之外，要求有关单位或个人无偿地、非自愿地提供财力、物力和人力的行为都是摊派，一律予以禁止。任何地方、部门和单位都不准收取上述文件所禁止的费用，不得以赞助、捐赠等为名变相向行政事业单位、企业和个人摊派。企业自愿赞助、捐赠的，只准从企业留利中开支，不得计入成本。刊登广告和订阅报刊杂志，必须坚持自愿的原则，不得用行政手段强行摊派。

《中共中央、国务院关于治理向企业乱收费、乱罚款和各种摊派等问题的决定》（1997年7月7日）

五、严格执行国家规定，坚决做到令行禁止。严禁擅自设立行政事业性收费、罚款、集资、基金项目；严禁擅自提高收取标准，扩大收取范围；严禁向企业摊派、索要赞助和无偿占用企业的人财物；严禁向企业强买强卖，强制企业接受指定服务，从中牟利；严禁在公务活动中通过中介组织对企业进行收费；严禁将应由企业自愿接受的咨询、信息、检测、商业保险等服务变为强制性服务，强行收费；严禁强制企业参加不必要的会议、培训、学术研讨、技术考核、检查评比和学会、协会、研究会等；严禁强行向企业拉广告，强制企业订购书报刊物、音像制品等；严禁机关、事业单位及其工作人员到企业报销各种费用。

《中国共产党纪律处分条例》（2018年8月18日）

97 第八十八条第一款　收受可能影响公正执行公务的礼品、礼金、消费卡和有价证券、股权、其他金融产品等财物，情节较轻的，给予警告或者严重警告处分；情节较重的，给予撤销党内职务或者留党察看处分；情节严重的，给予开除党籍处分。

122 第一百一十二条第一款　有下列行为之一，对直接责任者和领导责任者，情节较轻的，给予警告或者严重警告处分；情节较重的，给予撤销党内职务或者留党察看处分；情节严重的，给予开除党籍处分：

（一）超标准、超范围向群众筹资筹劳、摊派费用，加重群众负担的；

（二）违反有关规定扣留、收缴群众款物或者处罚群众的；

（三）克扣群众财物，或者违反有关规定拖欠群众钱款的；

（四）在管理、服务活动中违反有关规定收取费用的；

（五）在办理涉及群众事务时刁难群众、吃拿卡要的；

（六）有其他侵害群众利益行为的。

《中华人民共和国公职人员政务处分法》（2020年6月20日）

第三十四条第一款　收受可能影响公正行使公权力的礼品、礼金、有价证券等财物的，予以警告、记过或者记大过；情节较重的，予以降级或者撤职；情节严重的，予以开除。

第三十八条　有下列行为之一，情节较重的，予以警告、记过或者记大过；情节严重的，予以降级或者撤职：

（一）违反规定向管理服务对象收取、摊派财物的；

（二）在管理服务活动中故意刁难、吃拿卡要的；

（三）在管理服务活动中态度恶劣粗暴，造成不良后果或者影响的；

（四）不按照规定公开工作信息，侵犯管理服务对象知情权，造成不良后果或者影响的；

（五）其他侵犯管理服务对象利益的行为，造成不良后果或者影响的。

有前款第一项、第二项和第五项行为，情节特别严重的，予以开除。

徐某对抗组织审查案

（2022 年指导性案例第 3 号，总第 10 号）

【关键词】

对抗组织审查；政治纪律；纪法贯通

【执纪执法要点】

对党忠诚是共产党人首要的政治品质。忠诚是纯粹的、无条件的，党员在任何时候都要做到对党忠诚老实，特别是在犯错误后，更应当相信组织、依靠组织，认真反省检讨，积极配合组织查清事实，决不能欺骗组织、对抗审查，妄图以此逃避处理。纪检监察机关要增强政治敏锐性和政治鉴别力，善于发现、准确把握对抗组织审查行为的“对抗性”特征，既不人为拔高，也不姑息纵容，通过精准认定和恰当处置，实现执纪执法政治效果、纪法效果和社会效果相统一。

【基本案情及处理结果】

徐某，中共党员，A 省交通运输厅原党组成员、副厅长。2020 年 10 月，徐某接受私营企业主陈某请托，利用职务上的便利为陈某在 A 省承接道路工程项目提供帮助，收受陈某现金 20 万元。2021 年 3 月，A 省纪委监委接到反映徐某在工程领域以权谋私的匿名举报，经研判认为举报信反映的问题线索较为笼统，可查性不强，决定对徐某进行函询。徐某随即与陈某串供，统一口径声称上述 20 万元系借款，并伪造了借据、收条，制造了借款、还款假象。此后，徐某在给 A 省纪委监委的书面回复中，自称因儿子生病住院急需用钱，曾向承接A省道路工程项目的私营企业主陈某借款20万元，已经归还，但并未利用职权帮助陈某承接工程，也没有任何以权谋私的行为，同时主动表示向管理服务对象借款确有不妥，愿意承认错误、接受处理。A省纪委监委收到函询回复后，认为徐某问题较为轻微，对其予以批评教育。2022年1月，A省纪委监委接到反映徐某收受陈某贿赂的信访举报，初步核实后对徐某涉嫌违纪违法问题立案审查调查，查明其收受陈某20万元贿赂的事实。同年5月，徐某受到开除党籍、开除公职处分，其涉嫌受贿犯罪问题被移送检察机关依法审查起诉。

【指导意义】

1. 准确认定对抗组织审查和在组织谈话、函询时不如实说明问题

本案处理过程中，关于徐某与陈某串供、伪造证据的问题，应当认定为对抗组织审查。但对于徐某在接受组织函询时不如实说明问题，将受贿谎称为借款的行为，则形成了如下两种不同意见：

第一种意见认为，徐某身为党员领导干部，在组织函询时不如实说明
81 问题，应当依照《中国共产党纪律处分条例》第七十三条第一款第（二）项规定，认定为违反组织纪律。

第二种意见认为，徐某在回复组织函询时，不是出于畏惧、侥幸心理简单否认问题，而是按照与陈某串供的情况编造事实，提供虚假情况，企图逃避处理。从本质上看，徐某不如实回复组织函询和串供、伪造证据的行为，均基于对抗审查、逃避处理的同一个主观故意，应当一并认定为违
63 反政治纪律，并依照《中国共产党纪律处分条例》第五十六条第（一）项规定予以处理。

经分析，我们同意第二种意见。对抗组织审查行为的关键特征是“对抗性”，本质上反映的是党员对组织不忠诚不老实的政治问题。本案中，徐某为掩盖受贿问题，在与他人串供、伪造证据后才回复函询，明显具有欺骗组织、逃避惩处的主观动机，其行为的“对抗性”特征十分典型，应当认定为违反政治纪律。

实践中，纪检监察机关要注意区分“对抗组织审查”与“在组织谈话、函询时不如实说明问题”两类问题，既要善于从政治上加以甄别判断，也要注意避免简单泛化认定，从“违规”和“有责”两个要素出发，做到实事求是、不枉不纵、精准认定。一方面，要重点核查被审查人是否客观存在串供

或者伪造、销毁、转移、隐匿证据等对抗组织审查行为，同时注意查明其在组织谈话、函询时不如实说明问题与其采取的对抗组织审查行为是否密切相关；另一方面，则要注意把握被审查人是否具有刻意误导审查、欺骗对抗组织的主观意图，综合考虑认定行为人是否应当承担相应的纪律责任。

需要注意的是，在违纪违法行为实施后、组织启动审查前，党员采取串供、伪造证据、转移赃款赃物等方式企图掩盖事实、逃避惩处的，鉴于其行为从本质上看是对党不忠诚不老实，欺骗组织、对抗组织、与组织离心离德，应当认定为对抗组织审查。同时，认定对抗组织审查行为应当按照从旧兼从轻的原则，精准适用相应条规。比如，2003 年《中国共产党纪律处分条例》将串供、伪造证据等行为规定为从重或者加重处分情节，2015 年修订《中国共产党纪律处分条例》（2016 年 1 月 1 日起施行）时方将上述对抗组织审查行为规定为违反政治纪律。因此，如串供、伪造证据等行为发生在 2016 年 1 月 1 日前，不应当认定为违反政治纪律，而应当作为从重或者加重处分情节予以评价。又如，通过打探巡视巡察消息、提供虚假材料，甚至模拟巡视巡察谈话等方式干扰巡视巡察工作，其行为本质上是为了防止组织发现违纪问题，逃避组织查处，属于对抗组织审查行为。
鉴于 2018 年 10 月 1 日起施行的《中国共产党纪律处分条例》第五十五条 62
已将干扰巡视巡察工作规定为独立的违纪行为，如该行为发生或者持续至 2018 年 10 月 1 日后，应当直接认定为干扰巡视巡察工作；如发生在 2018 年 10 月 1 日前，则可以根据行为发生的具体时点、情节严重程度，依照
2015 年《中国共产党纪律处分条例》第五十七条第（五）项规定，认定为 63
“其他对抗组织审查行为”，或者依照 2003 年《中国共产党纪律处分条例》
第二十四条第（五）项规定作为从重或者加重处分情节予以评价。 63

2. 在党纪政务处分决定书中规范表述对抗组织审查行为

国家监察体制改革后，纪委与监委合署办公，履行党的纪律检查和国家监察两项职责，要求纪检监察机关自觉将纪律和规矩挺在前面，用纪律和法律两把尺子来衡量违纪违法行为，坚持纪严于法、执纪执法贯通。这就提醒我们注意，一些违犯党纪的行为可能并不同时构成职务违法。比如，阻止他人检举、提供证据，串供或者伪造、隐匿、毁灭证据，包庇同案人
员等行为，依照《中国共产党纪律处分条例》第五十六条规定，构成对抗 63
组织审查，违反了党的政治纪律；但依照《中华人民共和国公职人员政务

处分法》第十三条规定，上述行为只是在追究监察责任时的法定从重情节，并非独立的可作为政务处分依据的违法事实。同时，向组织提供虚假情况、掩盖事实的对抗组织审查行为，以及在组织谈话、函询时不如实说明问题的行为，分别违反了党的政治纪律和组织纪律；但依照《中华人民共和国公职人员政务处分法》规定，上述行为既不是独立的违法行为，也不是法定的从重情节，仅属于在追究监察责任时应当考虑和把握的酌定从重情节。这就要求纪检监察机关在制作处分决定文书时，要注意精准表述，体现纪法双施双守的要求。

本案中，徐某被同时给予党纪政务处分。其中，对于徐某对抗组织审查的问题，应当在党纪处分决定书和政务处分决定书中分别作出恰当表述。一是在党纪处分决定书中，应当将徐某对抗组织审查的问题在“违反政治纪律”部分予以认定和表述。二是在政务处分决定书中，不宜将徐某对抗组织审查的问题在“违反政治要求”部分单独列明，而是作为从重处分情节予以说明，可参考如下表述：“徐某采用串供、伪造证据、提供虚假情况掩盖事实等方式妨碍调查，具有从重处分情节。”

由本案引申开来，有的违纪行为虽然同时构成违法，但违纪和违法类型可能并不一一对应。比如，对于参加迷信活动的行为，依照《中国共产
70 党纪律处分条例》第六十三条规定属于“违反政治纪律”；但依照《中华人民共和国公职人员政务处分法》第四十条第一款第（二）项规定，则属于“违反公职人员道德要求”。对于此类情形，可作如下处理：一是具有党员身份的公职人员因参加迷信活动同时受到党纪政务处分的，为确保党纪处分与政务处分顺畅衔接，避免针对同一行为出现不同评价，可对政务处分决定书中的违法行为类型作出调整，即将参加迷信活动问题在“违反政治要求”部分予以认定和表述。二是在仅给予党纪处分或者仅给予政务处分的情况下，则应当依照《中国共产党纪律处分条例》或者《中华人民共和国公职人员政务处分法》相应规定，分别在“违反政治纪律”或者“违反公职人员道德要求”部分予以认定和表述。

【相关条款】

《中国共产党纪律处分条例》（2003 年 12 月 31 日）

63 **第二十四条**　有下列情形之一的，可以依照规定从重或者加重处分：

（一）强迫、唆使他人违纪违法的；

（二）串供或者伪造、销毁、隐匿证据的；

（三）阻止他人揭发检举、提供证据材料的；

（四）包庇同案人员或者打击报复批评人、检举人、控告人、证人及其他人员的；

（五）有其他干扰、妨碍组织审查行为的；

（六）本条例分则中另有规定的。

《中国共产党纪律处分条例》（2015年10月18日）

第五十七条 对抗组织审查，有下列行为之一的，给予警告或者严重警告处分；情节较重的，给予撤销党内职务或者留党察看处分；情节严重的，给予开除党籍处分： 63

（一）串供或者伪造、销毁、转移、隐匿证据的；

（二）阻止他人揭发检举、提供证据材料的；

（三）包庇同案人员的；

（四）向组织提供虚假情况，掩盖事实的；

（五）有其他对抗组织审查行为的。

《中国共产党纪律处分条例》（2018年8月18日）

第二十七条 党组织在纪律审查中发现党员有贪污贿赂、滥用职权、玩忽职守、权力寻租、利益输送、徇私舞弊、浪费国家资财等违反法律涉嫌犯罪行为的，应当给予撤销党内职务、留党察看或者开除党籍处分。 29

第五十五条 干扰巡视巡察工作或者不落实巡视巡察整改要求，情节较轻的，给予警告或者严重警告处分；情节较重的，给予撤销党内职务或者留党察看处分；情节严重的，给予开除党籍处分。 62

第五十六条 对抗组织审查，有下列行为之一的，给予警告或者严重警告处分；情节较重的，给予撤销党内职务或者留党察看处分；情节严重的，给予开除党籍处分： 63

（一）串供或者伪造、销毁、转移、隐匿证据的；

（二）阻止他人揭发检举、提供证据材料的；

（三）包庇同案人员的；

（四）向组织提供虚假情况，掩盖事实的；

（五）有其他对抗组织审查行为的。

第六十三条 组织迷信活动的，给予撤销党内职务或者留党察看处分； 70

情节严重的，给予开除党籍处分。

参加迷信活动，造成不良影响的，给予警告或者严重警告处分；情节较重的，给予撤销党内职务或者留党察看处分；情节严重的，给予开除党籍处分。

对不明真相的参加人员，经批评教育后确有悔改表现的，可以免予处分或者不予处分。

81 第七十三条第一款第（二）项　有下列行为之一，情节较重的，给予警告或者严重警告处分：

（二）在组织进行谈话、函询时，不如实向组织说明问题的；

《中华人民共和国公职人员政务处分法》（2020年6月20日）

第十三条　公职人员有下列情形之一的，应当从重给予政务处分：

（一）在政务处分期内再次故意违法，应当受到政务处分的；

（二）阻止他人检举、提供证据的；

（三）串供或者伪造、隐匿、毁灭证据的；

（四）包庇同案人员的；

（五）胁迫、唆使他人实施违法行为的；

（六）拒不上交或者退赔违法所得的；

（七）法律、法规规定的其他从重情节。

第三十三条第一款第（一）项　有下列行为之一的，予以警告、记过或者记大过；情节较重的，予以降级或者撤职；情节严重的，予以开除：

（一）贪污贿赂的；

第四十条第一款第（二）项　有下列行为之一的，予以警告、记过或者记大过；情节较重的，予以降级或者撤职；情节严重的，予以开除：

（二）参与或者支持迷信活动，造成不良影响的；

对林某予以容错免责案

（2022年指导性案例第4号，总第11号）

【关键词】

容错纠错；减责免责；“三个区分开来”

【执纪执法要点】

习近平总书记强调，要把干部在推进改革中因缺乏经验、先行先试出现的失误和错误，同明知故犯的违纪违法行为区分开来；把上级尚无明确限制的探索性试验中的失误和错误，同上级明令禁止后依然我行我素的违纪违法行为区分开来；把为推动发展的无意过失，同为谋取私利的违纪违法行为区分开来。十九届中央纪委六次全会指出，要深化“四种形态”运用机制，坚持严管厚爱结合、激励约束并重，落实“三个区分开来”要求。纪检监察机关要精准把握党的政策和策略，区别对待改革探索中的无意过失和蓄意谋私的违纪违法行为，坚持宽严相济、容纠并举，做到纪法约束有硬度、批评教育有力度、组织关怀有温度，最大程度保护和激发广大干部干事创业的积极性、主动性、创造性。

【基本案情及处理结果】

林某，中共党员，A市B区政府党组成员、副区长。2019年9月，A市启动创建全国文明城市、国家卫生城市（以下简称“双创”）工作，林某负责B区背街小巷改造项目。同年10月，B区政府召开“双创”工作领导小组会议，要求背街小巷改造项目必须在10月底前开工建设。为加快推进改造项目，林某主持召开工作会议，研究通过了B区“双创”投资项目（背街小巷改造）小型项目抽签法确定施工单位方案，其中明确规定对于不属于依法必须招标的工程项目，在报名单位通过资格审核后，以公开抽签方式确定施工单位，并随后依据该方案分2批抽签确定了16个项目的施工单位。

2021年8月，有群众举报林某的上述做法违反法律法规规定。A市纪委监委经核查发现，林某采用抽签方式确定施工单位的小型项目，均未达到国家发展和改革委员会《必须招标的工程项目规定》（国家发展改革委2018年第16号令）明确的项目规模标准，依法可以不进行招标；但采用抽签方式采购工程项目，违反了《中华人民共和国政府采购法》《中华人民共和国政府采购法实施条例》关于政府采购方式的规定。考虑到B区“双创”工作有关制度规范尚不健全、背街小巷改造项目工期紧任务重、林某此前并不分管财政和城建等领域、有关业务主管部门未提出明确反对意见等客观情况，加之林某在主观上是为了快速推进工作，更好完成“双创”任务，且未发现林某有借机谋取私利的情形，A市纪委监委在征求A

市委组织部和B区委意见后，决定对林某进行谈话提醒，并向B区政府发出监察建议书，督促B区政府规范政府采购工作。林某受到谈话提醒后，及时召开工作会议废止上述方案，规范了工作程序，并在民主生活会上作了深刻检讨。

【指导意义】

1. 精准把握追责问责与容错纠错的关系

追责问责强调约束，要求有责必究。容错纠错侧重激励，重在鼓励干部担当作为。纪检监察机关在开展追责问责工作中，要准确把握追责问责与容错纠错的辩证关系，在查清事实的基础上，精准规范运用“四种形态”，将坚持严的主基调和落实“三个区分开来”结合起来，既防止动辄上纲上线、一味从严处理，又防止纪律规矩松弛、随意任性从宽。

开展容错纠错工作应当严格依照《中国共产党纪律处分条例》《中国共产党问责条例》等有关规定，落实中共中央办公厅《关于进一步激励广大干部新时代新担当新作为的意见》要求，充分考虑行为动机、性质、过程、后果等要素，精准分析研判。一是准确甄别“为公”还是“谋私”。不能简单地看党员干部犯了什么错误，造成什么后果，而要对错误事实进行综合研判，弄清楚主观动机是为了党、国家和人民的利益，还是为了谋取自己或者特定关系人的私利。二是准确区分“工作失误”与“蓄意违规”。要坚持全面、历史、辩证地看待问题，分析错误成因是缺乏经验、改革失误还是我行我素、明知故犯，查明决策程序是集体研究、民主集中还是个人独断、一意孤行，对错误性质作出精准认定。三是准确把握政策界限。要结合动机态度、客观条件、程序方法、性质程度、后果影响、挽回损失等情况，对干部的失误错误进行综合分析。对违纪违法行为必须严肃查处，不该容错的坚决不容，防止混淆问题性质、拿容错当“保护伞”，搞纪律“松绑”，确保容错在纪律红线、法律底线内进行。对苗头性、倾向性问题早发现早纠正，对失误错误及时采取补救措施，帮助干部汲取教训、改进提高。

从本案来看，林某探索采用抽签方式确定施工单位，虽不符合有关规定，但其主观动机是为了加快推进改造项目，做好“双创”工作，既不是明知故犯，也没有借机谋取私利，且在决策程序上经过了集体研究，并非个人独断专行，也没有造成重大损失或严重后果。综合上述因素，林某所犯错误属于“为推动发展的无意过失”，可予以容错。

2. 规范容错纠错工作程序

容错纠错是一项政治性、政策性很强的工作，必须严格依规依纪依法，按照规定权限、规则和程序开展，用规范的程序、科学的机制、健全的流程来保障容错纠错工作的质量，确保处理结果经得起检验。一是对符合容错条件的案件，纪检监察机关应当认真开展调查核实，充分收集证据材料，听取拟追究责任对象和有关单位的意见，查明问题情况、甄别主观动机、判断错误性质；要精准把握追责问责与容错的认定标准和考量因素，在容错认定时加强与组织（人事）部门的沟通，研究判断是否予以容错减责或者免责。二是按照“谁追责问责，谁启动容错”的原则，由负责追责问责的纪检监察机关启动容错程序。同时，责任追究对象及其所在单位党组织认为符合容错条件的，也可以向有关纪检监察机关提出容错申请。

本案处理过程中，A市纪委监委进行了深入核查，在征求组织部门和林某所在党委意见的基础上，决定对林某予以容错，并在后续工作中向B区政府发出监察建议，做到了精准容错、及时纠错。

3. 提升容错纠错工作综合效果

纪检监察机关要准确把握、充分运用党的政策和策略，通过容错纠错工作贯彻惩前毖后、治病救人方针，彰显宽严相济、严管厚爱要求，体现抓早抓小、防微杜渐理念，营造干事创业的良好氛围。一是做好跟踪教育。按照“谁容错、谁回访”的原则，对容错对象进行回访教育，开展谈心谈话，做好跟踪记录，及时了解其思想动态、工作表现和生活情况，帮助干部放下包袱、轻装上阵。二是释放积极信号。对予以容错免责的干部，在考核考察、选拔任用、职级晋升、职称评聘以及评先评优、表彰奖励时一般不受影响，符合条件的要正常使用，以此释放为担当者担当、为负责者负责的鲜明信号。三是及时补齐短板。要把容错纠错工作与完善制度、促进治理贯通起来，推动容纠并举，切实发挥监督保障执行、促进完善发展作用；要督促容错对象认真总结经验教训，及时采取补救措施，防止小失误演变成大错误；要用好纪律检查建议或者监察建议，推动党委、政府及有关职能部门自觉查摆工作方法、制度规定、工作机制等方面存在的问题，及时补短板、强弱项，有效推进工作高质量发展。

【相关条款】

《中华人民共和国政府采购法》(2014 年 8 月 31 日修正)

第二十六条　政府采购采用以下方式:

(一) 公开招标;

(二) 邀请招标;

(三) 竞争性谈判;

(四) 单一来源采购;

(五) 询价;

(六) 国务院政府采购监督管理部门认定的其他采购方式。

公开招标应作为政府采购的主要采购方式。

《中华人民共和国政府采购法实施条例》(2015 年 1 月 30 日)

第二十五条　政府采购工程依法不进行招标的,应当依照政府采购法和本条例规定的竞争性谈判或者单一来源采购方式采购。

《关于新形势下党内政治生活的若干准则》(2016 年 10 月 27 日)

八、坚持正确选人用人导向

………

建立容错纠错机制,宽容干部在工作中特别是改革创新中的失误。坚持惩前毖后、治病救人,正确对待犯错误的干部,帮助其认识和改正错误。不得混淆干部所犯错误性质或夸大错误程度对干部作出不适当的处理,不得利用干部所犯错误泄私愤、打击报复。

…………

国家发展和改革委员会《必须招标的工程项目规定》(2018 年 3 月 27 日)

第二条　全部或者部分使用国有资金投资或者国家融资的项目包括:

(一) 使用预算资金 200 万元人民币以上,并且该资金占投资额 10%以上的项目;

(二) 使用国有企业事业单位资金,并且该资金占控股或者主导地位的项目。

第五条　本规定第二条至第四条规定范围内的项目,其勘察、设计、施工、监理以及与工程建设有关的重要设备、材料等的采购达到下列标准之一的,必须招标:

（一）施工单项合同估算价在400万元人民币以上；

（二）重要设备、材料等货物的采购，单项合同估算价在200万元人民币以上；

（三）勘察、设计、监理等服务的采购，单项合同估算价在100万元人民币以上。

同一项目中可以合并进行的勘察、设计、施工、监理以及与工程建设有关的重要设备、材料等的采购，合同估算价合计达到前款规定标准的，必须招标。

中共中央办公厅《关于进一步激励广大干部新时代新担当新作为的意见》（2018年5月18日）

四、切实为敢于担当的干部撑腰鼓劲。建立健全容错纠错机制，宽容干部在改革创新中的失误错误，把干部在推进改革中因缺乏经验、先行先试出现的失误错误，同明知故犯的违纪违法行为区分开来；把尚无明确限制的探索性试验中的失误错误，同明令禁止后依然我行我素的违纪违法行为区分开来；把为推动发展的无意过失，同为谋取私利的违纪违法行为区分开来。各级党委（党组）及纪检监察机关、组织部门等相关职能部门，要妥善把握事业为上、实事求是、依纪依法、容纠并举等原则，结合动机态度、客观条件、程序方法、性质程度、后果影响以及挽回损失等情况，对干部的失误错误进行综合分析，对该容的大胆容错，不该容的坚决不容。对给予容错的干部，考核考察要客观评价，选拔任用要公正合理。准确把握政策界限，对违纪违法行为必须严肃查处，防止混淆问题性质、拿容错当"保护伞"，搞纪律"松绑"，确保容错在纪律红线、法律底线内进行。坚持有错必纠、有过必改，对苗头性、倾向性问题早发现早纠正，对失误错误及时采取补救措施，帮助干部汲取教训、改进提高，让他们放下包袱、轻装上阵。严肃查处诬告陷害行为，及时为受到不实反映的干部澄清正名、消除顾虑，引导干部争当改革的促进派、实干家，专心致志为党和人民干事创业、建功立业。

《中国共产党纪律处分条例》（2018年8月18日）

第十七条　有下列情形之一的，可以从轻或者减轻处分：

（一）主动交代本人应当受到党纪处分的问题的；

（二）在组织核实、立案审查过程中，能够配合核实审查工作，如实说明本人违纪违法事实的；

（三）检举同案人或者其他人应当受到党纪处分或者法律追究的问题，经查证属实的；

（四）主动挽回损失、消除不良影响或者有效阻止危害结果发生的；

（五）主动上交违纪所得的；

（六）有其他立功表现的。

《中国共产党问责条例》（2019年8月25日）

第十七条　有下列情形之一的，可以不予问责或者免予问责：

（一）在推进改革中因缺乏经验、先行先试出现的失误，尚无明确限制的探索性试验中的失误，为推动发展的无意过失；

（二）在集体决策中对错误决策提出明确反对意见或者保留意见的；

（三）在决策实施中已经履职尽责，但因不可抗力、难以预见等因素造成损失的。

对上级错误决定提出改正或者撤销意见未被采纳，而出现本条例第七条所列问责情形的，依照前款规定处理。上级错误决定明显违法违规的，应当承担相应的责任。

第十八条　有下列情形之一，可以从轻或者减轻问责：

（一）及时采取补救措施，有效挽回损失或者消除不良影响的；

（二）积极配合问责调查工作，主动承担责任的；

（三）党内法规规定的其他从轻、减轻情形。

《国家发展改革委办公厅关于进一步做好〈必须招标的工程项目规定〉和〈必须招标的基础设施和公用事业项目范围规定〉实施工作的通知》（2020年10月19日）

为加强政策指导，进一步做好《必须招标的工程项目规定》（国家发展改革委2018年第16号令，以下简称"16号令"）和《必须招标的基础设施和公用事业项目范围规定》（发改法规规〔2018〕843号，以下简称"843号文"）实施工作，现就有关事项通知如下：

…………

二、规范规模标准以下工程建设项目的采购

16号令第二条至第四条及843号文第二条规定范围的项目，其施工、货物、服务采购的单项合同估算价未达到16号令第五条规定规模标准的，该单项采购由采购人依法自主选择采购方式，任何单位和个人不得违法干涉；其中，涉及政府采购的，按照政府采购法律法规规定执行。国有企业可以结合实际，建立健全规模标准以下工程建设项目采购制度，推进采购活动公开透明。

新旧对照表

《中华人民共和国监察法》新旧对照表

（左栏阴影部分为删除的内容，右栏黑体字为增加或修改的内容）

修正前	修正后
目　录 第一章　总　　则 第二章　监察机关及其职责 第三章　监察范围和管辖 第四章　监察权限 第五章　监察程序 第六章　反腐败国际合作 第七章　对监察机关和监察人员的监督 第八章　法律责任 第九章　附　　则	目　录 第一章　总　　则 第二章　监察机关及其职责 第三章　监察范围和管辖 第四章　监察权限 第五章　监察程序 第六章　反腐败国际合作 第七章　对监察机关和监察人员的监督 第八章　法律责任 第九章　附　　则
第一章　总　　则	**第一章　总　　则**
第一条　为了深化国家监察体制改革，加强对所有行使公权力的公职人员的监督，实现国家监察全面覆盖，深入开展反腐败工作，推进国家治理体系和治理能力现代化，根据宪法，制定本法。	**第一条**　为了**深入开展廉政建设和反腐败工作**，加强对所有行使公权力的公职人员的监督，实现国家监察全面覆盖，**持续深化国家监察体制改革**，推进国家治理体系和治理能力现代化，根据宪法，制定本法。
第二条　坚持中国共产党对国家监察工作的领导，以马克思列宁主义、毛泽东思想、邓小平理论、“三个代表”重要思想、科学发展观、习近平新时代中国特色社会主义思想为指导，构建集中统一、权威高效的中国特色国家监察体制。	**第二条**　坚持中国共产党对国家监察工作的领导，以马克思列宁主义、毛泽东思想、邓小平理论、“三个代表”重要思想、科学发展观、习近平新时代中国特色社会主义思想为指导，构建集中统一、权威高效的中国特色国家监察体制。

修正前	修正后
第三条 各级监察委员会是行使国家监察职能的专责机关，依照本法对所有行使公权力的公职人员（以下称公职人员）进行监察，调查职务违法和职务犯罪，开展廉政建设和反腐败工作，维护宪法和法律的尊严。	**第三条** 各级监察委员会是行使国家监察职能的专责机关，依照本法对所有行使公权力的公职人员（以下称公职人员）进行监察，调查职务违法和职务犯罪，开展廉政建设和反腐败工作，维护宪法和法律的尊严。
第四条 监察委员会依照法律规定独立行使监察权，不受行政机关、社会团体和个人的干涉。 监察机关办理职务违法和职务犯罪案件，应当与审判机关、检察机关、执法部门互相配合，互相制约。 监察机关在工作中需要协助的，有关机关和单位应当根据监察机关的要求依法予以协助。	**第四条** 监察委员会依照法律规定独立行使监察权，不受行政机关、社会团体和个人的干涉。 监察机关办理职务违法和职务犯罪案件，应当与审判机关、检察机关、执法部门互相配合，互相制约。 监察机关在工作中需要协助的，有关机关和单位应当根据监察机关的要求依法予以协助。
第五条 国家监察工作严格遵照宪法和法律，以事实为根据，以法律为准绳；在适用法律上一律平等，保障当事人的合法权益；权责对等，严格监督；惩戒与教育相结合，宽严相济。	**第五条** 国家监察工作严格遵照宪法和法律，以事实为根据，以法律为准绳；**权责对等，严格监督；遵守法定程序，公正履行职责；尊重和保障人权，**在适用法律上一律平等，保障**监察对象及相关人员**的合法权益；惩戒与教育相结合，宽严相济。
第六条 国家监察工作坚持标本兼治、综合治理，强化监督问责，严厉惩治腐败；深化改革、健全法治，有效制约和监督权力；加强法治教育和道德教育，弘扬中华优秀传统文化，构建不敢腐、不能腐、不想腐的长效机制。	**第六条** 国家监察工作坚持标本兼治、综合治理，强化监督问责，严厉惩治腐败；深化改革、健全法治，有效制约和监督权力；加强法治教育和道德教育，弘扬中华优秀传统文化，构建不敢腐、不能腐、不想腐的长效机制。
第二章　监察机关及其职责	**第二章　监察机关及其职责**
第七条 中华人民共和国国家监察委员会是最高监察机关。 省、自治区、直辖市、自治州、县、自治县、市、市辖区设立监察委员会。	**第七条** 中华人民共和国国家监察委员会是最高监察机关。 省、自治区、直辖市、自治州、县、自治县、市、市辖区设立监察委员会。

修正前	修正后
第八条 国家监察委员会由全国人民代表大会产生，负责全国监察工作。 国家监察委员会由主任、副主任若干人、委员若干人组成，主任由全国人民代表大会选举，副主任、委员由国家监察委员会主任提请全国人民代表大会常务委员会任免。 国家监察委员会主任每届任期同全国人民代表大会每届任期相同，连续任职不得超过两届。 国家监察委员会对全国人民代表大会及其常务委员会负责，并接受其监督。	**第八条** 国家监察委员会由全国人民代表大会产生，负责全国监察工作。 国家监察委员会由主任、副主任若干人、委员若干人组成，主任由全国人民代表大会选举，副主任、委员由国家监察委员会主任提请全国人民代表大会常务委员会任免。 国家监察委员会主任每届任期同全国人民代表大会每届任期相同，连续任职不得超过两届。 国家监察委员会对全国人民代表大会及其常务委员会负责，并接受其监督。
第九条 地方各级监察委员会由本级人民代表大会产生，负责本行政区域内的监察工作。 地方各级监察委员会由主任、副主任若干人、委员若干人组成，主任由本级人民代表大会选举，副主任、委员由监察委员会主任提请本级人民代表大会常务委员会任免。 地方各级监察委员会主任每届任期同本级人民代表大会每届任期相同。 地方各级监察委员会对本级人民代表大会及其常务委员会和上一级监察委员会负责，并接受其监督。	**第九条** 地方各级监察委员会由本级人民代表大会产生，负责本行政区域内的监察工作。 地方各级监察委员会由主任、副主任若干人、委员若干人组成，主任由本级人民代表大会选举，副主任、委员由监察委员会主任提请本级人民代表大会常务委员会任免。 地方各级监察委员会主任每届任期同本级人民代表大会每届任期相同。 地方各级监察委员会对本级人民代表大会及其常务委员会和上一级监察委员会负责，并接受其监督。
第十条 国家监察委员会领导地方各级监察委员会的工作，上级监察委员会领导下级监察委员会的工作。	**第十条** 国家监察委员会领导地方各级监察委员会的工作，上级监察委员会领导下级监察委员会的工作。
第十一条 监察委员会依照本法和有关法律规定履行监督、调查、处置职责： （一）对公职人员开展廉政教育，对其依法履职、秉公用权、廉洁从政从业以及道德操守情况进行监督检查；	**第十一条** 监察委员会依照本法和有关法律规定履行监督、调查、处置职责： （一）对公职人员开展廉政教育，对其依法履职、秉公用权、廉洁从政从业以及道德操守情况进行监督检查；

修正前	修正后
（二）对涉嫌贪污贿赂、滥用职权、玩忽职守、权力寻租、利益输送、徇私舞弊以及浪费国家资财等职务违法和职务犯罪进行调查； （三）对违法的公职人员依法作出政务处分决定；对履行职责不力、失职失责的领导人员进行问责；对涉嫌职务犯罪的，将调查结果移送人民检察院依法审查、提起公诉；向监察对象所在单位提出监察建议。	（二）对涉嫌贪污贿赂、滥用职权、玩忽职守、权力寻租、利益输送、徇私舞弊以及浪费国家资财等职务违法和职务犯罪进行调查； （三）对违法的公职人员依法作出政务处分决定；对履行职责不力、失职失责的领导人员进行问责；对涉嫌职务犯罪的，将调查结果移送人民检察院依法审查、提起公诉；向监察对象所在单位提出监察建议。
第十二条　各级监察委员会可以向本级中国共产党机关、国家机关、法律法规授权或者委托管理公共事务的组织和单位以及所管辖的行政区域、国有企业等派驻或者派出监察机构、监察专员。 监察机构、监察专员对派驻或者派出它的监察委员会负责。	**第十二条**　各级监察委员会可以向本级中国共产党机关、国家机关、**中国人民政治协商会议委员会机关**、法律法规授权或者委托管理公共事务的组织和单位以及**辖区内特定区域**、国有企业、**事业单位**等派驻或者派出监察机构、监察专员。 **经国家监察委员会批准，国家监察委员会派驻本级实行垂直管理或者双重领导并以上级单位领导为主的单位、国有企业的监察机构、监察专员，可以向驻在单位的下一级单位再派出。** **经国家监察委员会批准，国家监察委员会派驻监察机构、监察专员，可以向驻在单位管理领导班子的普通高等学校再派出；国家监察委员会派驻国务院国有资产监督管理机构的监察机构，可以向驻在单位管理领导班子的国有企业再派出。** 监察机构、监察专员对派驻或者派出它的监察委员会**或者监察机构、监察专员**负责。
第十三条　派驻或者派出的监察机构、监察专员根据授权，按照管理权限	**第十三条**　派驻或者派出的监察机构、监察专员根据授权，按照管理权限

修正前	修正后
依法对公职人员进行监督，提出监察建议，依法对公职人员进行调查、处置。	依法对公职人员进行监督，提出监察建议，依法对公职人员进行调查、处置。
第十四条 国家实行监察官制度，依法确定监察官的等级设置、任免、考评和晋升等制度。	**第十四条** 国家实行监察官制度，依法确定监察官的等级设置、任免、考评和晋升等制度。
第三章 监察范围和管辖	**第三章 监察范围和管辖**
第十五条 监察机关对下列公职人员和有关人员进行监察： （一）中国共产党机关、人民代表大会及其常务委员会机关、人民政府、监察委员会、人民法院、人民检察院、中国人民政治协商会议各级委员会机关、民主党派机关和工商业联合会机关的公务员，以及参照《中华人民共和国公务员法》管理的人员； （二）法律、法规授权或者受国家机关依法委托管理公共事务的组织中从事公务的人员； （三）国有企业管理人员； （四）公办的教育、科研、文化、医疗卫生、体育等单位中从事管理的人员； （五）基层群众性自治组织中从事管理的人员； （六）其他依法履行公职的人员。	**第十五条** 监察机关对下列公职人员和有关人员进行监察： （一）中国共产党机关、人民代表大会及其常务委员会机关、人民政府、监察委员会、人民法院、人民检察院、中国人民政治协商会议各级委员会机关、民主党派机关和工商业联合会机关的公务员，以及参照《中华人民共和国公务员法》管理的人员； （二）法律、法规授权或者受国家机关依法委托管理公共事务的组织中从事公务的人员； （三）国有企业管理人员； （四）公办的教育、科研、文化、医疗卫生、体育等单位中从事管理的人员； （五）基层群众性自治组织中从事管理的人员； （六）其他依法履行公职的人员。
第十六条 各级监察机关按照管理权限管辖本辖区内本法第十五条规定的人员所涉监察事项。 上级监察机关可以办理下一级监察机关管辖范围内的监察事项，必要时也可以办理所辖各级监察机关管辖范围内的监察事项。 监察机关之间对监察事项的管辖有争议的，由其共同的上级监察机关确定。	**第十六条** 各级监察机关按照管理权限管辖本辖区内本法第十五条规定的人员所涉监察事项。 上级监察机关可以办理下一级监察机关管辖范围内的监察事项，必要时也可以办理所辖各级监察机关管辖范围内的监察事项。 监察机关之间对监察事项的管辖有争议的，由其共同的上级监察机关确定。

修正前	修正后
第十七条 上级监察机关可以将其所管辖的监察事项指定下级监察机关管辖，也可以将下级监察机关有管辖权的监察事项指定给其他监察机关管辖。 监察机关认为所管辖的监察事项重大、复杂，需要由上级监察机关管辖的，可以报请上级监察机关管辖。	**第十七条** 上级监察机关可以将其所管辖的监察事项指定下级监察机关管辖，也可以将下级监察机关有管辖权的监察事项指定给其他监察机关管辖。 监察机关认为所管辖的监察事项重大、复杂，需要由上级监察机关管辖的，可以报请上级监察机关管辖。
第四章 监察权限	**第四章 监察权限**
第十八条 监察机关行使监督、调查职权，有权依法向有关单位和个人了解情况，收集、调取证据。有关单位和个人应当如实提供。 监察机关及其工作人员对监督、调查过程中知悉的国家秘密、商业秘密、个人隐私，应当保密。 任何单位和个人不得伪造、隐匿或者毁灭证据。	**第十八条** 监察机关行使监督、调查职权，有权依法向有关单位和个人了解情况，收集、调取证据。有关单位和个人应当如实提供。 监察机关及其工作人员对监督、调查过程中知悉的国家秘密、**工作秘密、**商业秘密、个人隐私**和个人信息**，应当保密。 任何单位和个人不得伪造、隐匿或者毁灭证据。
第十九条 对可能发生职务违法的监察对象，监察机关按照管理权限，可以直接或者委托有关机关、人员进行谈话或者要求说明情况。	**第十九条** 对可能发生职务违法的监察对象，监察机关按照管理权限，可以直接或者委托有关机关、人员进行谈话，或者**进行函询**，要求说明情况。
第二十条 在调查过程中，对涉嫌职务违法的被调查人，监察机关可以要求其就涉嫌违法行为作出陈述，必要时向被调查人出具书面通知。 对涉嫌贪污贿赂、失职渎职等职务犯罪的被调查人，监察机关可以进行讯问，要求其如实供述涉嫌犯罪的情况。	**第二十条** 在调查过程中，对涉嫌职务违法的被调查人，监察机关可以**进行谈话**，要求其就涉嫌违法行为作出陈述，必要时向被调查人出具书面通知。 对涉嫌贪污贿赂、失职渎职等职务犯罪的被调查人，监察机关可以进行讯问，要求其如实供述涉嫌犯罪的情况。
	第二十一条 监察机关根据案件情况，经依法审批，可以强制涉嫌严重职务违法或者职务犯罪的被调查人到案接受调查。

修正前	修正后
第二十一条 在调查过程中，监察机关可以询问证人等人员。	**第二十二条** 在调查过程中，监察机关可以询问证人等人员。
	第二十三条 被调查人涉嫌严重职务违法或者职务犯罪，并有下列情形之一的，经监察机关依法审批，可以对其采取责令候查措施： **（一）不具有本法第二十四条第一款所列情形的；** **（二）符合留置条件，但患有严重疾病、生活不能自理的，系怀孕或者正在哺乳自己婴儿的妇女，或者生活不能自理的人的唯一扶养人；** **（三）案件尚未办结，但留置期限届满或者对被留置人员不需要继续采取留置措施的；** **（四）符合留置条件，但因为案件的特殊情况或者办理案件的需要，采取责令候查措施更为适宜的。** **被责令候查人员应当遵守以下规定：** **（一）未经监察机关批准不得离开所居住的直辖市、设区的市的城市市区或者不设区的市、县的辖区；** **（二）住址、工作单位和联系方式发生变动的，在二十四小时以内向监察机关报告；** **（三）在接到通知的时候及时到案接受调查；** **（四）不得以任何形式干扰证人作证；** **（五）不得串供或者伪造、隐匿、毁灭证据。** **被责令候查人员违反前款规定，情节严重的，可以依法予以留置。**

修正前	修正后
第二十二条 被调查人涉嫌贪污贿赂、失职渎职等严重职务违法或者职务犯罪，监察机关已经掌握其部分违法犯罪事实及证据，仍有重要问题需要进一步调查，并有下列情形之一的，经监察机关依法审批，可以将其留置在特定场所： （一）涉及案情重大、复杂的； （二）可能逃跑、自杀的； （三）可能串供或者伪造、隐匿、毁灭证据的； （四）可能有其他妨碍调查行为的。 对涉嫌行贿犯罪或者共同职务犯罪的涉案人员，监察机关可以依照前款规定采取留置措施。 留置场所的设置、管理和监督依照国家有关规定执行。	**第二十四条** 被调查人涉嫌贪污贿赂、失职渎职等严重职务违法或者职务犯罪，监察机关已经掌握其部分违法犯罪事实及证据，仍有重要问题需要进一步调查，并有下列情形之一的，经监察机关依法审批，可以将其留置在特定场所： （一）涉及案情重大、复杂的； （二）可能逃跑、自杀的； （三）可能串供或者伪造、隐匿、毁灭证据的； （四）可能有其他妨碍调查行为的。 对涉嫌行贿犯罪或者共同职务犯罪的涉案人员，监察机关可以依照前款规定采取留置措施。 留置场所的设置、管理和监督依照国家有关规定执行。
	第二十五条　对于未被留置的下列人员，监察机关发现存在逃跑、自杀等重大安全风险的，经依法审批，可以进行管护： **（一）涉嫌严重职务违法或者职务犯罪的自动投案人员；** **（二）在接受谈话、函询、询问过程中，交代涉嫌严重职务违法或者职务犯罪问题的人员；** **（三）在接受讯问过程中，主动交代涉嫌重大职务犯罪问题的人员。** **采取管护措施后，应当立即将被管护人员送留置场所，至迟不得超过二十四小时。**
第二十三条 监察机关调查涉嫌贪污贿赂、失职渎职等严重职务违法或者职务犯罪，根据工作需要，可以依照规定查询、冻结涉案单位和个人的存款、汇	**第二十六条** 监察机关调查涉嫌贪污贿赂、失职渎职等严重职务违法或者职务犯罪，根据工作需要，可以依照规定查询、冻结涉案单位和个人的存款、汇

修正前	修正后
款、债券、股票、基金份额等财产。有关单位和个人应当配合。 冻结的财产经查明与案件无关的，应当在查明后三日内解除冻结，予以退还。	款、债券、股票、基金份额等财产。有关单位和个人应当配合。 冻结的财产经查明与案件无关的，应当在查明后三日内解除冻结，予以退还。
第二十四条 监察机关可以对涉嫌职务犯罪的被调查人以及可能隐藏被调查人或者犯罪证据的人的身体、物品、住处和其他有关地方进行搜查。在搜查时，应当出示搜查证，并有被搜查人或者其家属等见证人在场。 搜查女性身体，应当由女性工作人员进行。 监察机关进行搜查时，可以根据工作需要提请公安机关配合。公安机关应当依法予以协助。	**第二十七条** 监察机关可以对涉嫌职务犯罪的被调查人以及可能隐藏被调查人或者犯罪证据的人的身体、物品、住处和其他有关地方进行搜查。在搜查时，应当出示搜查证，并有被搜查人或者其家属等见证人在场。 搜查女性身体，应当由女性工作人员进行。 监察机关进行搜查时，可以根据工作需要提请公安机关配合。公安机关应当依法予以协助。
第二十五条 监察机关在调查过程中，可以调取、查封、扣押用以证明被调查人涉嫌违法犯罪的财物、文件和电子数据等信息。采取调取、查封、扣押措施，应当收集原物原件，会同持有人或者保管人、见证人，当面逐一拍照、登记、编号，开列清单，由在场人员当场核对、签名，并将清单副本交财物、文件的持有人或者保管人。 对调取、查封、扣押的财物、文件，监察机关应当设立专用账户、专门场所，确定专门人员妥善保管，严格履行交接、调取手续，定期对账核实，不得毁损或者用于其他目的。对价值不明物品应当及时鉴定，专门封存保管。 查封、扣押的财物、文件经查明与案件无关的，应当在查明后三日内解除查封、扣押，予以退还。	**第二十八条** 监察机关在调查过程中，可以调取、查封、扣押用以证明被调查人涉嫌违法犯罪的财物、文件和电子数据等信息。采取调取、查封、扣押措施，应当收集原物原件，会同持有人或者保管人、见证人，当面逐一拍照、登记、编号，开列清单，由在场人员当场核对、签名，并将清单副本交财物、文件的持有人或者保管人。 对调取、查封、扣押的财物、文件，监察机关应当设立专用账户、专门场所，确定专门人员妥善保管，严格履行交接、调取手续，定期对账核实，不得毁损或者用于其他目的。对价值不明物品应当及时鉴定，专门封存保管。 查封、扣押的财物、文件经查明与案件无关的，应当在查明后三日内解除查封、扣押，予以退还。

修正前	修正后
第二十六条 监察机关在调查过程中，可以直接或者指派、聘请具有专门知识、资格的人员在调查人员主持下进行勘验检查。勘验检查情况应当制作笔录，由参加勘验检查的人员和见证人签名或者盖章。	**第二十九条** 监察机关在调查过程中，可以直接或者指派、聘请具有专门知识的人在调查人员主持下进行勘验检查。勘验检查情况应当制作笔录，由参加勘验检查的人员和见证人签名或者盖章。 **必要时，监察机关可以进行调查实验。调查实验情况应当制作笔录，由参加实验的人员签名或者盖章。**
第二十七条 监察机关在调查过程中，对于案件中的专门性问题，可以指派、聘请有专门知识的人进行鉴定。鉴定人进行鉴定后，应当出具鉴定意见，并且签名。	**第三十条** 监察机关在调查过程中，对于案件中的专门性问题，可以指派、聘请有专门知识的人进行鉴定。鉴定人进行鉴定后，应当出具鉴定意见，并且签名。
第二十八条 监察机关调查涉嫌重大贪污贿赂等职务犯罪，根据需要，经过严格的批准手续，可以采取技术调查措施，按照规定交有关机关执行。 批准决定应当明确采取技术调查措施的种类和适用对象，自签发之日起三个月以内有效；对于复杂、疑难案件，期限届满仍有必要继续采取技术调查措施的，经过批准，有效期可以延长，每次不得超过三个月。对于不需要继续采取技术调查措施的，应当及时解除。	**第三十一条** 监察机关调查涉嫌重大贪污贿赂等职务犯罪，根据需要，经过严格的批准手续，可以采取技术调查措施，按照规定交有关机关执行。 批准决定应当明确采取技术调查措施的种类和适用对象，自签发之日起三个月以内有效；对于复杂、疑难案件，期限届满仍有必要继续采取技术调查措施的，经过批准，有效期可以延长，每次不得超过三个月。对于不需要继续采取技术调查措施的，应当及时解除。
第二十九条 依法应当留置的被调查人如果在逃，监察机关可以决定在本行政区域内通缉，由公安机关发布通缉令，追捕归案。通缉范围超出本行政区域的，应当报请有权决定的上级监察机关决定。	**第三十二条** 依法应当留置的被调查人如果在逃，监察机关可以决定在本行政区域内通缉，由公安机关发布通缉令，追捕归案。通缉范围超出本行政区域的，应当报请有权决定的上级监察机关决定。
第三十条 监察机关为防止被调查人及相关人员逃匿境外，经省级以上监	**第三十三条** 监察机关为防止被调查人及相关人员逃匿境外，经省级以上

修正前	修正后
察机关批准，可以对被调查人及相关人员采取限制出境措施，由公安机关依法执行。对于不需要继续采取限制出境措施的，应当及时解除。	监察机关批准，可以对被调查人及相关人员采取限制出境措施，由公安机关依法执行。对于不需要继续采取限制出境措施的，应当及时解除。
第三十一条 涉嫌职务犯罪的被调查人主动认罪认罚，有下列情形之一的，监察机关经领导人员集体研究，并报上一级监察机关批准，可以在移送人民检察院时提出从宽处罚的建议： （一）自动投案，真诚悔罪悔过的； （二）积极配合调查工作，如实供述监察机关还未掌握的违法犯罪行为的； （三）积极退赃，减少损失的； （四）具有重大立功表现或者案件涉及国家重大利益等情形的。	**第三十四条** 涉嫌职务犯罪的被调查人主动认罪认罚，有下列情形之一的，监察机关经领导人员集体研究，并报上一级监察机关批准，可以在移送人民检察院时提出从宽处罚的建议： （一）自动投案，真诚悔罪悔过的； （二）积极配合调查工作，如实供述监察机关还未掌握的违法犯罪行为的； （三）积极退赃，减少损失的； （四）具有重大立功表现或者案件涉及国家重大利益等情形的。
第三十二条 职务违法犯罪的涉案人员揭发有关被调查人职务违法犯罪行为，查证属实的，或者提供重要线索，有助于调查其他案件的，监察机关经领导人员集体研究，并报上一级监察机关批准，可以在移送人民检察院时提出从宽处罚的建议。	**第三十五条** 职务违法犯罪的涉案人员揭发有关被调查人职务违法犯罪行为，查证属实的，或者提供重要线索，有助于调查其他案件的，监察机关经领导人员集体研究，并报上一级监察机关批准，可以在移送人民检察院时提出从宽处罚的建议。
第三十三条 监察机关依照本法规定收集的物证、书证、证人证言、被调查人供述和辩解、视听资料、电子数据等证据材料，在刑事诉讼中可以作为证据使用。 监察机关在收集、固定、审查、运用证据时，应当与刑事审判关于证据的要求和标准相一致。 以非法方法收集的证据应当依法予以排除，不得作为案件处置的依据。	**第三十六条** 监察机关依照本法规定收集的物证、书证、证人证言、被调查人供述和辩解、视听资料、电子数据等证据材料，在刑事诉讼中可以作为证据使用。 监察机关在收集、固定、审查、运用证据时，应当与刑事审判关于证据的要求和标准相一致。 以非法方法收集的证据应当依法予以排除，不得作为案件处置的依据。

修正前	修正后
第三十四条 人民法院、人民检察院、公安机关、审计机关等国家机关在工作中发现公职人员涉嫌贪污贿赂、失职渎职等职务违法或者职务犯罪的问题线索，应当移送监察机关，由监察机关依法调查处置。 被调查人既涉嫌严重职务违法或者职务犯罪，又涉嫌其他违法犯罪的，一般应当由监察机关为主调查，其他机关予以协助。	**第三十七条** 人民法院、人民检察院、公安机关、审计机关等国家机关在工作中发现公职人员涉嫌贪污贿赂、失职渎职等职务违法或者职务犯罪的问题线索，应当移送监察机关，由监察机关依法调查处置。 被调查人既涉嫌严重职务违法或者职务犯罪，又涉嫌其他违法犯罪的，一般应当由监察机关为主调查，其他机关予以协助。
第五章 监察程序	**第五章 监察程序**
第三十五条 监察机关对于报案或者举报，应当接受并按照有关规定处理。对于不属于本机关管辖的，应当移送主管机关处理。	**第三十八条** 监察机关对于报案或者举报，应当接受并按照有关规定处理。对于不属于本机关管辖的，应当移送主管机关处理。
第三十六条 监察机关应当严格按照程序开展工作，建立问题线索处置、调查、审理各部门相互协调、相互制约的工作机制。 监察机关应当加强对调查、处置工作全过程的监督管理，设立相应的工作部门履行线索管理、监督检查、督促办理、统计分析等管理协调职能。	**第三十九条** 监察机关应当严格按照程序开展工作，建立问题线索处置、调查、审理各部门相互协调、相互制约的工作机制。 监察机关应当加强对调查、处置工作全过程的监督管理，设立相应的工作部门履行线索管理、监督检查、督促办理、统计分析等管理协调职能。
第三十七条 监察机关对监察对象的问题线索，应当按照有关规定提出处置意见，履行审批手续，进行分类办理。线索处置情况应当定期汇总、通报，定期检查、抽查。	**第四十条** 监察机关对监察对象的问题线索，应当按照有关规定提出处置意见，履行审批手续，进行分类办理。线索处置情况应当定期汇总、通报，定期检查、抽查。
第三十八条 需要采取初步核实方式处置问题线索的，监察机关应当依法履行审批程序，成立核查组。初步核实工作结束后，核查组应当撰写初步核实情况报告，提出处理建议。承办部门应	**第四十一条** 需要采取初步核实方式处置问题线索的，监察机关应当依法履行审批程序，成立核查组。初步核实工作结束后，核查组应当撰写初步核实情况报告，提出处理建议。承办部门应

修正前	修正后
当提出分类处理意见。初步核实情况报告和分类处理意见报监察机关主要负责人审批。	当提出分类处理意见。初步核实情况报告和分类处理意见报监察机关主要负责人审批。
第三十九条 经过初步核实，对监察对象涉嫌职务违法犯罪，需要追究法律责任的，监察机关应当按照规定的权限和程序办理立案手续。 监察机关主要负责人依法批准立案后，应当主持召开专题会议，研究确定调查方案，决定需要采取的调查措施。 立案调查决定应当向被调查人宣布，并通报相关组织。涉嫌严重职务违法或者职务犯罪的，应当通知被调查人家属，并向社会公开发布。	**第四十二条** 经过初步核实，对监察对象涉嫌职务违法犯罪，需要追究法律责任的，监察机关应当按照规定的权限和程序办理立案手续。 监察机关主要负责人依法批准立案后，应当主持召开专题会议，研究确定调查方案，决定需要采取的调查措施。 立案调查决定应当向被调查人宣布，并通报相关组织。涉嫌严重职务违法或者职务犯罪的，应当通知被调查人家属，并向社会公开发布。
第四十条 监察机关对职务违法和职务犯罪案件，应当进行调查，收集被调查人有无违法犯罪以及情节轻重的证据，查明违法犯罪事实，形成相互印证、完整稳定的证据链。 严禁以威胁、引诱、欺骗及其他非法方式收集证据，严禁侮辱、打骂、虐待、体罚或者变相体罚被调查人和涉案人员。	**第四十三条** 监察机关对职务违法和职务犯罪案件，应当进行调查，收集被调查人有无违法犯罪以及情节轻重的证据，查明违法犯罪事实，形成相互印证、完整稳定的证据链。 **调查人员应当依法文明规范开展调查工作。**严禁以**暴力、**威胁、引诱、欺骗及其他非法方式收集证据，严禁侮辱、打骂、虐待、体罚或者变相体罚被调查人和涉案人员。 **监察机关及其工作人员在履行职责过程中应当依法保护企业产权和自主经营权，严禁利用职权非法干扰企业生产经营。需要企业经营者协助调查的，应当保障其人身权利、财产权利和其他合法权益，避免或者尽量减少对企业正常生产经营活动的影响。**
第四十一条 调查人员采取讯问、询问、留置、搜查、调取、查封、扣押、勘验检查等调查措施，均应当依照规定	**第四十四条** 调查人员采取讯问、询问、**强制到案、责令候查、管护、**留置、搜查、调取、查封、扣押、勘验检

修正前	修正后
出示证件，出具书面通知，由二人以上进行，形成笔录、报告等书面材料，并由相关人员签名、盖章。 调查人员进行讯问以及搜查、查封、扣押等重要取证工作，应当对全过程进行录音录像，留存备查。	查等调查措施，均应当依照规定出示证件，出具书面通知，由二人以上进行，形成笔录、报告等书面材料，并由相关人员签名、盖章。 调查人员进行讯问以及搜查、查封、扣押等重要取证工作，应当对全过程进行录音录像，留存备查。
第四十二条 调查人员应当严格执行调查方案，不得随意扩大调查范围、变更调查对象和事项。 对调查过程中的重要事项，应当集体研究后按程序请示报告。	**第四十五条** 调查人员应当严格执行调查方案，不得随意扩大调查范围、变更调查对象和事项。 对调查过程中的重要事项，应当集体研究后按程序请示报告。
	第四十六条　采取强制到案、责令候查或者管护措施，应当按照规定的权限和程序，经监察机关主要负责人批准。 强制到案持续的时间不得超过十二小时；需要采取管护或者留置措施的，强制到案持续的时间不得超过二十四小时。不得以连续强制到案的方式变相拘禁被调查人。 责令候查最长不得超过十二个月。 监察机关采取管护措施的，应当在七日以内依法作出留置或者解除管护的决定，特殊情况下可以延长一日至三日。
第四十三条第一款 监察机关采取留置措施，应当由监察机关领导人员集体研究决定。设区的市级以下监察机关采取留置措施，应当报上一级监察机关批准。省级监察机关采取留置措施，应当报国家监察委员会备案。	**第四十七条** 监察机关采取留置措施，应当由监察机关领导人员集体研究决定。设区的市级以下监察机关采取留置措施，应当报上一级监察机关批准。省级监察机关采取留置措施，应当报国家监察委员会备案。

修正前	修正后
第四十三条第二款 留置时间不得超过三个月。在特殊情况下，可以延长一次，延长时间不得超过三个月。省级以下监察机关采取留置措施的，延长留置时间应当报上一级监察机关批准。监察机关发现采取留置措施不当的，应当及时解除。	**第四十八条** 留置时间不得超过三个月。在特殊情况下，可以延长一次，延长时间不得超过三个月。省级以下监察机关采取留置措施的，延长留置时间应当报上一级监察机关批准。监察机关发现采取留置措施不当**或者不需要继续采取留置措施**的，应当及时解除**或者变更为责令候查措施**。 **对涉嫌职务犯罪的被调查人可能判处十年有期徒刑以上刑罚，监察机关依照前款规定延长期限届满，仍不能调查终结的，经国家监察委员会批准或者决定，可以再延长二个月。** **省级以上监察机关在调查期间，发现涉嫌职务犯罪的被调查人另有与留置时的罪行不同种的重大职务犯罪或者同种的影响罪名认定、量刑档次的重大职务犯罪，经国家监察委员会批准或者决定，自发现之日起依照本条第一款的规定重新计算留置时间。留置时间重新计算以一次为限。**
第四十三条第三款 监察机关采取留置措施，可以根据工作需要提请公安机关配合。公安机关应当依法予以协助。	**第四十九条** 监察机关采取**强制到案、责令候查、管护、**留置措施，可以根据工作需要提请公安机关配合。公安机关应当依法予以协助。 **省级以下监察机关留置场所的看护勤务由公安机关负责，国家监察委员会留置场所的看护勤务由国家另行规定。留置看护队伍的管理依照国家有关规定执行。**
第四十四条 对被调查人采取留置措施后，应当在二十四小时以内，通知被留置人员所在单位和家属，但有可能毁灭、伪造证据，干扰证人作证或者串	**第五十条** 采取**管护或者**留置措施后，应当在二十四小时以内，通知**被管护人员、**被留置人员所在单位和家属，但有可能伪造、**隐匿、毁灭**证据，干扰

修正前	修正后
供等有碍调查情形的除外。有碍调查的情形消失后，应当立即通知被留置人员所在单位和家属。 监察机关应当保障被留置人员的饮食、休息和安全，提供医疗服务。讯问被留置人员应当合理安排讯问时间和时长，讯问笔录由被讯问人阅看后签名。 被留置人员涉嫌犯罪移送司法机关后，被依法判处管制、拘役和有期徒刑的，留置一日折抵管制二日，折抵拘役、有期徒刑一日。	证人作证或者串供等有碍调查情形的除外。有碍调查的情形消失后，应当立即通知**被管护人员、**被留置人员所在单位和家属。**解除管护或者留置的，应当及时通知被管护人员、被留置人员所在单位和家属。** **被管护人员、被留置人员及其近亲属有权申请变更管护、留置措施。监察机关收到申请后，应当在三日以内作出决定；不同意变更措施的，应当告知申请人，并说明不同意的理由。** 监察机关应当保障**被强制到案人员、被管护人员以及**被留置人员的饮食、休息和安全，提供医疗服务。**对其谈话、讯问的，**应当合理安排时间和时长，**谈话笔录、**讯问笔录由**被谈话人、**被讯问人阅看后签名。 **被管护人员、**被留置人员涉嫌犯罪移送司法机关后，被依法判处管制、拘役**或者**有期徒刑的，**管护、**留置一日折抵管制二日，折抵拘役、有期徒刑一日。
	第五十一条　监察机关在调查工作结束后，应当依法对案件事实和证据、性质认定、程序手续、涉案财物等进行全面审理，形成审理报告，提请集体审议。
第四十五条　监察机关根据监督、调查结果，依法作出如下处置： （一）对有职务违法行为但情节较轻的公职人员，按照管理权限，直接或者委托有关机关、人员，进行谈话提醒、批评教育、责令检查，或者予以诫勉； （二）对违法的公职人员依照法定程序作出警告、记过、记大过、降级、撤职、开除等政务处分决定；	**第五十二条**　监察机关根据监督、调查结果，依法作出如下处置： （一）对有职务违法行为但情节较轻的公职人员，按照管理权限，直接或者委托有关机关、人员，进行谈话提醒、批评教育、责令检查，或者予以诫勉； （二）对违法的公职人员依照法定程序作出警告、记过、记大过、降级、撤职、开除等政务处分决定；

修正前	修正后
（三）对不履行或者不正确履行职责负有责任的领导人员，按照管理权限对其直接作出问责决定，或者向有权作出问责决定的机关提出问责建议； （四）对涉嫌职务犯罪的，监察机关经调查认为犯罪事实清楚，证据确实、充分的，制作起诉意见书，连同案卷材料、证据一并移送人民检察院依法审查、提起公诉； （五）对监察对象所在单位廉政建设和履行职责存在的问题等提出监察建议。 监察机关经调查，对没有证据证明被调查人存在违法犯罪行为的，应当撤销案件，并通知被调查人所在单位。	（三）对不履行或者不正确履行职责负有责任的领导人员，按照管理权限对其直接作出问责决定，或者向有权作出问责决定的机关提出问责建议； （四）对涉嫌职务犯罪的，监察机关经调查认为犯罪事实清楚，证据确实、充分的，制作起诉意见书，连同案卷材料、证据一并移送人民检察院依法审查、提起公诉； （五）对监察对象所在单位廉政建设和履行职责存在的问题等提出监察建议。 监察机关经调查，对没有证据证明被调查人存在违法犯罪行为的，应当撤销案件，并通知被调查人所在单位。
第四十六条 监察机关经调查，对违法取得的财物，依法予以没收、追缴或者责令退赔；对涉嫌犯罪取得的财物，应当随案移送人民检察院。	**第五十三条** 监察机关经调查，对违法取得的财物，依法予以没收、追缴或者责令退赔；对涉嫌犯罪取得的财物，应当随案移送人民检察院。
第四十七条 对监察机关移送的案件，人民检察院依照《中华人民共和国刑事诉讼法》对被调查人采取强制措施。 人民检察院经审查，认为犯罪事实已经查清，证据确实、充分，依法应当追究刑事责任的，应当作出起诉决定。 人民检察院经审查，认为需要补充核实的，应当退回监察机关补充调查，必要时可以自行补充侦查。对于补充调查的案件，应当在一个月内补充调查完毕。补充调查以二次为限。 人民检察院对于有《中华人民共和国刑事诉讼法》规定的不起诉的情形的，经上一级人民检察院批准，依法作出不起诉的决定。监察机关认为不起诉	**第五十四条** 对监察机关移送的案件，人民检察院依照《中华人民共和国刑事诉讼法》对被调查人采取强制措施。 人民检察院经审查，认为犯罪事实已经查清，证据确实、充分，依法应当追究刑事责任的，应当作出起诉决定。 人民检察院经审查，认为需要补充核实的，应当退回监察机关补充调查，必要时可以自行补充侦查。对于补充调查的案件，应当在一个月内补充调查完毕。补充调查以二次为限。 人民检察院对于有《中华人民共和国刑事诉讼法》规定的不起诉的情形的，经上一级人民检察院批准，依法作出不起诉的决定。监察机关认为不起诉

修正前	修正后
的决定有错误的，可以向上一级人民检察院提请复议。	的决定有错误的，可以向上一级人民检察院提请复议。
第四十八条 监察机关在调查贪污贿赂、失职渎职等职务犯罪案件过程中，被调查人逃匿或者死亡，有必要继续调查的，经省级以上监察机关批准，应当继续调查并作出结论。被调查人逃匿，在通缉一年后不能到案，或者死亡的，由监察机关提请人民检察院依照法定程序，向人民法院提出没收违法所得的申请。	**第五十五条** 监察机关在调查贪污贿赂、失职渎职等职务犯罪案件过程中，被调查人逃匿或者死亡，有必要继续调查的，应当继续调查并作出结论。被调查人逃匿，在通缉一年后不能到案，或者死亡的，由监察机关提请人民检察院依照法定程序，向人民法院提出没收违法所得的申请。
第四十九条 监察对象对监察机关作出的涉及本人的处理决定不服的，可以在收到处理决定之日起一个月内，向作出决定的监察机关申请复审，复审机关应当在一个月内作出复审决定；监察对象对复审决定仍不服的，可以在收到复审决定之日起一个月内，向上一级监察机关申请复核，复核机关应当在二个月内作出复核决定。复审、复核期间，不停止原处理决定的执行。复核机关经审查，认定处理决定有错误的，原处理机关应当及时予以纠正。	**第五十六条** 监察对象对监察机关作出的涉及本人的处理决定不服的，可以在收到处理决定之日起一个月内，向作出决定的监察机关申请复审，复审机关应当在一个月内作出复审决定；监察对象对复审决定仍不服的，可以在收到复审决定之日起一个月内，向上一级监察机关申请复核，复核机关应当在二个月内作出复核决定。复审、复核期间，不停止原处理决定的执行。复核机关经审查，认定处理决定有错误的，原处理机关应当及时予以纠正。
第六章　反腐败国际合作	**第六章　反腐败国际合作**
第五十条 国家监察委员会统筹协调与其他国家、地区、国际组织开展的反腐败国际交流、合作，组织反腐败国际条约实施工作。	**第五十七条** 国家监察委员会统筹协调与其他国家、地区、国际组织开展的反腐败国际交流、合作，组织反腐败国际条约实施工作。
第五十一条 国家监察委员会组织协调有关方面加强与有关国家、地区、国际组织在反腐败执法、引渡、司法协助、被判刑人的移管、资产追回和信息交流等领域的合作。	**第五十八条** 国家监察委员会**会同**有关**单位**加强与有关国家、地区、国际组织在反腐败**方面开展**引渡、**移管**被判刑人、**遣返**、**联合调查**、**调查取证**、资产**追缴**和信息交流等**执法司法**合作和**司法协助**。

修正前	修正后
第五十二条 国家监察委员会加强对反腐败国际追逃追赃和防逃工作的组织协调，督促有关单位做好相关工作： （一）对于重大贪污贿赂、失职渎职等职务犯罪案件，被调查人逃匿到国（境）外，掌握证据比较确凿的，通过开展境外追逃合作，追捕归案； （二）向赃款赃物所在国请求查询、冻结、扣押、没收、追缴、返还涉案资产； （三）查询、监控涉嫌职务犯罪的公职人员及其相关人员进出国（境）和跨境资金流动情况，在调查案件过程中设置防逃程序。	**第五十九条** 国家监察委员会加强对反腐败国际追逃追赃和防逃工作的组织协调，督促有关单位做好相关工作： （一）对于重大贪污贿赂、失职渎职等职务犯罪案件，被调查人逃匿到国（境）外，掌握证据比较确凿的，通过开展境外追逃合作，追捕归案； （二）向赃款赃物所在国请求查询、冻结、扣押、没收、追缴、返还涉案资产； （三）查询、监控涉嫌职务犯罪的公职人员及其相关人员进出国（境）和跨境资金流动情况，在调查案件过程中设置防逃程序。
第七章 对监察机关和监察人员的监督	**第七章 对监察机关和监察人员的监督**
第五十三条 各级监察委员会应当接受本级人民代表大会及其常务委员会的监督。 各级人民代表大会常务委员会听取和审议本级监察委员会的专项工作报告，组织执法检查。 县级以上各级人民代表大会及其常务委员会举行会议时，人民代表大会代表或者常务委员会组成人员可以依照法律规定的程序，就监察工作中的有关问题提出询问或者质询。	**第六十条** 各级监察委员会应当接受本级人民代表大会及其常务委员会的监督。 各级人民代表大会常务委员会听取和审议本级监察委员会的专项工作报告，组织执法检查。 县级以上各级人民代表大会及其常务委员会举行会议时，人民代表大会代表或者常务委员会组成人员可以依照法律规定的程序，就监察工作中的有关问题提出询问或者质询。
第五十四条 监察机关应当依法公开监察工作信息，接受民主监督、社会监督、舆论监督。	**第六十一条** 监察机关应当依法公开监察工作信息，接受民主监督、社会监督、舆论监督。
	第六十二条 监察机关根据工作需要，可以从各方面代表中聘请特约监察员。特约监察员按照规定对监察机关及其工作人员履行职责情况实行监督。

修正前	修正后
第五十五条 监察机关通过设立内部专门的监督机构等方式，加强对监察人员执行职务和遵守法律情况的监督，建设忠诚、干净、担当的监察队伍。	**第六十三条** 监察机关通过设立内部专门的监督机构等方式，加强对监察人员执行职务和遵守法律情况的监督，建设忠诚、干净、担当的监察队伍。
	第六十四条 监察人员涉嫌严重职务违法或者职务犯罪，为防止造成更为严重的后果或者恶劣影响，监察机关经依法审批，可以对其采取禁闭措施。禁闭的期限不得超过七日。 **被禁闭人员应当配合监察机关调查。监察机关经调查发现被禁闭人员符合管护或者留置条件的，可以对其采取管护或者留置措施。** **本法第五十条的规定，适用于禁闭措施。**
第五十六条 监察人员必须模范遵守宪法和法律，忠于职守、秉公执法，清正廉洁、保守秘密；必须具有良好的政治素质，熟悉监察业务，具备运用法律、法规、政策和调查取证等能力，自觉接受监督。	**第六十五条** 监察人员必须模范遵守宪法和法律，忠于职守、秉公执法，清正廉洁、保守秘密；必须具有良好的政治素质，熟悉监察业务，具备运用法律、法规、政策和调查取证等能力，自觉接受监督。
第五十七条 对于监察人员打听案情、过问案件、说情干预的，办理监察事项的监察人员应当及时报告。有关情况应当登记备案。 发现办理监察事项的监察人员未经批准接触被调查人、涉案人员及其特定关系人，或者存在交往情形的，知情人应当及时报告。有关情况应当登记备案。	**第六十六条** 对于监察人员打听案情、过问案件、说情干预的，办理监察事项的监察人员应当及时报告。有关情况应当登记备案。 发现办理监察事项的监察人员未经批准接触被调查人、涉案人员及其特定关系人，或者存在交往情形的，知情人应当及时报告。有关情况应当登记备案。
第五十八条 办理监察事项的监察人员有下列情形之一的，应当自行回避，监察对象、检举人及其他有关人员也有权要求其回避：	**第六十七条** 办理监察事项的监察人员有下列情形之一的，应当自行回避，监察对象、检举人及其他有关人员也有权要求其回避：

修正前	修正后
（一）是监察对象或者检举人的近亲属的； （二）担任过本案的证人的； （三）本人或者其近亲属与办理的监察事项有利害关系的； （四）有可能影响监察事项公正处理的其他情形的。	（一）是监察对象或者检举人的近亲属的； （二）担任过本案的证人的； （三）本人或者其近亲属与办理的监察事项有利害关系的； （四）有可能影响监察事项公正处理的其他情形的。
第五十九条 监察机关涉密人员离岗离职后，应当遵守脱密期管理规定，严格履行保密义务，不得泄露相关秘密。 监察人员辞职、退休三年内，不得从事与监察和司法工作相关联且可能发生利益冲突的职业。	**第六十八条** 监察机关涉密人员离岗离职后，应当遵守脱密期管理规定，严格履行保密义务，不得泄露相关秘密。 监察人员辞职、退休三年内，不得从事与监察和司法工作相关联且可能发生利益冲突的职业。
第六十条 监察机关及其工作人员有下列行为之一的，被调查人及其近亲属有权向该机关申诉： （一）留置法定期限届满，不予以解除的； （二）查封、扣押、冻结与案件无关的财物的； （三）应当解除查封、扣押、冻结措施而不解除的； （四）贪污、挪用、私分、调换以及违反规定使用查封、扣押、冻结的财物的； （五）其他违反法律法规、侵害被调查人合法权益的行为。 受理申诉的监察机关应当在受理申诉之日起一个月内作出处理决定。申诉人对处理决定不服的，可以在收到处理决定之日起一个月内向上一级监察机关申请复查，上一级监察机关应当在收到复查申请之日起二个月内作出处理决定，情况属实的，及时予以纠正。	**第六十九条** 监察机关及其工作人员有下列行为之一的，被调查人及其近亲属、**利害关系人**有权向该机关申诉： （一）**采取强制到案、责令候查、管护、留置或者禁闭措施**法定期限届满，不予以解除**或者变更**的； （二）查封、扣押、冻结与案件无关**或者明显超出涉案范围**的财物的； （三）应当解除查封、扣押、冻结措施而不解除的； （四）贪污、挪用、私分、调换**或者**违反规定使用查封、扣押、冻结的财物的； **（五）利用职权非法干扰企业生产经营或者侵害企业经营者人身权利、财产权利和其他合法权益的；** （六）其他违反法律法规、侵害被调查人合法权益的行为。 受理申诉的监察机关应当在受理申诉之日起一个月内作出处理决定。申诉人对处理决定不服的，可以在收到处理

修正前	修正后
	决定之日起一个月内向上一级监察机关申请复查，上一级监察机关应当在收到复查申请之日起二个月内作出处理决定，情况属实的，及时予以纠正。
第六十一条 对调查工作结束后发现立案依据不充分或者失实，案件处置出现重大失误，监察人员严重违法的，应当追究负有责任的领导人员和直接责任人员的责任。	**第七十条** 对调查工作结束后发现立案依据不充分或者失实，案件处置出现重大失误，监察人员严重违法的，应当追究负有责任的领导人员和直接责任人员的责任。
第八章　法律责任	**第八章　法律责任**
第六十二条 有关单位拒不执行监察机关作出的处理决定，或者无正当理由拒不采纳监察建议的，由其主管部门、上级机关责令改正，对单位给予通报批评；对负有责任的领导人员和直接责任人员依法给予处理。	**第七十一条** 有关单位拒不执行监察机关作出的处理决定，或者无正当理由拒不采纳监察建议的，由其主管部门、上级机关责令改正，对单位给予通报批评；对负有责任的领导人员和直接责任人员依法给予处理。
第六十三条 有关人员违反本法规定，有下列行为之一的，由其所在单位、主管部门、上级机关或者监察机关责令改正，依法给予处理： （一）不按要求提供有关材料，拒绝、阻碍调查措施实施等拒不配合监察机关调查的； （二）提供虚假情况，掩盖事实真相的； （三）串供或者伪造、隐匿、毁灭证据的； （四）阻止他人揭发检举、提供证据的； （五）其他违反本法规定的行为，情节严重的。	**第七十二条** 有关人员违反本法规定，有下列行为之一的，由其所在单位、主管部门、上级机关或者监察机关责令改正，依法给予处理： （一）不按要求提供有关材料，拒绝、阻碍调查措施实施等拒不配合监察机关调查的； （二）提供虚假情况，掩盖事实真相的； （三）串供或者伪造、隐匿、毁灭证据的； （四）阻止他人揭发检举、提供证据的； （五）其他违反本法规定的行为，情节严重的。

修正前	修正后
第六十四条 监察对象对控告人、检举人、证人或者监察人员进行报复陷害的；控告人、检举人、证人捏造事实诬告陷害监察对象的，依法给予处理。	**第七十三条** 监察对象对控告人、检举人、证人或者监察人员进行报复陷害的；控告人、检举人、证人捏造事实诬告陷害监察对象的，依法给予处理。
第六十五条 监察机关及其工作人员有下列行为之一的，对负有责任的领导人员和直接责任人员依法给予处理： （一）未经批准、授权处置问题线索，发现重大案情隐瞒不报，或者私自留存、处理涉案材料的； （二）利用职权或者职务上的影响干预调查工作、以案谋私的； （三）违法窃取、泄露调查工作信息，或者泄露举报事项、举报受理情况以及举报人信息的； （四）对被调查人或者涉案人员逼供、诱供，或者侮辱、打骂、虐待、体罚或者变相体罚的； （五）违反规定处置查封、扣押、冻结的财物的； （六）违反规定发生办案安全事故，或者发生安全事故后隐瞒不报、报告失实、处置不当的； （七）违反规定采取留置措施的； （八）违反规定限制他人出境，或者不按规定解除出境限制的； （九）其他滥用职权、玩忽职守、徇私舞弊的行为。	**第七十四条** 监察机关及其工作人员有下列行为之一的，对负有责任的领导人员和直接责任人员依法给予处理： （一）未经批准、授权处置问题线索，发现重大案情隐瞒不报，或者私自留存、处理涉案材料的； （二）利用职权或者职务上的影响干预调查工作、以案谋私的； （三）违法窃取、泄露调查工作信息，或者泄露举报事项、举报受理情况以及举报人信息的； （四）对被调查人或者涉案人员逼供、诱供，或者侮辱、打骂、虐待、体罚或者变相体罚的； （五）违反规定处置查封、扣押、冻结的财物的； （六）违反规定发生办案安全事故，或者发生安全事故后隐瞒不报、报告失实、处置不当的； （七）违反规定采取**强制到案、责令候查、管护、留置或者禁闭**措施，**或者法定期限届满，不予以解除或者变更的**； （八）违反规定**采取技术调查、限制出境措施**，或者不按规定解除**技术调查、限制出境措施**的； （九）**利用职权非法干扰企业生产经营或者侵害企业经营者人身权利、财产权利和其他合法权益的；** （十）其他滥用职权、玩忽职守、徇私舞弊的行为。

修正前	修正后
第六十六条 违反本法规定，构成犯罪的，依法追究刑事责任。	**第七十五条** 违反本法规定，构成犯罪的，依法追究刑事责任。
第六十七条 监察机关及其工作人员行使职权，侵犯公民、法人和其他组织的合法权益造成损害的，依法给予国家赔偿。	**第七十六条** 监察机关及其工作人员行使职权，侵犯公民、法人和其他组织的合法权益造成损害的，依法给予国家赔偿。
第九章 附 则	**第九章 附 则**
第六十八条 中国人民解放军和中国人民武装警察部队开展监察工作，由中央军事委员会根据本法制定具体规定。	**第七十七条** 中国人民解放军和中国人民武装警察部队开展监察工作，由中央军事委员会根据本法制定具体规定。
第六十九条 本法自公布之日起施行。《中华人民共和国行政监察法》同时废止。	**第七十八条** 本法自公布之日起施行。《中华人民共和国行政监察法》同时废止。

图书在版编目（CIP）数据

最新纪检监察法律法规全编 ： 2025 年版 / 中国法治出版社编. -- 北京 ： 中国法治出版社，2025. 2（2025. 12 重印）.（条文速查小红书系列）. -- ISBN 978-7-5216-4916-1

Ⅰ. D262. 6；D922. 114. 9

中国国家版本馆 CIP 数据核字第 2024UC5214 号

责任编辑：刘晓霞　　封面设计：杨泽江

最新纪检监察法律法规全编：2025 年版

ZUI XIN JIJIAN JIANCHA FALÜ FAGUI QUANBIAN：2025 NIAN BAN

经销/新华书店

印刷/北京虎彩文化传播有限公司

开本/880 毫米×1230 毫米　32 开　　印张/ 15. 25　字数/ 399 千

版次/2025 年 2 月第 1 版　　2025 年 12 月第 3 次印刷

中国法治出版社出版

书号 ISBN 978-7-5216-4916-1　　定价：45. 00 元

北京市西城区西便门西里甲 16 号西便门办公区

邮政编码：100053　　传真：010-63141600

网址：http：//www. zgfzs. com　　编辑部电话：010-63141664

市场营销部电话：010-63141612　　总编室电话：010-63141606

（如有印装质量问题，请与本社总编室联系。）